Hermann Glaser

Kleine deutsche Kulturgeschichte

Eine west-östliche Erzählung
vom Kriegsende bis heute

S. Fischer

© S. Fischer Verlag GmbH, Frankfurt am Main 2004
Alle Rechte vorbehalten
Satz: H & G Herstellung, Hamburg
Druck und Bindung: Clausen & Bosse, Leck
Printed in Germany
ISBN 3-10-025305-1

Inhalt

Zur Einführung. Die Stunde Null 9

Die Geschichte vom kulturellen Neubeginn 17
   Hoffnung und Leid 20
   Aus der Heimat vertrieben 23
   Literatur als Glasperlenspiel 28
   Anders hören und sehen 36
   Theatralische Sendung 43
   Kulturbund und die Gruppe '47 46
   Fenster zur Welt 52

Die Geschichte der Nachkriegs-Jugendjahre 59
   Aktion Vater- und Jugendmord 62
   Don't fence me in 67
   Abgrenzung und Anpassung 70
   Statistiken der Not 75

Die Geschichte des westdeutschen Wirtschaftswunders 87
   Neues Geld – soziale Marktwirtschaft 87
   Die unwirtliche Stadt 95
   Modernisierung und schöne Form 100
   Konsumkritik und Konsumdemokratie 107
   Die mobile Gesellschaft 112

Die Geschiche von der zweiten Schuld 117
   Kalte Amnestierung, Reeducation und
   Entnazifizierung 117
   Medizin ohne Menschlichkeit 128

Connections der Wirtschaft   130
Weiß gewaschene Wehrmacht   133
Furchtbare Juristen   136
Wandlungsfähige Meinungsmacher   143
Akademisches Beschweigen   146
Der Sündenfall der Germanistik   151
Niederlage oder Befreiung   158

Die Geschichte der beiden Deutschland   161
Die Erosion alliierter Zusammenarbeit –
   Die Gründung von BRD und DDR   165
Annäherung und Abstoßung   170
Erziehungsdiktatur   180
Nüstern auf allen Start- und Sattelplätzen   183
Das Ende der Adenauer-Ära   193
Machtwechsel und innerdeutsche Annäherung   200
Wer zu spät kommt, den bestraft das Leben   204

Die Geschichte der ostdeutschen Tuis   209
Der Statthalter   211
Zwischen Anpassungswiderstand und
Unbeugsamkeit   218
Am liebsten weg und hier sein   230

Die Geschichte von der aufbegehrenden Generation   235
Weltweiter Protest   238
Vom Underground zur Frankfurter Schule   240
Den Teufel feiern   247
Gegen bildungsbürgerlichen Kulturkonsum   253
Soziokulturelle Bewegungen   265

Die Geschichte von der Postmoderne   275
Plaisir   277
Anything goes   282
Offenbarungsliteratur und Ironie   287

Ausblick. Die Berliner Republik   293

Anhang

Literaturhinweise
    Werke, die im Text zitiert werden   308

    Literatur zur Vertiefung bei Einzelfragen und
    Gesamtdarstellungen   315

Personenregister   323
Sachregister   333

Abbildungsnachweis   336

Zur Einführung.
Die Stunde null

Diese west-östliche Erzählung von deutscher Kultur seit Ende des Zweiten Weltkrieges beginnt mit der Stunde null. Um 0 Uhr fängt jeweils ein neuer Tag an; man schreibt ein neues Datum, zum Beispiel den 9. Mai 1945; aber damals bedeutete die Stunde null – »Seit Mitternacht schweigen nun an allen Fronten die Waffen« – das Ende einer furchtbaren und den Beginn einer hoffnungsvollen Geschichtsepoche. Der Wehrmachtsbericht, herausgegeben vom Oberkommando der Deutschen Wehrmacht, berichtete an diesem Tag zum letzten Mal über das Kriegsgeschehen: Der aussichtslose Kampf sei eingestellt geworden; »damit ist das fast sechsjährige heldenhafte Ringen zu Ende. Es hat uns große Siege, aber auch schwere Niederlagen gebracht. Die deutsche Wehrmacht ist am Ende einer gewaltigen Übermacht ehrenvoll unterlegen.« Die Rede von der »ehrenvollen Niederlage« war die letzte Lüge der nationalsozialistischen Heeresführung; seit Ausbruch des Krieges hatte die deutsche Wehrmacht jeden moralischen Anspruch verwirkt, indem sie sich in den Dienst des nationalsozialistischen Vernichtungsfeldzuges gegen die Juden, die polnische und russische Zivilbevölkerung sowie die anderen europäischen Völker gestellt hatte und durch die verantwortungslose Verlängerung des Krieges die Verluste weiter ansteigen ließ. Die deutschen Generäle trieben ihre Truppen bis zuletzt in ein sinnloses Sterben hinein, während sie selbst sich in den allermeisten Fällen absetzten und überlebten.

Die Stunde null bedeutete, wenn man die ungeheuren Zerstörungen im Auge hat, »nichtige Leere«; doch drängt ein Vakuum auch nach Auffüllung. Vernichtet waren nicht nur viele Menschen und Städte, sondern mit ihnen das verbrecheri-

Badende an der Havel (Sommer 1945)

Hermann Claasen: Köln, Ritterstraße (um 1947)

sche Regime des Nationalsozialismus. Nun konnte man die Trümmer wegräumen und neu beginnen. Blickt man auf die deutsche Geschichte des 19. und 20. Jahrhunderts, in der demokratische Bewegungen immer wieder gescheitert waren oder sich, wie in der Weimarer Republik, lediglich kurzfristig und dann angefeindet durchsetzen konnten, so lässt sich die Stunde null durchaus mit der optimistischen Feststellung verbinden: So viel Anfang war nie!

Im Mai 1945 haben freilich die meisten Deutschen, die auf dem Nullpunkt angelangt waren, diesen als Ende und nicht als Erlösung empfunden. Zwar erfolgte der materielle Aufbau dann zügig und effizient – schon nach einigen Jahren sprach man vom »Wirtschaftswunder« –, doch blieb die Frage, ob eine sittliche Erneuerung mit Hilfe von Trauerarbeit stattgefunden habe, bedrückend bestehen. Das Problem einer versäumten Stunde null (»Viel Anfang war nie!«) wird uns auf dem Gang durch die deutsche Kulturgeschichte begleiten. »Ihr werdet die Deutschen immer wieder daran erkennen können«, schrieb der Dichter Heinrich Böll einmal, »ob sie den 8. Mai als Tag der Niederlage oder Befreiung bezeichnen.«

In Zusammenhang mit Kultur taucht die Null wohl zum ersten Mal bei Friedrich Schiller auf, und zwar in den von ihm 1795 veröffentlichten »Briefen über die ästhetische Erziehung des Menschen«. Da findet sich seine als zentrale These formulierte Feststellung, dass der Mensch im ästhetischen Zustand eine Null sei. Gemeint ist damit, dass das Erlebnis des Kunstwerkes so stark zu sein vermag, dass man insgesamt, in Überwindung bislang prägender Meinungen und Stimmungen, eine völlig neue Offenheit zurückgewinne. Das Kunstwerk könne uns derart betroffen machen – die Griechen nannten dies »Katharsis« (Reinigung) –, dass man sein Leben ändern wolle. Schillers Vorstellung von der ästhetischen Null-Lage ist insofern für die Kulturgeschichte des Nachkriegsdeutschland bedeutsam, als sich damals bei vielen Menschen durch das Erlebnis von Kunst ein Gefühl für das richtige Leben einstellte – in Absage an das falsche. In der Trümmerzeit hungerte man, stärkte sich aber an der Kultur als »Überlebensmittel«. Der in der amerikanischen Emigration lebende Dichter Thomas Mann sah diese positive Entwicklung voraus, als er zwei Tage nach der bedingungslosen Kapitulation Deutschlands in einer Rede an seine deutschen Rundfunkhörer (in einer Sendereihe der BBC, die seit Oktober 1940 den Schriftsteller zu Wort kommen ließ) feststellte, dass die Stunde der Niederlage zwar hart und traurig sei, weil Deutschland sie nicht aus eigener Kraft herbeiführen konnte, und ein furchtbarer, schwer zu tilgender Schaden dem deutschen Namen zugefügt und die Macht verspielt worden sei; dass aber Macht nicht alles bedeute; »sie ist nicht einmal die Hauptsache, und nie war deutsche Würde eine bloße Sache der Macht. Deutsch war es einmal und mag es wieder werden, der Macht Achtung, Bewunderung abzugewinnen durch den menschlichen Beitrag, den freien Geist.«

Zu erzählen wird sein von solcher Sublimierung (»Veredelung«), aber auch davon, wie der Geist immer wieder der Macht, im Osten der Macht der Ideologie und im Westen der Macht des Kapitals, unterworfen wurde. Jedenfalls war die Überzeugung weit verbreitet, dass selbst die Nationalsozialisten die »unvergängliche deutsche Kultur« nicht hätten zerstören können, dass sie weiterhin als wertvoller Besitz für den Weg in die Zukunft Rückhalt zu geben vermöchte.

Bezog sich die Bestandsaufnahme auf Hab und Gut, so waren Millionen Ausgebombte, Vertriebene, aus den Konzentrationslagern Befreite, aus ihren Heimatländern Verschleppte völlig enteignet; wiederum ist von einer Null-Situation zu sprechen. Der 1907 geborene, also bei Kriegsende 38-jährige Dichter Günter Eich schrieb das Gedicht »Inventur«, die Situation in einem Kriegsgefangenenlager wiedergebend; es wurde später als ein besonders typisches und ausdrucksstarkes Zeugnis für die Seelenlage derjenigen empfunden, die zwar noch einmal davongekommen waren, aber im vielfachen Wortsinne über nichts mehr verfügten.

»Dies ist meine Mütze,
dies ist mein Mantel,
hier mein Rasierzeug
im Beutel aus Leinen.

Konservenbüchse:
Mein Teller, mein Becher,
ich hab in das Weißblech
den Namen geritzt.«

Aber dann bringt der Text eine überraschende Wende: Im Brotbeutel findet der auf Nichts zurückgeworfene Soldat eine Bleistiftmine, mit der er am Tag Verse aufschreiben kann, die er sich nachts erdacht hat.

Zu erzählen wird sein, wie über Jahrzehnte die Dichter, Denker und Künstler ihre leise Stimme erhoben und auch Gehör fanden, aber auch immer wieder davon, dass das hochgemute Wort Thomas Manns nur eine schöne Illusion blieb.

Als im Januar 1945 das neue Jahr begann, wussten oder ahnten viele Menschen in Deutschland, dass nun eine Welt näher rücke, in der alles null und nichtig sein werde. In seiner letzten Neujahrsrede hatte Adolf Hitler mit monomaner Geschwätzigkeit noch ein erfolgreiches Kriegsende suggeriert: »… nicht durch die deutsche Kapitulation, denn diese wird nie kommen, sondern durch den deutschen Sieg«; aber solche Lügen konnten kaum noch begeistern, zumal die nationalsozialistischen Führungskräfte, die der im Dritten Reich verfolgte Publizist Ernst Niekisch in seinem Buch »Das Reich der niederen Dämonen« mit Staatsgangstern verglich, in ihrer ausweglosen Situation das Volk mit in den Untergang zu reißen versuchten. Zu dem »bedingungslosen« Wunsch nach Frieden gesellte sich die zaghafte Hoffnung, dass das Jahr des Endes einen Ausgang aus der Misere ermögliche.

Sie fand ihren ergreifendsten Ausdruck dort, wo Überlebende des NS-Terrors trotz unvorstellbarer Leiden sich zur Zukunft bekannten. Als nach ihrer Befreiung die etwa 21 000 Überlebenden aus 35 Nationen am 19. April 1945 auf dem Appellplatz des Konzentrationslagers Buchenwald bei der Trauerkundgebung zu Ehren der 56 000 in Buchenwald durch die SS und ihre Helfer ermordeten Häftlinge zusammenkamen, erhoben sie ihre Hände zum Schwur: »Der Aufbau einer neuen Welt des Friedens und der Freiheit ist unser Ziel. Das sind wir unseren gemordeten Kameraden, ihren Angehörigen schuldig.«

»Eine west-östliche Erzählung« heißt der Untertitel des Buches. Informiert man sich in einem literarischen Lexikon über »Erzählung«, so erfährt man als bündigste Antwort, dass diese definiert sei »als die kommunikative Vermittlung realer oder fiktiver Vorgänge durch einen Erzähler an einen Rezipienten, d. h. Hörer, Leser oder Betrachter«. Um Fiktion, also etwas, das nur in der Vorstellung besteht oder erdacht wurde, geht es hier jedoch nicht; es geht um Fakten, das heißt um die kulturelle Realität, wie sie die beiden Deutschland seit 1945 und dann nach der Vereinigung seit 1990 prägte, und natürlich auch um die in Kultur zutage tretenden und durch Kultur bestimmten Mentalitäten. Die Geisteshaltung, Sinnesart und Einstellung eines Menschen oder einer Gruppe – Karl Marx nannte dies »Überbau« – steht in enger Wechselbeziehung zu den Bedingungen und Bedingtheiten physischer Existenz, dem materiellen »Unterbau«, wie er zum Beispiel durch wirtschaftliche, politische, auch geographische und historische Gegebenheiten bestimmt ist. Bald beeinflusst das Geistige das Materielle, bald das Materielle das Geistige. Bei einem erweiterten Kulturbegriff ist jedoch solche Unterscheidung überflüssig, denn es geht, um noch einmal das Lexikon zu bemühen, um einen Begriff von Kultur, der sich in Unterscheidung zu dem Begriff der Natur auf *alles* bezieht, was der Mensch als gesellschaftliches Wesen in unterschiedlichster Weise produktiv bearbeitet oder gestalterisch hervorbringt.

Angesichts des hier nur knapp zur Verfügung stehenden Raumes kann freilich eine Gesamtgeschichte, die Wirtschaft, Soziales, Politik, Kunst, Literatur, Musik, Film, Mode etc. umfasst, nicht vorgelegt werden; wer nach Daten, Namen, Werken in systematischer Übersicht sucht, muss zusätzlich andere Bücher heranziehen. Beschrieben werden hier Entwicklungs*tendenzen* beziehungsweise, um das Bild zu wechseln, die Konturen der Kulturlandschaft. Die Leserinnen und Leser sollen nicht in Fakten »ersticken«; eine »kommunikative Erzählweise« besteht letztlich darin, dass eine Hetze durch den Stoff zugunsten verweilender Betrachtung vermieden wird.

Ausgewählt wurden »Geschichten« aus der deutschen Kulturentwicklung nach 1945, von denen anzunehmen ist, dass sie wichtige, aufschlussreiche Einsichten ins Außen- und Innenleben der Bundesrepublik Deutschland, der Deutschen Demokratischen Republik und des nach der »Wende« oft »Berliner Republik« genannten vereinten Deutschland ermöglichen. Die Abfolge der »Geschichten« bzw. Kapitel ist, von den Themenschwerpunkten her gesehen, chronologisch; so steht z. B. das Thema der Berliner Republik am Ende, das Kapitel der Trümmerzeit am Anfang und das vom Wirtschaftswunder im ersten Drittel der Darstellung. Andere Kapitel sind jedoch mehr als zeitliche Längsschnitte angelegt, erstrecken sich also über mehrere Zeiträume; auch wird dort, wo es dem Verstehen förderlich ist, Vorauslaufendes skizziert. Jede »Geschichte« ist als ein in sich geschlossener Komplex zu verstehen.

Die Geschichte
vom kulturellen
Neubeginn

Kurz nach Kriegsende machte – in der Einleitung abgebildet –
ein Fotograf eine Aufnahme von der Havel bei Berlin: Frauen,
Männer, Kinder beim Schwimmen im Fluss oder beim Sonnen-
bad am Strand; zwei Mädchen in zweiteiligen Badeanzügen, die
eine mit trägerlosem Oberteil, was für die damalige Zeit als ex-
travagant gelten musste. Im Vordergrund ein aufgeschüttetes
Grab mit einem Kreuz aus Birkenästen, an dem drei Stahlhelme
hängen. Die Toten wurden offensichtlich schon vor einiger Zeit
begraben, denn auf dem Erdhügel blühen Blumen; lang konnten sie freilich auch nicht dort liegen, denn sie waren noch
nicht auf einen Friedhof umgebettet worden.

Überall konnte man nach Kriegsende solche Szenen eines
»panischen Idylls« erleben: Heiterkeit und Lebensfreude neben Zeugnissen und Relikten des vergangenen Schreckens.
Die Filmautorin Helma Sanders-Brahms berichtet aus ihrer
Jugendzeit: »Die Bäume waren so grün und der Himmel so
blau wie niemals wieder, als der Krieg zu Ende ging. ... Im
Wald wuchsen Veilchen. Es gab eine Stelle, die war mein kleiner Garten, weil dort die Veilchen im Kreis wuchsen, wie zu
einem Blumenbeet. Da lag an einem frischen Maimorgen ein
toter Soldat. Er lag da noch lange, denn niemand begrub ihn.
Er verweste langsam, und um ihn verblühten die Veilchen,
denn es ging auf den Sommer zu. Nur wir Kinder wußten von
ihm, und wir sagten es niemandem.« Es bewahrheitete sich,
was der Schweizer Schriftsteller Gottfried Keller rund ein Jahrhundert zuvor in dem Gedicht »Die öffentlichen Verleumder«
vorausgesehen hatte:

17

Hanns Hubmann: Zwei Frauen in einer Ausstellung moderner Kunst (Ende der 40er Jahre)

Paul A. Weber: Die Experten (1965)

»Wenn einstmals diese Not
lang wie ein Eis gebrochen,
dann wird davon gesprochen
wie von dem schwarzen Tod;
und einen Strohmann bau'n
die Kinder auf der Heide
zu brennen Lust aus Leide
und Licht aus altem Grau'n.«

Der Text hatte mit visionärer Kraft die Mentalitätsgeschichte des Dritten Reiches vorweggenommen (ein »Schächer« findet ein »Volk in Blödigkeit, gehüllt in Niedertracht«; als »Lügner vor dem Volke / ragt bald er groß an Macht. / ... Die Guten sind verschwunden / die Schlechten stehn geschart«). Die letzte, oben zitierte Strophe des Gedichts, das im Dritten Reich hektographiert in Kreisen des Widerstands und der inneren Emigration zirkulierte – es wurde nach Kriegsende des Öfteren in den ersten neu entstandenen Zeitungen abgedruckt –, nannte die 1933 in die USA geflohene Publizistin Hannah Arendt »der Weisheit letzten Schluß für die ganze Angelegenheit«.

Hoffnung und Leid

Dass man nun 1945 in der warmen Sonne eines wunderschönen Maies, wie die Badenden an der Havel, einfach dasitzen konnte und vor Granaten und Bomben keine Angst mehr haben musste, empfanden diejenigen, die überlebt hatten, als großes Glück und Geschenk. Das kann man aus den Aufsätzen junger Menschen ablesen, die kurz nach Kriegsende in den Schulen über ihre Eindrücke und Empfindungen bei Kriegsende befragt wurden. Da meint zum Beispiel ein Mädchen, das 1932 geboren wurde: »Als ich sieben Jahre alt war, brach der Krieg aus. Ihm folgten Hunger, Entbehrungen, Angst, Not, Tränen und furchtbare Fliegerangriffe. Wir verbrachten Wochen im Bunker, bis die Amerikaner kamen. In und um unsere Stadt wurde viel und schwer gekämpft. Wir sehen mit Grauen dem Winter entgegen. Vor einigen Wochen erhielt ich dann die Nachricht, daß mein Papa kurz vor Kriegsende gefallen ist. Dieser Schlag war sehr hart für uns, insbesondere, da ich noch mehr Geschwister habe. Aber es ist besser zu wissen, er ist tot, als daß er irgendwo in Rußland oder Sibirien verhungert oder erfriert. Nun bin ich vierzehn Jahre alt und ich muß daran denken, eine Arbeit anzunehmen. Ich will Korrespondentin werden, und ich muß noch sehr viel lernen, bis ich diesen Beruf voll und ganz erfüllen kann. Aber es wird schon gehen und mit der Zeit werden auch die Wunden, die der Krieg uns schlug, vernarben.«

Was diese Wunden betraf, so waren sie freilich so ungeheuerlich tief, dass man, wenn man in der Null-Lage des Kriegsendes überhaupt zum Nachdenken kam, in Resignation verfallen konnte. Unendliches Leid war – bei Siegern wie Besiegten – über die Menschen mit ihren Familien hereingebrochen. Eine Gesamtbilanz des Schreckens zeigt, dass ungefähr 45 Millionen Menschen ihr Leben verloren hatten – allein in der Sowjetunion rund 20,6 Millionen (davon 7 Millionen Zivilisten); von den 5,7 Millionen Sowjetsoldaten waren 2 Millionen in deutscher Gefangenschaft gestorben. In Deutschland dürften 5,25 Millionen Menschen umgekommen sein, darunter etwa 600 000 Zivilisten durch Bombenangriffe. In Polen gab es 4,52 Millionen Todesopfer, darunter 4,2 Millionen Zivilisten. Die Zahl der Deutschen, die vor der Roten Armee flohen und später aufgrund der Vertreibung ihre Heimat verloren, lag bei etwa 12 Millionen; 2 Millionen kamen dabei ums Leben. Etwa 1,35 Millionen Tonnen Bomben hatten die Alliierten auf Deutschland und 0,65 Millionen Tonnen auf die besetzten Gebiete abgeworfen; davon mehr als die Hälfte auf die Städte. Wegen der Zerstörung bzw. Beschädigung von etwa 3,37 Millionen Wohnungen waren 7,5 Millionen Menschen obdachlos.

Nun wurde auch das ganze Ausmaß der von den Nationalsozialisten in den Konzentrations- und Vernichtungslagern begangenen Verbrechen deutlich; etwa 6 Millionen Juden waren ermordet worden. Als sich 1944 in den USA die Nachrichten darüber verdichteten, meinte der 1934 über England in die USA emigrierte jüdische Philosoph und Soziologe Theodor W.

Adorno, dass der Gedanke, nach dem Krieg könne das Leben normal weitergehen oder gar die Kultur wieder aufgebaut werden, idiotisch sei. »Worauf wartet diese Kultur eigentlich noch? Und selbst wenn Ungezählten Wartezeit bleibt, könnte man sich vorstellen, daß das, was in Europa geschah, keine Konsequenz hat, daß nicht die Quantität der Opfer in eine neue Qualität der gesamten Gesellschaft, die Barbarei, umschlägt?« Es schien, dass nun ein tiefschwarzer Vorhang das kulturelle Weltbild verhüllte, das doch davon kündete, dass der Mensch edel, hilfreich und gut sei.

In Deutschland spiegelte das Kriegsheimkehrerstück »Draußen vor der Tür« (zunächst als Hörspiel gesendet) die durch die Erfahrung sinnlosen Mordens bewirkte tiefe Verzweiflung wider. Es war verfasst von dem Buchhändler und Schauspieler Wolfgang Borchert, der im Dritten Reich wegen »staatszersetzender« brieflicher Äußerungen zum Tode verurteilt, dann aber zwecks »Bewährung« an die Ostfront geschickt und dort verwundet worden war. Schwer krank kehrte er bei Kriegsende nach Hamburg zurück, wo er als Regieassistent und Kabarettist tätig war. Am 20. November 1947, einen Tag vor der Uraufführung seines Stücks, starb er nur 26-jährig in Basel. »Ein Mann kommt nach Deutschland. Er war lange weg, der Mann. Sehr lange. Vielleicht zu lange. Und er kommt ganz anders wieder, als er wegging. Äußerlich ist er ein naher Verwandter jener Gebilde, die auf den Feldern stehen, um die Vögel (und abends manchmal auch die Menschen) zu erschrecken. Innerlich – auch. Er hat tausend Tage draußen in der Kälte gewartet. Und als Eintrittsgeld mußte er mit seiner Kniescheibe bezahlen. Und nachdem er nun tausend Nächte draußen in der Kälte gewartet hat, kommt er endlich doch noch nach Hause.« Und da erlebt er, der Unteroffizier Beckmann, »einen ganz tollen Film« (heißt es in der Einleitung zum Stück).

Die Geschichte beginnt, als den Kriegsheimkehrer die Elbe, in die er, weil er nicht mehr hungern und frieren wollte, mit Selbstmordabsicht hineingesprungen war, wieder ans Ufer wirft. Seine Frau liegt mit einem anderen im Bett; das Söhnchen war von einer Bombe zerrissen worden. Eine Frau, deren

22

Mann vermisst ist, nimmt ihn auf; der Mann kommt jedoch in dem Augenblick zurück, als er sie umarmen will. Seinem Vorgesetzten aus dem Krieg möchte er die Verantwortung für die Toten, an denen er als Befehlender persönlich schuldig geworden ist, zurückgeben; aber der Oberst sitzt wieder gemütlich in seiner Stube bei Frau und Kind, hat Essen und Geld. Der Direktor eines Kabaretts gibt dem Kriegsheimkehrer keine Rolle, da dieser sein Schicksal hinausschreien möchte, was der Prinzipal als geschmacklos empfindet. Schließlich steht er vor seinem Geburtshaus: Die Eltern sind tot. Da geht er wieder in die Elbe. Nun gelingt der Selbstmord. »Einer von denen, die nach Hause kommen und die dann doch nicht nach Hause kommen, weil für sie kein Zuhause mehr da ist.«

Und dennoch hat der abgrundtief verzweifelte, mit Gott hadernde Borchert, der auch mit düsteren Kurzgeschichten hervortrat, seiner Generation Mut zugesprochen. Diese sei nicht nur eine Generation ohne Heimkehr, denn sie habe nichts, zu dem sie heimkehren könne; sie sei zugleich eine Generation der Ankunft auf einem neuen Stern, in einem neuen Leben. »Voller Ankunft unter einer neuen Sonne, zu neuen Herzen. Vielleicht sind wir voller Ankunft zu einem neuen Lieben, zu einem neuen Lachen, zu einem neuen Gott.« Man glaubte sich am Ende und setzte doch wieder auf einen neuen Anfang. Ein Volk, das »unterwegs« war.

Aus der Heimat vertrieben

Solches Unterwegssein war nicht nur ein geistig-seelischer Vorgang, sondern ganz real zu sehen. Auf den Straßen und entlang der Schienen – Züge fuhren kaum noch – befanden sich Millionen auf erzwungener Wanderschaft: Flüchtlinge, Vertriebene, Kriegsgefangene, Verfolgte; Menschen, die aus den Städten flohen, und solche, die wieder in die Städte zurückkehrten, die ihre Heimat verloren hatten und nun eine neue Heimat suchten, die sich nur mühsam über Wasser halten konnten und andere, die erfolgreich wie Korken auf der Wasseroberfläche dahintanzten. Viele zeitgenössische Reportagen schilderten das Volk, das vom Norden nach dem Süden, vom Osten nach dem Westen und vom Süden nach dem Norden wanderte. »In tausend Gesprächen versucht es seine Existenzberechtigung zu beweisen, in tausend Unterhaltungen irrt es auf den Wegen der Vergangenheit und sucht die Hoffnung von Morgen.« (Hans Werner Richter)

Die ganze Schwere des Unterwegsseins hatten diejenigen zu tragen, die aus ihrer Heimat vertrieben worden waren. Und das waren nun, als Folge des verlorenen Krieges, die Deutschen aus Polen und der Tschechoslowakei. Für die Vertreibungen waren die Alliierten verantwortlich, mit Stalin als treibender Kraft; das sowjetrussische Imperium wurde in Richtung Westen wesentlich erweitert, den davon betroffenen Polen erlaubt, deutsche Gebiete bis zur Oder und Neiße zu annektieren und die deutsche Bevölkerung zu verdrängen. Die »humanitären Prinzipien«, die bei der »Aussiedlung« beachtet werden sollten, standen lediglich auf dem Papier; die von den Alliierten vorgesehene europäische Neuordnung erwies sich als (moralisch) nicht zu rechtfertigen. Doch hatte der Hass, der sich jetzt entlud, alte Ursachen; sie lagen etwa in der mangelnden Bereitschaft deutscher Volksgruppen, sich in das Leben der Gastländer einzufügen; diese wiederum hatten der deutschen Minderheit das erstrebte Maß an Eigenständigkeit versagt. Hitler hatte den Zwist geschürt und dafür gesorgt, dass die Nationalsozialisten unter den Volksdeutschen die Regierungen in Prag und Warschau so provozierten, dass Situationen entstanden waren, die ihm den Vorwand für den Einmarsch geboten hatten.

Die Ausweisungsbescheide nach 1945 wurden meist kurzfristig zugestellt; sie waren mit Enteignung verbunden. Der Abtransport erfolgte in Güterwaggons oder man musste die Heimat zu Fuß verlassen. Ein Vertriebener aus Brünn erinnert sich: »Ohne Rücksicht auf die Ermüdung der alten Leute durch eine schlaflose Nacht wurden wir auf der Landstraße weitergetrieben. Kaum eine kurze Essenspause wurde uns gewährt. Mit den Zurufen ›Ihr deutschen Schweine, weiter!‹ wurde hinterrücks immer geschossen, wobei wir mittags bei glühender Sonne in Raigern ankamen. Dahier wurden uns abermals die Rucksäcke durchgewühlt und alles halbwegs Brauchbare weggenommen. ... Viele Kinder und kranke Leute konnten nicht mehr weiter und wurden mit Fußtritten und Gewehrkolben zum Weitergehen gezwungen, bis sie entkräftet im Straßengraben zusammenbrachen. Auch da gab es keinen Pardon. ... Grausamkeiten über Grausamkeiten begleiteten uns. Immer schütterer wurden unsere Reihen. Bei der Gluthitze wurde uns nicht einmal erlaubt, uns mit Wasser zu laben. Nicht einmal die Säuglinge durften von ihren Müttern gestillt werden. Eben deshalb sind auch unterwegs so viele Säuglinge gestorben.«

Waren die Vertriebenen in Deutschland, in den einzelnen Besatzungszonen, angekommen und damit einigermaßen in Sicherheit, so ergaben sich neue Probleme. Hausrat, Kleidung und Wäsche waren Mangelware; es bereitete große Schwierigkeiten, Wohnraum zu beschaffen; Notquartiere waren die Regel. Dazu kam die Ablehnung der Flüchtlinge durch die einheimische Bevölkerung und das mangelnde Engagement der örtlichen Behörden. Die Lage verbesserte sich nur langsam; in Bayern zum Beispiel wohnten im Oktober 1946 noch 146 000 Flüchtlinge unter oft menschenunwürdigen Bedingungen in Massenunterkünften.

Den größten Beitrag zur Integration der Vertriebenen und der durch den Krieg besonders Betroffenen hat dann das 1952 vom Bundestag beschlossene Lastenausgleichsgesetz geleistet – geprägt vom Geiste eines realistischen Humanismus und von vorausblickender Vernunft, vom damaligen Wirtschaftsminister Ludwig Erhard sehr gefördert. Nichtgeschädigte mit nennenswertem Vermögen mussten jährlich Vermögens-, Hypothekengewinn- oder Kreditgewinnabgaben an einen Ausgleichsfonds abführen, aus dem die Betroffenen mit Rechtsanspruch angemessene Unterstützung erhielten.

Mit der Absicht, eine rasche Integration zu erreichen, aber auch mit einer stark ausgeprägten revanchistischen Tendenz hatten sich die Heimatvertriebenen inzwischen politisch formiert. Der BHE (»Bund der Heimatvertriebenen und Entrechteten«),

der sich mit dem GB (Gesamtdeutschen Block) zusammen-
schloss, unterstützte die Regierung Konrad Adenauers, der jeden
Verzicht auf die Ostgebiete ablehnte. 1953 zog er mit 27 Man-
daten in das Bonner Parlament ein und erhielt zwei Ministerpos-
ten; darunter war Theodor Oberländer, der das Bundesministe-
rium für Vertriebene, Flüchtlinge und Kriegsgeschädigte leitete
und als früherer »Ostforscher« und Abwehroffizier »braun einge-
färbt« war. (1957 scheiterte die Partei schließlich an der Sperr-
klausel und war deshalb im Bundestag nicht mehr vertreten.)
Wegen des großen Wählerpotentials, das die Vertriebenen darstellten, unterstützten alle Parteien, mit Ausnahme der KPD, deren Forderungen, die auf die Wiederherstellung Deutschlands in
den Grenzen von 1937 und damit auf die Möglichkeit einer
Rückkehr in die verlorenen Gebiete jenseits von Oder und Neiße
abzielten.

»Schlesien ist mir zu heilig, als daß ich die Erinnerung, die
geistige Aura, das kulturelle Erbe, das mich damit verbindet,
den Schlesierverbänden überlassen möchte«, äußerte der
Schriftsteller Horst Bienek in Gegenposition dazu. Das war zu
der Zeit, da sein Roman »Die erste Polka« (1975) erschien – der
eröffnende Band einer Tetralogie, welche die Geschichte Ober-
schlesiens vom Beginn des Krieges bis Ende 1945 erzählt. Die
Bücher stellten eine Klage ohne Anklage dar, leisteten Erinne-
rungs- und Trauerarbeit in dem Wissen, dass zum Erinnerten
kein Weg zurückführe.

Realitätssinn zeigte auch Willy Brandt; auf dem Nürnberger
Parteitag der SPD 1968 sprach er von einer Anerkennung bzw.
Respektierung der Oder-Neiße-Linie bis zur friedensvertrag-
lichen Regelung. Im Rahmen der neuen Ostpolitik der sozial-
liberalen Regierung ab 1969 wurden dann Verträge mit der
Sowjetunion, mit Polen, der ČSFR und der DDR sowie ein
Berlin-Abkommen ausgehandelt, welche die Grenzen in Europa, die nach dem Zweiten Weltkrieg entstanden waren, »hin-
nahmen«. Vordringlich erschien es, Ausreisemöglichkeiten
für die in diesen Ländern noch lebenden Deutschen zu verein-
baren. Die Vertriebenenverbände hatten die Verträge, die zusammen mit dem KSZE-Prozess (Konferenz über Sicherheit

und Zusammenarbeit in Europa, ab 1973) zur Erosion kommunistischer Herrschaft beitrugen, zunächst erbittert bekämpft.

Die politische Vernunft setzte sich jedoch durch. 1990, im Kontext der Wiedervereinigung, kam es zur definitiven völkerrechtlichen Anerkennung der Oder-Neiße-Grenze. Die unter Führung der konservativ-liberalen Bundesregierung unter Helmut Kohl bewirkte Regelung im Rahmen des »Zwei-plus-Vier-Vertrages«, der von den zwei deutschen Staaten, den USA, der Sowjetunion, Großbritannien und Frankreich abgeschlossen wurde, gelang nun ohne größeren Widerstand; Kohl hatte in der Sache, wenn auch nicht in seiner Rhetorik, die Deutschland- und Ostpolitik Brandts (und dann Helmut Schmidts) fortgesetzt.

Spät, aber nicht zu spät, war damit auch der Zeitpunkt gekommen, in klarer Absage an jeden Versuch, die deutschen Verbrechen mit den Verbrechen an Deutschen aufzurechnen, die Trauerarbeit über die Vertreibungen zu verstärken und das Kriegsverbrechen, das diese darstellten, beim Namen zu nennen; Menschlichkeit ist nicht teilbar. Allerdings war in den Jahrzehnten zuvor das Thema der Vertreibungen keineswegs literarisch, publizistisch oder wissenschaftlich »beschwiegen« bzw. verschwiegen worden. Zu denken ist etwa (neben Bienek) an die erfolgreichen Romane von Siegfried Lenz (z. B. »Heimatmuseum«). Eine systematisch angelegte Dokumentation – darunter 10 000 Erlebnisberichte – erfolgte durch eine 1951 berufene Kommission, die von dem Historiker Theodor Schieder geleitet wurde und der weitere renommierte Persönlichkeiten wie Hans Rothfels, Werner Conze, Martin Broszat (der spätere Direktor des Instituts für Zeitgeschichte) und Hans-Ulrich Wehler (seit Ende der 60er Jahre einer der führenden deutschen Sozialhistoriker) angehörten. Die mitwirkenden Historiker bekundeten die deutsche Schuld; allerdings waren, was sich dann später herausstellte, einige von ihnen – so Schieder und Conze – im Dritten Reich an der verbrecherischen NS-Ostpolitik beteiligt gewesen.

Was die Seite der Vertreiber betraf, so zeigte sich nach dem

Ende des »kalten Krieges« eine Tendenz, die falschen Rechtfertigungsstrategien aufzugeben und das zukünftige Miteinander der Völker im Rahmen der europäischen Gemeinsamkeit in geschichtlicher Wahrheit zu fundieren. In diesem Sinne brach der tschechoslowakische Präsident Václav Havel 1990 zum ersten Mal die bisher geltende Tabuisierung der Beneš-Dekrete. In Polen gehörte der 1991 verstorbene, zur Dissidenz gehörende Literaturhistoriker und Publizist Jan József Lipsky zu den Ersten, welche die Vertreibung der Deutschen als Unrecht bezeichneten. »Das uns angetane Böse, auch das größte, ist aber keine Rechtfertigung und darf auch keine sein für das Böse, das wir selbst anderen zugefügt haben; die Aussiedlung der Menschen aus ihrer Heimat kann bestenfalls ein kleineres Übel sein, niemals eine gute Tat.«

Literatur als Glasperlenspiel

In der hässlichen, düsteren Welt der Trümmerzeit waren die »schönen Künste« ein Lichtblick. Sie vermittelten Wahrnehmungen und Erfahrungen, die nicht der Wirklichkeit, sondern kreativer Phantasie entsprangen – dank der Fähigkeit des Künstlers, Virtuelles zu schaffen. Natürlich ist ein Buch, ein Theaterstück, eine Komposition, ein Bild als Realität greifbar, aber das, was dergestalt verdinglicht in Erscheinung tritt, lebt aus seiner Zeichenhaftigkeit. Der künstlerische »Mehrwert« ist ein geistiger, gefühlsmäßiger; er ruft Stimmungen, Gedanken, Emotionen hervor, reicht über die Schwerkraft des Daseins hinaus. Das Leben, meinte Friedrich Schiller, sei ernst, aber die Kunst heiter; mit deren Kraft kann man sich ins Reich der Ideale aufschwingen, der Wirklichkeit zumindest zeitweise entfliehen.

Wenn nun freilich ein sich gegenseitig relativierendes Wechselspiel zwischen Idee und Wirklichkeit nicht mehr stattfindet, Ästhetik nur noch ein völlig vom Dasein abgehobenes »Schönes« meint, entsteht ein Zustand, der seit dem 19. Jahrhundert die bürgerliche Kultur charakterisierte. Herbert Marcuse nannte diese zunehmende Abschottung des Ästhetischen von der Realität – Kennzeichen des »Bildungsbürgertums« – »affirmative Kultur«.

»Unter affirmativer Kultur sei jene der bürgerlichen Epoche angehörige Kultur verstanden, welche im Laufe ihrer eigenen Entwicklung dazu geführt hat, die geistig-seelische Welt als ein selbständiges Wertreich von der Zivilisation abzulösen und über sie zu erhöhen. Ihr entscheidender Zug ist die Behauptung einer allgemein verpflichtenden, unbedingt zu bejahenden, ewig besseren, wertvolleren Welt, welche von der tatsächlichen Welt des alltäglichen Daseinskampfes wesentlich verschieden ist, die aber jedes Individuum, ›von innen‹ her, ohne jene Tatsächlichkeiten zu verändern, für sich realisieren kann. Erst in dieser Kultur gewinnen die kulturellen Tätigkeiten und Gegenstände ihre hoch über den Alltag emporgesteigerte Würde: Ihre Rezeption wird zu einem Akt der Feierstunde und der Erhebung.«

Die affirmative Kultur sei in ihren Grundzügen idealistisch: Auf die Not des isolierten Individuums antworte sie mit der allgemeinen Menschlichkeit, auf das leibliche Elend mit der Schönheit der Seele, auf die äußere Knechtschaft mit der inneren Freiheit, auf den brutalen Egoismus mit dem Tugendreich der Pflicht. Hätten zur Zeit des kämpferischen Aufstiegs der neuen Gesellschaft alle diese Ideen einen fortschrittlichen, über die erreichte Organisation des Daseins hinausweisenden Charakter gehabt, so würden sie in steigendem Maße mit der sich stabilisierenden Herrschaft des Bürgertums in den Dienst der Niederhaltung unzufriedener Massen und der bloßen rechtfertigenden Selbsterhebung treten; sie verdeckten die leibliche und psychische Verkümmerung des Individuums.

Die totalitäre Ideologie des Nationalsozialismus hatte affirmative Kultur als Fassade benützt, hinter der rücksichtslos Gewalt ausgeübt wurde. Als 1945 nach dem Zusammenbruch des Dritten Reiches die abgründige Verlogenheit dieser ästhetisierten Barbarei, die in den Massenspektakeln der Reichsparteitage gipfelte, deutlich wurde, stellte sich für manche die existentielle Frage, welche Ästhetik denn nun geboten sei und wie man mit der ästhetischen Pervertierung umgehen solle. Nach Auschwitz entwickelte sich Skepsis gegenüber dem Begriff des »Schönen«. Dessen »Ganzheitlichkeit«, wie sie die Klassik als Erziehungsziel postuliert hatte, nämlich die Schön-Gutheit (Kalokagathia), war völlig verloren gegangen bzw. bestand nur noch als Hülse, aufgefüllt mit verheerender Bösartigkeit.

Doch überwog auch kulturelle Unbekümmertheit. Charakteristisch dafür war zum Beispiel, dass der Historiker Friedrich Meinecke, der politisch und historisch die »deutsche Tragödie« (so der Titel seines 1945 konzipierten und 1946 veröffentlichten Buches) in ihrem vollen Ausmaß auslotete, hinsichtlich der Kunst keine Skrupel hatte, diese weiterhin auf harmonische Weise zu interpretieren. Die Irrwege, Holzwege, Sackgassen der bisherigen deutschen Geschichte wurden zwar aufgezeigt; doch sei das »innere Deutschland« davon unberührt geblieben. »In jeder deutschen Stadt und größeren Ortschaft wünschen wir uns künftig eine Gemeinschaft gleichgerichteter Kulturfreunde, der ich am liebsten den Namen einer ›Goethegemeinde‹ geben möchte. … Den ›Goethegemeinden‹ würde die Aufgabe zufallen, die lebendigsten Zeugnisse des großen deutschen Geistes durch den Klang der Stimme den Hörern ins Herz zu tragen – edelste deutsche Musik und Poesie … zu bieten.« Lyrik von jener wunderbaren Art, wie sie z. B. Goethe und Mörike geschaffen hätten (wo »Seele zu Natur und Natur zu Seele« werde) und tiefsinnige Gedankendichtung von der Art der goetheschen und schillerschen stellten wohl das Deutscheste vom Deutschen dar. Wer sich ganz in sie versenke, werde »in allem Unglück des Vaterlandes und inmitten der Zerstörung etwas Unzerstörbares, einen deutschen *character indelebilis* spüren«.

Das war kulturelle Naivität ohnegleichen; ihr stand das, freilich später revidierte Diktum von Theodor W. Adorno entgegen, dass es barbarisch sei, nach Auschwitz noch ein Gedicht zu schreiben; man sich angesichts der furchtbaren Wirklichkeit nicht mehr in das Reich der schönen Künste mit ihrer »Unversehrtheit« zurückziehen könne. Doch war eben in der Trümmerzeit der Mehrheit des Kulturpublikums eine ästhetisch-affirmative Mentalität zu eigen. Man sollte dies freilich im

Rückblick nicht nur kritisieren. Die Wirklichkeit erschien trostlos; vor ihr ins Reich der Schönheit zu entfliehen, bot Ermunterung und Ermutigung. Menschen, die im Wohlstand aufgewachsen sind, können sich schwerlich vorstellen, was damals der Besitz eines Buches, der Erwerb einer Theater- oder Konzertkarte für diejenigen bedeutete, die darbten, in notdürftig reparierten Wohnungen hausten und im Winter froren. Im Grauen sehnte man sich nach dem Hellen: nach der Enthebung und Erhebung durch Kunst. Zum Beispiel nach schöner Wortkunst, wie sie in der Lyrik etwa das Sonett darstellt; bittere Erfahrungen schienen hier durch »strenge Form« gebändigt und veredelt.

Als der Literarhistoriker Hans Mayer im Oktober 1945 aus der schweizer Emigration nach Frankfurt am Main kommt, um dort eine wichtige Funktion im Rundfunk zu übernehmen, wird er mit seinem Freund, dem ebenfalls aus der Emigration zurückgekehrten Dichter Stephan Hermlin, zu einer literarischen Lesung eingeladen; angesichts der weitgehenden Zerstörung der Stadt kommt ihm dies zunächst anachronistisch vor. Ein schmaler blonder Mann, höchstens Mitte Dreißig, trägt Sonette vor. »Es hatte mit dem Krieg zu tun, und mit Italien, und mit dem abstrusen Gegensatz zwischen beidem: Krieg und Italien. Hier las ein begabter Lyriker, das war unverkennbar. Die Sonette schwindelten nicht: weder durch Leichtsinn noch durch falsches Herzeleid. Wir hatten das ›Venezianische Credo‹ gehört; der Soldat in der abgewetzten Montur hieß Rudolf Hagelstange.« Der 1912 geborene Dichter hatte deutsche Philologie in Berlin studiert; im Zweiten Weltkrieg Soldat in Frankreich und Italien, geriet er 1945 in Kriegsgefangenschaft; nach seiner Entlassung wohnte er am Bodensee. Er gehörte zu den jungen Schriftstellern, die nun in Erscheinung traten.

Die moralische Erschütterung artikulierte diese Generation gerne, der Tradition folgend, in »edler Wortkunst«. »Mit der strengsten Form hoffte man dem Chaos am ehesten begegnen zu können. Die Übermacht der in zwölf Jahren Naziherrschaft keineswegs fortentwickelten, sondern verkümmerten literarischen Traditionen war gewaltig. Auch wo die Autoren subjektiv völlig offen und konsequent die Auseinandersetzung mit der jüngsten Vergangenheit und ihrer Situation suchten, blieben sie in diese eingebunden. Und es dominierte der Drang, geistig aus der Zeit zu fliehen, heile Welt zu imaginieren, in Romantik und Metaphysik Zuflucht zu finden.« (Heinrich Vormweg)

Ein beliebtes literarisches Genre der ästhetischen Fluchtbewegung war die Naturdichtung. Diese hatte schon eine große Rolle bei der »inneren Emigration« im Dritten Reich gespielt; man begab sich gerne inmitten politischer Unterdrückung dorthin, wo »lyrische Windstille« herrschte. Schon die Titel erster Publikationen nach Kriegsende signalisierten die gleich bleibende Beliebtheit solchen Abseits, wobei »Die Silberdistelklause« (ein Buch von Friedrich Georg Jünger) geradezu die Bezeichnung für dieses ganze Genre abzugeben vermag.

Der Einwand, dass es immerhin auch anderes gegeben hätte, etwa die im Gefängnis geschriebenen »Moabiter Sonette« des kurz vor Kriegsende von den Nationalsozialisten umgebrachten Albrecht Haushofer, »Die Wohnungen des Todes« der 1940 nach Schweden entkommenen jüdischen Dichterin Nelly Sachs, »Totentanz und Gedichte zur Zeit« von Marie Luise Kaschnitz, verkenne – so der 1929 geborene Lyriker Peter Rühmkorf – die »schlagende Disproportion der Mengenverhältnisse«.

»Und außerdem, wo waren denn nun eigentlich die Jungen, die Heimgekehrten, Tiefverstörten, die Fünfundzwanzig- bis Dreißigjährigen? Wo traten sie auf den Plan, definierten sich als Generation, hauten auf – nein, zerhauten die Pauke? Und wo, die Frage ist doch fällig, zeigten sich Spuren, zeigte sich auch nur der Hauch einer Auf- und Umbruchsliteratur, ein Wagnis aus Stil, ein Neubeginn aus Sprache, eine Wendung im Satzbau? ... War es vielleicht so, daß ein Zuviel an Erlebnis, ein Übermaß an äußerer Gefährdung und innerer Unruhe dem jungen Menschen die Stimme verschlagen hatte, die Fähigkeit zur Artikulation? War es so, daß der erlebten Wirklichkeit keine Form gerecht wurde, kein Reim gewachsen, keine Stilisierung angemessen war? Wie es denn ja auch von dem begabtesten Prosamann der jungen Heimkehrergeneration, von Wolfgang Borchert ausgesprochen wurde: ›... wer denn, ach, wer weiß einen

Reim auf das Röcheln einer zerschossenen Lunge, einen Reim auf einen Hinrichtungsschrei, wer kennt das Versmaß, das rhythmische, für eine Vergewaltigung, wer weiß ein Versmaß für das Gebell der Maschinengewehre …?‹«

Eine eigenartige Paradoxie kennzeichnet das literarische Weltbild der Trümmerzeit. Die Entfernung von der Realität erschien als Annäherung ans Wesentliche. Diejenigen, die zwölf Jahre lang der »geistigen Güter« entbehrt hatten, kulturell »unbemittelt« und »unbehaust« dagestanden waren, versuchten nun, sich im schönen Wort einzurichten. »Hier in der Zeit« (so der Titel eines Gedichtbandes von Hans Egon Holthusen aus dem Jahre 1949) stand man vor allem, wenn man sich ihr entzog. »Je fragwürdiger mein äußeres Leben sich gestaltete«, so formulierte es der 1920 geborene Schriftsteller Wolfdietrich Schnurre, »desto erbitterter wuchs meine Feindschaft gegen die Wirklichkeit, desto rücksichtsloser zerbrach ich die Bindungen zum Tätig-Lebendigen. Ich kapselte mich ab. Ich bezog Position im Elfenbeinturm.« »Machen Sie sich bitte klar«, so interpretierte Schnurre später seinen Ausspruch, »was es für einen 25jährigen, der ich 1945 war, bedeutete, sechseinhalb sinnlose Kriegsjahre lang auf der falschen Seite gestanden zu haben. Machen Sie sich bitte die Skrupel und Gewissensbisse klar, die meinen zwei Desertionen vorausgingen, bzw. sie begleiteten. Machen Sie sich ferner bitte klar, was es, bis in seine tiefsten Auswirkungen hinein, mit jener, ich möchte fast sagen: gesteuerten Schizophrenie auf sich hat, die ständige Grenzüberschreitungen und an die Substanz gehende Frontwechsel zur Folge hatte.«

Während die Einbürgerung der ins Exil geflohenen Schriftsteller in den Westzonen zunächst weitgehend scheiterte und die Werke von Hermann Broch, Robert Musil, Ödön von Horváth, Ernst Toller, Lion Feuchtwanger, Oskar Maria Graf, Heinrich Mann und der im Jahr 1945 Gestorbenen (Georg Kaiser, Else Lasker-Schüler und Franz Werfel) weithin unbekannt und ohne literarischen Einfluss blieben, setzten die im Dritten Reich zur »inneren Emigration« sich rechnenden Dichter – darunter Hans Carossa, Werner Bergengruen, Rudolf Alexander Schröder, Ernst Jünger, Ina Seidel, Oskar Loerke, Wilhelm Lehmann, Georg Britting, Karl Krolow – die eigentlichen Orientierungsmarken; gerade weil ihre Werke eine »vernebelnde Entrückungsliteratur« darstellten und mehr »gewohnte Kontinuität« denn »bewegenden Neubeginn« signalisierten.

Eine Zwischenstellung nahm die Dichterin Elisabeth Langgässer mit ihren Romanen ein; mit Hilfe einer oft verquollenen, mythisch-metaphorisch überladenen Sprache wurden religiöse Zweifel oder auch persönliche Schuldgefühle verdrängt bzw. »über-redet«. Die Dichterin, selbst »halbjüdisch«, hatte im Dritten Reich ihre aus einer Verbindung mit einem Juden stammende uneheliche Tochter Cordelia nicht mutig genug vor dem Zugriff der Nationalsozialisten und dem Transport nach Auschwitz zu bewahren versucht, was aller Wahrscheinlichkeit nach möglich gewesen wäre. Solcher Verrat – erst nach Jahrzehnten sah sich die gerettete Tochter in der Lage, über ihr Schicksal zu berichten – bestimmte zumindest unterbewusst die Erlösungssehnsucht der Dichterin; etwa in dem Roman »Das unauslöschliche Siegel«, (1946), dessen »transzendente Sehnsucht« und »reine Glut des Glaubens« die Kritik beim Erscheinen pries. Eine sinnlose Wirklichkeit hatte man lange genug erfahren; nun war man auf eine Sinndeutung sub specie aeternitatis (»unter dem Gesichtspunkt der Ewigkeit«) geradezu süchtig.

Der alte Hermann Hesse – 1877 in Calw geboren, 1919 ins schweizer Tessin (Montagnola) übergesiedelt, von den Nationalsozialisten diffamiert – erwies sich als ein wichtiger »Fluchthelfer« bei dem versuchten Rückzug ins Wesentliche. Vor allem Teile der studentischen Jugend erkoren ihn zum Schutzpatron. Ob ihrer Enttäuschung, im Dritten Reich verführt worden zu sein, entwickelten sie ein »neues Gefühl für einfache Sittlichkeit«. Die Tugenden der Wahrhaftigkeit, Gerechtigkeit und Treue sollten nun einhergehen mit einer tiefen Verehrung des Geistigen und der Schönheit sowie einer dogmenlosen Frömmigkeit, die das Ewige suche; so der Pädagoge Herman Nohl, der sich wie viele seiner Zunft (der universitären Erziehungswissenschaft) rasch vom Leitbild des soldatisch-heroischen auf das des gefühlvollen Jünglings umgestellt hatte. Für viele der Suchenden, die das Studium fortführten oder neu begannen, erwies sich in diesem Sinne Hesses Roman »Das Glasperlenspiel«, geschrieben 1943, als wegweisend.

Es schildert die Tätigkeit von Menschen, die sich aus einer nivellierten und desorientierten Gesellschaft nach Kastalien, einem Land hinter Zeit und Raum, zurückziehen und dem Geist treu bleiben. Das »Glasperlenspiel« ist für diese, von der Oberflächlichkeit der Welt abgestoßenen Aussteiger das einigende Band, sozusagen die Liturgie eines neuen Glaubens; es umschließe nach absolvierter Meditation den Spieler so, wie die Oberfläche einer Kugel ihren Mittelpunkt umfasse, und entlasse ihn mit dem Gefühl, eine restlos symmetrische und harmonische Welt aus der zufälligen und wirren gelöst und in sich aufgenommen zu haben. Freilich wendet sich Josef Knecht, der Glasperlenspiel-Meister, am Ende selbst von Kastalien ab, als er erkennt, dass seine Flucht auch Ausflucht gewesen ist, dass er sich den konkreten Pflichten des Menschseins nicht verschließen dürfe. Knecht sieht, nachdem er durch das Glasperlenspiel zu sich selbst gefunden hat, seine Lebensaufgabe im wirkungsvollen Tätigsein; er will einen jungen Menschen erziehen. Im Vorgefühl der auf ihn wartenden Aufgabe folgt er seinem Schüler zum Wettschwimmen; im eisigen Wasser eines Gebirgssees ertrinkt er. In ratloser Trauer bleibt der Jüngling zurück, doch überkommt ihn das Bewusstsein, dass der Tod des Lehrers ihn selbst tief greifend verändert habe; das Leben wird nun von ihm viel Größeres fordern, als er es bisher von sich verlangt hat.

Das Buch war 1946 durch den von Peter Suhrkamp geleiteten deutschen Teil des S. Fischer Verlags dem deutschen Publikum zugänglich gemacht worden – im selben Jahr, da der Dichter den Nobelpreis und auch den Goethepreis der Stadt Frankfurt erhielt. (Der jüdische Eigentümer Gottfried Bermann Fischer übernahm 1950 den Verlag wieder.)

Siegfried Unseld, der in Tübingen studierte und 1959 Leiter des Suhrkamp Verlages werden sollte, schrieb damals eine der ersten Besprechungen, in der er begeistert bekundete, dass ihn die Worte Hesses tief ergriffen hätten, da sie für »unsere Zeit« gesprochen seien. »›Du sollst dich nicht nach einer vollkommenen Lehre sehnen, sondern nach einer Vervollkommnung deiner selbst.‹ Dieses Streben zur Vervollkommnung und das Wissen, daß Wahrheit nicht doziert, sondern gelebt wird, ist Knechts und Hesses Ziel und sollte auch das unsre sein.«

Anders hören und sehen

Das affirmativ-kastalische Kulturbewusstsein der unmittelbaren Nachkriegszeit zeigte sich auch in der Intensität, mit der ernste klassische und romantische Musik als Überlebensmittel empfunden wurde; sie stand auf der Wunsch- und Werteskala des Publikums weit oben. Man wollte sie nach der Kulturdemontage des totalen Krieges einfach wieder hören können – als Trost und Abschirmung gegen Gewesenes, als Ausgleich und Mutmacher für die triste Gegenwart. Bald setzten die früheren Orchester und Ensembles ihre Tätigkeit fort; neue bildeten sich, zumal mit den Flüchtlingen hoch qualifizierte Musiker vorwiegend in die Westzonen gekommen waren und Beschäftigung suchten; dieser Tatsache verdankten zum Beispiel die »Bamberger Symphoniker« ihre Entstehung.

Das Repertoire der Konzerte unterschied sich von früheren Programmen häufig nur insoweit, als in ihnen nun die Werke der von den Nationalsozialisten verbotenen Komponisten, oft mit Vorrang, Aufnahme fanden. So wurde am 26. Mai 1945 das erste Konzert der Berliner Philharmoniker nach Ende des Krieges mit Werken von Mendelssohn Bartholdy, Mozart und Tschaikowski gestaltet; beim letzten Konzert vor Ende des Zweiten Weltkrieges hatte man Beethoven und Wagner gespielt. Die »Münchner Philharmoniker« gaben siebzig Tage nach der Kapitulation ihr erstes Konzert ebenfalls mit Mendelssohn Bartholdy, Mozart und Tschaikowski. Wegen der Zerstörung vieler Konzertsäle spielte man häufig in Kirchen, Gasthaussälen, Schulen und anderen noch vorhandenen Gebäuden. Wo auch immer – »unsterbliche Musik« sollte die Misere des

Alltags vergessen helfen und Stunden wahrer Empfindung inmitten von Trauer und Schmerz ermöglichen.

Bald aber öffnete sich das Musikleben auch für die Moderne, die im Dritten Reich unterdrückt worden war – zunächst in Form einer vorsichtigen Ergänzung; im Rahmen »künstlerischer Wiedergutmachung« wurden Aufrührer der zwanziger Jahre wie Paul Hindemith, Ernst Krenek, Arthur Honegger, Igor Strawinsky rehabilitiert und von einer nicht unbedeutenden Minderheit des Publikums akzeptiert.

Die »Musica nova« fand wichtige Förderung durch den nun wieder demokratischen Rundfunk, der, nach seiner Gleichschaltung im Dritten Reich, an die freiheitlichen Traditionen der Weimarer Republik anknüpfte. Vor allem trat dabei der Südwestfunk in Baden-Baden mit Heinrich Strobel hervor. Er war aus Paris, wohin er 1935 emigriert war, zurückgekehrt und von der französischen Militärregierung beauftragt worden, die Musikabteilung für den Sender aufzubauen. In der ersten Nachkriegsnummer der von ihm herausgegebenen Zeitschrift »Melos« (November 1946) beklagte er freilich, dass der größte Teil der deutschen Musikfreunde so gut wie keine Kenntnis von der künstlerischen Entwicklung der letzten dreißig Jahre habe.

Anderes konnte gar nicht erwartet werden. Die Nationalsozialisten, die nur in der Technologie, z. B. bei Kriegswaffen, »futurisch« gesonnen waren, hatten jede künstlerische Avantgarde, die dem kleinbürgerlichen Geschmack nicht entsprach, so auch »entartete Musik«, zu liquidieren versucht. Komponisten, die nicht emigriert waren, wie z. B. Arnold Schönberg, der Schöpfer der Zwölftonmusik, verstummten. Auch Karl Amadeus Hartmann hatte es abgelehnt, mit Werken an die Öffentlichkeit zu treten und nur für die Schublade gearbeitet. Nach Kriegsende vollendete er sein zweites Streichquartett und revidierte seine ersten vier Symphonien, die nun ebenso wie das szenische Oratorium »Simplicius Simplicissimus« uraufgeführt wurden.

Das deutsche Konzertpublikum, weitgehend durch traditionale Hörgewohnheiten bestimmt (bzw. in ihnen »befangen«), lernte abrupt das Schaffen von Komponisten wie Karl Amadeus Hartmann, Boris Blacher, Giselher Klebe, Bernd Alois Zimmermann kennen, die sich als »Neutöner« an Schönberg und bald auch an Anton von Webern (der irrtümlicherweise 1945 von einem amerikanischen Soldaten niedergeschossen worden war) orientierten. Dass sich Thomas Mann in seinem Roman »Doktor Faustus. Das Leben des deutschen Tonsetzers Adrian Leverkühn, erzählt von einem Freunde« (1947) mit der Zwölftonmusik auseinander setzte, verlieh dieser einen zwielichtigen zusätzlichen Bekanntheitsgrad; die allegorische Dichtung erzählte von der Gefährdung der deutschen Seele, ihrer Verführbarkeit und endgültigen Vernichtung durch den Nationalsozialismus.

Einem breiteren Publikum dürften nach Kriegsende lediglich Werner Egk und Carl Orff aus dem Musiktheater bekannt gewesen sein. Die Oper hatte in der nationalsozialistischen Weltanschauung einen hohen kulturellen Rang eingenommen. Hitler war regelmäßiger Gast bei den Festspielen in Bayreuth, deren »Gralshüterin« Winifred Wagner (die Schwiegertochter Richard Wagners) eine gleichermaßen glühende wie bornierte Verehrerin des »Führers« war. Hitler ging zudem regelmäßig in die Oper und goutierte dabei auch mäßig Modernes, etwa Egks »Peer Gynt«, von dem er, wie Joseph Goebbels, sehr begeistert war; (der Komponist wurde sogar bei einer Aufführung in die Führerloge gebeten).

Orff hatte 1939 mit »Der Mond« und 1943 mit »Die Kluge« Erfolg gehabt. Nach dem Zweiten Weltkrieg gelang ihm mit »Carmina burana« der internationale Durchbruch. Von diesem Erfolg ermutigt, entwickelte er sein musikalisch-dramatisches Werk konsequent weiter (»Die Bernauerin« 1947, »Antigonae« 1949). Seine elementare Volkstümlichkeit, die von den Nationalsozialisten bald vereinnahmt, bald abgelehnt worden war, bezog ihre Kraft aus der Reduktion musikalischer Mittel, der starken Betonung des Rhythmus und der Unterordnung der Musik unter das Theatralische.

In der Sowjetischen Besatzungszone (SBZ) zeigte man zunächst für moderne Musik eine gewisse Sympathie: Noch sei die Kluft zwischen der neuzeitlichen Musik und den Musikfreunden unserer Zeit zu überbrücken; wenn dies nicht gelinge, werde ein

Verfall des Musiklebens nicht aufzuhalten sein. Auf Dauer könne keine Kunst nur von den Schätzen der Vergangenheit leben. Der damals noch im Osten wirkende Musikkritiker Hans Heinz Stuckenschmidt konstatierte, dass z. B. Schönberg nicht zu verstehen sei, wenn man in der Kunst eine dekorative Verschönerung des Lebens sähe. Moderne Musik galt noch nicht als dekadentes westliches Phänomen, sondern als Medium kulturellen Engagements; sie wolle nicht einlullen und beschönigen in einer Welt, die aus Dissonanzen bestehe; sie wolle beunruhigen und so zum Nachdenken und zur Klärung beitragen.

Im Westen gipfelte konservatives Unbehagen an der modernen Musik im »Abraxas«-Skandal (1948), der Bayern als Vorreiter einer restaurativ-katholischen Kulturpolitik erscheinen ließ. Werner Egk wurde angegriffen, da er mit seinem Faust-Ballett »Abraxas«, das auf Heinrich Heines Faust-Fragment zurückgriff, die »teuflische« elementare Triebhaftigkeit in den Mittelpunkt gestellt habe. Die Konzertfassung führte der Südwestfunk auf, Egk dirigierte selbst. Die szenische Uraufführung fand dann im Juni 1948 in der Bayerischen Staatsoper statt – eines »jener seltenen, erregenden Ereignisse, die zur Anteilnahme und zur Auseinandersetzung verlocken«. Der »sinnliche Bewegungsreiz«, vor allem die »Schwarze Messe« im dritten Bild, irritierte jedoch den damals amtierenden bayerischen Kultusminister Alois Hundhammer so sehr, dass er – auch auf Wunsch des Erzbischöflichen Ordinariats – das Ballett nach fünf Vorstellungen absetzen ließ.

Im Bereich der Bildenden Kunst fand die »Abstraktion« – wie die anderen modernen Stilrichtungen im Dritten Reich verfemt, jetzt wieder als Avantgarde empfunden – wohl deshalb relativ große Resonanz, weil sie die aktuelle triste Wirklichkeit hinter sich ließ und den Grauwelten spielerische Form- und bunte Farbwelten entgegenstellte. Sie widersetzte sich dem düsteren »Konkretismus« der Trümmerlandschaft. Für Willi Baumeister, der zentralen Figur der abstrakten Malerei in dieser Zeit, bedeutete sie als Bewusstseinserweiterung einen Vorstoß in bislang unerforschte Gefilde (»Das Unbekannte in der Kunst«, 1947).

In heftiger Fehde mit abstrakter Kunst und ihrer »Unverbindlichkeit« befand sich der Maler Karl Hofer, Vizepräsident des
Kulturbundes. Die Kunst, die der Katakombe, in die sie sich
vor den Nationalsozialisten geflüchtet hatte, entstiegen war, solle nun nicht im Elfenbeinturm domizilieren, sondern sich der
Wirklichkeit stellen und in diese verändernd eingreifen. Das
schloss durchaus die Besinnung in der »Stille des Turmes« ein;
aber diese dürfe nicht folgenlos sein. »Ich habe einen aus dem
frühen Mittelalter stammenden bildlichen Vergleich gebraucht,
den der Torre Eburnea, des Elfenbeinturms, in dessen Welt-
abgeschiedenheit der Künstler und der geistige Mensch im allgemeinen als arbeitend vorgestellt wurde. Der moderne Begriff
des Laboratoriums ist eher faßbar. Nie habe ich jedoch behaup-
tet, wie es mit oder ohne Absicht mißdeutet wurde, der Künstler
solle daselbst in hochmütiger Isoliertheit, ohne Zusammenhang
mit der Zeit und ihrem Geschehen, eine gegenwartsabgewandte
Kunst schaffen. Ich habe nur festgestellt, daß dort die künstlerischen Entscheidungen fallen. Wollten wir das Bild, etwas künstlich, vervollständigen, so könnte gesagt werden, daß in der Stille
des Turms ein Seismograph die Beben der Zeit registriert, die
der Künstler mitunter als erster fühlt und sogar vorahnend zum
Ausdruck bringt, noch bevor die laute Umwelt ihrer gewahr
wird.«

Hofer, der 1878 geborene, seit 1920 an der Hochschule der
Bildenden Künste in Berlin lehrende und 1933 von den Nationalsozialisten aus dem Amt entlassene Maler, hatte in der inneren Emigration eindringliche Metaphern für das heraufzie-
hende Unheil gefunden. Larven, Masken, Hungrige, Blinde,
Wahnsinnige, Totentänzer, Trümmerfelder, Ruinennächte –
das waren Variationen zum Leitmotiv des »beschädigten Lebens«. Zwischen 1938 und 1943 gingen über sechshundert von
Hofers Werken verloren: die eine Hälfte im faschistischen Bil-
dersturm, die andere durch einen Bombenangriff, der das Ate-
lier zerstörte. Nach dem Ende des Dritten Reiches wurde er
zum Direktor der Hochschule für Bildende Künste in Berlin
ernannt; er war der wichtigste Repräsentant einer »engagierten« bildenden Kunst und damit typisch für eine ästhetischen

Eskapismus sich widersetzende Kunstauffassung, zu der sich eine Reihe von bedeutenden Malern unter dem Eindruck des Zusammenbruchs bekannten.

So verstanden z. B. in Nordrhein-Westfalen Künstler wie Otto Pankok und Karl Schwesig Kunst »als eine Beschwörung des Menschen, das Dasein als ein Geschenk zu sehen und sich dieses Geschenkes würdig zu erweisen durch Menschlichkeit«. Als bei einer Kunstausstellung im Winter 1945 in Bremen der alte Worpsweder Stil (»zurück zur Natur«) überwog, fragte im »Weser-Kurier« die Kritikerin angesichts »flüssig gemalter Stilleben und Landschaften«, ob man denn im Nachkriegsdeutschland so tun könne, als wäre nie »das Blut unserer Besten« sinnlos geflossen, als stünden »unsere herrlichen Städte« noch, als irrten zwischen den Trümmern oder fern ihrer Heimaterde nicht große Teile »unseres Volkes« umher, denen ersten Trost zu geben allein die Kunst berufen wäre.

Die zunächst ziemlich liberale kommunistische Kulturpolitik zog in der frühen Nachkriegszeit eine Reihe namhafter Künstler in die SBZ; diese waren bewegt von der Vorstellung, dass hier ein freiheitlich-sozialistisches Deutschland endlich verwirklicht werde. Zudem erweckten die in Berlin und Dresden noch vorhandenen Resttraditionen der Neuen Sachlichkeit und des expressiven sozialen Realismus Sympathie bei manchen Malern, darunter Hofer und Conrad Felixmüller. Die »Allgemeine deutsche Kunstausstellung« vom 25. August bis 29. Oktober 1946 in Dresden wurde mit ihrer Offenheit als Ausdruck eines demokratischen Geistes empfunden. Bald jedoch verdichteten sich die Anzeichen, dass die gewährte Freiheit offensichtlich nur aus taktischen Gründen gewährt worden war. In der Zeitschrift »Aufbau« meinte Hermann Henselmann, 1945–1949 Direktor der Staatlichen Hochschule für Baukunst und bildende Kunst in Weimar und später Chef-Architekt der DDR, dass Kunstausstellungen in jedem Falle Bekundungen eines politischen Zieles sein müssten; Absichtslosigkeit bedeute Ziellosigkeit; die künftigen Kunstausstellungen als das gute Gewissen des Volkes verlangten Bekenntnis.

Sozialistische Kunst hatte vor allem Aufbauoptimismus und

Fortschrittsbewusstsein zu bekunden. Solchen Forderungen entsprachen z. B. die Federzeichnungen und Holzschnitt-Zyklen von Wilhelm Rudolph nicht; sie zeigten das Inferno des Bombenangriffs auf Dresden am 13./14. Februar 1945. Auch Wilhelm Lachnits dem gleichen Thema gewidmetes Symbolbild »Der Tod von Dresden« verstieß gegen das Melancholieverbot der SED-Doktrin. (Lachnit wurde 1954 als Professor der Kunstakademie in Dresden entlassen.) Andere Künstler ließen sich jedoch durch staatliche Aufträge in ihren Überzeugungen demoralisieren bzw. korrumpieren.

Während im Westen das Bekenntnis zum jeweiligen *international style* als Ausdruck von Modernität verhinderte, dass die Vielfalt realistischer Stile erkannt, gepflegt und gefördert wurde (weshalb diese bald nur noch in der Provinz anzutreffen waren), verhinderte im Osten das sozialistische Verdikt gegen »dekadente formalistische Kunst« die Rezeption von Welt-Kunst; nur noch in Nischen überlebte ästhetische Vielfalt. In den westlichen Zonen und später in der BRD sorgten Opportunismus und Geschäftssinn dafür, dass Realismus als Stil des gesellschaftlichen Engagements (wie ihn etwa Karl Rössing, Franz Radziwill oder Grethe Jürgens vertraten) verdrängt wurde; in der SBZ und späteren DDR führte eine verbohrte einseitige Partei-Doktrin zur Unterdrückung nicht-realistischer Kunst, etwa des Konstruktivismus (wie ihn Hermann Glöckner oder der zu abstrakter Emblematik neigende Oskar Nerlinger praktizierten).

»Ohne die fundamental unterschiedlichen Ursachen für das Entstehen der Einheitlichkeit der modischen Tendenz im Westen und der von Staats wegen herbeigeführten Uniformität im Osten Deutschlands gleichzusetzen, kommt man an der Feststellung nicht vorbei, daß die Auswirkungen auf den einzelnen Künstler sehr ähnlich sein mußten. Sie erzwangen eine weitere Zurückhaltung gegenüber der offiziellen Kunst und damit die Fortdauer der schon lange geübten Außenseiterrolle.« (Rainer Zimmermann)

Theatralische Sendung

Bei dem in allen Besatzungszonen rasch wieder aufblühenden, oft auf Ersatzspielstätten und vielerlei Improvisationen angewiesenen Theaterleben vertraute man zunächst auf die »heilende Kraft« traditioneller Stoffe (aber auch auf die ablenkende Wirkung heiterer Unterhaltung). Der größte Teil der Theater eröffnete mit Klassikern; sie standen außer Zweifel, verwiesen auf das so genannte »Gute, Wahre und Schöne« und ermöglichten dem Zuschauer, moralischen Halt zu finden. Vor allem Lessings »Nathan der Weise« verkündete die hohe Botschaft der Toleranz, die man als Labsal gegenüber der bisherigen Wirklichkeit des Rassenhasses empfand. Doch dann gewann das Interesse an aktuellen Stücken rasch an Boden; es konnte – im Westen – deshalb befriedigt werden, weil die Alliierten für ihre Besatzungszonen den Mangel an Vorlagen dadurch beseitigten, dass sie Dramen aus dem eigenen Land übersetzen ließen und zur Verfügung stellten. Dieser importierte Kanon umfasste 60 amerikanische, 98 französische und 15 englische Stücke – darunter Werke von Thornton Wilder, Jean Anouilh, Jean-Paul Sartre und Albert Camus. Dadurch erfuhr das deutsche Publikum nach einem Jahrzehnt der geistigen Isolierung, was auf den Bühnen der Welt ablief.

Was die deutsche Dramatik betraf, so zeigte sich, dass die im Land gebliebenen Autoren, mit Ausnahme von Wolfgang Borchert und Günther Weisenborn (»Die Illegalen«, 1945) weitgehend stumm blieben. Doch erlebten exilierte Autoren ein Comeback; neben Georg Kaiser (»Der Soldat Tanaka«, 1939/40 geschrieben) waren dies Ferdinand Bruckner und Friedrich Wolf. Letzterer, 1888 geboren, war im Ersten Weltkrieg Militärarzt und wurde damals wegen Kriegsdienstverweigerung in eine Heilanstalt verbracht; als ehemaliges Mitglied der »Unabhängigen Sozialdemokratischen Partei Deutschlands« (USPD) emigrierte er 1933 über die Schweiz und Frankreich in die Sowjetunion, von wo aus er nach 1941 publizistisch gegen den Faschismus zu wirken versuchte; nun war er in die SBZ zurückgekehrt und hatte eine wichtige Rolle beim Wiederaufbau des

Rundfunk- und Theaterwesens übernommen. Er werde, so heißt es in einem seiner Briefe aus dieser Zeit, wie eine ägyptische Mumie von Archäologen ausgegraben: Es laufe in Berlin »Cyankali« (1929) im Hebbel-Theater, »Die Matrosen von Cattaro« (1930) im Theater am Schiffbauerdamm und »Professor Mamlock« (1955) als Kassenschlager in den Kammerspielen in München.

Bertolt Brecht wirkte seit 1948 in der DDR. Sein Skeptizismus, etwa was das Weiterwirken des Nationalsozialismus betraf (»Der Schoß ist fruchtbar noch, aus dem das kroch«), ließ sich allerdings nicht ohne weiteres mit dem von den kommunistischen Präzeptoren verkündeten unaufhaltsamen Aufstieg des neuen Menschen verbinden. Der in seinen Stücken oft anzutreffende Konflikt – diejenigen, die, von Mitleid getrieben, die Welt verbessern wollen, können es sich nicht leisten, *nur* gut zu sein (etwa in »Der gute Mensch von Sezuan«), also die Paradoxie der Wirklichkeit, die der dogmatisch verkündeten kommunistischen »heilen Welt« entgegenstand – stieß auf offizielle Kritik. War schon die Bildung des »Berliner Ensembles« bei den ostzonalen »Falken« mit Misstrauen beobachtet worden, so gab es auch weiterhin reichlich Reibungsflächen zwischen dem Dichter und den Funktionären des SED-Staates; deren Duckmäusertum verstörte Brecht, aber wenn es sich darum handelte, die sozialistischen Errungenschaften der DDR zu verteidigen und für die Sache der Kommunisten Partei zu ergreifen, war er dabei.

Wichtig wurde der aus neutralem Ausland kommende Schweizer Max Frisch, der mit seinem ersten, 1945 im Zürcher Schauspielhaus aufgeführten Theaterstück »Nun singen sie wieder« das Thema der nationalsozialistischen Verbrechen aufgriff. Die Welt der Toten – einundzwanzig durch die Deutschen hingerichtete Geiseln, die während ihrer Exekution sangen – wird mit den um die Bewältigung ihrer Schuld ringenden Lebenden konfrontiert. »Wissen Sie, was die Leute sagen? Nun singen sie wieder! sagen sie: Immer wenn sie schießen hören oder sonst wenn ein Unrecht geschieht, nun singen sie wieder!« Bleibt die Erinnerung an den Gesang der Leidenden vergeblich oder wird der darin liegende Aufruf zur Mitmenschlichkeit Beachtung finden? »Kümmere sich jeder um seine eigene Schuld.« Als das Stück in Deutschland aufgeführt wurde, reagierte das betroffene Publikum, das sich vor die unabweisbare Schuldfrage gestellt sah, heftig.

Den größten Bühnenerfolg der Trümmerzeit wie Nachkriegszeit überhaupt (3238 Aufführungen zwischen 1947 und 1950) errang ein Theaterroutinier aus der Weimarer Republik, Carl Zuckmayer, mit seinem Drama »Des Teufels General«. Mit sicherem Gefühl für plakative Charaktere und gleichzeitig großem Einfühlungsvermögen in die Zeitsituation, bot sich hier moderne deutsche Dramatik voll »blühender Vitalität« dar – gespeist aus der »unmittelbaren Anschauung der menschlichen Existenzen in ihrer ganzen Lebensfülle«. Die Beifallsstürme, die vor allem dem General Harras – er war dem als Jagdflieger aus dem Ersten Weltkrieg bekannten General Ernst Udet nachgebildet – zuteil wurden, galten einem Idol, mit dem sich auch der kleine Mitläufer gerne identifizierte: einer unpolitischen Person, die, nicht zuletzt, weil sie einer »Sache« (dem Fliegen) leidenschaftlich verfallen ist, von dämonischen Mächten verführt wird und dafür mit Tapferkeit büßt.

Als nach der Währungsreform 1948 das Theaterleben einen tiefen Einschnitt erfuhr – aus finanziellen Gründen mussten viele Theater und auch Orchester eingestellt oder wesentlich reduziert werden –, erlebte dieses im Osten Januar 1949 mit Brechts »Mutter Courage« (von ihm, zusammen mit Erich Engel inszeniert) einen Höhepunkt; Stück wie Darbietung erwiesen sich als ein hervorragendes Beispiel für eine sowohl belehrende wie unterhaltende, provozierende wie aufklärende gesellschaftlich engagierte Bühnenkunst. Allerdings fiel diese Aufführung, mit der Brecht seiner Frau Helene Weigel ein nachhaltiges Entree als Schauspielerin verschaffen wollte, mit einer Verschärfung des Ost-West-Gegensatzes zusammen. Deshalb stellten viele im Westen, und nicht nur »kalte Krieger«, die Frage: Darf, kann, soll man Brecht überhaupt noch spielen? Die beiden größten Westberliner Zeitungen, »Der Tagesspiegel« und »Der Telegraf«, boykottierten die Ostberliner Theater seit der Sprengung des Gesamtberliner Abgeordnetenhauses durch die SED November 1948. Zudem blockierte die Sowjetunion seit Juni die Zufahrtswege nach Westberlin als Reaktion auf die von den Westalliierten auch in der geteilten Stadt eingeführte neue Währung. Berlin wurde daraufhin von den westlichen Alliierten durch eine Luftbrücke versorgt.

Kulturbund und die Gruppe '47

Ende Juni 1945 war auf Johannes R. Bechers Antrag von den russischen Besatzungsbehörden der »Kulturbund zur demokratischen Erneuerung Deutschlands« genehmigt worden; er sollte eine humanistische Erneuerung auf der Grundlage eines breiten antifaschistisch-demokratischen Konsenses bewirken. (Der Dichter hatte 1933 Deutschland verlassen und in der Tschechoslowakei, dann in Frankreich und schließlich von 1935 bis 1945 in der Sowjetunion gelebt.) Diese »Vereinigung der deutschen Intelligenz« in allen vier Besatzungszonen mit Becher als Präsident war von der Überzeugung getragen, dass die deutsche Kultur jeden bei seiner Arbeit zu stützen vermöge. Der Kulturbund, so Heinrich Mann, der kurz vor seinem Tod noch die Umsiedelung aus den USA nach Ost-Berlin plante, sei erfüllt von einem Geist, der an der alten Größe Deutschlands niemals gezweifelt habe; der Gegensatz von Geist und Macht solle jedoch jetzt nicht mehr gelten.

Bei der ersten öffentlichen Kundgebung des Kulturbundes am 3. Juli 1945 im großen Sendesaal des Berliner Rundfunkhauses waren etwa 1500 Berliner und Berlinerinnen (vorwiegend Bewohner aus den westlichen Bezirken) gekommen; die Berliner Philharmoniker spielten Beethovens Egmont-Ouvertüre; das verabschiedete Manifest sprach von der Notwendigkeit, das deutsche Volk von allem reaktionären Unrat seiner Geschichte zu befreien; es müsse die Möglichkeit erhalten, in die Gemeinschaft der Völker zurückzukehren. Es gälte, die besten Deutschen aller Berufe und Schichten in dieser schweren Notzeit deutscher Geschichte zu sammeln, um eine deutsche Erneuerungsbewegung zu schaffen und auch auf geistig-kulturellem Gebiet ein neues, sauberes, anständiges Leben aufzubauen. Der Schriftsteller Bernhard Kellermann meinte kämpferisch, dass der Kulturbund alle, die für die deutsche Fehlentwicklung verantwortlich gewesen seien – Dichter, Publizisten, Beamte, hohe Offiziere, Generäle, Bankiers oder allmächtige Industrielle –, zu finden wisse. »Er wird euch an der Brust packen und die fürchterliche Frage ins Gesicht schreien: Warum habt ihr Deutschlands Ehre in den Schmutz getreten? Warum? Warum? Antwortet!«

Auch wenn der Kulturbund sich vielfach nicht von pathetisch-affirmativen Sprachmustern und Kulturritualen löste, so stellte er sich doch inhaltlich eindeutig auf die Seite einer gesellschaftlich engagierten, jede »Fluchtbewegung« ablehnende Kunst. Echtes Kulturleben, so das Gründungsmitglied Hans-Georg Gadamer (damals Rektor der Universität Leipzig), bedeute, dass man sich nicht mit der Kultur als einer »reinen« Welt der Bildung zufrieden geben dürfe; Kunst, Wissenschaft, die Gestaltung unseres sozialen Selbstbewusstseins seien nicht mehr als Erlösung von dem Druck der Wirklichkeit gedacht, »sondern als Ausdruck und Erhöhung dieser Wirklichkeit selbst«.

Idealistischer Schwung, verbunden mit gesellschaftspolitischem Realitätssinn charakterisierte die Gesinnung, aus der sich der Kulturbund speiste. »Von den Nazis zum Sterben verurteilt, wurde uns Kultur zur größten Lebenshilfe«, erinnert sich der 1929 geborene Manfred Wekwerth, später Regieassistent und Regisseur in Bertolt Brechts »Berliner Ensemble«, das er von 1977 bis 1991 leiten sollte. »Es war eine zweite Menschwerdung, die viele meiner Generation 1945 durchmachten. Dieses Erlebnis von der veränderten Macht der Kultur, wenn es um Überleben und mehr noch, wenn es um Leben geht, hat mich an meinem Glauben an die Vernunft sicherer gemacht.«

Im Westen entstand, ohne weit reichende Planung, mehr zufällig und auf der Basis privater Initiative, die Gruppe '47. »Kein Verein, keine Mitglieder, kein Kassenwart, kein Vorstand.« (Günter Grass) Sie ging auf eine Anregung des Schriftstellers Hans Werner Richter zurück, der dann mehr als zwanzig Jahre lang der Spiritus rector dieser in der Zusammensetzung sich immer wieder ändernden halb-, dann ganzjährigen Treffen von Autoren, Kritikern und Verlegern war. Die erste Zusammenkunft fand September 1947 im Allgäu im Haus der Lyrikerin Ilse Schneider-Lengyel statt. Richter plante eine neue Zeitschrift (»Skorpion«) und hatte zu deren Vorbereitung ihm nahe stehende Personen eingeladen. »In dieser Zeit hatten wir nichts oder fast nichts zu essen, es war die Zeit der 1200 Kalorien. Doch Ilse Schneider-Lengyel fuhr jeden Morgen in aller Herrgottsfrühe auf ihren See hinaus, um für uns Fische zu fangen, und tatsächlich gelang es ihr, uns leidlich sattzustellen. Immer war sie auf einem uralten Motorrad unterwegs, um Kartoffeln und anderes im Schwarzhandel Erworbenes herbeizuschleppen. Alles an ihr wirkte surreal, wie ihre Gedichte auch ihre Umgebung, die Landschaft, der See, das kleine Haus, so als hätte sie das alles selbst dort hingestellt, allein kraft ihrer Phantasie. Wir hockten bis spät in die Nächte, hatten viel miteinander zu reden, so daß wir uns keine größeren Pausen leisteten.«

Als Gemeinsamkeit ergab sich die Überzeugung von der Notwendigkeit einer »neuen Sprache«, die sich vom leeren Pathos affirmativer Kultur abwandte – auch beeinflusst von dem Lapidar-Stil der amerikanischen short-story, die gerade in Deutschland bekannt geworden war. »Der Ton der kritischen Äußerungen ist rauh, die Sätze kurz, knapp, unmißverständlich. Niemand nimmt ein Blatt vor den Mund. Jedes vorgelesene Wort wird gewogen, ob es noch verwendbar ist, oder vielleicht veraltet, verbraucht in den Jahren der Diktatur, der Zeit der großen Sprachabnutzung. Jeder Satz wird, wie man sagt, abgeklopft. Jeder unnötige Schnörkel wird gerügt. Verworfen werden die großen Worte, die nichts besagen und nach Ansicht der Kritisierenden ihren Inhalt verloren haben: Herz, Schmerz, Lust, Leid. Was Bestand hat vor den Ohren der Teilnehmer sind die knappen Aussagesätze. Gertrude Stein und Ernest Hemingway sind gleichsam unbemerkt im Raum. Der Dialog, der Sprechstil dominiert. ›Ja‹, sagte er, oder auch ›nein‹, und das

›Nein‹ und ›Ja‹ hat Bestand, aber schon die nächste Wortzusammensetzung ›Ja, du Gute‹ wird hohnlachend verworfen. Wer sagt schon noch ›du Gute‹, und wenn er es sagt, kann er es noch lange nicht schreiben, es sei denn ironisch, aber die Ironie ist abwesend in dieser ersten Zeit des Neubeginns. Was bei allen ebenfalls unbemerkt zum Ausdruck kommt, ist die nur auf die Aussage zielende Sprache der ›Landser‹, die Reduzierung der Sprache auf das Notwendige, eine Abkehr vom Leerlauf der schönen Worte und eine Hinwendung zu ihrem unmittelbaren Realitätsbezug. Sie haben es alle gelernt in der Masse des Volkes, in der sie gelebt haben, jahrelang, tagaus, tagein, in den Kompanien, in den Kasernen, in den Lagern und Gefangenenlagern. Sie haben in dieser Zeit immer am Rand der menschlichen Existenz gelebt. Das hat sie mißtrauisch und hellhörig gemacht.«

Wolfgang Weyrauch sprach wenige Monate später in einem Kurzgeschichtenband neuer Erzähler (»Tausend Gramm«) von »Kahlschlagliteratur«. Verpönt war die bürgerlich gepflegte Kunstsprache, die stilisierte »Schönschreibekunst« in allen ihren Variationen; sie erschien veraltet, verrostet, verlogen. »Nichts hatte mehr Bestand vor der Wirklichkeit, in der wir lebten. Eine neue Sprache war notwendig, um diese Wirklichkeit transparent zu machen, eine Sprache der direkten Aussage, klar, eindeutig, präzise.«

Die Gruppe ’47, streitbar und umstritten, wurde so zu einer der wichtigsten »Agenturen« für Literatur in der Bundesrepublik. Sie sei das gewesen, so Heinrich Böll, was Deutschland nach 1945 sonst gefehlt hätte: Eine dialektisch sich entwickelnde geistige Instanz.

Böll war Autor engagierter zeitkritischer Romane, darunter »Haus ohne Hüter (1954), »Billard um halbzehn« (1959), »Ansichten eines Clowns« (1963), und neben Günter Eich, Ilse Aichinger, Ingeborg Bachmann, Martin Walser, Günter Grass Preisträger der Gruppe ’47. Distanzierter sprach der 1919 geborene Schriftsteller Rolf Schoers davon, dass die Gruppe ’47 zwar öffentlich und nicht nur im literarischen Bereich höchst wirksam gewesen sei, aber auf eine geisterhafte Weise, die man nicht haftbar machen konnte. Nicht literarische Inhalte und Formen, sondern ein politisch eingefärbter, übrigens ziemlich allgemein formulierter Nonkonformismus hätten die Gruppe '47 bei ihren Beurteilungen bestimmt.

Neuerdings unterstellt man ihr, die sich zumeist aus Kriegsteilnehmern zusammensetzte und Emigranten offensichtlich distanziert gegenüberstand, sogar einen latenten Antisemitismus; dem widerspricht zwar Marcel Reich-Ranicki, der als Jude den Vernichtungsaktionen der Deutschen in Polen hatte entkommen können – in seiner ergreifenden Autobiographie »Mein Leben« berichtet er darüber – und nach seiner Übersiedlung in die Bundesrepublik 1958 zum wohl einflussreichsten, auch sehr populären Literaturkritiker wurde; doch sei Richters Verhältnis zu den Juden, darin eine typische Figur seiner Zeit, befangen und verkrampft gewesen.

Mit den Jahren zeigte sich eine Entpolitisierung der Gruppe. Hatte sie der geschäftsführende Vorsitzende der CDU, Hermann Josef Dufhues, noch 1963 als »geheime Reichsschrifttumskammer« bezeichnet, sprach man bald angesichts ihrer zunehmenden Esoterik, vor allem verkörpert durch Ingeborg Bachmanns Empfindsam- wie Empfindlichkeit, von einem »Etablissement der Schmetterlinge«.

Dazu kam der »Aufstand« der Jungen. In deren Namen revoltierte bei einer Tagung in Princeton (1966) der Österreicher Peter Handke, »mit hübscher Beatle-Frisur und unaustilgbarem Zorn gegen die alten Bonzen«. Was sich hier und in seinen Stücken (»Publikumsbeschimpfung«, »Selbstbezichtigung«) noch theatralisch-wortspielerisch artikulierte, schlug dann 1967 in der Pulvermühle (Fränkische Schweiz) in politische Konfrontation um. Studenten demonstrierten gegen die literarischen »Saubermänner« und für die »konkrete Aktion«; sie wollten die Welt nicht mehr interpretiert, sondern verändert sehen. »Sie sind«, meinte Richter, »im hochfeudalen Wagen angereist. Ich weiß, die wenigsten sind Studenten. Ihre Hintermänner sitzen im Saal, Freunde von mir, die sich aus allzu harmlosen Formalisten in lautstarke Ideologen verwandelt haben und nun Revolutionär spielen.«

Dazu gehörte vor allem Hans Magnus Enzensberger, der

rechtzeitig von der einen zur anderen Bewegung gewechselt hatte auch darnach ein Proteus, der die jeweils neueste Stimmung im Westen aufgriff, aber bei all seinen Wandlungen höchstes artistisches Niveau zeigte. In dem von ihm 1966 gegründeten und herausgegebenen »Kursbuch« zog er gegen die »reformistische« Intelligenz, damit gegen die eigenen Ziehväter, zu Felde: Sie sei literarisch fleißig und fruchtbar, doch politisch im tiefsten Sinne unproduktiv gewesen; in der Hauptsache aus gebrannten Kindern, Alt-Sozialdemokraten, Neo-Liberalen und Spät-Jakobinern bestehend, habe sie nur eine unbestimmte Negation, nämlich der Antifaschismus, zusammengehalten. »An das historische Trauma von 1945 blieb diese Intelligenz gebunden, fixiert an spezifisch deutsche Komplexe und Erscheinungen, von der Kollektivschuld bis zur Mauer, unfähig zu einem Internationalismus, der über die Rhetorik der Völkerverständigung hinausgegangen wäre. Moral ging ihr vor Politik. Der Sozialismus, dem sie anhing, blieb nebulös, schon aus Mangel an Kenntnissen; ihre soziologische Bildung war gering, ihre Auseinandersetzung mit dem Kommunismus neurotisch und vordergründig. Pazifismus und Philosemitismus waren vorherrschende Tendenzen; mit wissenschaftlichen, technologischen und ökonomischen Fragen hat sich diese Intelligenz wenig und spät beschäftigt; in politischen Dingen hat sie sich eher reagierend als agierend geltend gemacht. Zu Erfolgen hat sie es, nicht von ungefähr, nur auf einem einzigen Gebiet gebracht: bei der Verteidigung der Meinungsfreiheit, also bei der Vertretung ihrer eigenen Interessen und der Behauptung ihrer eigenen Privilegien – einer sicherlich legitimen, aber schwerlich hinreichenden politischen Aktivität.«

Inzwischen ist Enzensberger, der rechtzeitig das Ende der Protestbewegung voraussah und, nachdem er den »Tod der Literatur« verkündet hatte, rasch zu literarischer Tätigkeit zurückkehrte, selbst ein Alt-Liberaler, viel mehr noch ein Alt-Konservativer mit spöttischem Blick auf Revolution und Revolutionäre geworden. Die Charakterisierung, die er Thomas Robert Malthus in seinen »Siebenunddreißig Balladen aus der Geschichte des Fortschritts« zuteil werden lässt, kennzeichnet ihn selbst am besten: »Unter den Propheten der Katastrophe der muntersten einer.«

Fenster zur Welt

Hans Werner Richter – 1908 in Usedom als Sohn eines Fischers geboren, 1943 als Soldat an der italienischen Front in amerikanische Kriegsgefangenschaft geraten – hatte zu den wenigen deutschen Soldaten in den USA-Camps gehört, die sich vom Nationalsozialismus abwandten. Er arbeitete an der Zeitschrift »Der Ruf« mit, die unter Kontrolle der amerikanischen Armee in New York herausgegeben wurde – ein Blatt der »gutgesinnten Deutschen«, mit einem »Nachrichtenteil von aufreizender Sachlichkeit«, das auch die deutsche Schuldfrage, allerdings zur Empörung der Mehrheit der »Kameraden«, aufwarf.

Besonders intensiv war übrigens auch das Reeducation-Programm für deutsche Kriegsgefangene in England, das im September 1944 vom britischen Kabinett beschlossen worden war; an ihm war der 1906 geborene deutsche Sozialdemokrat Waldemar von Knoeringen an vorderster Stelle beteiligt; 1933 hatte er sich in letzter Minute vor den Nazis retten können und war über Österreich, die Tschechoslowakei und Frankreich schließlich nach Großbritannien gelangt. In Ascot entstand ein Elite-Lager für antifaschistische Kriegsgefangene, die später in den Westzonen führend am Aufbau des demokratischen Staates mitwirken sollten. Von Knoeringen arbeitete zudem an der Schaffung einer Prisoner-of-War-Universität, die eine umfassende politisch-historische Bildung vermitteln sollte; daraus entstand das Lager Wilton Park, ein Ort des deutsch-britischen Diskurses, der über die »Kriegsgefangenen-Zeit« hinausweisen sollte.

Zusammen mit dem 1914 in München geborenen Alfred Andersch, der in Opposition zu den Nationalsozialisten stand, 1944 an der Italienfront desertierte und ebenfalls in den USA der Redaktion des »Ruf« angehört hatte, gründete Richter 1946 in der amerikanischen Besatzungszone eine Zeitschrift mit glei-

chem Titel, die sich vor allem an junge Kriegsheimkehrer wandte, »die ebenso wie wir auf einen radikalen neuen Anfang hoff-
ten«. »Wir nannten sie im Untertitel ›Blätter der jungen Generation‹, obwohl wir beide nicht mehr ganz jung waren,
Andersch dreiunddreißig und ich achtunddreißig. Zu norma-
len Zeiten hätte unsere Jugend schon hinter uns gelegen. Nun
aber nach dem Dritten Reich und dem Krieg sah alles anders
aus: Wir fühlten uns noch sehr jung, glaubten uns ganz am Anfang. Die Jugend mit zwanzig war in den Kasernen, Lagern und
auf den Schlachtfeldern geblieben. Eine Nullpunktsituation hat
es objektiv sicherlich nicht gegeben, wohl aber subjektiv. Wir
kehrten in eine Gesellschaft zurück, in der nicht nur die Häuser, die Fabriken und alle öffentlichen Gebäude zerstört waren,
sondern auch alle immateriellen Werte, ja selbst die Sprache
war nicht ohne schlimme Blessuren geblieben. Sie war verdor-
ben durch die Propagandasprache des Dritten Reiches und die
Sklavensprache, die von den Unterdrückten geschrieben worden war, um sich zumindest zwischen den Zeilen verständlich
zu machen. Doch auch wir selbst waren noch nicht frei von
dieser Sprache, auch wir waren noch Gefangene, und es bedurfte eines langen Weges, um sich daraus zu befreien.«

Noch einmal davongekommen erkannte man, dass ein wirklicher moralischer Neuanfang erst möglich sei, wenn man sich
aus dem Gehäuse des von den Nationalsozialisten pervertierten
Sprechens und Denkens befreien könne. Die amerikanischen
Militärbehörden empfanden jedoch die Tonlage des »Ruf«, der
mit der vierten Nummer bereits eine Auflage von 100 000 ver-
kauften Exemplaren erreichte, als zu widerspenstig; er übe un-
erlaubte Kritik an der Politik der Alliierten in Deutschland, grei-
fe internationale Persönlichkeiten ungerechtfertigt an und
berichte falsch über das Verhalten alliierter Soldaten. Die Nummer 17 vom April 1947 wurde nicht mehr genehmigt, sie war
geprägt durch eine scharfe unabhängige Linkstendenz, die einerseits sich von einem dogmatischen, als veraltet empfunde-
nem Marxismus abgrenzte und andererseits ein vereintes sozialistischen Europa forderte, voller Verzweiflung über den sich
ausbreitenden Opportunismus; Andersch und Richter verloren

die Lizenz; sie ging auf den Journalisten Erich Kuby über, der in der Publikationsabteilung der amerikanischen Militärregierung arbeitete.

Andersch war zu gleicher Zeit bei der von General Dwight D. Eisenhower, dem Oberbefehlshaber der US-Truppen in Deutschland, herausgegebenen »Neuen Zeitung« beschäftigt, einer »amerikanischen Zeitung für die deutsche Bevölkerung«; dies war ein Blatt von hohem journalistischem Niveau und großer kultureller Offenheit, das aufgrund seiner weiten Verbreitung zum ersten Mal nach der NS-Diktatur wieder ein Fenster mit Ausblick auf die freie Welt des Geistes öffnete. Nach Hans Habe war ab Januar 1946 Hans Wallenberg Chefredakteur (ein gebürtiger Berliner mit US-Staatsbürgerschaft, der zuvor in seiner Geburtsstadt die als amerikanische Konkurrenz zur sowjetischen »Täglichen Rundschau« entstandene »Allgemeine Zeitung« geleitet hatte). Erich Kästner wurde als Feuilletonchef berufen. Die »Neue Zeitung«, großformatig in der ehemaligen Druckerei des nationalsozialistischen »Völkischen Beobachters« in München gedruckt, förderte bei vielen Menschen den kulturellen Aufbruch. Mit ihrer hohen Auflage – im Mai 1946 waren dies 1 328 500 Exemplare – erfüllte sie vorzüglich die Aufgabe, die Eisenhower im Geleitwort der ersten Nummer formuliert hatte: durch die Betonung der Weltereignisse das Blickfeld des deutschen Lesers zu erweitern und ihm Tatsachen zu bieten, die in Deutschland in den zwölf Jahren nationalsozialistischer Herrschaft unterdrückt worden waren.

Die »Neue Zeitung« hatte die amerikanischen Heerestruppenblätter abgelöst – insgesamt 16 (neben 21 britischen Publikationen), die unmittelbar nach der Besetzung zur objektiven Information der Deutschen durch die westalliierten Truppen herausgegeben worden waren. Der dafür verantwortliche Leiter des »Publicity and Psychological Warfare Detachment« der 12. Armeegruppe, Hans Habe, und der zu seinem Team gehörende, 1913 in Chemnitz geborene Schriftsteller Stefan Heym (er war 1933 in die Tschechoslowakei, dann in die USA emigriert; später wurde er als Angehöriger der Besatzungstruppe wegen prokommunistischer Einstellungen in die USA zurückversetzt und aus der Armee entlassen, worauf er Offizierspatent und Kriegsauszeichnungen zurückgab und 1952 nach Ostberlin übersiedelte) –, diese beiden ungemein begabten Journalisten sorgten auch dafür, dass in der amerikanischen Besatzungszone möglichst rasch wieder deutsche Zeitungen zugelassen wurden. Dazu gehörten die »Aachener Nachrichten«, die »Frankfurter Rundschau«, die »Süddeutsche Zeitung«, die »Stuttgarter Zeitung«, insgesamt 61 Tageszeitungen (dazu kamen 61 in der britischen, 33 in der französischen und 21 in der sowjetischen Zone). Als ein besonderes Zeitungsparadies erwies sich Berlin mit »Tagesspiegel«, »Telegraph«, »Kurier«, »Morgen«, »Nachtexpress« und »Berlin am Mittag«. Die Gründung der Wochenzeitungen »Die Zeit«, »Rheinischer Merkur« und »Der Spiegel« fiel in das Jahr 1946; »Christ und Welt« begann ab Juni 1948 zu erscheinen.

Die Amerikaner vergaben Lizenzen nur an Herausgeberkollegien von drei und mehreren Personen unterschiedlicher politischer, weltanschaulicher Orientierung, die gemeinsam die Verantwortung übernehmen mussten. »Dieses ›panel‹-Modell ging von der Vorstellung aus, daß jede einzelne der wenigen, zunächst nur in den größeren Städten zu gründenden Zeitungen in ihrem Kommentarteil möglichst das volle Spektrum demokratischer Meinungen widerspiegeln sollte. ... Allerdings kam es in manchen dieser ›panels‹, die eine wirkliche Neuerung bedeuteten, bald zum Krach: fast regelmäßig dort, wo unter den Lizenzträgern auch KPD-Leute waren; ihnen entzogen die Amerikaner mit Verschärfung des ›Kalten Krieges‹ bis Ende 1947 die Lizenzen wieder. Aber auch negative Erfahrungen mit Fachfremden, die als eindrucksvolle politische Persönlichkeiten und vorbildliche NS-Gegner anfangs häufig Lizenzen bekommen hatten, ohne sich dann um die Überwindung ihres Dilettanten-Status zu bemühen, veranlaßten die ›Information Control‹ zu einer Korrektur ihres Konzepts. Die Presseoffiziere wählten pro Zeitung meist nur noch zwei Lizenzträger mit klar getrennten Aufgabenbereichen (›editor‹ und ›publisher‹) und bemühten sich, dafür Leute zu finden, die schon während der Weimarer Zeit in der Presse gearbeitet und/oder im Dritten Reich ihre Schriftleiterlizenz aus politischen Gründen verloren hatten. Die Riege der Lizenzträger verjüngte sich dank dieser Kriterien freilich nicht gerade – ihr Durchschnittsalter lag in der US-Zone bei 50 Jahren.« (Norbert Frei)

Dem üppigen Zeitungswesen, das im Gegensatz zu der allgemeinen materiellen Notlage stand, entsprach eine Flut von Zeitschriften, die ebenfalls einen wesentlichen Beitrag dazu leisteten, dass die Deutschen aus ihrer geistigen Gefangenschaft befreit wurden. Trotz Papierknappheit, technischer und organisatorischer Hemmnisse und Behinderungen stieg die Zahl der neu gegründeten Zeitschriften, mit den Schwerpunkten Politik, Wirtschaft, Technik, Recht, Bildung, Wissenschaft, Kunst und Literatur, Theologie und Philosophie, rasch an. Unter den 150 bis 250 kulturellen Zeitschriften, in Millionen Exemplaren verbreitet, waren viele von hohem Niveau. Nach dem Stau von zwölf Jahren wurde nun vieles veröffentlicht, was in Schubladen versteckt, in Köpfen verborgen gewesen war. »Zum ersten Mal erreichten Emigranten wieder ein deutsches Publikum. Bei dem Elend war es eine Lust, in Freiheit zu schreiben und zu lesen. Die Zeitschriften konnten sich kaum des Autorenangebots erwehren, hatten daher enorme Chancen zur Qualitätsauslese. Andererseits vermochte eine Reihe von Zeitschriften die Nachfrage auch nicht annähernd zu befriedigen, zumal es neue Bücher kaum zu kaufen gab. Die einzelnen Nummern wanderten von Hand zu Hand, bis sie durch Abnutzung unleserlich geworden waren.« (Theodor Eschenburg)

Die Gründer und Autoren der Zeitschriften waren meist Personen, die entweder im Dritten Reich Widerstand geleistet hatten und verfolgt gewesen waren oder sich zur inneren Emigration gehörig fühlen konnten. Sie bedurften nicht der Umerziehung von außen, sondern forderten dazu auf, diese aus eigener Kraft zu vollziehen. Der Reeducation-Politik der westlichen Alliierten standen sie jedoch mit wenigen Ausnahmen positiv gegenüber. Der Grundtenor dieser Publikationen war bestimmt durch den Willen zur geistigen Konzentration aufs Wesentliche; darunter verstand man Überlieferung, Besinnung, Erneuerung, Wandlung. Die Namen der Zeitschriften, die entweder mit ihren ersten Nummern bereits 1945 oder später erschienen, bekundeten solches idealistisches Engagement; etwa: »Aussaat«, »Die Sammlung«, »Die Pforte«, »Die Kommenden«, »Besinnung«, »Frischer Wind«, »Das Goldene Tor«, »Horizont«, »Merkur«, »Neubau«, »Neues Abendland«, »Neues Europa«, »Neue Ordnung«, »Standpunkt«, »Weltstimmen«, »Zeitwende«. Die Alliierten förderten das Entstehen der Zeitschriften, da sie der Reeducation dienten; sie lizenzierten aber nicht nur entsprechende Anträge (wobei sie auf hohes Niveau und demokratische Integrität achteten), sondern gaben auch Maßstab setzende eigene Publikationen heraus, die vor allem dem Kulturaustausch zwischen Deutschland und der Welt dienten. Die wichtigste, in ihrer kosmopolitischen Weite der »Neuen Zeitung« vergleichbare Publikation, war »Der Monat«, die seit 1948 von Melvin J. Lasky herausgegeben wurde, der mit 24 Jahren als Kriegsberichterstatter nach Deutschland gekommen war.

Die Geschichte der Nachkriegs-Jugendjahre

Es ist nahe liegend, die Zeit nach dem 23. Mai 1949, da der Parlamentarische Rat, der die Verfassung vorbereitet hatte, das »Grundgesetz« verkündete, als die »Jugendjahre« der Bundesrepublik Deutschland zu bezeichnen. Die vier Jahre von 1945 bis dahin entsprächen dann der »Kindheit«, in der die Deutschen am Gängelband der westlichen Alliierten ihre ersten Gehversuche im vorstaatlichen, demokratischen Terrain machten und sich so Schritt um Schritt der politischen Selbstbestimmung näherten. Die Bezeichnung »Jugendjahre« charakterisiert jedoch die Situation dann sehr unzulänglich, wenn man an die Hauptakteure des damaligen staatlichen, gesellschaftlichen und wirtschaftlichen Geschehens denkt; denn die Jugend hatte zu dieser Zeit nichts oder nur wenig zu sagen; die Älteren und Alten gaben den Ton an. Im April 1946, also drei Jahre vor seiner Wahl zum ersten Bundeskanzler, bezeichnete Konrad Adenauer es als »Verhängnis für Deutschland, dass die alte Generation überall an die Spitze muss. Die mittlere Generation fällt nahezu aus, weil sie in der Partei war. Die junge Generation ist nicht urteilsfähig, weder in politischer noch in einer sonstigen Hinsicht. Sie muss völlig umerzogen werden.«

Obwohl der damals 70-jährige CDU-Politiker persönlich keine Skrupel hatte, in hohem Alter die wohl wichtigste Funktion im neuen Staatswesen zu übernehmen, zeigt seine pessimistische Feststellung Sensibilität für ein Generationen-Problem, das die deutsche Geschichte nicht nur nach 1945, sondern bereits im 19. und dann im 20. Jahrhundert belastete: Die Dialektik der Generationenabfolge blieb meist in Konfrontation oder Manipulation stecken, was fatale individual- bzw. sozialpsycho-

Paul Rosié:
Auf der Schiefen Bahn
(Zeitschrift »Ulenspiegel«,
Nr.9/1947)

Karikatur der 50er-Jahre:
Halbstarke

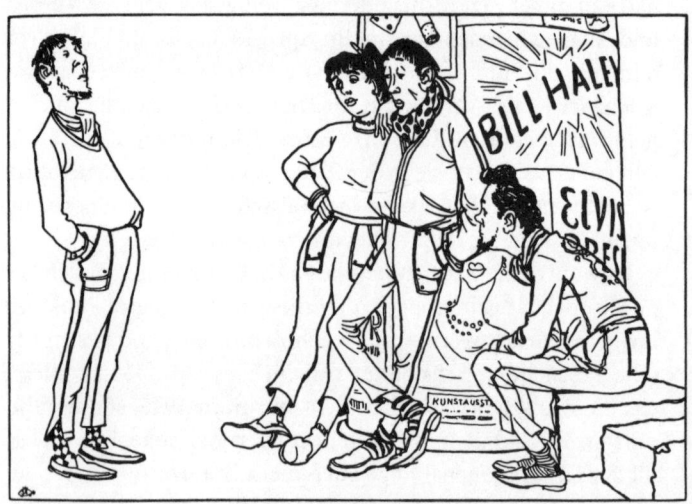

Heinzelmann – Bademoden (1958)

logische Folgen hatte. Deshalb soll zunächst auf die Genealogie der Vorherrschaft eingegangen werden, welche »die Alten« seit Jahrzehnten gegenüber der Jugend ausübten; das schließt eine Reflexion über den historischen Wandel des Jungseins ein.

Aktion Vater- und Jugendmord

Unabhängig von den anthropologischen und biologischen Gegebenheiten (wie Pubertät) kann die Spanne des Jungseins je nach Zeitgeist erweitert oder reduziert sein. Die Forderung »Trau keinem über Dreißig«, von Jack Weinberg 1964 bei einer Kundgebung des »Free Speech Movement« an der Universität von Kalifornien in Berkeley formuliert, verlängert Jugend bis in ein Alter hinein, das in früheren Jahrhunderten schon an der Grenze der durchschnittlichen Lebenserwartung lag. Im Barock und Rokoko wiederum fand Jugend kaum statt. Selbst das Kind wurde schon zum kleinen Erwachsenen stilisiert, etwa was Kleidung und Haartracht (Perücke) betraf. Die Rituale des gesellschaftlichen Lebens zielten auf eine möglichst frühe Übernahme der Verhaltensweisen von Erwachsenen. Danach, um 1770, verbunden mit bürgerlichen Emanzipationsbestrebungen, setzte eine Großepoche jugendlichen Aufbruchs ein: Kindheit und Jugend wurden als eine von der Erwachsenenwelt deutlich abgegrenzte Phase erkannt und von jugendlichen Künstlern als hoher Wert propagiert. Im »Sturm und Drang« ist das Ideal der »Kerl«, der gegen die patriarchalische und feudale Repression ankämpft (»in tyrannos« hieß das Motto von Friedrich Schillers Drama »Die Räuber«); und der »Bruder«, der sich in Abwendung von der Kälte der Älteren dem Wärmestrom eines intensiven Gefühlslebens, in Liebe und Natur schwelgend, überantwortet. In Johann Wolfgang Goethes Briefroman »Die Leiden des jungen Werthers« gehen beide Stimmungslagen ineinander über. Im Kampf gegen Napoleon entstand dann der durch Gemeinschaftssinn und Opfergeist gekennzeichnete Lebensstil der Freiwilligencorps und Burschenschaften, deren Bekenntnis zur Nation und auch Demokratie gegen den restaurativen Geist der alten Mächte gerichtet war. Mit der Revolution von 1848 erreichte die Bewegung ihren Höhepunkt und – aufgrund des Sieges brutal vorgehender restaurativer Potentaten – ihr Ende. Die Jugend- und Wandervogelbewegung der Jahrhundertwende, um ein drittes Beispiel zu geben, bekämpfte die bourgeoise Plüschwelt und ihre Doppelmoral.

Man kann sagen, dass diese und andere jugendlichen Protestbewegungen des 19. und 20. Jahrhunderts zeitgeprägte Varianten einer individual- wie kollektivpsychischen Konstante darstellten: Jungsein erwies sich als Versuch, durch die »Aktion Vatermord« zur Selbstbestimmung zu gelangen. Nach Sigmund Freud wiederholt sich tiefenpsychologisch immer wieder der Vorgang, der sich in der »Urhorde« einst real ereignete: »Eines Tages taten sich die ausgetriebenen Brüder zusammen, erschlugen und verzehrten den Vater und machten so der Vaterhorde ein Ende. Vereint wagten sie und brachten zustande, was dem Einzelnen unmöglich geblieben wäre. (Vielleicht hatte ein Kulturfortschritt, die Handhabung einer neuen Waffe, ihnen das Gefühl der Überlegenheit gegeben.) Daß sie den Getöteten auch verzehrten, ist für den kannibalen Wilden selbstverständlich. Der gewalttätige Urvater war gewiß das beneidete und gefürchtete Vorbild eines jeden aus der Brüderschar gewesen. Nun setzten sie im Akte des Verzehrens die Identifizierung mit ihm durch, eigneten sich ein jeder ein Stück seiner Stärke an. Die Totemmahlzeit, vielleicht das erste Fest der Menschheit, wäre die Wiederholung und die Gedenkfeier dieser denkwürdigen, verbrecherischen Tat, mit welcher so vieles seinen Anfang nahm, die sozialen Organisationen, die sittlichen Einschränkungen und die Religion.«

Dialektik des Generationenwandels bedeutet, dass die Jugend gegen die von den Eltern und Älteren geschaffenen, wegen deren Konservativismus erstarrten Verhältnisse aufbegehrt; die in Sigmund Freuds Gleichnis angesprochene »Einverleibung« stellt die – der These und Antithese folgende – Synthese dar: Die jeweils neue Generation bewahrt in kritischer Traditionspflege das Erhaltenswerte und bricht, durch solche Erbschaft gestützt, zu neuen Ufern auf. Damit ein solcher inter-generationeller Fortschritt gelingt, müssen die Eltern »Trauerarbeit« leisten, nämlich – denn das meint der Begriff ursprünglich – die Loslösung der Töchter und Söhne von der Familie bzw. den Aufbruch oder Ausbruch der Jugend aus den als verbindlich betrachteten gesellschaftlichen Regeln, Sitten, Gebräuchen, Überlieferungen verarbeiten; wenn dies gelingt, kann man von einem Zustand der »Nähe über Distanz« sprechen. Besonders hinderlich ist es für solche Trauerarbeit, wenn die Eltern ihre Kinder als »Delegierte« ansehen und auf diese die eigenen Wünsche und Vorstellungen projizieren. Die Kinder sollen dann entweder das erreichen und verwirklichen, was man selbst nicht erreicht oder verwirklicht hat oder aber, viel häufiger, das Erreichte (zum Beispiel den Beruf, das Geschäft, die tradierten Wert- und Tugendvorstellungen) übernehmen und weiterführen.

Betrachtet man die deutsche geschichtliche Entwicklung in den letzten zwei Jahrhunderten, so besteht das von Konrad Adenauer konstatierte Verhängnis darin, dass der idealtypisch beschriebene Generationenwandel im Bürgertum als der herrschenden Schicht meist nicht nur nicht gelang, sondern ins Gegenteil verkehrt wurde. Dies brachte kollektive Psychosen und Neurosen, d.h. geistige, seelische und soziale Fehlentwicklungen mit sich; die »Aktion Vatermord« scheiterte; stattdessen obsiegte die »Aktion Jugendmord«. Die patriarchalisch-autoritären Strukturen blieben unerschüttert erhalten, der Vater beherrschte als Tyrann die Familie; die Schule sorgte mit ihrer »schwarzen Pädagogik« für frag-lose Unterordnung; Politik, Verwaltung und Militär waren ebenso streng hierarchisch gegliedert. Thomas Mann erinnert sich, dass ihm als Knabe der Staat erschienen sei als eine »strenge, hölzerne Frackfigur mit schwarzem Vollbart, einen Stern auf der Brust und ausgestattet mit einem militärisch-akademischen Titelgemisch, das seine Macht und Regelmäßigkeit auszudrücken geeignet war: als General Dr. von Staat.«

Selbst avantgardistische Künstler erkannten beim Ausbruch des Ersten Weltkriegs nicht, dass die Jugend als Erfüllungsgehilfe nationalistischer und chauvinistischer Intentionen, also von »alten« Mächten und Kräften, missbraucht wurde. Vielmehr empfanden sie in ihrer Verblendung den »Opfergang« auf den Schlachtfeldern als Befreiungsschlag gegenüber der stickigen Welt der Väter, obwohl doch gerade diese für die sinnlose Zerfleischung der europäischen Völker verantwortlich waren. Der Dichter Georg Heym, dem Expressionismus zuzurechnen – einer literarischen Bewegung, welche die »Erweckung des Menschen« beschwor – meinte: »Geschehe doch einmal etwas, ... dieser Frieden ist so faul, ölig und schmierig wie eine Leimpolitur auf alten Möbeln.« Auch selbst eine so sanfte, franziskanische Erscheinung wie der Maler Franz Marc fieberte dem Krieg als großer Läuterung entgegen; er werde Europa von den Grundübeln des »Ichtums« und Materialismus befreien und zu einer Epoche des reinen Geistes hinüberleiten. (Als Kriegsfreiwilliger ist der Künstler 1916 bei Verdun gefallen.)

Mit dem Ende des Ersten Weltkrieges und der Konstituierung der Weimarer Republik schien der Weg frei für eine Abkehr von der Väterwelt, die politisch und gesellschaftlich versagt hatte. Die Gesellschaftsordnung, so der Psychologe Paul Federn in einer Abhandlung über die Möglichkeiten einer »vaterlosen Gesellschaft« (1919), habe lange, für den Sozialisten unerträglich lange, Formen und Rechte aus vergangenen Jahrhunderten beibehalten. »Während des Krieges wurde der Zwang dieser Ordnung enorm gesteigert und erstreckte sich, wie nie zuvor, auf alle geistigen Betätigungen und alle Lebensbedürfnisse. Die Untertanen ertrugen diesen Druck mit zerquälter Seele nur darum, weil sie ihn ebenso wie die materiellen Entbehrungen als vorübergehende Erscheinung der Kriegsnot ansahen und keinen andern Weg zur Wiedergewinnung der nationalen und wirtschaftlichen Unabhängigkeit erblickten.« Auf diese ungeheuerliche Steigerung der handgreiflichen Gewalten des Staates, der Verwaltung und Justiz mit Hilfe von Militär und Polizei sei nun der jähe Zusammenbruch aller staatlichen Autoritäten gefolgt, und dieselben Menschen, die so lange ruhig dem Zwange sich angepasst hätten, seien plötzlich unersättlich, ja lüstern auf Erneuerung geworden und verlangten ein eiliges Tempo der Revolution. Mit dem Sturz des Kaisers, der Macht und Land verlor und jetzt keine Sicherheit mehr bieten könne, seien auch die Ehrfurchtsgefühle vor der Staatsordnung und die demütige Sohneseinstellung zusammengestürzt. Es bestehe die Chance einer »Brudergesellschaft«. »Das Vater-Sohn-Motiv hat die schwerste Niederlage erlitten.« Pessimistisch meinte Federn jedoch, dass dieses durch Familienerziehung und als ererbtes Gefühl so tief in der Menschheit verankert sei, dass eine restlos »vaterlose Gesellschaft« sich wohl auch diesmal nicht durchsetzen werde.

Eine solche Vermutung bestätigte die Geschichte der zwanziger Jahre. Der Kaiser ging, die Generäle blieben. Ein Teil der Weltkriegsjugend zusammen mit den neu Heranwachsenden sah den eigentlichen Lebenssinn, in Abkehr von jedem politischen und gesellschaftlichen Engagement, im Vergnügen (»Nach uns die Sintflut!«); viele andere wiederum formierten sich, alten nationalistischen und militaristischen Vorbildern nacheifernd, mit dem Ziel, dem »verweichlichten« liberalen und demokratischen Staat, der sowieso von Reparationen, wirtschaftlichen Depressionen und extremistischen Parteien (Kommunisten und Nationalsozialisten) bedrängt war, den Garaus zu machen.

Unter den Nationalsozialisten schließlich hatte Jugend nicht die geringste Chance, sich als solche zu artikulieren bzw. Eigenständigkeit zu entwickeln. Sie lerne, so Hitler in einer Rede in Reichenberg im Sudetenland 4. Dezember 1938, »nichts anderes als deutsch denken, deutsch handeln, und wenn diese Knaben mit zehn Jahren in unsere Organisation hineinkommen und dort oft zum erstenmal überhaupt eine frische Luft bekommen und fühlen, dann kommen sie vier Jahre später vom Jungvolk in die Hitler-Jugend, und dort behalten wir sie wieder vier Jahre. Und dann geben wir sie erst recht nicht zurück in die Hände unserer alten Klassen- und Standes-Erzeuger *(Lachen)*, sondern dann nehmen wir sie sofort in die Partei, in die Arbeitsfront, in die SA oder in die SS, in das NSKK und so weiter. Und wenn sie dort zwei Jahre oder anderthalb Jahre sind und noch nicht ganz Nationalsozialisten geworden sein sollten *(Lachen)*, dann kommen sie in den Arbeitsdienst und werden dort wieder sechs und sieben Monate geschliffen, alles mit einem Symbol, dem deutschen Spaten (*Beifall*). Und was dann nach sechs oder sieben Monaten noch an Klassenbewußtsein oder Standesdünkel da oder da noch vorhanden sein sollte, das übernimmt dann die Wehrmacht zur weiteren Behandlung auf zwei Jahre (*Beifall*), und wenn sie nach zwei, drei oder vier Jahren zurückkehren, dann nehmen wir sie, damit sie auf keinen Fall rückfällig werden, sofort wieder in die SA, SS und so weiter, und sie werden nicht mehr frei ihr ganzes Leben. Und wenn mir einer sagt, ja, da werden aber doch immer noch welche überbleiben: Der Nationalsozialismus steht nicht am Ende seiner Tage, sondern erst am Anfang! (*Sieg-Heil-Rufe*)«

Die nationalsozialistischen Machthaber verstanden es jedoch, die Gleichschaltung von Jugend und damit ihre Negierung ins Gegenteil umzufälschen: Die »Aktion Jugendmord der Nationalsozialisten« gipfelte im Führerprinzip; für die Geführten war wichtigste Tugend, bedenkenlos zu gehorchen und kritisches Denken auszuschalten. Auf »seine« Jugend konnte Hitler bauen. Für den »Bund deutscher Mädel« (BdM) stand unter dem Motto »Glaube und Schönheit« Gebärtüchtigkeit im Vordergrund, welche der Militärmaschinerie den notwendigen Nachschub an »Menschenmaterial« garantierte; Jungvolk und HJ waren auf Wehrertüchtigung ausgerichtet: »Zäh wie Leder, hart wie Kruppstahl, flink wie Windhunde« sollte das männliche Geschlecht seinen Dienst für Führer, Volk und Vaterland bis in den Tod leisten. Und das geschah denn auch bis zum bitteren Ende; mit der bedingungslosen Kapitulation im Mai 1945 kam jedoch die weltanschauliche Verirrung rasch zum Erliegen.

Don't fence me in

Während die Nationalsozialisten noch gehofft hatten, dass allen voran die Jugendlichen gegenüber der alliierten Besetzung wie »Werwölfe« Widerstand leisten würden, vollzog sich die

Umstellung auf die »neuen Herren« außerordentlich rasch. Die Deutschen, die so lange in Schande gelebt hatten, brachten es in dem Augenblick, da die Nationalsozialisten abgetreten waren, oft fertig, über Nacht mit den Kleidern die Mentalität zu wechseln. Die Geschichte, die der Journalist und Kriegsheimkehrer Josef Müller-Marein von sich berichtete, kann in diesem Sinne als symptomatisch verstanden werden: In Lübeck, einen Tag bevor die Engländer kommen, findet er im Stadttheater Unterschlupf. Er zieht seinen Waffenrock aus und besorgt sich aus dem Fundus etwas Lustiges, Friedliches. »Es hatte alles seine Richtigkeit. Etwas ging weg, ein anderes kam hinzu. Krieg verschwand, Frieden nahte. Tausche Krieg gegen Frieden. ... Hose beige, Jackett zartbraun. Beides von elegantem Schnitt. Und ganz merkwürdige Knöpfe. Auf der Innenseite des Kragens ein eingenähter Zettel unter Cellophan: ›Hochzeitsnacht im Paradies. Buffo Walter Müller.‹ ... Das Gewand der ›Hochzeitsnacht‹ trug ich noch, als wir die Wochenzeitung ›Die Zeit‹ gründeten. Ich hatte keine andere Zivilkleidung und trug sie noch jahrelang.«

Was die innere Gestimmtheit betraf, so ist eine Erinnerung Hartmut von Hentigs aufschlussreich: Als junger Offizier war er auf Anraten des Vaters in die Armee »emigriert« und aus amerikanischer Kriegsgefangenschaft rasch entlassen worden: »Chaos und Freiheit sind seitdem nie wieder für mich ganz zu trennen und beide nicht von einem überwältigt strahlenden Sommer, in dem man zu Fuß über Land ging wie Hunderttausend andere, hinter Hecken und in Scheunen schlief, sich ein Stück Brot erbettelte und Fallobst am Wegrand auflies und kein Mensch etwas von einem wollen konnte. 1945, die Jahreszahl, die in den Geschichtsbüchern für Elend, letzte sinnlose Zerstörung, nationale Erniedrigung und für persönliche Vergewaltigung steht oder für die Abstraktion ›Ende des Naziregimes‹, des Tausendjährigen Reiches, markiert eines der köstlichen Jahre meines Lebens.«

Natürlich gab es junge Leute, die dem vergangenen Herrenmenschentum nachtrauerten; und es gab solche – Wolfgang Borchert hat ihnen mit dem Drama »Draußen vor der Tür« ein literarisches Denkmal gesetzt –, die kaum noch Hoffnung hatten, ein neues Leben beginnen zu können. Aber mit dem Zusammenbruch der pervertierten Ideenwelt des Nationalsozialismus und der Dekuvrierung seiner fanatisch propagierten Idole griff bei den Davongekommenen vornehmlich Nüchternheit und Praxisorientierung um sich; die Jugend richtete sich in Nischen der verwüsteten Welt ein und reüssierte bald auch wirtschaftlich (zunächst auf dem »schwarzen Markt«). Der Soziologe Helmut Schelsky sprach später von der »ideologie- und propagandaresistenten skeptischen Generation«. Die in Kriegs- und Nachkriegszeit erfahrene Not und Gefährdung der eigenen Familie durch Flucht, Ausbombung, Deklassierung, Besitzverlust, Wohnungsschwierigkeiten, Schul- und Ausbildungsmängel oder gar durch den Verlust der Eltern bzw. eines Elternteils hätten einen starken Realitätssinn hervorgerufen.

Intoniert wurde das rhapsodische Gefühl des Befreitseins durch den bereits in der Weimarer Republik beliebten, im Dritten Reich verbotenen Jazz, der über die neuen Radiosender vermittelt und dann auch in Jazz-Kellern gespielt wurde; er schlug die Grundmelodie für eine Lebensweise an, die eminent jugendgemäß, aber bislang totalitär unterdrückt gewesen war. In den ersten zwei Jahren nach Kriegsende trafen bei »Radio München«, einem Sender der amerikanischen Militärregierung, der eine der heißesten Jazzsendungen Europas (»Mitternacht in München«) ausstrahlte, rund 60 000 Hörerwünsche ein; ein Drittel von ihnen galt einem einzigen Lied, das für den neuen Aufbruch stand: »Don't fence me in« (»Sperr mich nicht ein«).

In der SBZ beurteilte man die Renaissance des Jazz – die erste deutsche Jazzschallplatte nach '45 war übrigens im Osten produziert worden – mit gemischten Gefühlen; bald brach dort wieder die Zeit der Märsche und eines die Massen manipulierenden Liedguts an. Zunächst jedoch demonstrierte man Toleranz; die Unterdrückung des Jazz sei ein faschistisches Phänomen gewesen. Die rot-affirmative Kulturpolitik, die sich zudem auf das nationale Erbe berief, konnte sich jedoch mit den »chaotischen Klängen« dieser Musik nie wirklich anfreunden; man dürfe den Jazz nicht als Kunst begreifen, hieß es; er habe mit

Kunst so wenig zu tun wie ein Kriminalroman mit Goethes »Wahlverwandtschaften«. Die Jazzmusik könne nur eins: durch ihre suggestive rhythmische Kraft den Körper in rhythmische Schwingungen versetzen. (Übrigens unterschied sich eine solche Abwertung zwar sprachlich-stilistisch, aber inhaltlich kaum von der Art und Weise, wie Theodor W. Adorno im Westen den Jazz abkanzelte.)

In der amerikanischen und englischen Zone wurde durch die beschwingten (beswingten) Melodien des Jazz die Westbindung befördert – und zwar erfolgreicher als pädagogische Reeducation-Programme. Und da der Rundfunk und später das Fernsehen sich nicht durch den Eisernen Vorhang abwehren ließen, partizipierte man auch im Osten am tonal übermittelten »american way of life«, der unbegrenzte und unbekümmerte Freiheit inmitten eines zivilisatorischen Dorado verhieß. Dazu kam, dass sich die deutsche U-Musik nach 1945 an amerikanischen bzw. angelsächsischen Vorlagen und Vorbildern orientierte; die Texte wurden in der Regel auf englisch geschrieben; anglisierte Künstlernamen (wie später etwa Roy Black) beförderten die Karriere.

Abgrenzung und Anpassung

Dass der Jazz insgesamt, vor allem nach der Etablierung der beiden deutschen Staaten 1949, bis weit in die sechziger Jahre eine abgewertete, geradezu verfemte jugendliche Sub- bzw. Alternativ-Kultur blieb, hing nicht zuletzt damit zusammen, dass selbst nach Beseitigung der NS-Diktatur der Jugend nur eine geringe Eigenständigkeit zugestanden wurde. Typisch dafür war Konrad Adenauers Diktum, dass die Jugend »nicht urteilsfähig, weder in politischer noch in einer sonstigen Hinsicht« sei; sie müsse völlig umerzogen werden. Das war zwar nicht falsch, denn ihre Verführbarkeit im Dritten Reich desavouierte in gewisser Hinsicht den Partizipationsanspruch; doch war die Feststellung insofern heuchlerisch, als gerade Adenauer mit seinen Regierungen einem großen Teil der Personen, die diese Jugend nationalsozialistisch indoktriniert und manipuliert hatten, den Wiederaufbau Deutschlands mit anvertraute; die mittlere Generation fiel, weil sie in der Partei gewesen war, keineswegs aus; sie musste sich »nur« (äußerlich) anpassen.

Praktiziert wurde »repressive Toleranz« – ein Begriff des Soziologen Herbert Marcuse, der damit einen Zustand beschreibt, der in wesentlichen Fragen starre, unterdrückende Strukturen, in unwesentlichen Bereichen jedoch benevolente Nachgiebigkeit zeigt; dieses die Wirtschaftswunderzeit charakterisierende Fortleben hierarchisch und teilweise autoritär bestimmter Verhaltensweisen, freilich in »Umgänglichkeit« verpackt, brachte es mit sich, dass sich die Identitätsfindung von Jugend zunächst weitgehend auf dem Weg ästhetischer Fluchtbewegungen vollzog; die Zentren des gesellschaftlichen Geschehens blieben von der alten, älteren und mittleren Generation besetzt. Das war jedoch nichts Neues, denn auch im 19. und anfänglichen 20. Jahrhundert war die Jugend nur peripher, allerdings kulturell bedeutende Spuren hinterlassend, in Erscheinung getreten.

Da die Erwachsenenwelt zugunsten des eigenen Machterhalts Jugend möglichst lange von der Einflussnahme und der Mitwirkung bei den »Geschäften« auszuschließen trachtete – lange Ausbildungs- und Studiengänge verlängerten zudem das Jungsein, obwohl biologisch eine Entwicklungsbeschleunigung (Akzeleration) zu beobachten war –, versuchten junge Menschen, die Verzögerung voller und unmittelbarer Aktivität in Bereichen zu kompensieren, die ihnen als Spielräume offen blieben (wobei selbst diese von den Älteren und Alten argwöhnisch betrachtet wurden).

Nach 1945 und befreit vom nationalsozialistischen Totalitarismus erschien die Ästhetik jugendlicher Abgrenzung, wie sich seit dem »Sturm und Drang« in Kleidung, Liedgut, Haartracht und die bürgerlichen Ordnungsvorstellungen provozierenden Accessoires entwickelt hatte, in immer neuen Variationen; Rundfunk, Schallplatte, Film – schon in der Jugendkultur der Weimarer Republik beliebt – erlangten größte Durchschlagskraft. Das führte schließlich dazu, dass abweichendes jugendliches Verhalten aus ihren Enklaven in den Bereich von »Mode« übertrat und auch eine allgemein beachtete bzw. gefürchtete Aggressivität gegenüber der Erwachsenenwelt entwickeln konnte.

Blickt man auf die Phänomene der in den fünfziger und sechziger Jahren breit angelegten Jugendkultur, ehe diese mit der studentischen Protestbewegung eine neue, gesellschaftskritische Qualität erhielt, so wird deutlich, dass Widerspenstigkeit sich durchaus mit Anpassung verband. Die sich in den Dezennien des Wirtschaftswunders besonders ausprägende Warenästhetik mit ihrem deodoranten Frischwärts durchdrang die Jugendkultur, die damit in ihrem Aufbegehren gemildert wurde; doch nutzte die Jugendkultur die Vermittlungsformen der Konsumwelt auch für ihre Zwecke und Ziele. Diese »Mischung«, die schon in den vergnügungsbesessenen, wilden, goldenen und hässlichen zwanziger Jahren zu beobachten gewesen war, hat Wolfgang Leitmeier so beschrieben:

»Der Ausbruch aus der Erwachsenenwelt beginnt mit den Halbstarken und der Rock-'n'-Roll-Generation. Mit dem wachsenden Wohlstand wird die Teenagerkultur als Adaption angloamerikanischer Leitbilder entdeckt. Jugendliche Mode wird zum Trend, der Plattenmarkt beginnt zu boomen, Transistorradios verbreiten internationalen Sound. Jungen auf Vespa-Rollern, Mädchen in Petticoats, Hula-Hoop-Reifen, Spielautomaten, Musikboxen und Coca-Cola-Werbung bestimmen unser Bild der fünfziger Jahre. Halbstarke und Rock-'n'-Roll stehen am Beginn einer Bewegung des Aufbegehrens der Jugend gegen die Elterngeneration, die sich in einem zunehmend brisanter werdenden Generationskonflikt entlädt.«

Vor allem Musik erwies sich für die Jugend als lautes Medium bei der Herausbildung von Selbstbewusstsein. Identifikationsfiguren waren zum Beispiel Elvis Presley, Peter Kraus (der deutsche Elvis), Bill Haley mit seinen Comets; in den sechziger Jahren die Beatles und Rolling Stones, Bob Dylan und Joan Baez. Als zweitwichtigstes Medium für die Stärkung jugendlichen Eigenwerts diente der Film mit seinen Stars, in die man sich hineinprojizierte oder nach denen man sein Outfit wie seine Mentalität zu modellieren trachtete. Brigitte Bardot, James

Dean, Marlon Brando, Romy Schneider, Marilyn Monroe, um nur ganz wenige Namen zu erwähnen, zusammen mit den fast immer auch filmisch vermarkteten Sängerinnen und Sängern, waren von geradezu mythischer (trivialmythischer) Prägekraft.

Die Zeitschrift »twen« erschien vom April 1959 bis Juni 1971 (die letzte, fast fertige Nummer wurde allerdings nicht mehr ausgeliefert); es war ein Blatt, mit dem sich die Jeunesse dorée der damaligen Zeit in hohem Maße identifizierte. Das Neue dieser Publikation war aus ihrem Kontrast zur bestehenden Zeitschriftensituation zu verstehen. Es gab die »klassischen« Illustrierten wie »Stern«, »Quick«, »Revue« mit hohen Auflagen für ein Massenpublikum; politische Zeitschriften wie »Konkret« und das Satireblatt »Pardon«, die sich an eine kritische Minderheit wandten; die Frauenzeitschriften, »Soraya-Presse« genannt (wegen der vielen romantisch-kitschigen Storys über die Kaiserein Soraya, die sich wegen Kinderlosigkeit von ihrem Mann, dem Schah von Persien, hatte trennen müssen), die meist von Kleidung, Kosmetik, Komfort, Küche, Kinder und natürlich Liebe handelten, biedere Heiterkeit ausstrahlend. Für eine gut gelaunte Elite, die nicht nur schöner wohnen, schöner speisen, schöner reisen, sich schöner kleiden, sondern auch die Schönheiten der Kultur entdecken wollte, waren Illustrierte wie »Das Schönste« gedacht; »Bravo«, seit 1956, bediente als Sprachrohr des Beat- und Rockbooms wie der Sex- und Aufklärungswelle die Vierzehn- bis Neunzehnjährigen.

Und nun kam »twen« für die 20- bis 29-Jährigen; doch war die Zielgruppe, die mit dem Titel angesprochen werden sollte, viel breiter: Es waren alle diejenigen gemeint, die sich frisch, frech, fröhlich, sinnlich, optimistisch – insgesamt lebenslustig – fühlten und gaben. Die Erfinder und Herausgeber der Zeitschrift, Adolf Theobald (geb. 1930) und Stephan Wolf (geb. 1924), vor allem aber der »art director« Willy Fleckhaus (Jahrgang 1925) verstanden es, ein kesses Layout, unter Benutzung internationaler Vorbilder, zu entwickeln; es machte schon von der Form her deutlich, dass hier etwas Besonderes, einschließlich unkonventioneller Themen, dar- und angeboten würde. Die »swinging sixties« liebten jede Provokation, die nicht degoutant war, und den Duft der großen weiten Welt, der von der provinziellen Spießigkeit der »Häuslebauer« hinwegtrug. Bei »twen« lernte man »wie man Pasta-asciutta schreibt, was Vitello tonnato ist«, welche guten Rotweine man trinken sollte und dass man alte Bauernhäuser in der Provence oder in der Toskana kaufen konnte. Es ging um die Offenheit, mit der junge Menschen, die gleichzeitig einen Sinn für Mode, Menüs und »schnelle Schlitten« hatten, sexuell miteinander verkehrten. Das erste Heft kündigte auf dem Titel-Cover als Storys an: »Sechs Mädchen über sex«, »Der Mann mit den 99 Bräuten«, »Gebrauchte Wagen«. Die Inhalte von »twen« bezogen sich auf das, was »fortschrittlich« und »in« war; doch war die wichtigste Botschaft die Verpackung – mit der Fotografie als adäquatem Medium. Bei den letzten Nummern allerdings ging der Redaktion hinsichtlich der Titelbilder die Phantasie aus: Sie bestanden nur noch aus barbusigen playgirls in den üblichen pinwand-geeigneten Posen.

Man sollte sich freilich hüten, die Außenwirkung der Jugendkultur in den fünfziger und sechziger Jahren (und damit auch von »twen«) überzubewerten. Die expandierende Wirtschaft, die zu Vollbeschäftigung führte, unterstützte vielmehr ein konservatives Lebensgefühl; Sicherheit rangierte weit vor Experimenten. Ein solches »Sein« bestimmte dann auch das politische Bewusstsein: Zwischen 1953 und 1965 wählten die 21- bis 30-Jährigen bei den Bundestagswahlen ganz ähnlich wie die Alten, nämlich CDU/CSU mit Abstand vor der SPD. Konrad Adenauers patriarchalische Forderung, dass die Jugend völlig umerzogen werden müsse, stand dem Erfolg seiner Partei nicht im Wege. Die überwältigende Mehrheit der Jugendlichen erfüllte mit Emsigkeit und Fleiß die ihnen zugewiesene Rolle, nämlich als angepasste Akteure einer nivellierten Mittelstandsgesellschaft zu fungieren, der materieller Fortschritt viel, Trauerarbeit über die Zeit des Nationalsozialismus wenig bedeutete. Gesittetes Verhalten war das Eintrittsbillet in den Wohlstand; selbst bei den beliebten Boogie-Woogie-Meisterschaften trugen die mit akrobatischen Figuren brillierenden Tanzpaare bürgerlich adrette Kleidung, die Jungen meist Krawatte.

Die Anpassung an die herrschenden Normen war aber, und das unterschied diese Jugendjahre von früheren Zeiten, weniger Ergebnis autoritären Zwangs, als Folge der Erfahrungen in der desolaten Trümmerzeit: Die Not war Lehrmeister für ein Aufstiegsverhalten, das durch Abweichlertum nur behindert worden wäre. Die Mehrzahl der jungen Menschen wollte rasch erwachsen werden, um auf diese Weise Anschluss ans Wirtschaftswunder zu erhalten.

Statistiken der Not

Die schlimme materielle Situation der Jugend in den Nachkriegsjahren hatte sich tief in deren Bewusstsein eingeprägt und Gegenkräfte aktiviert. Insgesamt rund 5 Millionen Schülerinnen und Schüler waren mit ihren Lehrern, vor allem in der letzten Phase des Krieges, vor den immer stärker werdenden alliierten Bombenangriffen aus den Großstädten im Rahmen der sogenannten Kinderlandverschickung (KLV) in weniger gefährdete ländliche Gegenden (meist im Osten des Reiches) in Sicherheit gebracht worden. Meist kehrten sie noch vor dem Mai 1945 in ihre Heimatstädte zurück, wo sie oft in beschädigten Wohnungen und in Notquartieren hausen mussten. Andere, welche die Heimkehr nicht mehr geschafft hatten, gerieten in die Flüchtlingsströme, die vor den rasch vorrückenden russischen Armeen und aufgrund der Vertreibung der deutschen Bevölkerungsanteile aus Polen und der Tschechoslowakei ins deutsche Kernland zurückfluteten.

Jost Hermand, 1930 in Kassel geboren, hat die »erweiterte Kinderlandverschickung« (der Jahrgänge 1927 bis 1934) als »Pimpf in Polen« erlebt, beschrieben und ein bitteres Fazit gezogen: »Man sage nicht, daß all das in der Kinderlandverschickung Erlebte längst vergangen und vergessen sei. Damit machen sich die Menschen, die in die krakenartigen Fänge dieser Millionenoperation gerieten, nur etwas vor. Genau besehen lebt das, was sie damals als Kinder durchgemacht haben, auf tausendfache Weise in ihnen weiter und bestimmt bis heute – ob nun in zwanghaften

Wiederholungsmechanismen oder bewußten Gegenreaktionen auf das damals Erlebte – weiterhin viele Formen ihres Denkens, Handelns und Fühlens. Schließlich durchlebten sie in den Jahren, in welchen der Mensch besonders verletzlich ist, nicht nur die üblichen pubertären Lust-, Neid-, Haß-, Schuld- und Schamgefühle, sondern waren auch extremen Formen des Sadismus und Masochismus ausgesetzt.«

Von den Jugendlichen männlichen Geschlechts der Jahrgänge 1928–1930 waren viele Flakhelfer gewesen; sie mussten an Flugabwehrkanonen in ihren Heimatstädten oder in deren Nähe militärischen Dienst leisten; sie erhielten dabei Unterricht, der freilich durch die Einsätze außerordentlich reduziert war. Die Älteren der Flakhelfer wurden noch eingezogen; viele von ihnen fielen kurz vor Kriegsende oder gerieten in Kriegsgefangenschaft.

Für die Kriegsgefangenen, und das waren meist die Väter, war entscheidend, wann sie nach Deutschland zurückkehren beziehungsweise in Deutschland – hier waren in der Endphase des Krieges 1945 den Amerikanern 3 107 000 und den Engländern 2 319 900 deutsche Soldaten in die Hände gefallen – die Lager verlassen durften und in welcher psychisch-physischen Verfassung sie sich befanden. Im Allgemeinen war das Los der Kriegsgefangenen im Gewahrsam der Westalliierten wesentlich günstiger als in russischer Verwahrung. Zum einen waren die Hass- und Vergeltungsgefühle der Sowjets stark ausgeprägt, denn immerhin hatten die deutschen Armeen weite Teile Russlands zerstört und Millionen Menschen umgebracht; zum anderen wollte man das »Menschenmaterial«, das die Kriegsgefangenen darstellten, für den dortigen Wiederaufbau nutzen. (Von den über 3 Millionen deutschen Soldaten in sowjetischer Hand überlebten mehr als eine Million die Leiden der Gefangenschaft nicht.)

Was die familiäre Situation betraf, so gab es allein im Gebiet der späteren Bundesrepublik nach dem Zweiten Weltkrieg etwa 1 250 000 Kinder und Jugendliche, die ihre Väter durch den Krieg verloren hatten. 250 000 von ihnen waren Vollwaisen. Im Bundesgebiet lebten Ende 1949 insgesamt 1 555 000 jugendliche Heimatvertriebene im Alter von 14 bis 24 Jahren. Der durch die Bombenangriffe dezimierte Wohnraum war zu dieser Zeit selbst für die im Gebiet der Bundesrepublik traditionell ansässige Bevölkerung zu knapp. So waren 730 000 dieser jugendlichen Flüchtlinge in provisorischen Lagern und Notunterkünften auf dem Land untergebracht.

In der Trümmerzeit nahm angesichts der wirtschaftlichen Misere die Jugendkriminalität zu. »Verwahrlosung der Jugend« war ein Schlüsselbegriff; man beklagte sich, man empörte sich, man versuchte, ihr notdürftig entgegenzutreten. Aber da die Wurzel des Übels die Umstände waren und diese Umstände lange Zeit anhielten, war man ziemlich machtlos. Ende 1947 ergab eine Umfrage Einblick in das Milieu, in dem die Jugendlichen heranwachsen mussten. In Fürth zum Beispiel hatten von 11 000 Schulkindern 60 Prozent keine festen Schuhe, 35 Prozent schliefen zu zweit und zu dritt in einem Bett, 40 Prozent hatten keine Winterkleidung. In Kassel waren 7,5 Prozent überhaupt ohne Schuhe. In Berlin wurden 125 000 Kinder gezählt, die kein einziges Paar brauchbarer Schuhe hatten. In München lebten 20 000 Kinder von den Eltern getrennt, 17 000 schliefen nicht im eigenen Bett, 14 000 hatten keine Zahnbürste. In Mannheim gaben 70 Prozent an, dass die Eltern nichts zum Heizen hätten; nur die Hälfte besaß einen zweiten Anzug, 12 Prozent litten an Hungerödemen. In Frankfurt übernachteten täglich bis zu 100 Jugendliche im Bunker des Hauptbahnhofs; von ihnen hatten durchschnittlich 60 Prozent als einziges Ausweispapier den Entlassungsschein einer Strafanstalt.

Wer nach Kriegsende die Schule besuchte, traf natürlich auch dort überall auf materielle Not. Viele Gebäude waren zerstört oder nur teilweise brauchbar; erhaltene Einrichtungen wurden oft als Flüchtlingslager, Notunterkünfte für Ausgebombte und für Zwecke der Besatzungsmächte genutzt. In Hamburg waren von 400 Schulen lediglich 60 wirklich tauglich. In Kiel hatte es vor Ausbruch des Zweiten Weltkrieges 1134 Unterrichtsräume gegeben; am 1. September 1945 war diese Zahl auf 100 zurückgegangen. 1952 fehlte trotz siebenjährigen Wiederaufbaus noch ein Viertel des Schulraumbestandes von 1939;

verglichen mit den Zahlen von 1939 bedeutete dies für Köln 64%, Düsseldorf und Bremen 32%, Bonn 33%, München 35%, Mannheim 57% des Schulraumbestandes.

Die geburtenstarken Jahrgänge der Vorkriegszeit wuchsen ins Schulalter hinein; hinzu kamen die Flüchtlingskinder. Außerdem herrschte Lehrermangel. So stieg zum Beispiel in Bayern die Gesamtzahl der Volksschüler von 1939 bis 1947 um 59,4%, in Schleswig-Holstein um 136%. In Bayern kamen im Jahr 1946 65 Schüler auf einen Lehrer (1939 waren es 44); in Schleswig-Holstein im Jahr 1947 78 Schüler (gegenüber 39 zu Kriegsbeginn). In Niedersachsen sah sich der Oberpräsident von Hannover gezwungen, im Jahre 1946 die Schülermesszahl für die Planstellenverteilung auf 70 zu erhöhen.

Wie bei den Schulräumen gab es großen Mangel an Schulbänken, Geräten, Lehrmaterialien und Unterrichtsmitteln. Bei den Schulbüchern war die Qualität ein besonderes Problem. Man benötigte millionenfache Auflagen, konnte jedoch die propagandistisch und ideologisch infiltrierten Bücher des Dritten Reiches in fast keinem Fach mehr verwenden. So griff man vielfach auf Vorlagen aus der Zeit vor dem Jahr 1933 zurück. Eilig wurde versucht, möglichst viele unbelastete Autoren für die Produktion neuer Schulbücher zu gewinnen. In Bayern fand bereits Anfang 1946 ein Preisausschreiben statt, das breite Kreise zur Mitarbeit ermunterte; dort prüfte die Militärregierung von Juni bis Dezember 1945 318 Lehrbücher für die höhere Schule; 175 wurden zugelassen, 30 mit Veränderungen angenommen, 113 zurückgewiesen.

Am schlimmsten erwies sich der Mangel an Lehrern. Kriegsverluste, der ebenfalls kriegsbedingte Ausfall an Nachwuchs und die Entfernung vieler Lehrer aus dem Amt aufgrund der Entnazifizierung (in der amerikanischen Besatzungszone 50%) wirkten sich fatal aus. Das Durchschnittsalter der Lehrkräfte war verhältnismäßig hoch; 53% waren 1945 über 38 Jahre alt. Das bedeutete, dass eine große Zahl bereits während des Dritten Reiches unterrichtet hatte und nun – meist als »Mitläufer« eingestuft – nicht gerade zu den engagiertesten Vertretern der neuen Staatsform gehörte.

Um möglichst rasch neue Lehrer zur Verfügung zu haben, wurden für den Volksschuldienst Ausbildungskurse eingerichtet, bei denen nicht die Vorbildung, sondern die politische, soziale, menschlich-schicksalsmäßige Situation maßgebend war. Ein Leistungstest und eine psychologische Eignungsuntersuchung entschieden über die Aufnahme.

Neben solchen Notmaßnahmen kehrte man bei der Lehrerausbildung zu den unterschiedlichen, in der Weimarer Zeit praktizierten Formen zurück. In Hamburg erfolgte sie an der Universität; in der übrigen britischen Zone richtete man Pädagogische Hochschulen ein; in Süddeutschland gab es teils hochschulartige, teils seminarähnliche Institutionen der Lehrerbildung. Eingangsvoraussetzung für all diese, weitgehend auch konfessionellen Lehrerausbildungsstätten, war das Abitur. Bei den Gymnasien versuchte man die Lücke vor allem dadurch zu schließen, dass man Pensionisten (auch solche hohen Alters) einstellte und, zum Beispiel bei den Naturwissenschaften, Fachleute aus anderen Bereichen abwarb.

Bei der Erziehung der Jugend nach 1945 spielten die Frauen die wichtigste Rolle; sie waren seit dem 19. Jahrhundert patriarchalisch unterdrückt gewesen und im Dritten Reich Opfer eines rassistischen Männlichkeitswahns, der jedoch ihre Indienstnahme für die »Produktion« erbgesunden Nachwuchses mit verlogenem sentimentalen Idealismus kaschierte. Mit dem Ende des Dritten Reiches schien die Möglichkeit einer wirklichen Emanzipation gegeben. Doch waren nur wenige Frauen, anknüpfend an die Frauenbewegungen des Zweiten Reiches und der Weimarer Republik, selbstbewusst genug, um sofort nach Kriegsende die gleichberechtigte gesellschaftliche Stellung in Familie, Beruf und Öffentlichkeit einzufordern; dem seit September 1948 mit der Abfassung des Grundgesetzes betrauten Parlamentarischen Rat gehörten von insgesamt 65 stimmberechtigten Mitgliedern lediglich vier Frauen an; nach heftigen Auseinandersetzungen gelang es jedoch, im Artikel 3, II die Gleichberechtigung von Mann und Frau zu verankern.

Ein Großteil der Männer war gefallen, verschollen, kriegsgefangen, untergetaucht, unterwegs, arbeitslos, aus der Bahn geworfen oder moralisch verunsichert. Das war die Stunde der Trümmerfrauen, die mit zupackender Energie den Aufbau des zerstörten Landes begannen. Der dabei gezeigte Optimismus, gepaart mit Findigkeit und Improvisationsgeschick, führte insgesamt zu einer weitgehenden Überwindung von Lethargie und Resignation, wie sie sich seuchenartig angesichts des verlorenen Krieges auszubreiten drohte.

Die Situation der Frauen nach 1945, autobiographische Berichte resümierend, hat Inge Stolten als »Hunger nach Erfahrung« charakterisiert. Indem die Frauen die Trümmer beiseite räumten, Betriebe leiteten, Kinder aufzogen, z. B. als Bürgermeisterinnen das Leben in Städten und Gemeinden in Gang setzten, also in sogenannten Männerberufen, unter schwierigsten Bedingungen, den größten Teil des Wiederaufbaus leisteten (bis die Männer aus der Kriegsgefangenschaft zurückkehrten und die Söhne wie Töchter herangewachsen waren), vollzog sich ihre »Gleichstellung« durch Praxis. Das politische Bewusstsein blieb freilich hinter einer derartigen Wirklichkeit zurück; die rechtliche »Festschreibung« des Fortschritts war ungenügend. Auch ließen sich die Frauen in ihrem Streben nach harmonischem Familienglück, das vor allem der Bequemlichkeit der Männer diente, die errungene Selbstständigkeit wieder wegnehmen.

Die wohl früheste Familienuntersuchung nach dem Kriege (Hilde Thurnwalds »Gegenwartsprobleme Berliner Familien«, 1948) zeigte beispielhaft, sowohl was die Ergebnisse der Studie als auch die Erkenntnis leitende Sozialmoral der Autorin betrifft, wie stark das Spannungsfeld von emanzipatorischem Erfahrungshunger und regressiver patriarchalischer Struktur bald wieder war – ein Konflikt, der sich auf verschiedenen Ebenen abspielte: in den politischen Parteien, der Wirtschaft, der Publizistik, der Verwaltung. Die Frauen sollten in der christlich geprägten Familie ihre Erfüllung finden. Spannungen entstünden, so Thurnwald, wenn es an weiblicher Anpassungsfähigkeit fehle. Gepriesen wurden die Tugenden der Häuslichkeit, Sesshaftigkeit, Selbstbeherrschung, des Gehorsams, der Disziplin, des Fleißes, der Gewissenhaftigkeit, Arbeitsfreudigkeit, Bescheidenheit. Als wichtigster positiver Wert wurde generell die Fähigkeit zu widerspruchsloser Triebzügelung bzw. -unterdrückung hervorgehoben. Die Autorin zeigt durchgängig Verständnis für Kriegsheimkehrer, die sich nur schwer an das wieder geltende Monogamiegebot gewöhnen könnten; bei Frauen führe dessen Verletzung zur »Verwahrlosung«. Einsichtig sei, dass vielfach die heimgekehrten Männer gegen die zu große Selbstständigkeit, die ihre Frauen während der langen Trennung erworben hatten, opponierten. »Auch wenn der Mann die Nötigung der Frau zu selbständigem Planen, zu verantwortlichem Handeln in den Jahren der Trennung anerkannt hat, wünscht er meistens die Frau bei einer Heimkehr so vorzufinden, wie er sie verlassen hat.«

In der DDR war die Frauenpolitik eingebunden in den alle gesellschaftspolitischen Maßnahmen überwölbenden Antifaschismus, der dementsprechend bei der Gründung der Frauenausschüsse (1945) und des Demokratischen Frauenbundes Deutschland (1947) eine große Rolle spielte. Als die beiden deutschen Staaten entstanden waren, setzte sich die im Westen wie Osten gleichermaßen verfassungsrechtlich verankerte Gleichberechtigung der Frau in der Rechtsentwicklung der DDR früher als in der BRD durch. Über diese Gleichberechtigung hinaus enthielt das Verfassungsrecht der DDR das Gebot der Förderung der Frau besonders bei beruflicher Qualifizierung als staatliche Aufgabe. Während im Ehe- und Familienrecht der BRD von der freien Entscheidung der Ehepartner hinsichtlich der Ausgestaltung der Aufgabenverteilung und des Rollenverständnisses ausgegangen wurde, basierte das Recht in der DDR als Ausdruck des gesellschaftlich-sozialistischen Ideals auf einem Bild der allseitig entwickelten Persönlichkeit der Frau.

Dies wirkte sich in vielfältiger Weise aus: Es führte zu einem hohen Prozentsatz von berufstätigen Frauen, einem höheren Anteil von Frauen im politischen Leben, zu wesentlichen Verbesserungen bei den Bildungsmöglichkeiten wie der Kinderbetreuung (in Kindergärten und Horten) und zu verstärkter Selbstbestimmung der Frau, etwa im Hinblick auf den Schwangerschaftsabbruch. Die Gleichberechtigung der Frau wie die Veränderung der Geschlechterverhältnisse und der Familienstruktur wurden von der SED als größte Errungenschaften der DDR und als Beweis für die Überlegenheit des Sozialismus dem Kapitalismus gegenüber gepriesen. Doch war das zweifellos gestärkte Selbstwertgefühl der Frauen im Rahmen ihrer wachsenden gesellschaftlichen Bedeutung weitgehend die Folge einer Zwangsemanzipation und somit, was die individuell-personale Freiheit betraf, mit Repression verbunden.

Eine schwere Hypothek lastete zudem auf der sozialistischen Frauenpolitik, die sich auf sowjetrussische Fortschrittlichkeit berief: nämlich die vielen Vergewaltigungen durch russische Soldaten bei Kriegsende; sie wurden zwar offiziell negiert, blieben aber unvergessen. Auch wenn es nicht einfach ist, genaue Zahlen zu recherchieren, so hat eine gründliche Untersuchung von Helke Sander und Barbara Johr ergeben, dass zwischen Frühjahr und Herbst 1945 mindestens 110 000 der in Berlin lebenden 1,4 Millionen Mädchen und Frauen von Rotarmisten missbraucht wurden; die meisten Vergewaltigungen, mindestens 100 000, geschahen im April, Mai und Juni 1945. Über 40 Prozent der Frauen wurden mehrfach vergewaltigt, mehr als 11 000 davon wurden schwanger; es erfolgten viele Abtreibungen. Insgesamt dürften 1,9 Millionen deutsche Frauen und Mädchen von Soldaten der Roten Armee vergewaltigt worden sein, davon 1,4 Millionen in den ehemaligen deutschen Ostgebieten und während der Flucht bzw. Vertreibung, 500 000 in der späteren Sowjetischen Besatzungszone. Schätzungen sprechen von insgesamt 292 000 geborenen Kindern. Der Schriftsteller Erich Kuby spricht in seinem Buch »Die Russen in Berlin 1945« von einer Folge der »Kampfeserregung«:

»Die Rotarmisten waren berauscht vom Sieg, waren berauscht vom Erlebnis der westlichen Zivilisation – und sie waren im buchstäblichen Sinne berauscht. Auch darin herrscht Übereinstimmung in den Aussagen: Zwischen Trunkenheit und Gewalttat bestand in der Regel ein Kausalzusammenhang. In diesem Zustand der Enthemmung taten die Sowjetsoldaten, worauf sie (nach urlaubs- und frauenlosen Jahren) gierig waren, aber sie taten es weder zu Ehren der Sowjetunion noch zu Unehren Deutschlands; sie taten es in der allersimpelsten

Weise.« Zudem war die atavistische Ventilierung des Aggressionsstaus durch kommunistische Propagandisten, wie etwa dem Schriftsteller Ilja Ehrenburg, der als Rache für die NS-Gewalttaten zur Schändung deutscher Frauen aufrief, ideologisch abgestützt.

Die in allen Bereichen materiell wie mental gegebene Notlage führte jedoch keineswegs zu Resignation oder gar Nihilismus. So wie Kultur als Überlebensmittel große Bedeutung besaß, pries man in der Erziehung die Ewigkeit geistiger Werte und bekannte sich zu ihnen.

Eine der ersten pädagogischen Zeitschriften, »Die Sammlung«, die 1946 gegründet wurde, trug den Untertitel »Monatsschrift für geistige Ordnung«. Das war insofern typisch, als trotz der materiellen Misere an den Schulen mit großer Intensität an Konzepten für den geistigen Wiederaufbau der von den Nationalsozialisten zerstörten Bildungslandschaft gearbeitet wurde. Die dabei entstehenden Bildungspläne waren bestimmt von einem hochgemuten Pathos. Um drei Grundwerte ging es vor allem: Humanismus, Christentum, Demokratie. Diesen wurden andere Erkenntnis leitende Begriffe subsumiert: Antike, Kultur, Abendland, Religiosität, Sittlichkeit, Freiheit, soziales Denken, Selbstständigkeit; wissenschaftlich-mathematisches Denken und Berufstüchtigkeit hatten einen geringeren Stellenwert.

Die Notwendigkeit eines tief greifenden Wertebewusstseins betonte man auch beim Aufbau der Universitäten. Der Nationalsozialismus habe den Ideenhimmel nicht verdüstern können; nun sollten die »Sterne des Schönen, Guten und Wahren« in unvergänglicher Reinheit neu erstrahlen. Man kultivierte einen trotzigen *Dennoch*-Ton: Der deutsche Geist sei zwar missbraucht und entehrt worden; *dennoch* habe er überlebt. Der geistige Kahlschlag sei sehr groß gewesen, *dennoch* würden die Universitäten wieder »Pflanzstätten des Geistes« sein. Als am 6. 11. 1945 die Hamburger Universität von Senator Heinrich Landahl wieder der Jugend übergeben wurde, rief er in seiner Rede dazu auf, »zum Besten des schwer geprüften Volkes«, »zum Ruhme der ewig jungen Hansestadt Hamburg« den deutschen Anteil an der abendländischen Kultur zur Geltung zu bringen.

Die Kriegsheimkehrer, die vorwiegend die Universitäten bevölkerten, hatten sich aus den Weiten der eroberten Länder in die Gefilde geistiger Provinz zurückgezogen; sie hatten die Nase voll von der großen Zeit, deren Pathos jedoch, ins Demokratische gewendet, ihnen weiterhin vertraut blieb; nicht zuletzt half es darüber hinweg, dass die Wirklichkeit der »neuen Universität« anders aussah, als es die Metaphern der Festredner suggerierten: nämlich trist. Es fehlt wie bei den Schulen an Räumen, Lehrenden und Unterrichtsmaterialien.

Im kollektiven Unterbewusstsein der studentischen Jugend wogten die Turbulenzen, die der Zusammenbruch des Dritten Reiches hinterlassen hatte, weiter. Der Überdruck fand jedoch selten ein Ventil. Als in Marburg im September 1946 die erste große internationale Begegnung auf deutschem Boden seit Beendigung des Zweiten Weltkrieges stattfand (im Rahmen eines internationalen Ferienkurses, zu dem zwanzig Hochschullehrer von amerikanischen, britischen, französischen und schweizerischen Universitäten gekommen waren), notierte ein Beobachter der Diskussionen, die sich vor allem auch der deutschen Vergangenheit und Gegenwart zuwandten, die Hilflosigkeit der Studentenschaft, ihre Ansicht in Worte zu fassen. Ihm fiel auf: Die Sprunghaftigkeit, mit der man von Thema zu Thema jage, die Heftigkeit, ja manchmal unkontrollierte Leidenschaft, die aufflamme, sobald sich eine unerwartete Antwort ergäbe, der häufige Gebrauch von Schlagworten, der Drang zur Bevormundung des anderen die erschreckende Unkenntnis, die übersteigerte, geradezu nervöse, nationale Empfindlichkeit. Das Denken der Studenten sei nicht beweglich, auch nicht konsequent. »Es ist überstürzt, innerlich gehetzt oder starr.«

Von den Ausgangsbedingungen und Lebensverhältnissen her unterschied sich die Situation der Jugendlichen in der SBZ nicht wesentlich von derjenigen in den Westzonen, doch versuchten die Kommunisten und dann die SED, die Heranwachsenden mit Lockung wie Unterdrückung (»Zuckerbrot und Peitsche«) der sozialistischen Bewegung einzugliedern. Und das bedeutete, sie von den bürgerlichen Kultur- und Gesellschaftsvorstellungen abzubringen. Dementsprechend wurde der für eine freie Gesellschaft unvermeidliche Generationenkonflikt pseudo-idealistisch bzw. mit Hilfe von Gemeinschafts-Romantik hinwegprojiziert. Während im Westen die Jugendverbände der evangelischen und katholischen Kirche, der bündischen, sozialistischen und gewerkschaftlichen Jugend, rasch und zunächst auf lokaler Ebene, wieder zugelassen wurden – die Militärregierungen erhofften sich durch diese eine Unterstützung ihres Umerziehungsprogramms –, also auch in der Jugendpolitik Pluralismus angesagt war, hatte in der SBZ die FDJ (Freie deutsche Jugend) bald Alleinvertretungsrecht. Ihre erzieherische Arbeit stand unter ausgeprägt antifaschistischen Vorzeichen; aber bis in die Embleme, Rituale und autoritären Organisationsformen hinein ähnelte sie doch sehr der nationalsozialistischen Jugendorganisation. Das führte bei den Jugendlichen zu Frustrationen. 1949 waren schon 200 000 Jugendliche illegal aus der »progressiven« Ostzone in den als kapitalistisch denunzierten Westen abgewandert.

Die Geschichte
des westdeutschen
Wirtschaftswunders

Die »Statistiken der Not« machen deutlich: Wirklicher Friede, d.h. ein normales, materiell abgesichertes Leben führen zu können, schien damals, in der Trümmerzeit, in ferner Zukunft zu liegen. Wann würde der Traum vom glücklichen Dasein sich überhaupt erfüllen?

»... Wenn die Mütter froh die Kinder schwenken,
Wenn die Onkels Neffen Uhren schenken,
Wenn man Wohnung wechselt ohne Schein;
Wenn, wer's Auto kauft, auch selber steuert,
Wenn man Hausrat, der nicht paßt, erneuert,
Wenn man Fleisch hat und lädt Freunde ein.
Aber, Enkelchen, wann wird das sein?«

So in einem Gedicht von Karl Schnog, das in Nr.5 des »Ulenspiegels« erschien und deutlich macht, worauf sich die Erwartungen konkret richteten. (Die satirische Zeitschrift wurde von Hermann Sandberg herausgegeben; dieser hatte im Zuchthaus und KZ geplant, dass er, wenn er lebend herauskomme, so etwas wie den »Simplicissimus« neu machen werde; 1949 erhielt er eine amerikanische Lizenz in Berlin.)

Neues Geld – soziale Marktwirtschaft

Doch nicht erst in der Generation der Enkel, sondern schon einen Monat nach der Veröffentlichung dieses Textes begann mit der Währungsreform am 20. Juni 1948 für die Menschen der

Geldumtausch bei der Währungsreform (1948)

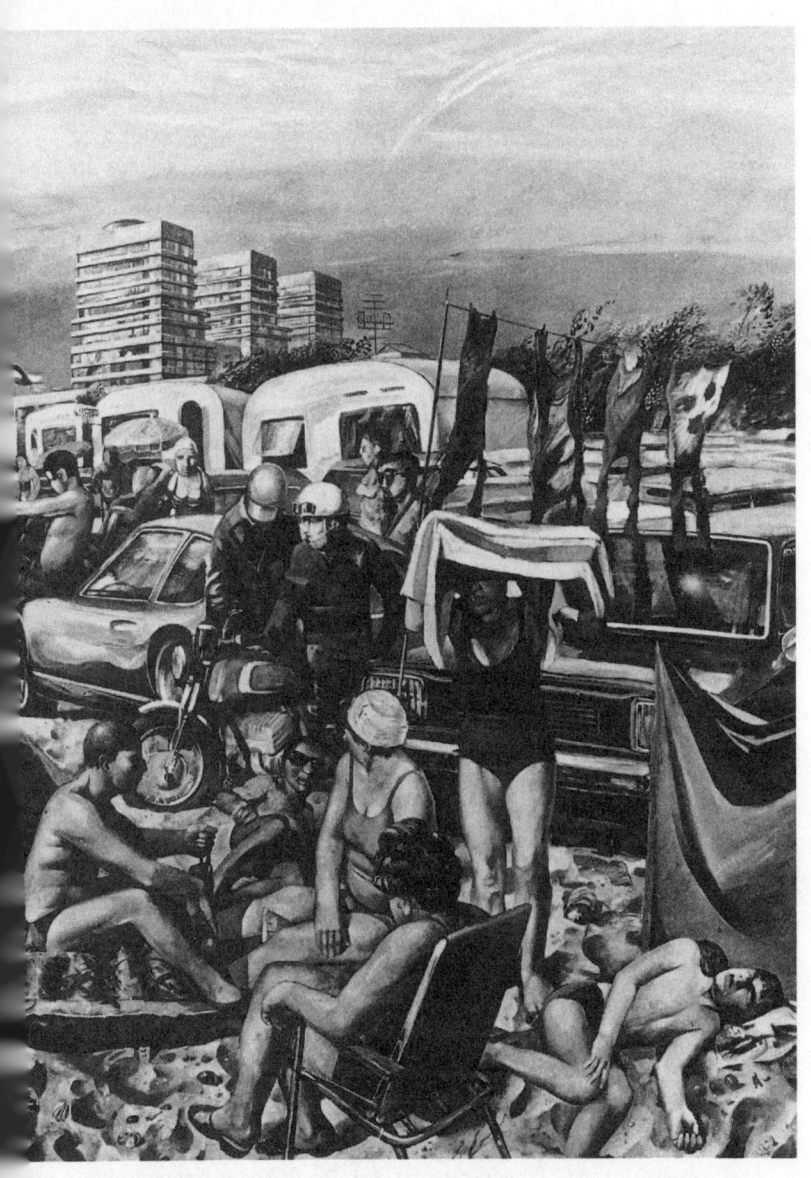

Harald Duwe: Großes Strandbild (Ausschnitt)

damaligen Westzonen der Aufstieg ins Konsumparadies. Karl Krolow, geboren 1915, damals als freier Schriftsteller in Göttingen lebend, meinte: Er habe nur langsam und zögernd begriffen, dass dies vielleicht der konkreteste Tag der westdeutschen Nachkriegsgeschichte gewesen sei, da Ware wieder käuflich war, auf dem offenen Markt angeboten, noch keine Fülle, aber viele Angebote. Heinrich Böll arbeitete, vom Krieg heimgekehrt, für eine Mark Stundenlohn in der Werkstatt seines Bruders und gab Nachhilfestunden; für Kurzgeschichten erhielt er in dieser Zeit die ersten Honorare von verschiedenen Zeitungen und Zeitschriften; seine Frau war als Mittelschullehrerin tätig und verdiente etwa 350 Reichsmark im Monat (das war etwas mehr, als damals ein halbes Pfund Butter auf dem Schwarzmarkt kostete). Nach der Währungsreform glaubten die Bölls mit ihrem eineinhalb Jahre alten Sohn, dass nun wirklich ein neues Leben anfange – im Besitz von einhundertzwanzig neue Mark. »Meine Frau träumte von Obst und Gemüse, auch von Tee und Kaffee wie ich, der ich mehr auf Zigaretten aus war und – Gott sei's geklagt – auf ›wirklich schönes‹ Schreibpapier; ich war die schäbige Sorte ›Saugpost‹, auf der ich bis dahin geschrieben hatte, leid, das schöne Papier war kriminell teuer, aber ich kaufte es, und außerdem (eine zufällig zu Besuch weilende Tante bekam darüber fast einen Anfall!) eine Briefwaage, die ich – was eben heftig bestritten wurde – dringend brauchte.«

Die Wirtschaft hatte schamlos große Mengen von Waren gehortet; mit »weichem Geld« produziert und nun in »harter Währung« verkauft, stellten sich bald große Gewinne ein. Die öffentliche Moral wurde jedoch durch etwas ganz anderes erregt: Nämlich durch die unsittliche Vorderseite der ersten Banknote (ein Fünf-Mark-Schein), die von der Bank deutscher Länder in Umlauf gebracht wurde. Dort ritt eine halb nackte »Europa« auf dem Rücken eines stilisierten Stiers, die Sonne in der rechten Hand, das Knie leicht verschleiert, den Busen unverhüllt, der Zukunft entgegen. Kritik übte man auch am »Liniengewirr« in Picasso-Manier. Der verantwortliche Graphiker musste seine Arbeit rechtfertigen. Auch die 50- und 100-Mark-Noten schockierten die Öffentlichkeit als »Gipfel der Ahnungslosigkeit und der

Abgeschmacktheit«, was aber ihrer regen Zirkulation im Dienste von Produktion und Konsumption nichts antat.

Eingeleitet und vorbereitet durch den amerikanischen Marshall-Plan zur wirtschaftlichen Erholung Europas – ein Produkt des Klimas von Kaltem Krieg und echter Not, von humanitären Impulsen und realpolitischem Kalkül – führte der Weg des wirtschaftlichen Aufstiegs der Bundesrepublik im Jahre 1949 über den Beitritt zur »Organization for European and Economic Cooperation« (OEEC), welche die Aufgabe hatte, die Marshall-Plan-Gelder zu verteilen und das gemeinsame Wiederaufbauprogramm zu koordinieren, zur »Europäischen Wirtschaftsgemeinschaft« (EWG); zu dieser hatten sich im März 1957 die sogenannten Montan-Staaten Bundesrepublik, Frankreich, Italien, Luxemburg, Belgien, Niederlande zusammengeschlossen. Die erstrebten »Vereinigten Staaten von Europa« blieben allerdings in unerreichbarer Ferne; sie hätten das Wirtschaftswunder eher gebremst als gefördert – überflügelte doch die Bundesrepublik mit ihrem Sozialprodukt bald die anderen Staaten. Dieses stieg auf der Basis der jeweils gültigen Preise zwischen 1950 und 1960 um das dreifache. Aus Kellerkindern wurden Wunderkinder; der Umzug in die Beletage glückte innerhalb weniger Jahre reibungslos.

In dem kabarettistischen Film »Wir Wunderkinder« (Regie Kurt Hoffmann, 1958) ist Bruno Tiches, der in der Weimarer Republik ein treuer Republikaner und erfolgreicher Geschäftemacher, im Dritten Reich nationalsozialistischer Karrierist gewesen war, nach dem Krieg sofort wieder obenauf; er reüssiert auf dem Schwarzmarkt und brilliert auch nach der Währungsreform als einflussreicher Geschäftsmann; doch fällt dieser Stehaufmann in den Fahrstuhlschacht eines Verlagsgebäudes; dort hatte er sich bei dem Journalisten Hans Boeckel, der seinen Opportunismus dekuvrierte, beschweren wollen und dabei eine Tür verwechselt. In der Wirklichkeit »fallierte« man damals in der Regel nicht.

Die von den westlichen Besatzungsmächten angeordnete Währungsreform war eine Folge der durch die nationalsozialistische Kriegswirtschaft zurückgestauten Inflation: Alle Bargeldrückstände wurden auf ein Zehntel ihres ursprünglichen Wertes gestrichen; für 100 RM gab es auf dem Bankkonto nur 6,50 DM; gleiches passierte mit allen Schuldverhältnissen, mit Ausnahmen von Hypotheken, die im Verhältnis 1:1 umgestellt wurden.

Die Währungsreform glückte nicht zuletzt wegen der Entscheidungsfreudigkeit von Ludwig Erhard, dem Direktor für die Wirtschaft der Bi-Zone, des vereinigten Wirtschaftsgebiets, zu dem sich die amerikanische und britische Zone am 1. Januar 1947 zusammengeschlossen hatten. Er hob, weitgehend im Alleingang, unmittelbar nach der Geldumstellung eine Vielzahl von Preis-, Bewirtschaftungs- und Rationalisierungsvorschriften auf, was dazu führte, dass Produzenten und Konsumenten dem neuen Geld vertrauten. Der freie Erwerb aller Güter, das den Markt bestimmende Konkurrenzprinzip und die Beachtung des Privateigentums wurden als Antriebskräfte wirtschaftlicher Dynamik anerkannt; diese sollte freilich gebändigt werden durch soziale Verantwortung. »Soziale Marktwirtschaft« war das Zauberwort des Aufstiegs. Es handelte sich um ein Wirtschaftsdenken, das eine am Gemeinwohl orientierte, durchs Gemeinwohl kontrollierte Wettbewerbswirtschaft anstrebte – in Erinnerung an die Weltwirtschaftskrise und die damit verknüpfte Massenarbeitslosigkeit sowie nach den Erfahrungen mit der nationalsozialistischen Wirtschaftslenkung und ihrem streng geregelten Zuteilungssystem, auch angesichts der in der SBZ immer stärker werdenden kommunistischen Zwangswirtschaft.

Es sollte also freie marktwirtschaftliche Initiative mit sozialem Fortschritt verbunden werden. Dergestalt definierte Alfred Müller-Armack in seinem Buch »Wirtschaftslenkung und Marktwirtschaft« 1946 zum ersten Mal den Begriff der »sozialen Marktwirtschaft«. Er gehörte zusammen mit Ludwig Erhard, Walter Eucken, Franz Böhm, Alexander Rüstow, Wilhelm Röpke zu einer Gruppe von deutschen Nationalökonomen, die sich seit Anfang der vierziger Jahre Gedanken über eine neue Wirtschaftsordnung nach dem für sie unvermeidlichen Zusammenbruch der NS-Diktatur gemacht hatten. Den ökonomischen Kräften dürfe nicht mehr allein das Feld überlassen werden, der Staat keine Nachtwächterrolle spielen; dessen Aufgabe sei es vielmehr, die sozialen Hindernisse, die Ungleichheit schufen, zu beseitigen; die Freiheit des Einzelnen könne sich nur in den Grenzen entfalten, welche die Freiheit aller anderen setze. Inmitten des »Maskenfests der Ideologien« wollte Röpke (1933 in die Türkei emigriert, von 1937 bis 1966 Professor für Nationalökonomie in Genf) das »Wesen eines unvergänglichen Liberalismus« wieder entdecken und für die Politik fruchtbar machen. Der Liberalismus sei humanistisch, das heißt, er gehe von der zum Guten fähigen und erst in der Gemeinschaft sich erfüllenden Natur des Menschen, von seiner über seine materielle Existenz hinausweisenden Bestimmung und von der Achtung aus, die man jedem Individuum in seiner Einmaligkeit schuldig sei und die es verbiete, ihn zum bloßen Mittel zu erniedrigen.

Ludwig Erhard war ein beweglicher, dickleibiger CDU-Mann, meist mit einer Zigarre im Mund; seine freien Tage verbrachte er nicht so gerne in der Bundeshauptstadt Bonn, dem »Treibhaus«, sondern lieber in Südbayern – den »guten Menschen vom Tegernsee« nannte ihn »Der Spiegel« 1965. Er wurde zur Symbolfigur des Wirtschaftswunders. Von 1949 bis 1963 war er Bundeswirtschaftsminister und von 1963 bis 1966, als Nachfolger Konrad Adenauers, Bundeskanzler. Er erschien als Garant für Vollbeschäftigung, die es wiederum den Menschen ermöglichte, von dem vorhandenen faszinierenden Warenangebot extensiv Gebrauch zu machen.

Günter Neumann, der in Berlin das Kabarett »Die Insulaner« gegründet hatte – nach Ende der nationalsozialistischen Diktatur und ihrer Witz- wie Humorlosigkeit schossen Kabaretts geradezu wie Pilze aus dem Boden –, schrieb den »Song vom Wirtschaftswunder«, der sich trotz oder gerade wegen seiner Ironie großer Beliebtheit erfreute.

»… Was machen wir jetzt?
Jetzt kommt das Wirtschaftswunder,
Jetzt kommt das Wirtschaftswunder,
Jetzt gibt"s im Laden Karbonaden schon
Und Räucherflunder.

Jetzt kommt das Wirtschaftswunder,
Jetzt kommt das Wirtschaftswunder,
Der deutsche Bauch erholt sich auch und ist
Schon sehr viel runder.
Jetzt schmeckt das Eisbein wieder in Aspik,
Ist ja kein Wunder nach dem verlorenen Krieg.
Man muß beim Autofahren
Nicht mehr mit Brennstoff sparen.
Wer Sorgen hat, hat auch Likör und gleich
In hellen Scharen.
Die Läden offenbaren
Uns wieder Luxuswaren.
Die ersten Nazis schreiben fleißig
Ihre Memoiren,
Denn den Verlegern fehlt es an Kritik,
Ist ja kein Wunder nach dem verlorenen Krieg.«

Die assoziative Verbindung allgemeinen Wohlbefindens mit nationalsozialistischer Rechtfertigungsliteratur – auch beim Film waren solche Tendenzen feststellbar (»Der Stern von Afrika«, »Kapitänleutnant Prien«, »Division Brandenburg«) – berührten eine Thematik, die Alexander und Margarete Mitscherlich in ihrem Rückblick auf die Epoche des Wirtschaftswunders in Form einer tiefenpsychologischen Untersuchung behandelten (»Die Unfähigkeit zu trauern. Grundlagen kollektiven Verhaltens«, 1967). Die Deutschen hätten die Vergangenheit wie eine Infektionskrankheit in Kinderjahren empfunden und keine Erinnerungs-, geschweige denn Trauerarbeit leisten wollen. »Alle Vorgänge, in die wir schuldhaft verflochten sind, werden verleugnet, in ihrer Bedeutung umgewertet, der Verantwortung anderer zugeschoben, jedenfalls nicht im Nacherleben mit unserer Identität verknüpft.« Unter Verdrängung melancholisch machender Selbstanklage habe man alle Energie mit einem Bewunderung und Neid erweckenden Unternehmungsgeist »auf die Wiederherstellung des Zerstörten, auf Ausbau und Modernisierung unseres industriellen Potentials bis zur Kücheneinrichtung hin« konzentriert.

Die unwirtliche Stadt

Dem Westdeutschland bereisenden Berichterstatter falle es schwer, seiner Gewohnheit gemäß, lange in den Tag hineinzuschlafen, heißt es in einem Beitrag des 1910 in Bayern geborenen und dann in die USA emigrierten Journalisten Norbert Muhlen anlässlich einer längeren Deutschlandreise 1953, der in der renommierten Zeitschrift »Der Monat« erschien; im »Land der großen Mitte« wecke ihn in aller Frühe »Hämmern, Klopfen und anderer Lärm von nebenan, wo ein Haus fertiggestellt, von gegenüber, wo eine Ruine ausgebaut wird, bis er sich schließlich griesgrämig an sein Tagwerk macht und – infolge deutschen Fleißes und deutschen Wiederaufbaus etwas unausgeschlafen – über eben diese seine Notizen macht«. In ganz Westdeutschland wachse zwischen und neben dem Alten das Neue; dieses werde allerdings kaum mehr beachtet und nur wenig mehr geliebt als die Ruinen, denen es nachfolge. »›Die Ruinen helfen wenigstens noch der Erinnerung nach, wie alles ausschaute, bevor sie Ruinen waren; die Neubauten aber löschen alles Erinnern aus, sie formen eine fremde Stadt‹, sagte ein Freund zu mir, während wir an den neuen Wohnhäusern Schwabings vorbeigingen, und in diesem Moment haßten wir wohl beide dieses neue Schwabing, das die Erinnerung an unsere gute, scheinbar gesicherte Jugend auslöschte. So stolz man auch auf das wiederhergestellte Alte ist, das ganz Neue – die neuen Kaufhöfe, Bankkolosse, Versicherungskasernen in den Innenstädten, die neuen Wohnsiedlungen und Fabriken an den Stadträndern – pflegt man dem Besucher mit einer gewissen Verlegenheit, wenn nicht gar Wehmut oder Verachtung, zu zeigen.«

Das Zitat deutet auf zweierlei: Einerseits führte der in den fünfziger Jahren vehement einsetzende und die wirtschaftliche Entwicklung positiv beeinflussende Wiederaufbau der zerstörten Städte zu einer raschen Verbesserung der Wohnsituation; die »Kellerkinder« (Titel auch eines Filmes von Wolfgang Neuss, 1960) – oft war von den Häusern nur der Keller übrig geblieben, in dem man sich dann behelfsmäßig einrichtete – wollten wieder »anständig« behaust sein.

Die Motorik, mit der die Städte wieder aufgebaut und erweitert wurden – »Tonnenbrocken um Tonnenbrocken schleudert die Stadt aus sich heraus, in die nächste Landschaft, wo Beton und Steine zu neuen bizarren Vorstadtgebieten zusammenklumpen« (Gerhard Zwerenz) –, war Ausdruck eines großen individuellen wie kollektiven Lebenswillens.

Andererseits brachte der schnelle Aufbau erhebliche Mängel mit sich, welche die ästhetische Qualität und die kommunikativen Strukturen betrafen. Mitscherlich sprach später von der »unwirtlichen Stadt« als Ergebnis des rasanten Wiederaufbaus; zugunsten pragmatischer Gesichtspunkte seien die humanen Bedürfnisse der Bewohner und Bewohnerinnen, vor allem der Familien, missachtet worden. Die neuen Heimstätten wirkten wie »geplante Slums«; Baulücken würden geist- und rücksichtslos geschlossen, Park- und Gartenoasen überbaut. »Wenn irgendwo freie Marktwirtschaft versagt hat, dann auf dem Gebiet des Neuaufbaus unserer Städte. Wenn irgendwo mit dem Gebrauch des Wortes ›sozial‹ Schindluder getrieben wurde, so im sogenannten sozialen Wohnungsbau.«

Ein »Protokoll« aus dem märkischen Viertel in Berlin soll dies illustrieren. (1962 begann die Planung für diesen »kanonischsten und abschreckendsten Höhepunkt des deutschen Siedlungsbaus der 60er und 70er Jahre«; das Gebiet – 17 000 Wohnungen für 60 000 Menschen, 12 Schulen, 15 Kindertagesstätten, 4 Kirchen bzw. Gemeindezentren und ein Hallenbad – sollte vor allem »Sanierungsgeschädigte«, die aus dem Stadtzentrum vertrieben worden waren, aufnehmen.) Irene Rakowitz – 41 Jahre, 4 Kinder, Teilzeitarbeiterin, ihr Mann gleichaltrig, gelernter Bergarbeiter, 1968 durch Zechenschließung arbeitslos, jetzt in Berlin Hilfsarbeiter auf dem Bau – berichtete: »50 Kinder in diesem Haus in so 'n kleine Kiste gesperrt, da müssen die jetzt hausen: so 'n Spucknapf, so 'n Trichter, so richtig schön hoch schräg gemauert, wenn das Kind runter fällt, schlägt es sich gleich tot – wie Ameisen krabbeln se da rum: Ja das is doch kein Spiel, keine Befriedigung – ne Weile geht das gut und dann werden die unheimlich aggressiv, weil der Platz zu klein is, da sind einfach zu viele drin in dem kleinen Loch: die einen fangen nach kurzer Zeit Schlägereien an, die andere Partei haut dann ab und der Rest hockt auf dem Rand da rum und dreht Daumen.«

Da aus Profitopolis Nekropolis zu werden drohte, eine Stadt toter Seelen, sah sich der »Deutsche Städtetag« auf seiner 16. Hauptversammlung 1971 veranlasst, der Gefahr mentaler Verelendung mit dem Mahn-, Warnungs- und Hilferuf »Rettet unsere Städte jetzt!« entgegenzutreten; das trug dazu bei, dass man in der Folge bei der Stadtplanung wieder mehr die soziale und kulturelle Infrastruktur ins Auge fasste – einschließlich einer gewissen Skepsis gegenüber den wenig Urbanität zeigenden Trabantenstädten, die bislang mit ihren Hochhäusern und verdichteten Wohnblocks als die eigentliche Lösung für das Wohnungsproblem gegolten hatten.

Am Anfang der Entwicklung des Städtebaus bzw. Städtewiederaufbaus stand ein grundsätzlicher Diskurs zwischen zwei Lagern: dem konservativen und dem modernen. Die einen wollten sich am geschichtlichen Stadtgrundriss orientieren, das Vergangene, zum Beispiel die alte Straßenführung, so weit wie möglich erhalten; mit besonderem Nachdruck wurde die Wiederherstellung historischer Stadtkerne gefordert. Die anderen sahen angesichts der Schutthaufen die Chance, eine »durchsichtige«, »offene«, »ehrliche«, auf zivilisatorischen Fortschritt ausgerichtete, damit auch »autogerechte« Stadt zu planen und zu verwirklichen. Der demokratische Anspruch eines jeden Menschen auf Licht, Sonne, Mobilität sei bei einer mittelalterlichen Stadtstruktur nicht erfüllbar.

Die Forderung auf einen neuzeitlichen Städtebau richtete sich mit Vehemenz gleichermaßen gegen die durch die Industrialisierung verelendete Stadt; die Feudalbauten der Gründerära hätten auf verlogene Weise die unerträglichen hygienischen Verhältnisse in Mietskasernen und Elendsquartieren nur kaschiert; statt in finsteren Hinterhöfen zu vegetieren, habe der Mensch in der Demokratie das Recht, hell und glücklich zu wohnen. »Müßte nicht die ungeheuere Verpflichtung gegenüber den Lebenden und den Kommenden uns Gedanken und Lösungen von vollendeter und klarer Folgerichtigkeit gera-

dezu abzwingen?«, fragte der Architekt Alfons Leitl in den
»Frankfurter Heften«, Juli 1946. »Wäre heute nicht das Bild der
Stadt als wohlgegliedertes, lebensfähiges und lebenerfülltes Ge-
füge neu zu entwerfen mit allen geistigen, sozialen, gesundheit-
lichen und künstlerischen Folgerungen? Statt dessen kann es
geschehen, daß einem gewissenhaften Städtebauer, einem er-
fahrenen und klugen Lehrer der Stadtbaukunst, eine Welle der
Empörung entgegenschlägt, weil er den konsequenten Vor-
schlag macht, den alten, völlig vernichteten Kern einer Stadt
nicht mehr aufzubauen, sondern an günstigerer Stelle eine
neue Stadt zu errichten.«

Die Überlegungen des Funktionalismus, wie er schon seit
Ende der zwanziger Jahren im Schwange war – vor allem seit
dem Kongreß der Architekten und Städteplaner in Athen 1928
– fanden großen Anklang. Damals und wiederum nach dem
Zweiten Weltkrieg spielte der französische Architekt Le Corbusier (eigentlich: Charles Édouard Jeanneret-Gris) eine große Rolle; für ihn war die Stadt eine Maschine, die im Dienste zivilisato-
rischer Perfektion auf vollen Touren laufen müsse. Mit Hilfe der
Geometrie könnten gewaltige Menschenmassen geordnet, könnte komplexes modernes Leben zum reibungslosen Funktionieren gebracht werden. Übersichtliche, mit Hilfe von Glas und Beton gestaltete schmucklose Baublöcke – später sprach man
kritisch von hoch- oder quergestellten Schachteln – schienen
das zu erfüllen, was der Architekt Bruno Taut (1886–1938) in
»Frühlicht«, einer programmatischen Schrift zur Verwirklichung des neuen Baugedankens, formuliert hatte: »Hoch das
Durchsichtige, Klare! Hoch die Reinheit! Hoch der Kristall und
hoch und immer höher das Fließende, Grazile, Kantige, Fun-
kelnde, Blitzende, Leichte – hoch, das ewige Bauen!« Ein derart
ekstatisch verkündetes Bekenntnis zur kristallinen Modernität
wurde später geradezu als architektonische Entnazifizierung
empfunden. Die Moralisten am Reißbrett traten damit der
dumpfen wie gigantomanischen Blut-und-Boden-Architektur
der Nationalsozialisten entgegen.

Als die amerikanische Militärregierung 1947 den in die USA
emigrierten Walter Gropius zu einer Vortragsreise nach West-

deutschland einlud, war dies als richtungsgebender Impuls für die städteplanerische Demokratisierung gedacht. Der 1883 geborene Architekt und Designer hatte 1919 in Weimar das »Bauhaus« gegründet, eine Schule für Architektur, Kunst und Kunsthandwerk, deren Ziel Klarheit, Sachlichkeit und Zweckmäßigkeit, in Überwindung des Historismus gewesen war. Schwierigkeiten im konservativen Weimar der zwanziger Jahre führten zur Übersiedlung nach Dessau, wo die Nationalsozialisten dann 1933 die Einrichtung schlossen und viele ihrer Protagonisten aus Deutschland vertrieben. Gropius wollte nun nach dem Ende der NS-Diktatur die funktionalistische Architektur voranbringen; deren führende Vertreter waren unter anderem die emigrierten Mies van der Rohe und Richard Neutra sowie die in ihrem Gefolge oder mit ihnen in Verbindung stehenden amerikanischen Architekten wie Frank Lloyd Wright. Gropius pries Hans Scharoun, der nach dem Krieg in Berlin den Plan für den Wiederaufbau konzipierte (bei ihm standen Schnellstraßen im Mittelpunkt), als den besten Planer und Architekten des Landes.

Wie in den Westzonen, so wurde auch in der SBZ die stadtplanerische Auseinandersetzung um modernen Neubau oder traditionsverpflichteten Wiederaufbau intensiv geführt. Von besonderem Einfluss war Kurt Liebknecht, der in den zwanziger Jahren bei Hans Poelzig studiert und ab 1931 in der Sowjetunion gearbeitet hatte – zusammen mit dem Architekten Hermann Henselmann (1945 bis 1949 Direktor der Staatlichen Hochschule für Baukunst und Bildende Kunst, Weimar). Gemäß den Direktiven sowjetischer Kulturpolitik wurde seit 1949 das Konzept einer eigenständigen, von angloamerikanischen Einflüssen und westlichen Planungskonzepten »freien« deutschen Baukultur entwickelt, wobei der Rückzug auf die nationalen Traditionen der Baukunst des deutschen Klassizismus zu Beginn des 19. Jahrhunderts dazu dienen sollte, den in der DDR lebenden Menschen als »deutschen Patrioten« neue Hoffnung und Selbstachtung zu geben.

Die Offenheit der Auseinandersetzung um das bestmögliche Stadtentwicklungskonzept fand bald ein Ende. In den »Sechzehn Grundsätzen des Städtebaus«, die von der Regierung der Deutschen Demokratischen Republik am 27. Juli 1950 beschlossen wurde, hieß es unter anderem, dass das Zentrum der Stadt den politischen Mittelpunkt für das Leben der Bevölkerung darstelle; hier lägen die wichtigsten politischen, administrativen und kulturellen Stätten. Auf den Plätzen im Stadtzentrum hätten die politischen Demonstrationen, die Aufmärsche und die Volksfeiern an Festtagen stattzufinden.

Die Stalin-Allee, geprägt durch Entwürfe von Henselmann, wurde zum Leitbild des neuen sozialistischen Bauens: leblose Riesenbauten zum höheren Ruhme eines die individuellen Rechte wie die Lebensqualität insgesamt verachtenden Totalitarismus. Die westliche »Kunstauffassung« dagegen, so Liebknecht, verspotte die aus dem Volke gewachsenen künstlerischen und kulturellen Traditionen; sie versuche, eine »Weltkunst« zu schaffen, um die Völker ihres nationalen Bewusstseins zu berauben und sie so den Weltherrschaftsplänen des amerikanischen Imperialismus gefügig zu machen.

Ab Sommer 1952 wurden alle Entscheidungen und Planungsschritte für die »Aufbaustädte« Dresden, Rostock, Magdeburg und Leipzig nach einem mehr oder weniger identisch festgelegten Schema getroffen. Regionalen Einfluss sollte die architektonische Formensprache lediglich für die Magistrale zulassen. Richtungsweisend für den Ausdruckswillen in der Kunst sei der »Kampf gegen den Formalismus als Verfallserscheinung des Imperialismus durch Anwendung realistischer Ausdrucksformen in Anknüpfung an unsere wertvollen Bautraditionen, die den wahren Interessen des Volkes dienen«.

Modernisierung und schöne Form

Zur Erfolgsgeschichte des Wirtschaftswunders gehört auch die Verwandlung Westdeutschlands in ein demokratisches und ziviles westliches Gemeinwesen. Obwohl Konrad Adenauer in seiner Regierungszeit auf Bewahrung und Wiederherstellung alter Werte setzte (»Keine Experimente!«), vollzog sich ein tief greifender Geschmackswandel: Der Übergang von der braunen abgekapselten Welt des NS-Totalitarismus in die glitzernde und in ihrer Vielfalt faszinierende Weltzivilisation. Das Projekt der Moderne erschien in Abweichung vom deutschen Sonderweg, auf dem man sich seit dem 19. Jahrhundert von den westlichen Ideen abgewandt hatte, als breite einladende Straße des Fortschritts und Glücks; auch die Kunst und ihre Rezeption war davon bestimmt: »Ihre Volkstümlichkeit, ihre individuelle oder national-kulturelle Bildungsfunktion, ihre Schönheit werden nicht mehr, wie noch während der Weimarer Republik, gegen die kulturelle Moderne beschworen; wie auch umgekehrt diese Moderne nicht mehr als Bedrohung der deutschen Kunst oder gar des ›Volkstums‹ angesehen wird.« (Georg Bollenbeck)

Nach den Schrecknissen der Kriegs- und Nachkriegszeit verbreitete sich ein Gefühl der Zufriedenheit gerade deshalb, weil man nun in einem lockeren, harmonisch-farbigen Ambiente domizilierte. Man kann davon ausgehen, so der Publizist Karl Markus Michel, dass die Deutschen mit ihrem Land nie so einverstanden waren wie damals. Nie wieder habe es ein derartiges Gefühl der Zufriedenheit gegeben. »Überall Kurven, Bauchiges, Schwingendes. So als sollte die böse Zackigkeit von Hakenkreuz, Hitlergruß und SS-Rune durch die Gnade von Käfer, Muschel, Niere vergeben und vergessen werden. In diesen Formen fühlten wir uns versöhnt.«

Die Modernisierungsschübe der fünfziger und frühen sechziger Jahre bewegte der Drang zu Verschönerung: Man wollte schöner leben, schöner wohnen, schöner speisen, schöner sich kleiden, schöner reisen. Der amerikanische life-style sollte adoptiert werden. Der große Erfolg der seit Oktober 1955 erscheinenden Zeitschrift »Das Schönste« verdeutlichte die gepflegte Geistigkeit der Erfolgreichen, die in der eingeebneten Mittelstandsgesellschaft nach oben drängten. Die »Monatsschrift für alle Freunde der schönen Künste« (Theater, Filmkunst, Fernsehen, Tanz, Musik, Dichtung, Malerei, Plastik, Baukunst, Wohnkultur) appellierte an alle, die »nach echten Werten suchen«. Das Schöpferische und Unvergängliche aufzuspüren, über die künstlerischen Ereignisse und ihre Repräsentanten in Bild und Wort zu berichten, also eine Kulturchronik der Zeit zu bieten, all dies war das Anliegen – übrigens bis in den Anzeigenteil hinein, handelte es sich doch dort um die »Ankündigung von Unternehmen, die sich mit ihren Erzeugnissen zum Qualitätsbegriff bekennen«. Zielgruppe war eine gut gelaunte Elite, die Kultur genießen wollte und somit »allmonatlich das neue Heft mit Ungeduld« erwartete.

Motto der Wirtschaftswunderwelt war in diesem Sinne »Hässlichkeit verkauft sich schlecht« – so Titel eines Buches des amerikanischen Formgestalters Raymond Loewy, 1953, das zum geflügelten Wort wurde. Warenästhetik wurde nicht als Manipulation beziehungsweise Verführung, sondern als Erziehung verstanden. Die konkrete Umwelt machte deutlich: Jeder konnte sich, wenn er nur strebsam genug war, »guten Geschmack« leisten; die revolutionäre Verwendung des Kunststoffes für die Dinge des alltäglichen Bedarfs (Diolen, Krepp, Nylon, Perlon, PVC, Resopal, Trevira) sorgte zudem dafür, dass »Schönheit« erschwinglich blieb. Der 1928 in Berlin geborene Designer Luigi Colani, vor allem tätig im Möbel- und Automobilbereich, sprach davon, dass Kunststoff, materialgerecht eingesetzt, sich als »edles Material« erweise: Man dürfe ihn nicht als Ersatz für irgendetwas betrachten, sondern müsse schauen, welche Eigenschaften er habe, und diese Eigenschaften hervorheben. Kunststoff sei zudem – deshalb habe er ihn euphorisch aufgenommen – »Symbolisierung der Moderne«. Die schöne Neue Welt zeigte sich als vielfarbige und phantasiereich geformte »Plastik-Welt«. Eine Ausstellung in Düsseldorf machte 1952 deutlich, dass der moderne Mensch von der Morgentoilette bis zum Gutenacht-Drink sich in einem pflegeleichten (auch keimfreien), vor allem aber ästhetisch ansprechenden Ambiente bewegen konnte.

Das damalige Design verband das Schöne mit dem Zweckhaften, gab also den Grundsatz »form follows function« keineswegs auf, liebte aber vor allem das Bizarre, Kapriziöse, Asymmetrische; es huldigte einem floralen, aus dem Jugendstil übernommenen »Biomorphismus«. (»Floris« hieß Günter Beltzigs geschmacksbildender Kunststoff-Stuhl.) Obgleich sich die

Vorurteile gegenüber moderner Kunst, Ergebnis nationalsozialistischer Indoktrination, nach wie vor hielten, wurden Mondrian, Klee, Kandinsky, Miró in den Dekor von Gebrauchsgegenständen umgesetzt, was sich großer Beliebtheit erfreute. Als 1952 die Weberei Pausa AG einen Wettbewerb für Dekorationsstoffe veranstaltete, waren von den 9000 eingereichten Vorlagen 70 Prozent in gegenstandslosen Dessins gehalten. An Materialien waren neben Kunststoff beliebt: Holz gebogen, rund, oval gepresst und verleimt; Glas, Drahtglas »progressiv« geschnitten und geschliffen; Metall gestanzt, gelocht, gebogen, gefärbt; Möbelstoff mit konkaven Noppen und plastischen Wollrippen; Teppiche mit abstrakten Mustern; Vorhänge und Kissen mit ornamental-asymmetrischen Kompositionen. Neben schrägbeinigen Möbeln, Sesseln in Swinger-Form, Tütenleuchten charakterisierte exemplarisch der Nierentisch die Bereitschaft zur verdinglichten Extravaganz – Ausbruch aus dem mit Bauern- und Jägerstil versetzten, im Dritten Reich aufgenordeten Plüsch. Nun wollte man sich so einrichten, wie es dem modernen Menschen entsprach.

Das designerische Weltniveau war Vorbild. Zu den Hits der »Interbau« (1957) zählten die von Skandinaviern eingerichteten Wohnungen und die Möbel der Firma »Knoll International«. In der Zeitschrift »Magnum«, in Typographie und Layout selbst ein Produkt des neuen Stils, schrieb der Herausgeber Karl Pawek: »Das kleine Volk der Dänen hat es fertiggebracht, daß von New Delhi bis New York eine bestimmte Schicht sich dänisch möbliert. Die Skandinavier schaffen die neuen Leitbilder der Form. Die Schweizer die der Graphik. Die Italiener beleben die Konstruktion und den Dekor, die Franzosen haben ein paar geniale Bauvorstellungen ... Der Beitrag der Deutschen für internationale Formgebung ist jedenfalls ein gut gebauter Radioapparat.«

Als Wallfahrtsort des guten Geschmacks erwies sich in den fünfziger Jahren Mailand mit den dort stattfindenden Triennalen. In allen Bereichen – vom Eierbecher bis zum gedeckten Tisch, von der Tapete bis zum eingerichteten Wohnraum, vom Küchenporzellan bis zum wissenschaftlichen Gerät – »war dort die Schönheit im Kommen«. »Im Märchenwald der modernen Form« überschrieb die »Süddeutsche Zeitung« ihren Artikel über die Mailänder Triennale 1954. Besonders die Schweden wurden als »Meister formaler Beschränkung« hervorgehoben; sie wirkten ohne jeden Effekt der Aufmachung; ihre Formen seien von äußerster Delikatesse: hauchdünn, ganz schlank und eben an der Grenze der Zerbrechlichkeit; sie bedienten sich »luftiger« Pastelltöne und zartester Übergänge vom Farblosen zum Getönten. Alles, was sich »fein«, verspielt, leicht-beschwingt, »durchsichtig«, grazil darbot, wurde von den deutschen Beobachtern besonders geschätzt – und wohl als sublimierende Gegensteuerung zur Schwerfälligkeit des deutschen Wirtschaftswunder-Materialismus empfunden.

In einem Heft des »Bayerischen Werkbundes« – als Teil des »Deutschen Werkbundes« wie dieser um eine schöne (humane) Umweltgestaltung seit seiner Gründung 1907 besorgt – heißt es über »Gerät in der Wohnung«, dass der Kulturschutt, der sich in den Warenhäusern breit mache, nicht charakteristisch für die Gegenwart sei. In der Beispielsammlung für »formschönes Gerät« wurde vor allem auf die »Braun AG«, in Frankfurt am Main hingewiesen. Im Gegensatz zur Talmi-Eleganz der Warenhäuser produzierte die Firma Geräte in hellen, klaren, einfachen Formen, die mit modernen Wohnelementen korrespondierten. »Wenn das Brauchen Sinn und Zweck hat, und wenn das Gestalten und Herstellen Sinn und Zweck vollkommen erfüllt, dann gelangen die Dinge nicht nur zu ihrer eigenen Form, sondern sie gewinnen auch diese überindividuelle gemeinsame Haltung, die wir Stil nennen«, schrieb Wend Fischer in dem Katalog »Form – nicht konform – 20 Jahre Braun-Design« (1976). Hans Gugelot, Otl Aicher und Herbert Hirche, »das Dreigestirn des deutschen Design-Gewissens«, waren maßgebend an der Entwicklung des Braun-Stils (Phono- und Elektrogeräte, darunter auch der elektrische Trockenrasierapparat) beteiligt.

Otl Aicher baute zusammen mit dem Schweizer Max Bill (Bauhaus-Schüler, Architekt und Bildhauer) ab 1949 die »Hochschule für Gestaltung« in Ulm auf. Die Institution begriff sich als eine Weiterentwicklung der Bauhaus-Ideen; sie setzte sich das Ziel (so Bill, ab 1951 Gründungsrektor), »eine mit unserem technischen Zeitalter übereinstimmende Lebensauffassung schaffen zu helfen«. Die Geschwister-Scholl-Stiftung, die seit 1947 für die Einrichtung warb und um Geldgeber bemüht war, knüpfte an die moralische Integrität des deutschen Widerstandes an; Aicher war von früher Jugend an den Geschwistern Scholl und ihrem Kreis eng verbunden gewesen und dem Nationalsozialismus ablehnend gegenübergestanden. Bei der Einweihung der Hochschule (1955) sprach Walter Gropius vor siebenhundert Gästen, darunter vielen Bauhäuslern, von der »Notwendigkeit des Künstlers in der demokratischen Gesellschaft«.

Bald jedoch erhob sich Kritik am Pragmatismus des »neuen Bauhauses«. Theorie und Praxis seien zu sehr an der industriellen Fertigung orientiert. Max Bill, der die Anlage (»Design-Kloster« genannt) entworfen hatte, schied aus. Die Frage Bill oder Nicht-Bill bedeute, so Max Bense (dessen philosophische Arbeiten um eine moderne Ästhetik kreisen), die von Qualität oder Nichtqualität, von »Hochschulniveau oder Werkschule«. 1968 strich der Deutsche Bundestag seinen jährlichen Zuschuss von 200 000 DM sowie der württembergische Landtag den Zuschuss von 1,3 Millionen; der Betrieb wurde eingestellt. »Die HfG hat die Hoffnung auf eine demokratische Renaissance Westdeutschlands konkretisiert und starb mit ihr« (Claude Schnaidt, Architekt und Dozent von 1959 bis 1967).

Als »schön« (von der rauen, ungeglätteten Art) wurde auch ein Kleidungsstück empfunden, das sich einer geradezu mythischen Beliebtheit erfreute: die Blue Jeans. Innerhalb der Massengesellschaft verliehen sie insofern Ichstärke, als diejenigen, die sie trugen, und das waren vorwiegend Jugendliche, sich bewusst von den Ritualen, Zwängen, Konventionen der Gesellschaft absetzten und den Mut zum eigenen Selbst bekundeten. »In diesen pants kann ich ›neu‹ sein und ›nackt‹ sein, kann ich in die Menge eintauchen und unsichtbar werden und gleichzeitig als einzigartiges Wesen aus ihr herausragen, kann ich ein Bekenntnis zur Zukunft und zum Fortschritt abgeben und doch ›ursprünglich‹, ›ewig‹ und ›natürlich‹ sein.« So hat Anna Schober in ihrem Buch »Blue Jeans. Vom Leben in Stoffen und Bildern«, das die Karriere der blauen Hose vom funktionalen Gebrauchsgegenstand (seit 1876 in den USA patentiert) zum Identifikationsmerkmal sozialer Gruppen analysiert, den Symbolwert dieses modischen Accessoires beschrieben. Es stehe sowohl für das Verschmelzen mit der Masse als auch für höchste Individualität.

Selbst die hermetische Abgrenzung der DDR vom Westen konnte den Siegeszug der Blue Jeans nicht aufhalten. Neben westlicher Musik (etwa von den Beatles und Rolling Stones), lockeren Verhaltensweisen und einem »tierisch-geilen« Jugendjargon waren sie Zeichen der Widerständigkeit eines Teils der DDR-Jugend. 1973 erschien das Buch »Die neuen Leiden des jungen W.« von Ulrich Plenzdorf (1934 in Berlin geboren, seit 1963 im DEFA-Studio tätig) – ein Buch, das auch als Theaterstück und in der Film- wie Fernsehfassung zu einem großen Erfolg wurde. Es ist die Geschichte eines individualistischen Aussteigers, dem Goethes »Werther« als inspirierende Erzählung in die Hände fällt und der bei der Konstruktion einer »irren Maschine« zu Tode kommt. »Kann sich einer ein Leben ohne Jeans vorstellen? Jeans sind die edelsten Hosen der Welt. Dafür verzichte ich doch auf die ganzen synthetischen Lappen aus der Jumo, die ewig tiffig aussehen. Für Jeans konnte ich überhaupt auf alles verzichten, außer der *schönsten Sache* vielleicht. Und außer Musik. Ich meine jetzt nicht irgendeinen Händelsohn Bacholdy, sondern echte Musik, Leute. Ich hatte nichts gegen Bacholdy oder einen, aber sie rissen mich nicht gerade vom Hocker. Ich meine natürlich echte Jeans. Es gibt ja auch einen Haufen Plunder, der bloß so tut wie echte Jeans. Dafür lieber gar keine Hosen. Echte Jeans dürfen zum Beispiel keinen Reißverschluß haben vorn. Es gibt ja überhaupt nur eine Sorte echte Jeans.«

Konsumkritik und Konsumdemokratie

Der praktizierte Materialismus der Wirtschaftswunderzeit fand einen Widerpart in der Kulturkritik, die einen Boom erlebte. Doch auch diejenigen, die sich in Podiumsdiskussionen, Feuilletons, Nachtstudios, Buchreihen gegen die entgeistigende Hochkonjunktur wandten, erfuhren einen großen Aufschwung. Im Gefolge liberaler und republikanischer Traditionen des neunzehnten wie zwanzigsten Jahrhunderts sowie als Nachklang der großstädtischen Cáfehaus-Literatur der Weimarer Republik (von den Nationalsozialisten als »Asphaltliteratur« denunziert), stellte die Kulturkritik der Intellektuellen und Künstler gewissermaßen ein Aphrodisiakum dar. Inmitten wohlhabender und wohlmeinender Mittelmäßigkeit genoss man Sottisen und Invektiven, da sie für Durchblutung sorgten. Das Wohlbefinden der Wohlstandskinder wurde auf diese Weise durchaus befördert; die Narren am Hofe der Restauration, die selbst ihre privilegierte Stellung genossen, übten eine unterhaltsame Ventilfunktion aus, die letztlich im Sinne des Bestehenden war: Ungute Gefühle darüber, dass man doch wohl zu dickleibig und dickhäutig geworden war, wurden kanalisiert und das Bewusstsein, dass man über geistig-moralische Sensibilität verfüge, erfuhr Verstärkung. Das besorgten zum Beispiel die vielen Kabaretts, unter denen die 1956 in München von Dieter Hildebrandt und Sammy Drechsel gegründete »Lach- und Schießgesellschaft« besonders beliebt war. Die Rundfunk- und Fernsehübertragungen ihrer Programme sahen Millionen, bei einer Einschaltquote bis zu neunzig Prozent. Die Düsseldorfer »Kleine Literaten-, Maler- und Schauspielerbühne« des »Kom(m)öd-chen« von Lore und Kay Lorentz agierte bereits seit März 1947. Mit »frechen Liedern« wollte man seinem Unbehagen über das, »was sich so ereignet auf der Welt«, Ausdruck verleihen; »ohne Hemmung« oder »innere Beklemmung« sollten, so hieß es im Eingangssong des Ersten Programms, die Ereignisse »zwischen Honolulu und Berlin« durch den »Wochenschau-Kakao« gezogen werden.

Der Diskurs über Wert und Unwert des Wirtschaftswunders,

ob es die demokratische Stabilisierung bewirkt oder die West-deutschen nachhaltig dem geistigen Prinzip entfremdet habe, dauert bis heute an. Als Thomas Mann 1955 zum Gedenken an Schillers 150. Todestag in Stuttgart und Weimar (also in beiden Deutschland) eine sehr beachtete Rede hielt, geriet sie zu einer ergreifenden Klage über den bedrückenden Zustand der Welt; sie konnte auch auf die Bundesrepublik bezogen werden. Das letzte Halbjahrhundert habe eine Regression des Menschlichen, einen Kulturschwund der unheimlichsten Art gesehen – einen Verlust an Bildung, Anstand, Rechtsgefühl, Treu und Glauben, jeder einfachsten Zuverlässigkeit, der tief beängstige. Ohne Ge-hör für Schillers Aufruf zum stillen Bau besserer Begriffe, reine-rer Grundsätze, edlerer Sitten, von dem zuletzt alle Verbes-serungen des gesellschaftlichen Zustandes abhänge, taumle eine von Verdummung trunkne, verwahrloste Menschheit un-ter Ausschreien technischer und sportlicher Sensationsrekorde ihrem schon gar nicht mehr ungewollten Untergange entgegen.

Doch sollte man die rigorose Kritik Thomas Manns nicht überbetonen. Bertolt Brechts ironische Feststellung, dass nur wer im Wohlstand lebe, angenehm lebe, bekundet demgegen-über eine durchaus ernst zu nehmende und keineswegs zu ver-dammende Wahrheit. Der Mensch hat eben, wie es in der ame-rikanischen Verfassung festgeschrieben ist, ein Recht auf Glück. Zudem hatten die Deutschen im Dritten Reich erfahren, dass der als moralisch deklarierte Verzicht auf Wohlstand – »Ge-meinnutz geht vor Eigennutz« – die Machenschaft ideologi-scher Verführer war: Der hungernde und frustrierte Mensch lässt sich, indem man ihm Versprechungen auf das macht, was er nicht hat, leichter manipulieren als der satte und zufriedene Mensch, der sein Glück in der Gegenwart zu genießen vermag und somit keiner Illusionen bedarf.

So zeugte es von anthropologischem Realismus, als der 1938 vor den Nationalsozialisten in die USA geflohene, ehemalige Anzeigenleiter der »Frankfurter Zeitung«, Erik Woldemar Stoetzner, wenige Wochen nach der Schlacht um Stalingrad vor einem Zirkel renommierter amerikanischer Werbeprofis, mitten in die antideutsche Stimmung hinein, seine Vision einer

Nachkriegsordnung beschrieb. Angesichts der bevorstehenden Auseinandersetzung zwischen den Systemen des Westens und Ostens sah er die einmalige Chance, nicht nur Produkte zu verkaufen, sondern Ideen, die zu einem besseren Leben in Europa, möglicherweise auf der ganzen Welt führen könnten. Man müsse den Fehler, wie man ihn nach dem Ersten Weltkrieg gemacht habe, vermeiden: Nämlich die leidenden Deutschen nur zu füttern; es gehe darum, mit den Nahrungsmittelsendungen den Gedanken an die Demokratie zu verbreiten. Der europäische Boden sei reif für den amerikanischen Pflug. Stoetzners Idee der Verwirklichung einer »Konsumdemokratie« im Nachkriegsdeutschland, über die der Kulturhistoriker Dirk Schindelbeck in seiner »Kleinen Konsumgeschichte der Bundesrepublik Deutschland 1945 bis 1990« berichtet, fand viel Zuspruch in der amerikanischen Öffentlichkeit.

Nachdem die amerikanischen Truppen schon bei ihrem Siegeszug und anschließend als Besatzungskräfte mit der Unbekümmertheit ihres Auftretens, der Effizienz ihrer Ausrüstung und schließlich mit Chewinggum, Luky Strikes, After Shave zivilisatorisches Flair verbreitet und auf das ferne Land der offensichtlich unbegrenzten Möglichkeiten neugierig gemacht hatten, verbreiteten die von Einzelpersonen, Gruppen und Organisationen aus den USA in das hungernde Deutschland geschickten Care-Pakete – 1947 waren es über fünf Millionen, bald rechnete man mit 600 000 Paketen pro Monat – den Mythos eines irdischen Paradieses. Der Inhalt mit seiner perfekten, warenästhetisch eindrucksvollen Verpackung inspirierte selbst Schriftsteller und Künstler zu entsprechenden materialistischen Lobpreisungen. Er bestand, Abbreviatur für erfüllte Sehnsüchte, aus etwa 8,8 Pfund Fleisch, 5,8 Pfund Nährmitteln und Keksen, 3,5 Pfund Zucker und Schokolade, 3,2 Pfund Marmelade und Pudding, 2 Pfund Dosen-Gemüse, 1 Pfund Kakao, Kaffee und Getränkepulver, 350 Gramm Milch, 200 Gramm Butter, 200 Gramm Käse, insgesamt 40 000 Kalorien.

Konsum bewirkte »demokratische Tiefenverankerung«: Wo immer Waren sich bewährten und ihre Versprechungen einlösten, gruben sie sich in die Lebensgeschichten ihrer Verwender ein und fundierten kollektive Lebensentwürfe und Lebensmöglichkeiten. Es bildete sich nicht allein der Fortschritt von Wissenschaft und Technik in ihnen ab, sondern auch ein Stück Vertrauen, wenn nicht gar Glaube an humanen Fortschritt. Firmengründer wurden so zu Leitfiguren des Wirtschaftswunders, da ihre Produkte diese Botschaft signalisierten.

Hans Thierfelder war 1946 aus der Ostzone mit einem einzigen Koffer über die »grüne Grenze« in den Westen gekommen. 1951 rief er die bundesdeutsche Weiblichkeit »zum Wettkampf um die Krone einer Beinkönigin« auf. Hunderttausende von Frauen und Mädchen maßen Länge und Umfang ihrer Schenkel, Waden, Fesseln und Füße; eine Holsteinerin gewann. Thierfelders Messaktion war die größte bis dahin durchgeführte Marktanalyse; er verarbeitete die Antworten mit Hilfe von Hollerithmaschinen und erhielt so das »vollendete Marktbild eines Drittel des Frauenkörpers«, den er als Erster mit in Deutschland erzeugten Nylon- und Perlonfeinstrümpfen bekleidete. In den fünfziger Jahren kosteten Perlonstrümpfe noch fast 200 Mark; Laufmaschen waren genauso gefürchtet wie Verfärbungen oder Elastizitätsverlust; (dass man keine Strumpfbänder beziehungsweise keine Strapse mehr tragen musste, gehörte zum »Strumpfmythos«). »Eine Frau, die sich über eine Laufmasche ärgert, regt sich nicht nur über das verlorene Geld auf, sie fühlt sich ertappt. Außerdem wird durch den Riß, den ein Mißgeschick hervorrief, die fantastische Erotik, die sich um das real existierende Nichts rankt, mit einem Schlag zerstört.«

Max Grundigs Aufstieg begann 1947; mit einem genialen Trick setzte er sich über das Verbot der Alliierten hinweg, Radios zu produzieren und zu verkaufen; er stellte Bausätze her, aus dem jedes Kind ein funktionierendes Gerät basteln konnte. Bis zur Währungsreform hatte er 100 000 von diesen »Heinzelmann«-Kästen verkauft und über 20 Millionen Reichsmark eingenommen. In den fünfziger Jahren erwies er sich als Preisvorkämpfer: Erstmals bot er ein Tonbandgerät unter 500 DM an; es folgte der erste Fernsehempfänger für weniger als 1000 Mark. 1957 beschäftigte er 15 000 Mitarbeiter und produzierte das fünfmillionste Radio (1982 musste der Fürther Pionier-Unternehmer wegen schwerer Managementfehler sein Unternehmen verkaufen).

Der Österreicher Friedrich Jahn war Oberkellner in einem Schwabinger Lokal gewesen; 1955 eröffnete er mit 8000 Mark Startkapital das »Linzer Stüberl« in München; billige »Brathendln« wurden in Wiener Atmosphäre angeboten. Sieben Jahre danach verfügte der inzwischen zum Kommerzialrat aufgestiegene und mit Franz Josef Strauß befreundete Gastronom über weit mehr als hundert Gaststätten, vor allem in der Bundesrepublik und in Österreich (1982 geriet der »Konzern« – es gab inzwischen 460 deutsche Wienerwald-Restaurants – ins Schlingern).

Der 1912 geborene Geschäftsmann Josef Neckermann (1938 dubioser Erwerb eines jüdischen Geschäfts; im Krieg stellvertretender »Reichsbeauftragter für Kleidung und verwandte Gebiete«; 1945 verhaftet) wurde mit seinem Versandhaus zum Synonym für wirtschaftlichen Erfolg: »Neckermann macht's möglich!« Es hieß, dass er sich in der Aufbauzeit nach dem Krieg jede Nacht nur vier Stunden Schlaf geleistet habe; morgens nach absolviertem Reittraining – als Dressurreiter errang er große sportliche Erfolge – war er einer der ersten, abends meist der letzte in der Firma; Ludwig Erhard bezeichnete er als Geistesverwandten. Luxusgüter wollte er zu Gebrauchsgütern machen: »Ich bin für den Abbau von Klassenunterschieden.« Dem dienten auch die Neckermann-Reisen, die den bundesrepublikanischen Massentourismus mit in Gang setzten. 1976 kam die Firma in Schwierigkeiten, Neckermann schied als Firmenchef aus.

Der Autofabrikant Carl F. W. Borgward, der 1928 die »Goliath«-Werke gegründet und dann die Aktienmehrheit bei »Hansa Lloyd« übernommen hatte, entwickelte 1948 den »Hansa 1500«, den ersten deutschen Nachkriegswagen, der mit seiner Karosserie in moderner Pontonform das Verlangen nach dem modernen amerikanischen Auto entsprach; weitere erfolgreiche Modelle folgten; das erfolgreichste war die »Isabella«, mit der sich die »Mittelklasse« gern ausgestattet hat.

Die mobile Gesellschaft

Der Drang nach Geborgenheit in angestammter Heimat, am liebsten mit einem Eigenheim verknüpft, korrespondierte mit dem Fernweh: Im Urlaub wollte man Exotik erleben, sehen, wie bei »Capri die rote Sonne im Meer versinkt« (der Schlager »Capri-Fischer« von Ralph Maria Siegel, Musik Gerhard Winkler aus dem Jahr 1943, wurde zum großen Hit in der Wirtschaftswunderzeit). Das Auto ermöglichte Familien-Mobilität und war Statussymbol, Fetisch des Fortschritts, helfende und schützende Zauberkraft für wirtschaftlichen und gesellschaftlichen Aufstieg. Auf einer Werbeanzeige der fünfziger Jahre – das Beispiel steht für viele andere, die auf ein ähnliches Appetenzverhalten zielen – sieht man das neueste Modell eines Ford-Taunus mit aufgeklapptem Kofferraum am Straßenrand stehen. Der Familienvater im weißen Nyltest-Hemd mit Krawatte deponiert gerade das letzte Gepäckstück. Neben ihm die Ehefrau im Pepita-Kostüm, mit weißen Handschuhen und Dauerwelle, den Sohn an der Hand, der ein schwarzes Samtschleifchen trägt. Dahinter ein vierstöckiges Haus, schmuckloser Neubau. Aus den Fenstern recken sich die Wohnungsinhaber. »Wir haben es geschafft. Das neue Auto steht vor der Tür. Alle Nachbarn liegen im Fenster und können sehen, wie wir für eine kleine Wochenendfahrt rüsten. Jawohl, wir leisten uns etwas, wir wollen etwas haben vom Leben; dafür arbeiten wir schließlich alle beide, mein Mann im Werk und ich als Sekretärin wieder in meiner alten Firma.«

Die Massenmotorisierung begann mit Kleinst- und Kleinautos, gewissermaßen Motorrädern mit drei oder vier Rädern beziehungsweise Autos mit Motorradeigenschaft. Das Goggomobil, 1955 bis 1967 von der Hans Glas GmbH im niederbayerischen Dingolfing hergestellt, war der erfolgreichste deutsche Kleinstwagen nach dem Krieg; es wurden insgesamt 245 000 Stück hergestellt. Der Preis der verschiedenen Ausfertigungen lag bei rund 3000 DM. 75 Prozent aller Goggos wurden mit einem 250 ccm-Motor geliefert, so dass man mit dem alten Führerschein IV fahren konnte. Die Höchstgeschwindigkeit lag zwischen 90 und 100 km/h; der Kraftstofftank fasste 25 Liter.

Ein von Fritz Fend entwickelter einsitziger dreirädriger Wagen (»Fend-Flitzer«) wurde in veränderter Form von 1953 bis 1962 von den Regensburger Messerschmitt-Werken produziert, die im Krieg vor allem durch ihre Flugzeugkonstruktionen bekannt geworden waren. Dieser Kabinenroller wurde etwa 70 000 mal abgesetzt. Auch die »Isetta 300«, ab 1955 von BMW produziert (als verbesserter Nachbau eines Kabinenrollers der Mailänder Iso-Werke), war ein sehr populäres Kleinstfahrzeuge der fünfziger Jahre.

»Tante Barbara hatte eine Isetta gekauft. Papa behauptete, sie wäre nichts anderes als eine Vespa mit Regenschutz. Wir standen unten vorm Haus auf der Straße, Papas Schuhspitzen ragten über den Bordstein hinaus, und er hörte nicht auf zu lachen. Fred gab ihm recht: So etwas ist kein Auto, sowas ist eine Sardinenbüchse.

… Tante Barbara stieg in den Straßenfloh wie in die Pilotenkanzel eines Flugzeugs, startete, und ich lief die Straße entlang nebenher. Mir kam sie wie eine Schildkröte auf Rädern vor. Ich malte mir aus, wie Fred sie samt der Isetta in den Kofferraum seiner Isabella packen könnte. Er stand neben der geöffneten Wagentür, ließ sein Autoradio laufen, sie brachten Connys Schlager ›Pack die Badehose ein‹.« (Angelika Mechtel)

Das »wirkliche« Auto für jedermann hatte Henry Ford Jahrzehnte zuvor in den USA geschaffen; nun trat in Westdeutschland der Volkswagen seinen Siegeszug an. Das Volkswagenwerk in Wolfsburg gehörte zu den ersten Fabriken, welche die Produktion wieder aufnahmen. Es war zwar im Krieg zu 85 Prozent zerstört worden, aber dennoch die einzige Anlage, die eine gewisse Funktionstüchtigkeit aufwies. In dem zunächst von den Amerikanern besetzten, dann (am 26. Mai 1945) an die Engländer übergebenen Werk wurden bis Ende 1945 1293 Fahrzeuge, darunter 539 Kübelwagen, montiert; das entsprach der gesamten PKW-Produktion der Westzone. Am 2. Januar 1948 legten die Engländer die Verantwortung für das Werk in deutsche Hände; das ehemalige Opel-Vorstandsmitglied Heinrich Nordhoff wurde Leiter. Mit knapp 9000 hergestellten Personenwagen war das Volkswagenwerk 1947 die größte Autofabrik auf deutschem Boden. Am 4. Dezember 1961 lief der fünfmillionste Volkswagen seit 1945 vom Montageband. (Daimler-Benz hatte 1946, Opel 1947, Ford 1948, die im Westen neu gegründete Autounion 1950, BMW/München 1952 die Produktion wieder aufgenommen.)

In dem von Étienne François und Hagen Schulze herausgegebenen Werk »Deutsche Erinnerungsorte« (2001) nennt Erhard Schütz, Professor für neuere deutsche Literatur, den Volkswagen ein Gefährt, das trotz seiner nationalsozialistischen Genealogie die Gesellschaft zivil mobiler und mobil ziviler gemacht und auch – geschenkt, weitergegeben und vererbt, wie früher vielleicht Taschenuhren – die Generationen, so unterschiedlich sie waren, verbunden habe. Der Volkswagen sei nicht nur das Auto der Deutschen im Westen schlechthin, sondern zugleich das rollende Wirtschaftswunder gewesen, das gute Gewissen und die feste Burg derjenigen, die entschlossen waren, ihren Wohlstand zwar bescheiden, aber »wohl« zu leben. Der »Käfer« demonstrierte, was Ludwig Erhard stets anmahnte: »Glücklich sein, aber Maß halten!«.

Die Prosperität, Ergebnis sozialer Marktwirtschaft, gesellschaftlicher Integration und demokratischer Ordnung, konnte nur ein Erfolgsmodell bleiben, wenn man sich der Hybris entriet. Der Volkswagen war ein kollektiv-symbolisches Zeichen dafür, dass man ein unauffälliges wie nützliches Mitglied einer Gemeinschaft, diesmal der demokratischen Gemeinschaft des Westens, sein wollte. Mit seinem Brezelfenster, ausklappenden Winkern, der kleinen Blumenvase im Beifahrerblick und Platz für ein Köfferchen unter der Vorderhaube war er erster »Ort« für mobile Familienbande wie des erwachsenen Entronnenseins in Eigenständigkeit. »Der Volkswagen war Arbeitsgerät und Freizeitglück. Er war für die einen das nachgeholte Autowandern, Naturverbundenheit und Singen noch auf der Autobahn, für die nächsten Vehikel zur sonntäglichen Naherholung oder der Italiensehnsucht, für die anderen ein Asphaltspielzeug und schließlich kurioses Nostalgieobjekt, verehrt und gepflegt in unzähligen ›Käfer-Clubs‹ und Käfer-Rallyes. Bewegt zwar, aber doch immer zugleich ein fester Ort, eingefügt in die als

Gemeinschaft gedachte Gesellschaft und zugleich ein Laufstall der Individualisierung.«

Das Wirtschaftswunder brachte Massenmobilität zuwege. Der Vorkriegsbestand von 802 129 Personenkraftwagen, berechnet für das Gebiet der Bundesrepublik ohne Berlin und Saarland, war 1946 auf 192 438 Pkws zurückgegangen. 1953 erreichte der Bestand an Personenkraftwagen wieder die Millionengrenze; er verfünffachte sich in den folgenden acht Jahren.

In Absage an den nationalsozialistischen, auf Vermassung angelegten »Kraft-durch-Freude"-Rummel beförderte das Auto ein Urlaubsglück, das persönliche Gestaltung ermöglichte – auch wenn sich, den Zugvögeln gleich, Millionen an die Mittelmeerstrände begaben, um sich die Sonne auf den Bauch und ins Herz scheinen zu lassen. Im engen und voll gestopften Wagen, Koffer und Taschen auf den Dach-Gepäckträger verstaut, quengelige Kinder auf dem Rücksitz, Vater am Steuer, Mutter daneben, die Straßenkarte auf dem Schoß, ging die Reise gen Süden. »Hinfahren, aussteigen, schönfinden, einsteigen, weiterfahren«, so lässt sich mit Jürgen von Mangers »Herrn Tegtmeier« die Reisewirklichkeit der fünfziger Jahren kurz und bündig zusammenfassen. Touristikwerbung, Illustrierten-Berichte, Filme, Schlager verstärkten das Fernweh.

Während eine Umfrage aus dem Jahr 1952 zeigte, dass nur ein Viertel der erwachsenen Bevölkerung in den letzten Jahren eine Urlaubsreise gemacht hatte, gab 1955 schon die Hälfte aller Erwachsenen an, seit der Währungsreform eine Urlaubsreise oder mehrere Urlaubsreisen unternommen zu haben. In der Trümmerzeit hatte die Fahrt ins Ausland zur größten Sehnsucht gehört. Nun konnte man sie sich leisten; ein neues Selbstwertgefühl stellte sich ein. Man kehrte als gut zahlender Gast in die Länder zurück, die ein paar Jahre zuvor von der deutschen Wehrmacht besetzt worden waren, was freilich nicht nur Verklemmung beseitigte, sondern auch zu neuen Überheblichkeitsgefühlen führte. Der Deutsche aus dem Wirtschaftswunderland fühlte sich »weltläufig«. Gewaltig sei die Kraft, welche heute überall auf der Welt die Massen an den Strand ihres kleinen Urlaubsglückes werfe. Die Flut des Tourismus bedeute eine einzige Fluchtbewegung aus der Wirklichkeit, mit der unsere Gesellschaftsverfassung uns umstelle, so Hans Magnus Enzensberger in seiner kritischen »Theorie des Tourismus« (1958).

Die Wirklichkeit war gegenüber den Bildern des großen romantischen Glücks, vorgegaukelt von den Medien, welche die Südlandsehnsucht vermarkteten, recht bescheiden. Die Massen mussten fleißig arbeiten und intensiv sparen, wollten sie sich einen Urlaub in der Ferne leisten. Die neue Reiseform, die für Sehnsucht und Geldmangel einen gemeinsamen Nenner fand, hieß Camping: Zelten mit Motor. »In jedes Zelt strömt der Miniaturkomfort unserer Zivilisation ein und läßt sie als Spielzeug wiederauferstehen. Camping, das eigentlich in die Weiten der jungen Kontinente, nach Australien und Kanada und nach Amerika gehört, ist bei uns auf künstlich gehaltenen Wiesen zusammengedrängt, in die neugierige Zuschauer wie in einen merkwürdigen Menschenzoo hineinblicken. Jeder Campingplatz leidet an dem Widerspruch von Naturfreude und der Fesselung, die der Motor erzwingt. Die Freiheit, die das moderne Auto verspricht, wird in diesen Karawansereien selten gehalten, die Romantik ruht sich auf Gummimatratzen aus und die Unruhe treibt die Gäste nach ein oder zwei Tagen meist aus ihrer selbstgebastelten Herberge hinweg.« (Eberhard Schulz)

Bei zunehmendem Reichtum konnte dann das Zelt durch den Wohnwagen ersetzt werden; mit kleinbürgerlichem Stolz reiste man mit den eigenen vier Wänden (aus Plastik und Blech) durch die weite schöne Welt. Die »Sesshaftigkeit auf Rädern« verband Nesthockeridyllik mit Exotik. Auf dem Campingplatz war man abgehoben von der Schwerkraft des Alltags, aber doch unter sich; man genoss freiheitliches Dasein, ohne die häuslichen Lebensgewohnheiten aufgeben zu müssen. Pizza, Pasta und Amore. Und leis erklang Musik in milden sternklaren Nächten: »Rote Rosen, rote Lippen, roter Wein / laden uns ein, laden uns ein.«

Die Geschiche
von der zweiten Schuld

Das Grundgesetz der Bundesrepublik Deutschland basierte auf einer politischen Anthropologie, in deren Mittelpunkt die Würde und Freiheit des Individuums standen; damit schien die Gefahr staatlicher Willkür gebannt; im derart Richtigen schien das Falsche keinerlei Chance zu haben. Moralische Selbstsicherheit gehörte zur Grundausstattung westdeutscher Identität. Die Geschichte der »zweiten Schuld« muss jedoch erhebliche Zweifel aufkommen lassen, ob im generell Richtigen sich das konkret Richtige wirklich entfalten konnte, bzw. ob, da so viel Falsches am Werk war, das Richtige nicht tief greifend beschädigt wurde.

Kalte Amnestierung, Reeducation und Entnazifizierung

»Die zweite Schuld oder Von der Last Deutscher zu sein« war Titel eines Buches von Ralph Giordano (1987). Der Autor, der im Dritten Reich selbst verfolgt war, stellte darin fest, dass die politische Kultur der Bundesrepublik durch eine schwere Hypothek belastet sei: Einer die Verbrechen der Nationalsozialisten leugnende oder verdrängende Mehrheit sei es gelungen, mit dieser großen Lebenslüge einen Teil der nachwachsenden bundesdeutschen Gesellschaft dahingehend zu beeinflussen, dass sie insgesamt so lebe, denke, fühle und handle, als habe sich Auschwitz nicht ereignet. Die »zweite Schuld« fraß sich so tief in den Gesellschaftskörper der zweiten deutschen Demokratie ein. Kern des Übels sei der »große Frieden mit den Tätern« gewesen, ihre nahezu restlose soziale, politische und wirtschaft-

David Low: Nürnberger Prozess gegen die Hauptkriegsverbrecher
(1946)

liche Eingliederung während der ersten zehn Jahre des neuen
Staates. Dabei korrespondiere der große Frieden mit den Tätern und der Verlust der humanen Orientierung miteinander.
»Hauptschauplatz ist die Bundesrepublik Deutschland, obwohl
sich bestimmte Abläufe der zweiten Schuld auch auf die Deutsche Demokratische Republik übertragen ließen.« Die größten
geschichtsbekannten Verbrechen, nämlich die des Nationalsozialismus, seien in der Bundesrepublik – so Jörg Friedrich in
seinem Buch »Die kalte Amnestie. NS-Täter in der Bundesrepublik« – mit dem denkbar »größten Resozialisationswerk« abgeschlossen worden. Das zeige ein erschreckendes Defizit an Trauerarbeit, aber auch eine verantwortungslose Indifferenz
gegenüber der Notwendigkeit von Schuld und Sühne. Mit einer
jedem Gerechtigkeitssinn hohnsprechenden Oberflächlichkeit
und Interesselosigkeit erfolgte die schamlose Integration, Reha-
bilitierung und Exkulpation der Täter: statt Abrechnung Ver-
schonung, statt Aufklärung Vergesslichkeit.

Klaus Schröter: Aufsichtsrat (1961)

1966 konstatierte der aus Österreich stammende jüdische, im Dritten Reich verfolgte und dabei furchtbare Torturen erleidende Publizist Jean Améry in seinem Buch »Jenseits von Schuld und Sühne. Bewältigungsversuche eines Überwältigten« die fatale Durchsetzungskraft revisionistisch-restaurativer Strömungen: »Das Reich Hitlers wird zunächst weiter als ein geschichtlicher Betriebsunfall gelten. Schließlich aber wird es Geschichte schlechthin sein, nicht besser und nicht übler als es dramatische historische Epochen nun einmal sind, blutbefleckt vielleicht, aber doch auch ein Reich, das seinen Familienalltag hatte. Das Bild des Urgroßvaters in SS-Uniform wird in der guten Stube hängen, und die Kinder in den Schulen werden weniger von den Selektionsrampen erfahren als von einem erstaunlichen Triumph über allgemeine Arbeitslosigkeit. Hitler, Himmler, Heydrich, Kaltenbrunner, das werden Namen sein wie Napoleon, Fouché, Robespierre und Saint-Just.«

So sehr allein schon die »deutsche Vergesslichkeit« den Gerechtigkeitssinn herausfordern muss (hinzu kam, dass die Opfer der NS-Gewalt häufig nicht oder unzureichend oder zu spät entschädigt wurden), noch gravierendere Zweifel hinsichtlich des ethischen Fundaments der Bundesrepublik sollte die Tatsache hervorrufen, dass der Aufbau und Aufstieg des neuen Staates unter besonderer Heranziehung der ehemaligen nationalsozialistischen Funktionseliten erfolgte; deren Tätigkeit im Dritten Reich stellte kein Hindernis dar, nun auch in der Demokratie Karriere zu machen. Das ganze Ausmaß nationalsozialistischer Kontinuität konnte allerdings nur Schritt um Schritt aufgedeckt werden, so dass viele guten Glaubens einem Staat vertrauten, der seine Affinität zu NS-Funktionären als Quantité négligeable betrachtete.

Zwielichtigkeit in dieser Hinsicht zeigten selbst Politiker, die sich nie vom Nationalsozialismus hatten korrumpieren lassen. Konrad Adenauer etwa legte gegenüber Hitlers Eliten eine große Gleichgültigkeit an den Tag – darin auch bekräftigt von den westlichen Alliierten, die, ganz vom Kalten Krieg absorbiert, dem für die amerikanische Außenpolitik bis heute gültigen Grundsatz huldigten: Wenn schon Schurke, dann unser Schurke!

Zu den einflussreichsten Männern in Bonn zu Zeiten Adenauers gehörte Hans Maria Globke; die »New York Times« nannte diesen engsten Vertrauten des Bundeskanzlers »den vierzehn Jahre lang zweitmächtigsten Mann der Bundesrepublik«. Der 1898 im katholischen Milieu Aachens geborene und dort aufgewachsene spätere Jurist, der in der Weimarer Republik Mitglied der Zentrumspartei gewesen und zum Regierungsrat im preußischen Innenministerium aufgestiegen war, hatte sich offensichtlich 1935 als Mitverfasser des »Gesetzes zum Schutz des deutschen Blutes und der deutschen Ehre« betätigt; auf jeden Fall arbeitete er an den Erläuterungen zu diesem Machwerk und anderen Rassegesetzen mit. Er klage an, so Günter Grass, »einen Mann namens Adenauer, weil er einen Mann namens Globke während Jahren an wichtigster Stelle folgenreiche Entscheidungen hat treffen lassen. Hans Globke hat die Nürnberger Rassegesetze kommentiert. Mit diesen Gesetzen begann der Mord an sechs Millionen Juden«. Wer sich jedoch so geschickt wie Globke häutete – er war übrigens nicht Mitglied der NSDAP gewesen, verschwieg allerdings, dass er 1940 einen Partei-Aufnahmeantrag gestellt hatte –, dessen Wesenskern blieb verborgen; zumal angesichts höchster politischer Protektion und weitreichendem gesellschaftlichen Wegsehens NS-Akteuren biographische Wahrheit damals kaum jemanden interessierte.

Den Beginn der deutschen Katharsis (im antiken Sinne: Läuterung der Seele durch Erschütterung) hätte der Nürnberger Hauptkriegsverbrecher-Prozess darstellen können; doch wiesen weite Kreise der Bevölkerung den Gedanken der Mitverantwortung wie das Empfinden von Kollektivscham (oder gar Kollektivschuld) weit von sich; vergessen schien, dass die Deutschen in ihrer überwältigenden Mehrheit fast alle Schandtaten des Regimes bejubelt und sich als Hitlers willfährige Vollstrecker erwiesen hatten. Auch glaubte man, mit einer gewissen Berechtigung, genug gelitten zu haben; vor allem durch die verheerenden Bombenangriffe der West-Alliierten auf die Städte, die etwa 600 000 Tote unter der Zivilbevölkerung gefordert hatten – zweifellos eine brutale, den Tatbestand des Kriegsverbrechens erfüllende Aktion, die freilich von den Nationalsozialisten mit ihrer Praxis des »totalen Krieges« provoziert worden war.

Vor dem Tribunal waren zwanzig der wichtigsten NS-Führer angeklagt. Während nach Hitlers Willen das Volk verbluten und Deutschland zur verbrannten Erde werden sollte, hatten sie sich dem Untergang entzogen (lediglich der »Führer«, Goebbels und Himmler verübten Selbstmord); so konnte man diese Haupttäter befragen und entlarven, wofür eine riesige Menge höchst aufschlussreicher Dokumente über den NS-Terror sicher- und bereitgestellt worden war. Dementsprechend groß war die internationale Aufmerksamkeit. Star-Reporter kamen aus allen Teilen der Welt und berichteten oft wochen-, ja monatelang über den Ablauf. Viele Publizisten und Schriftsteller stellten sich ein, deren Hintergrundsberichte ein eindrucksvolles Mosaikbild nicht nur des Verfahrens, sondern der deutschen Situation zu dieser Zeit ergaben; so zum Beispiel Alfred Döblin, John Dos Passos, Erich Kästner, Robert Jungk, Peter de Mendelssohn, Erika Mann, Willy Brandt und Hans Habe.

»Nürnberg« bot so eine einmalige Chance der Aufklärung über das Wesen des SS-Staates. Zugleich war zu erkennen, aus welchen erbärmlichen, feigen, verlogenen, eitlen, sadistischen, natürlich auch opportunistischen Charakteren dieses Führertum, das die Welt in unvorstellbares Elend gestürzt hatte, bestand. Nun wurden die habhaft gemachten Täter in persönlicher Verantwortung wegen ihrer »Verbrechen gegen die Menschlichkeit«, nämlich Mord, Ausrottung, Versklavung, Deportation und anderer unmenschlicher Handlungen, belangt. Die Verhandlungen begannen am 20. November 1945 in Nürnberg. Sie endeten am 1. Oktober 1946 mit der Urteilsverkündung: Zum Tod durch den Strang wurden Göring (der vor der Vollstreckung Selbstmord verübte), Ribbentrop, Keitel, Kaltenbrunner, Rosenberg, Frank, Frick, Streicher, Sauckel, Jodl, Seyß-Inquart und in Abwesenheit Bormann verurteilt; Heß, Funk und Raeder erhielten lebenslänglich Gefängnis, von Schirach und Speer zwanzig Jahre, Dönitz zehn Jahre Haft. Schacht, von Papen und Fritzsche wurden freigesprochen.

Freilich war »Nürnberg« auch durch alliierte Doppelmoral bestimmt: Stalin hatte noch vor Prozessbeginn durchgesetzt, dass bestimmte Themen nicht zur Sprache kommen durften – darunter die deutsch-sowjetischen Geheimverhandlungen von 1939/ 40 und der von den Sowjets begangene, aber abgeleugnete Massenmord an rund 25 700 polnischen Zivilisten, Soldaten und Offizieren bei Katyn. Dass mit zweierlei Maß gemessen wurde, machten zudem die westlichen wie russischen Bemühungen deutlich, deutsche Wissenschaftler, Militärs, vor allem Geheimdienstleute und andere »Geheimnisträger«, unabhängig von ihrer politischen Belastung, für das eigene Lager zu akquirieren; allein in der amerikanische Zone handelte es sich um etwa 1000 Personen. Ferner zeigte man große Nachlässigkeit bei der Kontrolle der Fluchtwege, auf denen viele Nazis sich ins Ausland absetzten. Die »Rattenlinie« bzw. »Vatikan-« oder »Klosterlinie« (mit katholischen Kreisen als Fluchthelfer) ließ Tausende von NS-Verbrechern entkommen.

Der Nürnberger Hauptkriegsverbrecher-Prozess und die zwölf Nachfolgeprozesse, die sich unter anderem gegen Ärzte, Repräsentanten der Wehrmacht, Juristen, gegen führende Männer der Industrie und Beamte des Auswärtigen Amtes richteten, hatten, was freilich nicht dezidiert formuliert wurde, auch eine volkspädagogische Aufgabe. Jörg Friedrich spricht sogar davon, dass sie diese »in erster Linie« hätten erfüllen sollen: Das Nürnberger Tribunal sei eine Tribüne gewesen, aufgeschlagen, um den Bürgern des künftigen deutschen Staates die Verworfenheit des verflossenen eindringlich vorzustellen. Das entsprach der vor allem für die USA charakteristischen puritanischen Überzeugung, dass der Mensch kraft Introspektion und in Abwägung seiner bösen wie guten Taten den richtigen Weg finden könne; bei den Deutschen sollte dies nun unter Anleitung der Besatzungsmächte erfolgen, die dementsprechend ein umfangreiches Reeducation(Umerziehungs)-Programm entwickelten.

Im Mittelpunkt des Versuchs, im Rahmen von Reeducation den Einzelnen zu veranlassen bzw. zu zwingen, seine Identität zu überprüfen und durch moralische Bilanzierung zu innerer Einsicht zu gelangen, dabei die ihm eventuell auferlegten, dem Besserungsprozess dienenden Bestrafungen willig anzunehmen, stand der »Fragebogen«. Er war die Grundlage für die Entnazifizierung, die auf eine geradezu gigantische weltanschauliche Bestandsaufnahme der Bevölkerung zielte. Eine solche »Revolution durch Papier« vollzog sich mit Hilfe von 131 Fragen. Den »Fragebogen« bezeichnet Ernst von Salomon in seinem gleichnamigen autobiographischen Bestseller durchaus mit Recht als einen am katholischen Prinzip orientierten Versuch, den Menschen zu einer Gewissenserforschung zu bewegen; doch nicht die katholische Kirche sei es, die in Fragen der Erforschung der Gewissen tätig werde, sondern eine weltliche Institution, weitaus weniger bewunderungswürdig: die Alliierte Militärregierung. Der Autor war freilich ein dubioser Zeitzeuge: Der 1902 geborene Schriftsteller war in der Weimarer Republik wegen Beihilfe zum Mord an Walther Rathenau zu einer Zuchthausstrafe verurteilt worden.

Die Ausfüllung des Fragebogens, der mit persönlichen Angaben begann und mit Punkt 131 »Kenntnis fremder Sprachen und Grad der Vollkommenheit« endete, war die Voraussetzung für jede Tätigkeit, Beschäftigung oder Arbeit. Als die Journalistin Ursula von Kardorff sich Ende Juli 1945 bei der »Augsburger Zeitung« bewarb, musste sie zunächst zu einem amerikanischen Major, um »einen grotesken Fragebogen mit 148 Fragen« auszufüllen (bei der Zahl täuschte sie sich). »Unter anderem, wieviel man wiegt, was für Narben man hat, die Farbe der Augen und der Haare, ob und welchen Adelstitel die Vorfahren geführt haben, welcher Religion man angehört, ob man aus der Kirche ausgetreten ist, wieviel man verdient hat, ob man in einem der besetzten Gebiete eine Funktion gehabt hat, ob man verhaftet war. Besonders absurd fand ich die Frage, was man 1933 gewählt hatte. Erstens, weil man bei ihrer Beantwortung mühelos lügen kann, und zweitens, weil ich mir bisher eingebildet hatte, das Wahlgeheimnis gehöre zu den grundlegenden Gesetzen der Demokratie. Überhaupt erschien uns das Ganze so lächerlich, daß wir in eine übermütige Laune gerieten, als wir den Bogen ausfüllten. Früher war es die jüdische, nun ist es offenbar die adlige Großmutter, die einem schaden kann.«

Das »Gesetz der Befreiung vom Nationalsozialismus und Militarismus« vom 5. März 1946, mit dem die Entnazifizierung an deutsche Stellen überging, sah eine Einstufung der Betroffenen in fünf Gruppen vor: Hauptschuldige, Belastete, Minderbelastete, Mitläufer, Entlastete. Von den 13 Millionen in der US-Zone ausgegebenen Fragebogen waren 3 Millionen weiter zu bearbeiten. Es gab 545 Spruchkammern mit 22 000 Bediensteten; sie konnten, weil es an Personal, Möbeln, Büromaschinen, Büromaterial einschließlich des Papiers für die ungeheure Menge von Formularen fehlte, vielfach erst verspätet beginnen. Die Kammermitglieder hatten oft keine juristische Vorbildung; Korruption war nicht auszuschließen; Zufälle, vor allem bei Belastungs- und Entlastungszeugen, führten laufend zu Ungerechtigkeiten. Dazu kam, dass die Amerikaner viel schärfer als die Engländer und Franzosen die Entnazifizierung betrieben, allerdings durch zwei Amnestien ungefähr 3 Millionen Menschen entlasteten (solche, die nach dem 1. Januar 1919 geboren oder körperbeschädigt waren oder deren Steuerpflicht das Jahreseinkommen von 3630 Reichsmark nicht überstieg). Im Bereich der amerikanischen Besatzungsbehörde war gegen ein gutes Viertel der 13 Millionen Fragebogenpflichtigen Anklage erhoben worden: 950 000 Verfahren wurden durchgeführt, 600 000 Personen bestraft, davon 500 000 mit einer Geldstrafe. Hauptschuldige der Gruppe I gab es 1549, Belastete der Gruppe II 21 600.

Die Entnazifizierung, so Lutz Niethammer in seiner umfassenden Untersuchung »Die Mitläuferfabrik«, habe das deutsche antifaschistische, Selbstorganisation anstrebende Säuberungskonzept im Keim erstickt. Denn die Ausschaltung deutscher Antifaschisten und die Heranziehung konservativer Kreise zum Wiederaufbau einer funktionsfähigen und unpolitischen Verwaltung sei im Trend der Entstehungsgeschichte des »Befreiungsgesetzes« gelegen. In seiner endgültigen Fassung, entpolitisiert und allein auf administrative Umsetzung der Entnazifizierung zugeschnitten, wurde es, wie der bayerische Ministerpräsident Wilhelm Hoegner voraussah, zum entscheidenden Instrumentarium der Massenrehabilitation ehemaliger NS-Mitglieder.

Denn als im August 1947 die amerikanische Regierung General Lucius Clay als Militärgouverneur anwies, die Entnazifizierung bis zum 31. März 1948 zu beenden – man wollte nun Westdeutschland in ein antisowjetisches Bündnissystem einbeziehen –, waren meist nur die leichteren Fälle abgeurteilt und die schwierigen zurückgestellt. »Die Kleinen hängt man, die Großen läßt man laufen.«

In einem Brief an Walter Dorn (amerikanischer Historiker und Zivilbeamter der Militärregierung) schrieb Wilhelm Hoegner, der das »Befreiungsgesetz« befürwortet hatte: Der Wechsel in der Entnazifizierungspolitik habe die Folge, »daß die kleinen Leute am Anfang von der ganzen Schwere des Gesetzes getroffen wurden, während die wahren Schuldigen, die jetzt erst an die Reihe kommen, in den Genuß der milderen Praxis gelangen. Die Zeit heilt eben alle Wunden.

… In wenigen Jahren werden die ehemaligen Nationalsozialisten die deutsche Verwaltung wieder beherrschen, das ist keine Übertreibung.«

Was hier hinsichtlich der Beamtenschaft gesagt wurde, konnte man auf alle Bereiche ausweiten. Die »zweite Schuld« bestand in der Rückkehr der alten Eliten – auch gefördert durch den westlichen Antikommunismus, der Deutschland als wichtiges Bollwerk betrachtete, das nicht durch innere Auseinandersetzungen in seiner Konsistenz gefährdet werden sollte. Diese alten Eliten zeigten wenig Bereitschaft zu einer tief greifenden Läuterung, mieden allerdings auch als wendige Opportunisten und Karrieristen die offene Obstruktion des demokratischen Fortschritts. Die Stimmung des kollektiven Über-alles-Hinwegsehens karikierte Peter Weiss in aller Schärfe (in »Die Ermittlung. Oratorium in 11 Gesängen«, 1965, das sein Material dem Auschwitz-Prozess entnahm); da sagt der »Angeklagte 1« ohne Schuldbewusstsein, mit dem guten Gewissen desjenigen, der die Volksstimmung auf seiner Seite weiß:

»Wir alle
das möchte ich nochmals betonen
haben nichts als unsere Schuldigkeit getan
selbst wenn es uns oft schwer fiel

und wenn wir daran verzweifeln wollten
Heute
da unsere Nation sich wieder
zu einer führenden Stellung
emporgearbeitet hat
sollten wir uns mit anderen Dingen befassen
als mit Vorwürfen
die längst als verjährt
angesehen werden müßten.«

Der Sozialphilosoph Hermann Lübbe sprach – unter Bezug auf das allgemeine deutsche Mentalitätsmuster der Nachkriegszeit – davon, dass die »gewisse Stille« gegenüber dem deutschen Verhältnis zum Nationalsozialismus »ein sozialpsychologisch und politisch nötiges Medium der Verwandlung der Nachkriegsbevölkerung in die Bürgerschaft der Bundesrepublik Deutschland« gewesen sei; der neue Staat hätte gegen die weiterhin aus der Zeit des Dritten Reiches wirkenden, zumindest im Unterbewusstsein schwelenden faschistischen Elemente nicht verwirklicht werden können. Die vorherrschende Realpolitik ging eben davon aus, dass man die Welt nur verändern könne, wenn man ihr entgegen komme.

Die von dem Schweizer Publizisten Fritz René Allemann in einem weit verbreiteten Buch mit dem Titel »Bonn ist nicht Weimar« schon 1956 herausgestellte Stabilität und lntegrationsfähigkeit der Bundesrepublik war in der Tat auch der Laxheit gegenüber der NS-Vergangenheit geschuldet; doch waren, im Vergleich zur Weimarer Republik, die ungleich günstigeren Rahmenbedingungen, die der Kalte Krieg mit sich brachte, ferner eine versöhnliche Besatzungspolitik und ein stabiles Wirtschaftswachstum wesentlich wichtiger.

»Deshalb greift der bloße Blick auf die Integrationsleistung der Amnestiepolitik und die in ihr enthaltene normative Abgrenzung vom Nationalsozialismus zu kurz. Denn ihr Ergebnis war auch eine hohe personelle Kontinuität in allen gesellschaftlichen Bereichen: eine Justiz, die kaum Initiative ergriff, NS-Verbrechen überhaupt noch anzuklagen; eine Gesellschaft, die ihre jüngste Vergangenheit nicht nur kommunikativ beschwieg, sondern zugleich auch der Mythenbildung unterzog. Am Ende war klar, daß es nur eine Handvoll ›wirklicher‹ NS-Verbrecher gegeben haben konnte, und Unrecht wurde eher mit dem Besatzungsregime der Alliierten als mit dem Dritten Reich assoziiert. Es sollte bis in die sechziger Jahre dauern, ehe dieser Nachkriegskonsens langsam aufbrach und das kritische Hinterfragen der ›Vätergeneration‹ einsetzte.« (Norbert Frei)

Medizin ohne Menschlichkeit

Versucht wurde das »Hinterfragen« freilich von Anfang an. So wollte der Heidelberger Privatdozent und NS-Gegner Alexander Mitscherlich, zusammen mit dem Medizinstudenten Fred Mielke und der Ärztin Alice Gräfin von Platen-Hallermund sowie drei weiteren Kollegen über die Verstrickungen der deutschen Ärzte ins NS-System als Ergebnis der Verhandlungen beim Nürnberger Ärzteprozess 1946 berichten; die Gruppe fungierte dort als Beobachter. Der Schwerpunkt der Anklage bei diesem ersten Nachfolgeprozess lag auf den Menschenversuchen und der KZ-Medizin, dazu kamen die Komplexe der Sterilisation und Euthanasie.

Die von den Nationalsozialisten seit 1939 betriebenen Massenmorde an Geisteskranken, körperlich und geistig Behinderten sowie anderen Erbkranken, abgesichert durch eine Ermächtigung Hitlers, dass der »Gnadentod« gewährt werden könne, hatte eine lange Vorgeschichte. Unter dem Einfluss des Darwinismus und Sozialdarwinismus hatte sich, keineswegs nur in Deutschland, die Eugenik immer wieder mit der Frage beschäftigt, ob die Gesellschaft »lebensunwertes Leben« erhalten oder »ausmerzen« solle. Im Jahr 1920 erschien von dem Juristen Karl Binding und dem Psychiater Alfred Hoche ein Buch über die »Freigabe der Vernichtung lebensunwerten Lebens«, in dem die Hoffnung ausgesprochen wurde, dass man eines Tages in der Beseitigung der geistig völlig Toten kein Verbrechen und keine unmoralische Handlung, sondern einen erlaubten nützlichen Akt sehe. Die nationalsozialistische Weltanschauung verband Eugenik mit Rassismus und »Rassenhygiene«; minderwertig war nicht nur der Behinderte, sondern jeder, der den biologistischen Vorstellungen vom nordisch-germanisch-arischen, durch die »Reinheit des Blutes« ausgezeichneten Menschen nicht entsprach; so deklarierte man in abgründigem Verblendungswahn selbst die Vernichtung der Juden als Maßnahme gegen »unwertes Leben«.

Als der Zwischenbericht der Mitscherlich-Kommission 1947 unter dem Titel »Das Diktat der Menschenverachtung« erschien und die weit reichende sittliche Verwahrlosung der Ärzteschaft im Dritten Reich deutlich machte – die inzwischen wieder organisierte Ärzteschaft sprach dagegen von einer verschwindend kleinen Anzahl von Tätern –, wurden die Verfasser heftig attackiert. Der Versuch, das Buch aus dem Verkehr zu ziehen, war erfolgreich: Alle Exemplare verschwanden aus den Buchläden, die ärztliche Verbandsspitze hatte die Auflage wohl in toto aufgekauft. (Als der Mitscherlich-Report 1960 als Fischer-Taschenbuch unter dem Titel »Medizin ohne Menschlichkeit« herauskam, fand er jedoch ein großes Echo; so wie auch in den achtziger Jahren die Bücher von Ernst Klee, der umfassend über die Tötung von geisteskranken, alten und behinderten Menschen, von Fürsorgezöglingen, Alkoholkranken, Arbeitslosen und anderen »Gemeinschaftsunfähigen« oder »Asozialen«, die »Ausmerzung der Ballastexistenzen« in den Archiven des In- und Auslandes recherchiert hatte.)

»Die Mörder in weiß«, die mit ihren Helfern aus Wissenschaft und Justiz, unter Beteiligung von Krankenpflegern und Krankenschwestern, allein in den Jahren 1940 bis 1941 über 70 000 Geisteskranke in speziell dafür eingerichteten »Krankenhäusern« töten, zumeist vergasen ließen, in zynischer Missachtung des hippokratischen Eides, der als ethische Grundlage des Arzttums einfordert, immer nur zum Wohle des Kranken zu handeln –, diese »furchtbaren Ärzte« zeigten nach 1945 zum größten Teil nicht nur kein Schuldbewusstsein, sondern setzten ungehindert oder nach kurzer Pause ihre Tätigkeit an den Universitäten und Forschungseinrichtungen, in den ärztlichen Standesorganisationen und als Amtsärzte fort. Lediglich in Ausnahmefällen führten die verbrecherischen Taten zur Ächtung: Etwa bei dem Auschwitzarzt Joseph Mengele, der sich als sadistischer Selektionsarzt und durch seine mit universitärer »Forschung« abgestimmten barbarischen Experimenten an Zwillingen hervorgetan hatte; er konnte sich allerdings nach Südamerika absetzen und allen Auslieferungsbegehren entziehen.

Bei einigen von der Publizistik aufgedeckten Fällen konnte man auch Einblick ins Kastendenken der Ärzteschaft nehmen, die um Verdeckung und Vertuschung bemüht war. Werner Heyde, ehemaliger Würzburger Ordinarius für Psychiatrie, war bis 1941 Leiter der medizinischen Abteilung der Berliner Euthanasiezentrale (als Obergutachter der »Aktion T4« war er für den Tod von mindestens 100 000 Menschen verantwortlich). Zum Nürnberger Ärzteprozess als Zeuge geladen, konnte er auf dem Rücktransport flüchten und mit falschen Papieren auf den Namen Dr. Fritz Sawade in Schleswig-Holstein, wo sich besonders viele NS-Verbrecher angesiedelt hatten, Unterschlupf finden und seine Karriere fortsetzen; als Nervenarzt erstellte er allein für Behörden und Gerichte 7000 Gutachten. Nach seiner Entlarvung kam ein auf Druck der SPD-Opposition im schleswig-holsteinischen Landtag eingesetzter Untersuchungsausschuss zu dem Ergebnis, dass Heyde-Sawade eine lange Reihe reputierlicher Mitwisser gehabt hatte. Diese mussten aber mit keinen ernsthaften Konsequenzen rechnen, auch der ursprünglich für das Heyde-Verfahren vorgesehene und dann als Mitwisser dekuvrierte Generalstaatsanwalt Voss kam ungeschoren davon. (Heyde beging in der Haft Selbstmord, ohne Reue oder Schuldbewusstsein erkennen zu lassen.)

Connections der Wirtschaft

Was die Lücken im Staatsbewusstsein der Wirtschaft betraf, so konnten diese unter anderem mit Hilfe der »connections« überdeckt werden, über die man seit langer Zeit zu antisemitisch eingestellten US-Kreisen verfügte. Zum Beispiel hatte selbst noch während des Krieges die so genannte Appeasement-Gruppe im amerikanischen Außenministerium Sympathien für die Wirtschaftselite des Dritten Reiches gezeigt – aufgrund teilweise enger Verbindungen aus der Friedenszeit. Diese hatten übrigens für die europäischen Juden tragische Konsequenzen – war doch die Gruppe nicht nur zuständig für die rasche Wiederbelebung der deutschen Wirtschaft nach dem Krieg, sondern auch für die Politik gegenüber jüdischen Flüchtlingen. »Als die nationalsozialistischen Massenmordprogramme voll in Gang waren, verhinderte die Appeasement-Fraktion alle US-Aktionen zur Rettung der Flüchtlinge, auch wenn relativ einfache Maßnahmen Zehntausende von Menschenleben hätten retten können.« (Christopher Simpson)

Die Appeasement-Gruppe konnte zwar die Nürnberger Prozesse gegen die Industriellen Alfried Krupp, Friedrich Flick und einige leitende Angestellte der IG Farben, u. a. wegen Ausbeutung von Zwangsarbeitern und Plünderungen in den besetzten Gebieten, nicht verhindern. Aber solche Verfahren gegen Industrielle waren, so Simpson, dem eine gründliche Studie über die »Internationale Wirtschaftseliten und das Wiedererstarken des deutschen Kapitalismus 1945–1948« zu danken ist, in vielerlei Hinsicht lediglich die Rückzugsgefechte der Antinazi-Hardliner innerhalb der US-Regierung; sie wurden nicht nur durch Beschränkungen im Budget behindert, sondern in einigen Fällen noch zusätzlich durch mangelnde Kooperation innerhalb der US-Behörden. Als das Geld für Ermittlungen zur Neige ging, fanden die Prozesse ein abruptes Ende. Der neue US High Commissioner for Germany, John McCloy, begnadigte jeden Einzelnen der Industriellen, die in Nürnberg verurteilt worden waren.

Jedenfalls fand die deutsche Wirtschaftselite aus dem alliierten Purgatorium (bei dem es recht zivil-vornehm zuging) bald wieder einen Weg nach oben, der schließlich ins bundesrepublikanische Wirtschaftsparadies einmündete. Der 1907 geborene Alfried Krupp von Bohlen und Halbach zum Beispiel, eine Schlüsselfigur der NS-Wirtschaft (seit 1943 Alleininhaber der Werke, 1948 anstelle seines Vaters Gustav in Nürnberg zu zwölf

Jahren Gefängnis verurteilt, 1951 aus dem Gefängnis entlassen), fungierte seit 1953 wieder als Leiter des Unternehmens.

Als ein eklatantes Beispiel für die Kontinuität von Karrieren erwies sich die Laufbahn des 1901 geborenen Großbankiers Hermann Abs, seit 1938 Direktor der Auslandsabteilung im Vorstand der Deutschen Bank. 1942 hatte er bereits 40 Aufsichtsratsmandate inne, wofür er eine Sondergenehmigung des Reichswirtschaftsministeriums benötigte, da nach den gesetzlichen Bestimmungen nur 20 erlaubt waren. 10 Aufsichtsratsmandate übte er bei Firmen aus, die in den von deutschen Truppen besetzen europäischen Gebieten lagen. In der Nachkriegszeit war er als Finanzberater von Konrad Adenauer tätig, dem er in Freundschaft verbunden war; im Mai 1951 wurde er stellvertretender Vorsitzender im Aufsichtsrat der Bank für Wiederaufbau in Frankfurt a. M. und im Jahr darauf Leiter der deutschen Delegation bei der Londoner Konferenz zur Regelung der deutschen Auslandsschulden. Nach der Wiedergründung der Deutschen Bank im Jahr 1957 war Abs bis 1967 deren Vorstandssprecher und übernahm dann noch für mehrere Jahre den Vorsitz im Aufsichtsrat. Sein Psychogramm steht für den Typus des distinguierten, aus dem Hintergrund die Fäden der Macht geschickt ziehenden Wirtschafts-Karrieristen: Stets charmant, von besten Manieren, in Fachfragen kompetent, auf dem internationalen Parkett zu Hause. Wer den Damen die Hand so galant küsste und über Kunstfragen einfühlsam zu parlieren vermochte, mäzenatisch tätig war, das Netzwerk von Verbindungen souverän zu nutzen wusste, der konnte sich im westdeutschen Kapitalismus besonders erfolgreich entfalten. Erst nach seinem Tod 1994 wurde deutlich, dass Abs auf vielfach verzweigte Weise sogar in das nationalsozialistische Verfolgungs- und Vernichtungssystem eingebunden gewesen war.

Für den Aufbau der Bundesrepublik waren eben keine Charaktere gefragt, sondern Experten; vor allem auch solche, die im Dritten Reich bewiesen hatten, dass sie sich nicht durch »Humanitätsduselei« von zielstrebiger Arbeit abhalten ließen; einst im Dienste weltanschaulicher Indoktrination, jetzt zugunsten einer »Wohlstand für alle« verheißenden neoliberalistischen Profitmaximierung.

Weiß gewaschene Wehrmacht

Die Militärs konnten vor allem dann den Makel von ihrem »grauen Rock« beseitigen und sich als »saubere Krieger« (»im Geiste unbesiegt«) präsentieren, als wegen der zunehmenden Spannungen zwischen Ost und West die deutsche Wiederbewaffnung (ab 1955) zu einem wichtigen Ziel der westalliierten und westdeutschen Politik wurde.

Was der langjährige liberale Intendant des Westdeutschen Rundfunks, Klaus von Bismarck, einmal selbstkritisch feststellte: »Wir hatten geglaubt, wir könnten anständige Soldaten bleiben in einem Krieg, der verbrecherische Ziele hatte«, war in seiner Problematik für weite Kreise der Politik und den überwiegenden Teil der Bevölkerung kein Thema (unmittelbar nach der Niederlage hatte sich allerdings zunächst eine Aversion gegenüber allem Militärischen gezeigt). War auch das NS-Regime unmenschlich gewesen, die Ehre des deutschen Soldaten sei davon unberührt geblieben; hatte auch die Wehrmacht im Zweiten Weltkrieg Hitler zum fast unumschränkten Imperator gemacht, die Massenmorde in den eroberten Ländern sollten ihr nicht angelastet werden. Selbst Heerführer, die ihre Truppen »verheizt« und sich selbst in Sicherheit gebracht hatten, blieben unangetastet.

Der Erste im Reigen der den so genannten preußischen Offizierstugenden hohnsprechenden Generäle war Friedrich Paulus gewesen. Ohne Bedenken hatte er nach der Einkesselung der 6. Armee durch die Russen in Stalingrad Hitlers sinnlosen Aushaltebefehl erfüllt, was zu unsäglichen Leiden der ihm unterstellten Soldaten bis zum bitteren Ende Anfang Februar 1943 führte; von rund 250 000 Landsern überlebten nur 90 000, und von diesen, die in Gefangenschaft gerieten, kehrten später lediglich 5000 in die Heimat zurück. Im letzten Augenblick von Hitler zum Generalfeldmarschall befördert, was seine maßlose Eitelkeit befriedigte, begab sich der auch im Schlachten-Inferno stets auf sein Wohl bedachte Feldherr in russische Gefangenschaft; er bewohnte in Tomilino bei Moskau eine Datscha mit Garten und fuhr sogar zur Kur auf die Krim. Der Ehrgeizling, der »Kampf bis zum letzten Atemzug« befohlen hatte, erbat drei Wochen nach dem Ende in Stalingrad mit Billigung der Sowjets beim deutschen Militärattaché in der neutralen Türkei noch »sechs Paar Schulterstücke eines Feldmarschalls«. Ansonsten hatte er sich rasch umgestellt. Er trat der von den Sowjets initiierten, 1943 von kommunistischen Emigranten und deutschen Kriegsgefangenen gebildeten Bewegung »Freies Deutschland« und dem ihr assoziierten »Bund deutscher Offiziere« bei, nun aktiv an den Bemühungen zum Sturz des Hitler-Regimes beteiligt. In der DDR, in die er 1953 zurückkehrte, war er als angesehener Schriftsteller tätig.

Der Chef der für Paulus zuständigen »Heeresgruppe Don« war der als strategische Koryphäe geltende, 1887 geborene Generalfeldmarschall Erich von Manstein gewesen (dem »Führer« hatte er von einem Ausbruchsbefehl für die eingeschlossene 6. Armee abgeraten). In seinem Zuständigkeitsbereich führten Einsatzgruppen der SD mit Hilfe der Wehrmacht Massenerschießungen durch, die Manstein der Truppe gegenüber rechtfertigte. Er wurde 1949 zu 18-jähriger Haft verurteilt, aber 1953 vorzeitig entlassen; drei Jahre später übernahm er den Vorsitz im Gutachtergremium zur Wiederbewaffnung und Wehrpflicht des gemeinsamen Verteidigungsausschusses von Bundestag und Bundesrat (wobei ihm, der auch als persönlicher Berater Adenauers fungierte, zugute kam, dass Hitler ihm nach Auseinandersetzungen im März 1944 aller Kommandoposten enthoben hatte).

Die Wiederbewaffnung Westdeutschlands zielte mit dem Prinzip »Staatsbürger in Uniform« auf eine »demokratische Armee«, eine Armee ohne Sonderstellung, der parlamentarischen Kontrolle unterworfen. (Im Gegensatz dazu war die ostdeutsche »Volksarmee« ein Instrument der autoritären SED-Staatsführung.) Angesichts des weltpolitisch bewirkten, aber hinsichtlich des geringen Abstandes zum Dritten Reich verfrühten Zeitpunktes der Remilitarisierung gab es einen gewissen Zwang, auf »altes Personal« zurückzugreifen; dies wurde dadurch ins Positive uminterpretiert, dass man die nationalsozialistische Wehrmacht und ihre Repräsentanten weiß zu waschen versuchte. Der »Stern von Afrika«, der »Wüstenfuchs« Erwin Rommel, der im Krieg das deutsche Afrikakorps kommandiert hatte, war ein Leitgestirn für die neue Traditionspflege. Dass der engstirnige Berufsoffizier Hitler verehrt, so wie dieser ihn als ideologischen Ziehsohn betrachtet hatte, wurde wegretuschiert. Immerhin hatte der Generalfeldmarschall in seinem Zuständigkeitsbereich Kriegsverbrechen weitgehend verhindert und 1944 die Verantwortungslosigkeit der nationalsozialistischen Führung einigermaßen klar erkannt. Als er deshalb der Widerstandsbewegung, die am 20. Juli ein erfolgloses Attentat auf Hitler verübte, näher rückte, wurde er von diesem, der für seine Propaganda dennoch das Renommee des beliebten Offiziers zu nutzen wünschte, zum Selbstmord gezwungen; ohne Protest nahm er die Giftkapsel und konnte somit als NS-Ikone weiter wirken. Wären Generalfeldmarschall Wilhelm Keitel, von 1938 bis 1945 Chef des Oberkommandos der Wehrmacht, und Alfred Jodl, Chef des Wehrmachtsführungsstabes und einer von Hitlers engsten militärischen Ratgebern, nicht nach Verurteilung im Nürnberger Hauptkriegsverbrecher-Prozess hingerichtet worden, so hätten sicherlich auch sie, nach einer gewissen Schamfrist, Eingang in die Vorbildersammlung der Bundeswehr gefunden, gewannen doch dort die »Traditionalisten« wieder an Einfluss.

Die Wiederbewaffnung konnte nur populär gemacht werden, indem man die Millionen Soldaten, die für Hitlers Unrechtstaat gekämpft hatten, rehabilitierte. So gab Konrad Adenauer am 5. April 1951 im Bundestag eine entsprechende Ehrenerklärung ab: Die Zahl derjenigen, die sich durch Kriegsverbrechen schuldig gemacht hätten, sei außerordentlich klein gewesen. Im Dezember 1952, als die Frage der »Kriegsverurteilten« aus Anlass der parlamentarischen Beratungen über die Westverträge heftig diskutiert wurde, äußerte sich Adenauer erneut: »Ich möchte heute vor diesem Hohen Hause im Namen der Bundesregierung erklären, daß wir alle Waffenträger unseres Volkes, die im Rahmen der hohen soldatische Überlieferung ehrenhaft zu Lande, auf dem Wasser und in der Luft gekämpft haben, anerkennen. Wir sind überzeugt, daß der gute Ruf und die große Leistung des deutschen Soldaten trotz aller Schmähungen während der vergangenen Jahre in unserem Volke noch lebendig sind und auch noch bleiben werden. Es muß unsere gemeinsame Aufgabe sein, die sittlichen Werte des deutschen Soldatentums mit der Demokratie zu verschmelzen.« Das Protokoll verzeichnete Applaus.

Erst die Arbeiten des »Militärgeschichtlichen Forschungsamtes« in Freiburg, von 1970 bis 1988 geleitet von Manfred Messerschmidt, der sich schon 1969 mit seinem Standardwerk »Die Wehrmacht im NS-Staat« gegen den Mythos der »sauberen Wehrmacht« gewandt hatte, vor allem aber die von Johannes Heer und Jan Philipp Reemtsma 1995 initiierte Ausstellung »Vernichtungskrieg. Verbrechen der Wehrmacht 1943 bis 1945« des Hamburger »Instituts für Sozialforschung« führten zu tief greifenden Diskussionen und heftigen Kontroversen über die wahre Rolle der Wehrmacht im Dritten Reich (die erste Fassung der überwiegend aus Fotos bestehenden Präsentation leistete freilich wegen Flüchtigkeiten und dokumentarischer Mängel den Apologeten der Wehrmacht Vorschub). Fünfzig Jahre nach Kriegsende und fünf Jahre nach dem Ende des Kalten Krieges wurden auf diese Weise Zeitzeugen wie Nachgeborene gleichermaßen mit dem nachdrücklichsten Einspruch konfrontiert, der bis dahin gegen den zwar wissenschaftlich widerlegten, aber noch immer wirkungsmächtigen Mythos einer »sauber gebliebenen« Wehrmacht vorgebracht worden war. Der mittlerweile vollzogene Generationswechsel – in der Bundeswehr genauso wie in der gesamten Gesellschaft – begünstigte den offenen Umgang mit der Vergangenheit, jenseits anklagender Fragen an die Väter (so Jens Scholten).

Furchtbare Juristen

Ein Rechtsstaat sollte die Bundesrepublik sein und werden; aber das Versagen gegenüber der rechtlichen Aufarbeitung der NS-Verbrechen musste all diejenigen, die nach 1945 in den Kategorien von Schuld, Strafe, Sühne und Entschädigung der Opfer (so weit dies noch möglich war) dachten, zutiefst enttäuschen. Auf ungeheuerliche Weise hatte sich die Justiz, die schon in der Weimarer Republik völkisch und nationalistisch, teilweise auch nationalsozialistisch unterwandert war, zum Büttel des verbrecherischen Regimes gemacht. Diejenigen, die sich als Rechtsanwälte, Staatsanwälte und Richter oder als Beamte der Justizverwaltungen dem sofort nach der Machtergreifung etablierten Unrechtstaat widersetzten, wurden in die Emigration getrieben, in Gefängnissen und Konzentrationslagern umgebracht oder (im besten Falle) durch Versetzung in den Zwangsruhestand kalt gestellt.

Die Auffassung, die selbst von durchaus integren Juristen nach 1945 vertreten wurde und die Zustimmung der Politik fand, dass belastete Richter nur dann wegen Rechtsbeugung zu bestrafen seien, wenn sie sich des begangenen Unrechts bewusst gewesen wären, führte dazu, dass eine fast vollständige »Selbstamnestierung« stattfand; denn den Richtern war natürlich der direkte Vorsatz zum Verbrechen nicht nachzuweisen; Selbstbezichtigungen wiederum fanden nicht statt, was ein Licht auf die Feigheit und Einsichtsunfähigkeit dieser Berufsgruppe wirft, die sich als Elite der Nation fühlte. So wurden die wenigen überhaupt angeklagten NS-Richter freigesprochen.

Verhängnisvoll für die neue Rechtsordnung wirkte sich auch aus, dass es kaum unbelastete Richter und Staatsanwälte gab, denn nur wenige Juristen kehrten aus dem Exil zurück – mit begründetem Misstrauen gegenüber einer Justiz, die 1933 so kläglich versagt hatte. Dazu kam noch ein besonderes Hindernis bei der Aufdeckung und Ahndung der nationalsozialistischen Justizverbrechen: Die DDR zeigte große Aktivität bei der Aufklärungsarbeit, was den westdeutschen »kalten Kriegern« die Möglichkeit bot, die Wahrheit der vorgetragenen, meist richtigen Fakten zu leugnen bzw. als kommunistische Propaganda abzutun.

Die Kampagne des Ostens gegen den westdeutschen Richterstand fand unter der Leitung von Albert Norden statt, eines Altkommunisten aus der Weimarer Republik, der 1946 in die Ostzone zurückgekehrt war und wichtige politische Rollen übernahm; sie war bestimmt von der Absicht nachzuweisen, dass die Bundesrepublik das Erbe des Faschismus angetreten habe. Bis 1960 erschienen in der DDR fünf Schriften, die in einer Auflage von insgesamt 100 000 Exemplaren verbreitet wurden und in Westdeutschland über 1000 Richter und Staatsanwälte, die ehedem in nationalsozialistischen Sonder- wie Standgerichten, im Volksgerichtshof und in der Wehrmachtsjustiz gewirkt hatten, zu enttarnen versuchten. Immerhin konnten so, da auch die britische Presse das Thema der NS-Juristen aufgriff, einige besonders spektakuläre Fehlentwicklungen in der BRD verhindert bzw. revidiert werden.

1962 wurde dem zum Generalbundesanwalt ernannten Wolfgang Fränkel in einer 130 Seiten langen Broschüre nachgewiesen, dass er im Dritten Reich in 34 Fällen die Todesstrafe entweder beantragt oder bestätigt hatte, und zwar wegen Vergehen wie Diebstahl von Kleidungsstücken, Fahrrädern und Lebensmitteln, wegen Schwarzschlachtungen und des Tatbestands der »Rassenschande«. In Verfahren, in denen seine Vorgesetzten sogar gegen die Todesstrafe plädiert hatten, war er um Strafverschärfung bemüht gewesen; selbst als sich Roland Freisler, Vorsitzender des Volksgerichtshof in Berlin und wegen seiner rücksichtslosen Anwendung der NS-Gesetze als »Blutrichter« berüchtigt, für die Aufhebung eines Todesurteils bei einem Handtaschendieb einsetzte, bewirkte Fränkel schließlich die Hinrichtung des Delinquenten als eines »weniger wertvollen Volksgenossen«. Fränkel wurde als Generalbundesanwalt des Amtes enthoben; der noch größere Skandal bestand freilich darin, dass solche schrecklichen Juristen überhaupt, ohne genaue Überprüfung, in höchste Staatsstellen berufen wurden.

Den Tiefstand einer politisch abgedeckten rechtlichen Unsittlichkeit offenbarte auch der Fall des Juristen Theodor Maunz; er war von 1957 bis 1964 bayerischer Kultusminister, obwohl er im Dritten Reich in der Reichsgruppe Hochschullehrer als Referent für das Judentum in der Rechtswissenschaft und als einer der führenden Verwaltungsrechtler des Regimes tätig gewesen war; unter anderem hatte er das Ende des »subjektiv öffentlichen Rechts« propagiert, die Verhaftungen durch die Gestapo als justizfreie Hoheitsakte deklariert und die Schutzhaft in Gefängnisanstalten wie Konzentrationslagern gerechtfertigt. Der schamlose Karrierist, der nach 1945 den führenden Grundgesetz-Kommentar schrieb, betätigte sich nach dem Krieg, freilich klammheimlich, als Mitarbeiter der rechtsradikalen »Deutschen Nationalzeitung«. Deren Herausgeber Gerhard Frey bezeichnete Maunz nach seinem Tod als einen »wunderbaren Wegbegleiter«.

Als geistiger Wegbegleiter galt weiterhin für viele Intellektuelle, keineswegs nur Rechtskonservative, Carl Schmitt. Der 1888 geborene Staatsrechtler hatte die Weimarer Verfassung schärfstens kritisiert: Sie klammere sich an einen Liberalismus, der außer Stande sei, die Probleme einer modernen Massendemokratie zu lösen. 1933 feierte er dementsprechend die »vorläufige Verfassung der deutschen Revolution«, aus der eine neue politische Rechtssprechung hervorgehen werde; dies beförderte seinen Aufstieg zum führenden Rechtstheoretiker des nationalsozialistischen Unrechtsstaates. Er rechtfertigte sogar die Nürnberger Rassengesetze. Dies und seine Forderung, das deutsche Recht vom jüdischen Geist zu säubern, konnte jedoch nicht verhindern, dass ihm inferiore NS-Kollegen vorwarfen, er berücksichtige zentrale Begriffe der NS-Weltanschauung wie »Rasse« und »Volk« zu wenig. Auch vergab man ihm, der weiterhin in der katholischen Kirche blieb, die früheren Beziehungen zu Juden und Liberalen nicht.

Schmitts Politiktheorie wirkte auf gefährliche Weise in der neuen Demokratie weiter, indem er aggressive Ressentiments gegen alles Fremde mit einem Überbau ausstattete. Sie bediente den antiaufklärerischen und kulturpessimistischen Irrationalismus, der in der Bundesrepublik immer wieder neue Zustimmung fand, was allein schon abzulesen war an den vielen positiven »Würdigungen«, die Schmitt in Feuilletons und Zeitschriften gefunden hat.

Zu den wenigen aus dem Exil zurückgekehrten und nun wieder in Deutschland tätigen Juristen gehörte der spätere hessische Generalstaatsanwalt Fritz Bauer. »Ich bin 1949 aus der

Emigration zurückgekehrt, um – im Rahmen des mir vielleicht Möglichen – etwas für den Menschen und die Menschen zu tun und sie etwas von meiner Verbundenheit mit allem Menschlichen spüren zu lassen, die mich unerschütterlich erfüllt«, heißt es in einem Privatbrief Fritz Bauers aus dem Jahre 1962. Bauer war ein tapferer rechtsstaatlich denkender Mann, der 1952 die Männer des 20. Juli gegen den Vorwurf des Hoch- und Landesverrats verteidigte und in anderen Verfahren den Eid auf Hitler, den die Soldaten zu unbedingtem Gehorsam nicht gegenüber Gesetz, Recht oder Vaterland, sondern gegenüber einem Menschen verpflichtet hatte, als leere Pflichtethik entlarvte. Trotz vieler Schwierigkeiten und Widrigkeiten gelang es ihm, den Auschwitzprozess vorzubereiten und durchzuführen – ein Ereignis, das der »zweiten Schuld« entgegenwirkte und der Rechtsstaatlichkeit der Bundesrepublik einen großen Dienst erwies.

Auschwitz, so Bauer beim »Nürnberger Gespräch« 1965, wende sich nicht nur an uns, sondern an die Menschen der ganzen Welt. »Darüber hinaus aber kann die Fragestellung auch einen Teil dazu beitragen, den Hitler in uns selbst, im deutschen Menschen zu sehen, und zu fragen, welche Momente vielleicht in unserer Geschichte vorhanden sind, die nach Auschwitz führten. … In der deutschen staatsrechtlichen Literatur, in der deutschen Philosophie dominierte – um es einmal populär zu sagen – die Forderung: ›Ruhe ist des Bürgers erste Pflicht.‹ Das ist eine Maxime, die auch heute leider noch in der Bundesrepublik viel zu sehr gepflegt wird. Ohne die Übung des täglichen Widerstands, des Widerstands gegen das Unrecht im kleinen, ist man außerstande, den großen Widerstand zu üben, von dem im Dritten Reich leider nicht genügend Gebrauch gemacht wurde. Ich glaube, alles Denken über Auschwitz usw. hat doch nur dann Sinn, wenn jeder Vater, jede Mutter, wenn jeder Staatsanwalt, jeder Lehrer, jeder Theologe daraus lernt.«

Der Prozess wurde zu einer der umfangreichsten Schwurgerichtsverhandlungen der deutschen Justizgeschichte; das Verfahren begann am 20. Dezember 1963 und endete nach 183 Verhandlungstagen am 20. August 1965 mit dem zweiten Teil der

Urteilsbegründung. Mehr als 400 Zeugen, zumeist Überlebende des Vernichtungslagers, traten in dieser Zeit vor das Gericht und die deutsche Öffentlichkeit. Deutsche Historiker beschäftigten sich auf Veranlassung von Bauer in Gerichtsgutachten mit dem NS-Regime und dem Holocaust. Tausende Besucher im Gerichtssaal, vor allem junge Menschen, darunter auch viele Schulklassen, verfolgten die Verhandlungen. Millionen wurden durch die Medien mit den Berichten der Überlebenden, aber auch mit den Aussagen der Angeklagten konfrontiert. In der Frankfurter Paulskirche wurden Ausstellungen über das Warschauer Getto und Auschwitz gezeigt, die von Tausenden besucht wurden. In deutschen Familien wurde oft zum ersten Mal über die nationalistischen Massenverbrechen gesprochen.

Die zweiundzwanzig Männer, die im Auschwitzprozess belangt worden waren, gehörten zu den übelsten sadistischen Schindern und Schändern, die der Nationalsozialismus hervorgebracht hatte. Bei ihren Vernehmungen »waten wir förmlich im Blut«, meinte ein mitwirkender Staatsanwalt. Diese Verbrecher hatten sich wieder in bürgerlicher Wohlanständigkeit eingerichtet und waren zu unauffälligen Mitgliedern des demokratischen Staates geworden. In einer langen Reportage vom Auschwitz-Prozess 1964 für die Zeitschrift »Der Monat« schrieb Horst Krüger: »Wie kann man eigentlich nach Auschwitz wieder ein so ziviler und tüchtiger Bundesbürger werden? Wie geht das? Was sagen die Ärzte, die Psychologen, die Psychiater dazu? Keiner der Angeklagten ist wieder ›auffällig‹ geworden. Alle haben sich wieder ihre Ordnung, ihr Heim, ihre Position geschaffen, waren wieder verdiente und geachtete Bürger ihrer Gemeinden, tüchtig und erfolgreich, oft waren sie beliebt.«

Zur Charakterisierung des SS-Obersturmbandführers Adolf Eichmann, der ab 1939 Leiter des Judenreferats im Reichssicherheitsamt gewesen war und in dieser Funktion im Zuge der sogenannten Endlösung den Transport jüdischer Menschen in die Vernichtungslager der besetzten Ostgebiete organisiert hatte – 1960 wurde er vom israelischen Geheimdienst aus Argentinien, wohin er entkommen konnte, entführt, in einem Prozess in Jerusalem 1961 zum Tode verurteilt und hingerichtet –, zur

Charakterisierung dieses erbarmungslosen Schreibtischtäters verwendete die deutsch-amerikanische Soziologin und Philosophin Hannah Arendt die Bezeichnung »Banalität des Bösen«. Das kann man als Schlüsselbegriff für die Beschreibung der nationalsozialistischen Massenmörder insgesamt verstehen. Wie mussten Staat und Gesellschaft beschaffen gewesen sein, damit eine derartige Aggressivität im Dritten Reich zum Ausbruch kommen und die Alltäglichkeit Bestialität gebären konnte? Und wie war ein Staat und eine Gesellschaft, nämlich die Bundesrepublik, einzuschätzen, die fast zwanzig Jahre brauchte, um die Biedermänner als Brandstifter zu entlarven?

Der Katharsis als geschichtlicher, rechtlicher und moralischer »Reinigung« sollte auch eine Einrichtung dienen, die schon sechs Jahre vor dem Auschwitzprozess eingerichtet worden war, aber zunächst keine besondere öffentliche Beachtung fand: die 1958 von den Justizministern der Länder geschaffene »Zentrale Stelle der Landesjustizverwaltungen zur Aufklärung nationalsozialistischer Verbrechen«. Sie war auf nachhaltige Aufklärung angelegt, zumal ihr couragierter Leiter, der frühere Staatsanwalt Adalbert Rückerl seine Aufgabe intensiv anging. Zugleich aber machten die Bemühungen um Gerechtigkeit indirekt die »zweite Schuld« besonders deutlich: Die bisherigen Versäumnisse traten eklatant zu Tage; zur Sühne war es oft zu spät. Zudem fehlte der Justiz der Impetus, die notwendigen Gerichtsverfahren einzuleiten; ferner wurde mit zunehmendem zeitlichem Abstand zum Dritten Reich eine schlüssige Beweisführung immer schwerer; bei Schreibtischtätern war außerdem das juristische Beurteilungsinstrumentarium inadäquat.

Das 1984 von der »Süddeutschen Zeitung« gezogene Zwischenresümee belegte die moralische Indolenz des neuen Staates statistisch: »Trotz des in Ludwigsburg auf mehr als 1,3 Millionen Karteikarten gespeicherten und systematisch aufgeschlüsselten Aktenstoffes, trotz 4802 Vorermittlungs- und ungefähr 13 000 Ermittlungsverfahren seit 1958 – unter dem Strich bleibt dennoch eine Bilanz, die unerträglich sein muß für Opfer, die Auschwitz oder Majdanek, Theresienstadt oder Treblinka überlebt haben. Von 88 587 Personen, die bis zum 1. Januar 1983 nationalsozialis-

tischer Straftaten beschuldigt worden sind, wurden nur 6465 verurteilt, 12 zum Tode, 158 zu lebenslanger Freiheitsstrafe. 80 355
wurden freigesprochen und gegen 1767 Angeklagte sind die Verfahren noch anhängig; mit erheblichen Freiheitsstrafen ist jedoch
kaum noch zu rechnen.«

Schon in wenigen Jahren, so Rückerl in einem von ihm 1972
herausgegebenen Sammelband (»NS-Prozesse«), sehr wahrscheinlich noch vor dem endgültigen Ablauf der Verjährungs-
frist am 31. Dezember 1979, sei der Punkt erreicht, an dem –
von Ausnahmen abgesehen – eine Verurteilung der noch lebenden NS-Täter an bis dahin kaum noch überwindbaren Beweis-
schwierigkeiten scheitern werde.

Wandlungsfähige Meinungsmacher

Was das Nach- und Weiterwirken der nationalsozialistischen
journalistischen Elite betraf, so ist als Hintergrund für deren
Beurteilung dreierlei beachtenswert:

Erstens hatte ein Großteil der Zeitungsmacher bereits in der
Weimarer Republik gearbeitet, zu einer Zeit, da die Publizistik in
besonderem Maße blühte und insgesamt ein hohes Niveau zeigte. Auch wenn der Reichspropagandaminister Joseph Goebbels
als oberster Meinungsmacher, u. a. durch die täglichen Presse-
konferenzen mit ihren Anweisungen für die Tendenz der Auf-
macherartikel und die Nachrichtenauswahl, journalistische Arbeit als reflexionslosen Dienst an Volk und Staat verstanden
wissen wollte, so konnte er doch nicht verhindern, dass einzelne
Redaktionen sich Spielräume erhielten. Die »Frankfurter Zeitung« etwa konnte bis 1943 gemäßigt kritisch berichten. Beim
»Berliner Tageblatt«, in der Weimarer Republik eine von bürgerlichen Intellektuellen für ein anspruchsvolles Publikum gemach-
te jüdisch-liberale Zeitung, die während der Wirtschaftskrise in
Schwierigkeiten geriet, vermochte der Chefredakteur Paul Schäfer dem Blatt gewisse Schutzwinkel zu erhalten; zu diesen gehörte vor allem das Feuilleton.

Ein Sonderfall war die Wochenzeitschrift »Das Reich«, die –

obwohl von Nationalsozialisten mitten im Krieg, allerdings in einer Zeit großer militärischer Erfolge, ins Leben gerufen – nach dem Grundprinzip konzipiert war, dass hier die besten Köpfe der Nation, ausschließlich aufgrund ihrer Qualifikation ausgewählt, die wichtigsten Fragen der Nation behandeln und u. a. für ein reichhaltiges Feuilleton sorgen sollten. Offensichtlich schmeichelte es dem Propagandaminister Goebbels, dass er, der wohl intellektuell genug war, um die Ödnis der deutschen Presselandschaft zu empfinden, an einem solchen Blatt mitarbeiten konnte; für die in seine Zuständigkeit fallenden Leitartikel erhielt er jeweils 2000 Reichsmark Honorar. Der Chefredakteur Eugen Mündler, zuletzt Hauptschriftleiter des »Berliner Tageblatts«, versammelte eine illustre Gesellschaft begabter Journalisten um sich; zu den Mitarbeitern und Mitarbeiterinnen gehörten u. a. Max Bense, Walter von Cube, Will Grohmann, Theodor Heuss, Karl Korn, Oskar Loerke, Eduard Spranger, W. E. Süskind, Benno von Wiese, Ernst Schnabel, August Scholtis, Egon Vietta, Wolfgang Weyrauch; als Kriegsberichterstatter fungierten Clemens Graf Podewils, Lothar-Günther Buchheim, Joachim Fernau, Walter Henkels, Christoph Freiherr von Imhoff, Erich Peter Neumann (der später die junge »Reich«-Redakteurin Elisabeth Noelle heiratete), Jürgen Petersen, Jürgen Schüddekopf, Eberhard Schulz. Das waren sämtlich Personen, die ab 1945 beim Aufbau der demokratischen Presse eine Rolle spielen sollten.

Zweitens hatten sich die Alliierten nach der Besetzung Deutschlands intensiv um das Pressewesen gekümmert und bei der Vergabe von Lizenzen zur Ausschaltung reaktionärer und restaurativer Tendenzen jeweils ein gründliches Screening durchgeführt; besonders belastete Journalisten waren deshalb zurückgedrängt worden.

Drittens hatte der Beruf des Journalisten im Dritten Reich den Vorteil gehabt, dass man kaum in reale verbrecherische Taten involviert gewesen war, sondern stattdessen nur »Mundwerk«, dessen Verfallszeit kurz war, produziert hatte. Die zum Berufsbild gehörende Wendigkeit bzw. mangelnde Standfestigkeit führte dazu, dass man sich rasch und erfolgreich den neuen demokratischen Verhältnissen anpasste.

In der Publizistik der Weimarer Zeit waren neben vielen linksliberalen Intellektuellen von hoher Sensibilität für moderne Strömungen (häufig den Zeitungen und Zeitschriften des jüdischen Ullstein-Verlages assoziiert) auch eine größere Zahl demokratiefeindlicher konservativer und völkisch-nationalistischer* Schreiber tätig gewesen (meist beschäftigt bei dem Medienkonzern, den der zum rechten Lager gehörende Wirtschaftsführer und Politiker Alfred Hugenberg seit 1914 aufgebaut hatte); sie verbreiteten antirepublikanisches und antisozialistisches Gedankengut, hielten aber häufig Distanz zu den von ihnen als proletarisch-primitiv empfundenen Nationalsozialisten. So konnten sie nach 1945 verhältnismäßig rasch, mit dem Anspruch, sich mit den »Braunen« nicht eingelassen zu haben, wieder tätig werden.

Insgesamt war in der meinungsführenden deutschen Publizistik nach 1945 eine überraschend große Anzahl von Ex-Nationalisten und Ex-Nationalsozialisten an prominenter Stelle tätig – jetzt als Propagandisten des freien Geistes und Akteure eines demokratischen Journalismus, die freilich oft mit den rhetorischen und stilistischen Mitteln von ehedem und dem Vokabular aus dem »Wörterbuch des Unmenschen« arbeiteten. Die journalistische Sprache war noch lange geprägt von einer verquollenen Diktion, die nun die »Heeressiege der Demokratie« pries. Hans Habe stellte bei seiner Zeitungsarbeit fest, dass offensichtlich nur wenige deutsche Publizisten von dem Bazillus der Hitler-Sprache unberührt geblieben waren. »Einer der besten deutschen Journalisten brachte mir einen trefflichen Aufsatz, in dem die Sprache des Unmenschen angeprangert, die Rückkehr zur deutschen Sprache gefordert wurde. Es war der treffliche Aufsatz eines Mannes voll guten Willens, und wenn wir ihn nicht drucken konnten, dann nur deshalb nicht, weil er in Hitler-Deutsch geschrieben war.«

Lässt man die wichtigsten Zeitungen und Wochenblätter (etwa »Der Spiegel«, »Stern«, »Die Zeit«, »Christ und Welt«, »Süddeutsche Zeitung«, »Frankfurter Allgemeine Zeitung«, »Die Welt«), aber auch die Redaktionen von Rundfunkanstalten Revue passieren, wie dies Lutz Hachtmeister und Friedemann

Siering in ihrem Sammelband »Die Herren Journalisten – Die Elite der deutschen Presse nach 1945« getan haben, so ergibt sich, dass im dichten publizistischen Kommunikationsnetzwerk eine »Elite ohne Bewusstsein« tätig war, die der zeithistorischen Aufklärung in eigener Sache aus dem Weg ging. Der Anspruch, als unabhängige Kommentatoren oder kritische Rechercheure zu wirken, zeigte somit ein wesentliches, vielfach biographisch begründetes aufklärerisches Defizit.

Akademisches Beschweigen

Als im Oktober 1984 der Historiker Theodor Schieder im 77. Lebensjahr verstarb, wurde er und sein Werk in den höchsten Tönen gepriesen. Sein Rang, so sein Kollege Walter Bussmann in der »Frankfurter Allgemeinen Zeitung«, hänge zusammen mit dem schöpferischen Reichtum des Forschers und Lehrers. Dass der in Bayern Geborene sich entschlossen habe, an die Universität Königsberg zu gehen und sich dort zu habilitieren, sei aus dem Bedürfnis entstanden, sich den deutschen Osten zu erschließen und die wissenschaftliche Laufbahn in der geistigen und räumlichen Nähe von Hans Rothfels fortzusetzen. Im Laufe seines »erfüllten Gelehrtenlebens« habe Schieder die Themen »Nationalität«, »Staat«, »Völkerordnung« sowie »politische Organisationsformen« in großen Werken souverän zur Anschauung gebracht. Auf ostpreußischem Boden habe er jene seltene Mischung von weltoffener Liberalität und pflichterfüllter Hingabe in sich verkörpert, die den idealen Historiker ausmache, insofern Distanz und Engagement gleichzeitig von ihm zu fordern seien.

Die Wirklichkeit sah indes ganz anders aus: Distanz meinte Verschweigen; frühere Verirrung blieb verdrängt. Seit den dreißiger Jahren hatte sich in Königsberg in dem jugendbewegten Milieu revisionistischer Historiker um Rothfels eine Volkskulturforschung ausgebildet, die sich der nationalsozialistischen Politik der völkischen Flurbereinigung als wissenschaftliche Begleitforschung andiente. »Volksgeschichte« verstand sich als

»kämpfende Wissenschaft«, die zum Beispiel mit einer »Polen-Denkschrift« 1939, bei der Schieder zumindest Mitautor war, der Expansionspolitik Hitlers keineswegs gezwungenermaßen, sondern aus Überzeugung Vorschub leistete. Die Königsberger Ostforscher, neben Schieder u. a. Werner Conze und Herbert Aubin, erwiesen sich als »Vordenker der Vernichtung« (Götz Aly). 1942 meldete Schieder, dass in der Region Białystock die Juden völlig entfernt und nur noch in den »Ghettos der Städte« anzutreffen seien; Gauleiter Koch dankte ihm persönlich für »selbstlose und erfolgreiche Tätigkeit«, was dann Schieders Hausberufung auf den Königsberger Lehrstuhl begünstigte.

Der Fall Schieder kann als durchaus exemplarisch für das weitere Wirken der akademischen Elite des Dritten Reiches nach 1945 empfunden werden – und zwar für alle universitären Bereiche, im Besonderen aber für die Geisteswissenschaften. Das musste keineswegs ein Weiterwirken nationalsozialisti-schen Gedankenguts bedeuten; der universitäre Umstellungs-prozess vollzog sich nach Kriegsende rasch und geräuschlos. Die im Nationalsozialismus publizierten Ergebnisse einer welt-anschaulich verseuchten Forschung wurden dem demokratisch verfassten Gemeinwesen angepasst: Aus Rassenhygiene wurde Humangenetik, aus der Ostforschung Sozialgeschichte, aus der Modernitäts- und Nihilismuskritik eine Kritik am National-sozialismus, aus der Nationalpädagogik die Forderung auf Bürgertugend und Sittlichkeit, aus der Kernspaltungsphysik eine unpolitische Grundlagenforschung. Und was die Personen betraf, so sorgte ein Netzwerk von Verbindungen (heute »Seil-schaften« genannt) dafür, dass fast alle, vor allem auch die aus den Ostgebieten vertriebenen Professoren und die wegen Mit-gliedschaft in NS-Organisationen zunächst ihrer Ämter ent-hobenen Hochschullehrer, rasch wieder unterkamen. Das res-taurative Klima der Adenauer-Zeit trug dazu bei, dass eine Aufarbeitung der Wissenschaftsgeschichte des Dritten Reiches unterblieb, und zwar – mit Ausnahmen – über die Jahrzehnte hinweg. Die Mehrheit der Professoren erwiesen sich, wie schon 1933, auch beim Systemwechsel 1945 als opportunistische Überlebenskünstler. Sie brachten es nicht fertig, Gerichtstag über sich selbst zu halten; in milderer Form formuliert: Sie waren nicht bereit, ihre wissenschaftlichen Irrtümer zu bekennen und aufzuarbeiten.

Aber nicht nur dies geschah nicht; oft wirkte der alte Ungeist verdeckt bzw. unterschwellig weiter und beeinflusste die Ausbildung der Lehrer, die ihrerseits die einseitige Weltsicht an die Schülerschaft weitergaben. Die Emigranten, die an den Universitäten in ganz besonderem Maße für Erneuerung und Offenheit hätten sorgen können (immerhin waren nach 1933 schätzungsweise über 800 Geisteswissenschaftler aus Deutschland geflohen), wurden häufig auf intrigante Weise von Berufungen ausgeschlossen; oder aber sie scheuten die Rückkehr, inzwischen in ihrer neuen Heimat etabliert, zumal der Eindruck von der konservativen Unbeweglichkeit der deutschen Universitäten weit verbreitet war.

Der Schweizer Theologe Karl Barth, der den Widerstand der Bekennenden Kirche gegen den Nationalsozialismus stark beeinflusst hatte (1934 war er aus der Bonner Universität vertrieben worden), meinte 1947 in einer umfangreichen Analyse zur Situation des deutschen Studenten, dass die Mehrheit der weiter oder wieder wirkenden Professoren ungeeignet sei, der akademischen Jugend die für ihre Zukunft so dringend nötige Klärung der Verhältnisse von deutscher Vergangenheit und Gegenwart zu geben und zu einer wirklichen Aufgeschlossenheit für neue Fragestellungen zu verhelfen. »Es ist fatal, dass so viele deutsche Studenten dem Unterricht, der Erziehung, dem Vorbild gerade dieses Professorentypus ausgeliefert sind. In dieser Schule werden sie keine freien Männer werden.«

Symptomatisch war auch, dass Karl Jaspers, im Dritten Reich verfemt und 1937 aus seinem Lehramt entlassen, der zunächst wieder Professor für Philosophie in Heidelberg wurde, 1948 Deutschland verließ und einen Ruf an die Universität Basel annahm. Er hatte sich intensiv für einen tief greifenden Wandel des deutschen Bewusstseins in Auseinandersetzung mit der Schuldfrage eingesetzt und eine radikale Erneuerung der deutschen Universität gefordert. Entweder, so seine Ausführungen im Frühjahr 1947 bei einer Konferenz der Universitätsrektoren der US-Zone in Anwesenheit britischer Gäste, »wird sie sich selbst und die Jugend erziehen in der vollen Freiheit der in radikaler Diskussion hervorgehenden Wahrheit; und dann wird bis zum Ton der Sprache hin die Wahrheit ihr Wesen zeigen, die Menschen miteinander zu verbinden. Oder die Universität verschwindet in der Nivellierung einer bloßen Schule mit nur endlichen Zwecken des Nutzens, ohne Kraft der Menschenformung.«

Genau das Letztere aber fand statt. Weder legitimierte sich die Universität als »Volksuniversität«, wie Karl Jaspers es forderte (Auslese der Besten aus der *gesamten* Bevölkerung), noch gelang es ihr, aus dem Geist sozialer und politischer Verantwortung heraus zu wirken. Hätte man im Sinne von Karl Jaspers die Verantwortlichkeit der Universitäten ernst genommen, hätte der Materialismus der fünfziger Jahre nicht in diesem Maße grassieren und den geistigen Aufbruch der Trümmerzeit paralysieren können; der spätere Aufstand der 68er-Bewegung gegen die Universitäten mit ihrem »tausendjährigen Muff unter den Talaren« (auf die nationalsozialistische Vision von einem »Tausendjährigen Reich« anspielend) wäre nicht notwendig gewesen.

Jaspers war nicht nur philosophisch ein Gegenpol zu Martin Heidegger, mit dessen Denken er sich intensiv auseinander setzte, er nahm auch politisch zu ihm eine völlig konträre Position ein. Heideggers Verhalten nach 1933 und sein Schweigen nach Kriegsende über diese Verirrung bestätigte auf eklatante Weise die fehlende Bereitschaft deutscher Hochschullehrer, sich mit der geschichtlichen bzw. biographischen Wirklichkeit wahrhaftig auseinander zu setzen. Bestätigt wurde wieder einmal, dass große Denker keineswegs integre Charaktere sein müssen.

Heidegger hatte bei der Übernahme des Rektorats der Freiburger Universität 1933 in seiner Antrittsrede die Größe und Herrlichkeit des nationalsozialistischen Aufbruchs gepriesen und sich zu Arbeitsdienst, Wehrdienst und Wissensdienst bekannt – mit der zentralen Metapher des »Stoßtruppunternehmens«, mit der er die Kampfgemeinschaft von Studenten, SA und Professoren meinte. Auf der Rückseite des Programmzettels für die Festveranstaltung war das Horst-Wessel-Lied abgedruckt; beim Singen sei die rechte Hand zum Führergruß zu erheben.

Der schon früh sich andeutende Antisemitismus des Philosophen wurde Ende der zwanziger Jahre u. a. in einem Brief deutlich, den er am 2. Oktober 1929 an den stellvertretenden Präsidenten der »Notgemeinschaft der deutschen Wissenschaft« schrieb; er wollte damit für seinen persönlichen Assistenten ein Stipendium erwirken. Wir stünden vor der Wahl, so sein Schreiben, unserem deutschen Geistesleben wieder echte bodenständige Kräfte und Erzieher zuzuführen oder es der wachsenden Verjudung im weiteren und engeren Sinne endgültig auszuliefern. Diese rabiaten Formulierungen hatten nichts mit strategischer Absicht zu tun, denn dem Adressaten lagen Vorurteile völlig fremd.

Das Denken dieses Mystagogen des Wortes, dessen »Jargon der Eigentlichkeit« eine innere Affinität mit dem verquasten Heroismus der völkischen Bewegung zeigte – in ihr äußere sich das fortschwelende Unheil so, als wäre es das Heil (Theodor W. Adorno) –, war gegen den Vernunftglauben der Aufklärung gerichtet. So war es konsequent, dass Heidegger seine Mitgliedschaft bei der NSDAP immer wieder stolz bekundete. 1936, bei einem Wiedersehen mit seinem ehemaligen Schüler Karl Löwith, der drei Jahre zuvor aus Deutschland hatte fliehen müssen, trug er sein Parteiabzeichen stolz am Revers; im Gespräch bestätigte er, dass dem Wesen nach eine Verwandtschaft zwischen seinem Denken und seinem Einsatz für die Hitler-Bewegung bestünde. Sein Glaube an Hitler schien unerschütterlich. Von dem Regime, zu dem er sich öffentlich bekannt hatte, distanzierte er sich auch nicht nach 1945, obwohl er spätestens dann von den furchtbaren NS-Verbrechen wissen musste; stattdessen zeigte er ein peinliches apologetisches Verhalten unter Retuschierung und Manipulation seiner früheren Äußerungen.

Heidegger wisse nicht, was Freiheit sei, stellte Karl Jaspers fest; man könne ihn nicht dämonisch nennen, aber er besitze einen Zauber, wie der Zwerg, der in Bergesgründen im verschlungenen Wurzelgeflecht, auf trügerischem Boden, der als fester Mooswuchs sich zeige und doch Sumpf sei, sich kundgebe. Das Gnomische in Heidegger, das ungewußt Lügenhafte, das Tückische, das Irrtümliche und das Treulose habe in Augenblicken magische Wirkung. Dies Wesen sei in seinem Philosophieren wiederzuerkennen. »Schön und verführerisch, kostbar gearbeitet und unwahr, versprechend und in nichts sich auflösend, erdnah und verderblich, angstvoll, ständig verfolgt, nie ruhend in einer Liebe, unwirsch und dann klagend, rührend, mitleiderweckend, Hilfe begehrend, im Machtgefühl sich überschlagend, im Kollaps ratlos und würdelos; immer bemüht, stets indirekt, mit berechnendem, aber sich selbst nichtdurchschauenden Instinkt«. Heidegger denke polemisch, aber nicht diskutierend; er denke beschwörend, nicht eigentlich begründend; er sage aus, vollziehe aber nicht Gedankenoperationen.

Der Sündenfall der Germanistik

In Wilhelminischer Zeit und dann in der Weimarer Republik hatte die deutsche Germanistik sich zunehmend nationalistisch gebärdet. Es war bezeichnend, dass die antisemitische Literaturgeschichte von Adolf Bartels einen sehr großen Erfolg hatte und dieser 1905 vom Weimarer Großherzog zum Professor ernannt wurde. 1912 hieß es dann in einem »Aufruf zur Begründung eines deutschen Germanistenverbandes«, dass das deutsche Geistesleben stärker als bisher auf völkische Grundlagen gestellt werden müsse.

Gustav Roethe, der führende deutsche Germanist der älteren Generation (er war am Ende des Ersten Weltkrieges sechzig Jahre alt), schloss eine Goethe-Rede 1924 mit den Worten: »Die Bahn, die uns Goethe weist, das ist die deutsche Bahn. Goethe, wir grüßen Dich. Wir danken Dir, Du unser Freund, unser Held, unser Führer!« Vier Jahre später veröffentlichte der aus dem George-Kreis kommende Max Kommerell sein Buch »Der Dichter als Führer in der deutschen Klassik«; doch hielt er sich – bis zu seinem Tod 1944 Ordinarius in Marburg – vom nationalsozialistischen Ungeist fern. Umso mehr dienten diesem Herbert Cysarz, Gerhard Fricke, Ernst Bertram und der Österreicher Heinz Kindermann, der nach Tätigkeit in Danzig und Münster 1943 das »Institut für Theaterwissenschaft« in Wien gründete. Neben Goethe und Hölderlin, der schon im Ersten Weltkrieg von jugendbewegten Kriegsfreiwilligen heroisiert worden war (»Hölderlin im Tornister«), wurde vor allem Friedrich Schiller für den nationalistischen Kult missbraucht. »Schiller ist der ewige Deutsche, der Prophet unserer Zeit«, hieß es im »Völkischen Beobachter« 1934, aus Anlass des 175. Geburtstages des Dichters.

Der »Sündenfall« der deutschen Germanistik im Dritten Reich war im Vergleich zu anderen Fakultäten besonders tief; allerdings begann sie sich verhältnismäßig früh mit ihrer ideologischen Verflechtung auseinander zu setzen, wobei die »zweite Schuld« eklatant zutage trat: Die korrumpierten Hochschulgermanisten konnten in ihrer überwiegenden Mehrheit nach 1945 ihre Tätigkeit ungehindert fortsetzen; durch ein klares Bekenntnis zur Läuterung ihrer Wissenschaft beizutragen, kam ihnen nicht in den Sinn. Eine Durchsicht der im Dritten Reich veröffentlichten Schriften zeigt, dass es sich fast nie um vom Regime erzwungene Pflichtleistungen gehandelt hat, sondern um »Gesinnungstätigkeit«, in Missachtung jeder wissenschaftlichen Objektivität und menschlicher Integrität.

Der restaurative Charakter der Nachkriegsgermanistik mit ihrem ungebrochenen Nimbus prägte den Überbau des Deutschunterrichts; auch hier war Vergesslichkeit und Gleichgültigkeit gegenüber der früher verfemten bzw. verbotenen Literatur deutlich stärker als der Wille und die Bereitschaft zur Rezeption des Verdrängten, wie man sie zur Stärkung demokratisch-republikanischen Bewusstseins hätte erwarten müssen.

Das deutsche Lesebuch nach 1945 erwies sich als besonderer Indikator für eine reaktionäre und antimoderne, weiterhin »Blut und Boden« verhaftete Gesinnung. 1952 urteilte der französische Germanist Robert Minder: »Fielen dem Mann vom Mond solche Lesebücher in die Hände, er dächte: Ein reiner Agrarstaat muß dieses Deutschland sein, ein Land von Bauern und Bürgern, die in umhegter Häuslichkeit schaffen und werkeln und seit Jahrhunderten nicht mehr wissen, was Krieg, Revolution und Chaos ist.« 1956 meinte der Göttinger Germanist Walther Killy, in den Schullesebüchern würden die Deutschen so beschrieben, als ob sie ein Volk idyllischer Ackerbauern wären; 1961 tadelte der Berliner »Arbeitskreis für Didaktik« in einer Studie über Lesebücher die Abkehr von der Wirklichkeit; 1963 befand der Berliner Jurist Alfred Oberlack, die jungen Lesebuchleser würden für dumm verkauft: Anhand von 144 untersuchten bundesrepublikanischen Lesebüchern legte er dar, dass vom zeitgenössischen Leben so gut wie nichts berichtet, dafür aber der »Boden« romantisiert werde; 1963 nannte die FDP-Bildungspolitikerin Hildegard Hamm-Brücher die Lesebuch-Welt »völlig verbogen, um nicht zu sagen verlogen«.

Wie beim Lesebuch überwog auch bei den von Pädagogen verfassten schulischen Literaturgeschichten die antiaufklärerische Grundhaltung. Kritische Analyse wurde durch irrationale »Beschwörung« ersetzt; die Dichtungen galt es, »in der Tiefe der Seele« zu bestaunen. »Der Dichter besitzt den Blick in die Ursprünge des Lebens. Er erfasst seine Grundstruktur und stellt sie in reiner Weise dar. Wer deshalb zu dem Werk des Dichters greift, gerät um so mehr hinein, als der Dichter von diesem Schein nicht in begrifflicher, sondern in sinnbildlicher Weise spricht.« So in Heft 1/1960 der Zeitschrift »Der Deutschunterricht« über Bildungsziel und Bildungsauftrag des Deutschunterrichts der Höheren Schulen.

Derartig hochgemute, mit verquaster Lebensphilosophie aufgeladene Zielsetzungen verbannten literarsoziologische, sozialpsychologische und rezeptionsanalytische Betrachtungsweisen aus ihrem Gesichtskreis. Eine dieser Literaturgeschichten aus geistig-dürftiger Zeit (1951 erschienen) zeigt als Titelbild einen kümmerlich gestalteten Brunnen; im Vorspruch hieß es dazu: »Die Umschlagzeichnung meint im Symbol des Brunnens die Dichtung als zeitlos strömenden, sich selbst erneuernden und in Form gefaßten Quell seelischen Erlebens.« Unter einer derartigen »Leitidee« verfiel die als intellektualistisch und großstädtisch abgewertete Literatur des Exils der Missachtung bzw. Verachtung. Wäre sie stattdessen akzentuierter in die Curricula der Schulen einbezogen worden, hätte sich der pädagogische

Konservatismus (verstärkt durch den Mangel an Information) wohl nicht so durchsetzen können. Die den Bereich Erziehung betreffenden Verlautbarungen in den Länderverfassungen, Schulgesetzen, Lehrplänen und allgemeinen wie speziellen Didaktiken strotzen von affirmativen, den Idealismus in immer größere Höhen vorantreibenden Sentenzen und Metaphern: Muttersprache sei dasjenige Element des Geistes, in dem wir auf unsere, das heißt auf deutsche Weise um Wahrheit und um Recht ringen würden.

Dort, wo der Versuch hätte gemacht werden müssen, die »Wahrheit des Menschseins« zu konkretisieren, essentielle Einsichten von Kopf auf die Füße zu stellen, zum Beispiel in einen spannungsreichen und Denken wie Gefühl provozierenden Lektüre-Kanon umzuwandeln, verengte sich die Betrachtungsperspektive auf provinzielle Weise. Man nahm nicht wahr, dass gerade die Literatur des Exils die »Muttersprache« vor dem vollständigen Kahlschlag durch Ideologie bewahrt hatte, dass »Heimat« als Idee vor allem von denjenigen bewahrt blieb, die ihre Anhänglichkeit an den »deutschen Geist« mit Heimatlosigkeit bezahlen mussten.

Als der Germanistik-Professor Richard Alewyn nach dem Krieg aus der Emigration zurückkehrte und 1949 erlebte, wie landauf, landab Goethes 200. Geburtstag mit unreflektiertem Stolz begangen wurde, eröffnete er eine Goethe-Vorlesung mit der Vorbemerkung, die deutsche Authentizität neu bestimmen sollte: »Zwischen uns und Weimar liegt Buchenwald. Darum kommen wir nun einmal nicht herum. Man kann natürlich jederzeit erklären, mit dem deutschen Volk nichts mehr zu tun zu haben. Man kann auch daraus die Frage aufwerfen, wieviel eigentlich Goethe mit den Deutschen zu tun habe. Was aber nicht geht, ist, sich Goethes zu rühmen und Hitler zu leugnen. Es gibt nur Goethe *und* Hitler, die Humanität *und* die Bestialität. Es kann, zum mindesten für die heutigen Generationen, nicht zwei Deutschlands geben.«

Hätte sich solche Radikalität des Denkens, welche die Schuldfrage aufgriff, in der Nachkriegs-Universität durchgesetzt, hätte die »zweite Schuld« nicht solches Ausmaß angenommen. Wenn in einer der neo-konservativen Literaturgeschichten, hier der von Fritz Martini (erschienen 1958), die Rede von einer faustisch-nationalen Blut- und Gemeinschaftsmetaphysik war, so erwies sich ein solcher Bezug deshalb so aufschlussreich, weil gerade Faust von der aufklärungsfernen deutschen Germanistik seit dem 19. Jahrhundert als herausragendes Sinnbild deutschen Wesens, an dem die Welt genesen könne, verstanden wurde: als ein Held jenseits von Schuld und Sühne. Der faustische Mythos, wie auch derjenige von »Ritter, Tod und Teufel« (in Fehlinterpretation von Dürers Kupferstich, 1513), war ein Musterbeispiel für die ideologischen Überhöhungen und Verzerrungen von Kunstwerken im Dienste weltanschaulicher und politischer Programme.

Dies zeigte der Germanist Hans Schwerte in seinem 1962 erschienenen Buch »Faust und das Faustische« auf. Sein Resümee dieses Beispiels fasste zusammen, was insgesamt den Sündenfall der deutschen Germanistik wie Geisteswissenschaft ausgemacht hatte, aber auch, wie sie sich von der Schmach hätte befreien können. »Anfangs möglicherweise unbewußt, später bewußt, wenn auch gern maskiert, werden solche höchsten Kunstwerke einer Nation aus ihren künstlerischen Maßen und Bezügen gebrochen und dadurch entwertet, bis sie endlich, unfruchtbar, aber giftig verheerend, als ideologisches Schlag- und Kampfwort, als simplifiziertes ›Idealbild‹ jedermann zu beliebiger Verwendung verfügbar werden, in Aktion und entsprechender Reaktion, ohne Rücksicht auf die künstlerische Aussage des Werkes selbst. Hinter solchen Pseudo-Leitworten und Pseudo-Leitbildern, in Vergewaltigung des künstlerischen Phänomens, verbergen sich Süchte, Schwächen und Ängste bestimmter Gruppen oder ganzer Völker. Ihr bedenkenloses Scheinwesen zu entlarven, ist eine der Aufgaben wissenschaftlicher Genauigkeit, die gerade dort ihre Frage anzusetzen hat, wo alle Fragen in dem guten Gewissen einer communis opinio omnium aufgehoben und erledigt erscheinen.«

Schwerte gehörte nach dem ziemlich einhelligen Urteil seiner Mitarbeiter und Schülerinnen wie Schüler sowie aufgrund seiner Veröffentlichungen zu den Vertretern einer neuen Germanistik, (zuletzt war er Rektor der Technischen Universität Aachen). 1995 wurde jedoch von niederländischen Journalisten aufgedeckt – Schwerte erstattete kurz vor deren Veröffentlichung noch Selbstanzeige –, dass es sich bei dem in Königsberg geborenen Wissenschaftler in Wirklichkeit um einen Hans-Ernst Schneider handle, der bis Kriegsende, zuletzt als SS-Hauptsturmführer, im »Ahnenerbe« des Reichsführers SS Heinrich Himmler tätig gewesen war. Auch wenn ihm keine direkte Beteiligung an Sonderaktionen und Menschenversuchen der SS nachgewiesen werden konnte – die Staatsanwaltschaft stellte diesbezügliche Ermittlungen mangels Beweisen ein –, so gehörte er zweifellos zu den nationalsozialistischen Schreibtischtätern. Die Sanktionen für den inzwischen fast 90-Jährigen waren erheblich: Er verlor seine Pension; ihm wurde das 1983 verliehene Bundesverdienstkreuz Erster Klasse aberkannt; den zweiten Doktortitel, den er mit einer Dissertation über Rainer Maria Rilkes Zeitbegriff 1948 in Erlangen erworben hatte, konnte er behalten. Die meisten Kommentare sprachen von einer späten, aber notwendigen »gerechten Bestrafung« und von einer einmaligen, wohl von Gesinnungsgenossen abgedeckten Camouflage. Der Fall wurde als typisch für die NS-Vergangenheit deutscher Hochschulprofessoren empfunden.

Germanisten, ausgestattet mit der »Gnade der späten Geburt«, taten sich besonders hervor, als es darum ging, Schwerte anzuprangern. Was der Aachener Ludwig Jäger an »Text-Müll« von Hans Schneider aus der NS-Zeit zutage förderte, war in der Tat ein erschütternder Beleg für die Perversion »deutscher Wissenschaft«. Er dokumentierte damit freilich nichts anderes, als was man von der »Substanz« her längst wusste: Die weltanschauliche, rassistische Verblendung kannte im Dritten Reich keine Schamgrenze. Der Soziologe Claus Leggewie kam zu einer milderen Beurteilung, worauf schon der Untertitel seines Buches »Von Schneider zu Schwerte« verwies: »Das ungewöhnliche Leben eines Mannes, der aus der Geschichte lernen wollte.« Ihm ginge es um die Frage, ob und inwieweit Einsicht »honoriert« werden könne. »Die tiefe Scham und Trauer über die vom Nationalsozialismus – besonders von der SS, deren

156

Uniform ich trug – angerichteten Schand- und Mordtaten haben mich bis heute keine Stunde verlassen«, hieß es in einem Privatbrief Schwertes 1995.

Man könnte ein solches spätes »Bekenntnis des Mundes« (confessio oris) als verlogene Schutzbehauptung abtun, wäre da nicht die unbestreitbare Tatsache, dass Schneider seit 1945 in einem steten Veränderungsprozess durch sein Tun (satisfactio operis) bewiesen hatte, dass er ein anderer geworden war. »Er hat *kein* Doppelleben als Nationalsozialist im demokratischen Gewand geführt, sondern definitiv ein neues Leben begonnen, als geläuterter Privatmensch wie vor allem als öffentliche Person. Damit hat er seine Profession (die Germanistik), seine Institution (die Universität) und auch das politische System (die Bonner Republik) ein gutes Stück vorangebracht.« Da er aber durchaus schwerwiegende bürgerliche Delikte beging (eine Namensänderung – er gab sich als sein eigener Vetter aus –, heiratete erneut seine Frau, die seinen Tod bestätigte und adoptierte die damals bereits geborene Tochter), verfiel er einem gnadenlosen Verdikt. Wer ihm näher stand, fühlte sich hintergangen und war entsprechend enttäuscht.

Der Fall Schwerte war ungewöhnlich, aber durchaus repräsentativ für das weitere Wirken, auch Weiterwirken von Hitlers Eliten in der Bundesrepublik. Und er war es zugleich nicht, da dieser Protagonist des Dritten Reiches sich von seinem früheren Irrglauben abgewandt und seinen Wandel durch jahrzehntelange Tätigkeit verifiziert hatte. Schwerte blieb nicht – wie viele Ex-Nazis, erst recht SS-Angehörige, Euthanasie-Mörder und KZ-Verbrecher – bei seinen alten Positionen, pflegte nicht die gleichen Kontaktkreise, versuchte nicht, die alten Gesinnungen notdürftig mit den Normierungen der neuen Ordnung ins Gleichgewicht zu bringen. »Vielmehr verband er mit dem neuen Namen – zumindest nach und nach, sicher aber seit seiner Privatdozentenzeit – eine den früheren Positionen geradezu entgegengesetzte Selbstaufklärung über die deutschen ›Verhängnisse‹.« (Karl-Siegbert Rehberg)

Gelegenheit macht Demokraten. Schwerte nutzte seine Chance, die jedoch den Opfern, an deren Leid und Tod er mitschuldig war, verwehrt blieb. Zu seiner früheren Identität bekannte er sich nicht, so wie es die meisten Vertreter von Hitlers Eliten bei ihrer neuen Tätigkeit im demokratischen Staatswesen auch nicht taten. Er aber verleugnete seinen früheren Namen, weshalb ihm das Auffangnetz der Generalabsolution, mit der das kollektive Beschweigen der NS-Vergangenheit Hand in Hand ging, versagt blieb.

Niederlage oder Befreiung

Es gibt, erfreulicherweise, einen Bereich, in dem die nationalsozialistischen Funktions-Eliten nach dem Krieg keine Möglichkeit mehr hatten zu reüssieren: die Politik. Niemand, der an Hitlers Seite ein auch nur einigermaßen wichtiges politisches Amt inne hatte, hätte im Nachkriegsdeutschland erneut ein solches erringen können, konstatiert der Historiker Norbert Frei (»Karrieren im Zwielicht«). Dabei bleibt allerdings außer Acht, dass Personen, die eine wichtige Beraterrolle spielten, wie z.B. Abs, Globke oder Reinhard Gehlen (Chef der Ostspionage unter Hitler, dann ab 1956 Geheimdienstchef der Bundesrepublik), durchaus der Politik zuzurechnen sind, und auch führende Politiker, allerdings nur vereinzelt, trotz brauner Vergangenheit in Erscheinung traten: etwa Theodor Oberländer, Bundesvertriebenenminister im Kabinett Adenauer von 1953 bis 1960; ferner Hans Filbinger, von 1966 bis 1978 Ministerpräsident von Baden-Württemberg (er war im Zweiten Weltkrieg Marinerichter gewesen und hatte noch nach der deutschen Kapitulation an drei Todesurteilen mitgewirkt); schließlich Bundespräsident Heinrich Lübke, dem eine geschäftliche Beteiligung am Bau von KZ-Baracken vorgeworfen wurde.

Auch musste das Verhalten des Deutschen Bundestags dem Tag des Kriegsendes gegenüber irritieren – nimmt man zum Maßstab eine Feststellung von Heinrich Böll: »Ihr werdet die Deutschen immer wieder daran erkennen können, ob sie den 8. Mai als Tag der Niederlage oder Befreiung bezeichnen.« Zwar hatte Theodor Heuss im Parlamentarischen Rat kurz vor seiner Wahl zum ersten Bundespräsidenten der Bundesrepublik Deutschland davon gesprochen, dass die bedingungslose Kapitulation die tragischste und fragwürdigste Paradoxie der Geschichte darstelle, »weil wir erlöst und vernichtet in einem gewesen sind«. Aber selbst einer solch ambivalenten Aussage gingen später die gewählten Volksvertreter, wohl aus populistischer Rücksicht auf die Mehrheit der Deutschen, aus dem Weg. Es dauerte zwanzig Jahre, bis der 8. Mai 1945 überhaupt offiziell erinnerungswürdig wurde. 1970, zum 25. Jahrestag, hielt Gustav Heinemann als erstes Staatsoberhaupt der Bundesrepublik eine Gedenkrede und Bundeskanzler Willy Brandt gab eine Regierungserklärung ab.

Der 8. Mai, so der Politologe Franz Neumann anlässlich des 30. Jahrestages, sei überwiegend als Ende des Weltkrieges und nur verhalten als Ende der nationalsozialistischen Diktatur gewürdigt worden. Schon der Name, den die Politiker dem Gedenktag gaben, sei kennzeichnend für deren Geschichtsbild gewesen. Erhard, Heinemann, Brandt, Schmidt, Scheel, Kohl sprachen übereinstimmend vom »Jahrestag der Beendigung des Zweiten Weltkrieges«. In den Reden fanden sich daneben auch Bezeichnungen wie »deutsche Kapitulation«, »Zusammenbruch des Dritten Reiches« und »Ende der Hitler-Diktatur«. Die Formulierung »Tag der Befreiung« wagte zunächst keiner der führenden Politiker; man sprach von der Trauer über die Opfer des Krieges, den Verlust der Ostgebiete und die Spaltung Deutschlands, dankte den Nationen, die nach dem Krieg großzügig Hilfe geleistet hatten, und äußerte Stolz, dass aus dem Trümmerfeld die freieste Demokratie, die es je auf deutschem Boden gegeben habe, erstanden sei. Einig war man sich auch darin, dass die Deutschen keinen Anlass zum Feiern hätten.

Gegenüber solchen Manifestationen politisch-moralischer Unsicherheit und Unentschiedenheit brachte die Ansprache von Bundespräsident Richard von Weizsäcker 1985 bei der Gedenkstunde des Deutschen Bundestags anlässlich des 40. Jahrestages der Beendigung des Krieges einen Durchbruch zu Klarheit und Wahrheit. Der oberste Amtsträger der Bundesrepublik

Deutschland nannte endlich den 8. Mai einen Tag der Befreiung. Von der Rede waren in kurzer Zeit 1,2 Millionen Exemplare und 60 000 Schallplatten bzw. Tonbandkassetten verbreitet.

»Der 8. Mai war ein Tag der Befreiung. Er hat uns alle befreit von dem menschenverachtenden System der nationalsozialistischen Gewaltherrschaft. Niemand wird um dieser Befreiung willen vergessen, welche schweren Leiden für viele Menschen mit dem 8. Mai erst begannen und danach folgten. Aber wir dürfen nicht im Ende des Krieges die Ursache für Flucht, Vertreibung und Unfreiheit sehen. Sie liegt vielmehr in seinem Anfang und im Beginn jener Gewaltherrschaft, die zum Krieg führte. Wir dürfen den 8. Mai 1945 nicht vom 30. Januar 1933 trennen. Wir haben wahrlich keinen Grund, uns am heutigen Tag an Siegesfesten zu beteiligen. Aber wir haben allen Grund, den 8. Mai 1945 als das Ende eines Irrweges deutscher Geschichte zu erkennen, das den Keim der Hoffnung auf eine bessere Zukunft barg.«

Die Geschichte
der beiden Deutschland

In den fünfziger Jahren stieß das von dem Publizisten Erich Kuby verfasste Buch »Das ist des Deutschen Vaterland: 70 Millionen in zwei Wartesälen«, eine detaillierte Beschreibung der West-Ost-Situation, auf große Resonanz. Er ging von der Frage aus, ob Menschen, die aufgrund ihrer kulturellen Gemeinsamkeit an sich eine Gemeinschaft bildeten (Kulturnation), angesichts einer mit Gewalt auferlegten Teilung noch ihre Zusammengehörigkeit bewahren könnten. Die Teilung Deutschlands sei nun offensichtlich festgeschrieben, wobei die Regierung der Bundesrepublik sich weitgehend mit der Bevölkerung im Einklang fühle, die SED jedoch nicht.

Im Wartesaal I. Klasse gelte der Grundsatz: Wo es mir gut geht, da ist mein Vaterland. Eine solche Verhaltensweise würden nur Menschen abscheulich finden, die den Nationalstolz um seiner selbst willen anstrebten. Einschränkend bemerkt Kuby: »Wenn das ›Gut-Gehen‹, der Lebensstandard nicht an gewisse politische Bedingungen geknüpft wäre, die aus den ehemaligen drei westlichen Besatzungszonen einen weltanschaulich aggressiven und in Zukunft militant-aggressiven Staat gemacht hätten, würde ich den Zivilisationsfetischismus von 50 Millionen Deutschen, durch den sie über Nacht ihren Herrenrassenwahn und Nationalismus vorübergehend ersetzt haben, für eines der wenigen Phänomene in einem kriegerischen Zeitalter ansehen, daß die Aussichten für Frieden in unserer Zeit gesteigert hat.«

Im anderen Wartesaal, im Wartesaal IV. Klasse, lebten 17 Millionen, die sich äußerlich und innerlich nach dem Grundsatz verhielten: Wo es mir schlecht geht, da ist nicht mein Vaterland. Auch dieser Grundsatz sei höchst einleuchtend und vernünftig;

Keine Experimente!
Konrad Adenauer **CSU**

Plakat der CSU zum Bundestagswahlkampf (1957)

Heinz Zander: Bertolt Brecht und Hanns Eisler (1988)

Willi Neubert: Parteidiskussion (1962)

er führe aber unter den gegebenen Verhältnissen geradewegs in den krassesten Nationalismus, insofern die Schuld daran, dass es einem schlecht gehe, einem a-nationalen Regime im Dienst einer fremden Macht zugeschrieben werde und nur in dem Gedanken an die Wiedervereinigung die Hoffnung auf Besserung aufleuchte.

»Aber kann man sich vorstellen, daß in der Mitte Europas rund 70 Millionen Deutsche, zwischen Oder und Rhein eingeklemmt, von deutschen McCarthys aufgeputscht, von neuen Hugenbergs, die schon da sind, auf nationalen Vordermann gebracht, Ruhe geben?« Diese besorgte Frage war freilich unberechtigt; in einen falschen Zug wollte man nicht einsteigen; die Ostdeutschen nicht, weil sie aufgrund der weitgehend akzeptierten antifaschistischen Staatsdoktrin sich zu reaktionärem Irrationalismus nicht verführen lassen, und die Westdeutschen nicht, weil sie die errungene Freiheit und Prosperität wegen revanchistischer Heilsversprechungen nicht aufs Spiel setzen wollten.

Das Land der großen Mitte bot sich als topographische Paradoxie dar; denn mitten in Deutschland lag Niemandsland. Die zunächst durchlässige, dann hermetisch abgeriegelte Grenze zwischen Ost und West wurde zum »Ort« politischer Ratlosigkeit, traumatisch erlebt, mit Hilfe von Antikommunismus verdrängt bzw. mit Hilfe von kommunistischer Ideologie phraseologisch ins Positive gekehrt. Das Land der großen Mitte fand ganz im Westen, in Bonn, den Topos seiner Stabilität; die eigentliche deutsche Mitte, Berlin, erwies sich als Vakuum mit Sogwirkung für gefährliche Konfrontation. Im Land der großen Mitte reagierte man allergisch auf das, was in Mitteldeutschland geschah. Die doppelte Staatsgründung wurde bis in die Sprache hinein – man sprach von der »sogenannten DDR« – verleugnet. Mitteldeutschland wiederum kapselte sich vor dem Land der großen Mitte ab; gleichermaßen fasziniert wie abgestoßen reagierte der nicht-real existierende Sozialismus auf den real existierenden sozial-gebändigten Kapitalismus. Der Exodus eines großen Teils der Mittel- und Oberschicht machte aus der DDR ein »Staatsvolk der kleinen Leute«.

Erich Kubys Metapher von den beiden Wartesälen war eindrucksvoll bildhaft, aber nur zum Teil stimmig. Auf die Verbesserung der Lebensverhältnisse wartete die ostdeutsche Bevölkerung zwar über Jahrzehnte; aber die Bundesbürger hatten den Warteraum bald verlassen; sie saßen zufrieden im Zug der Westernization. Schließlich stiegen in diesen auch all die DDR-BürgerInnen ein, die im eigenen Land keine Zukunftschance sahen; das waren 1989 so viele, dass die DDR zusammenbrach. Kubys Formulierung suggerierte zudem, dass bei getrennten Wartesälen immerhin noch ein gemeinsamer Bahnhof bestünde; ihn gab es lange Zeit bestenfalls nur noch als Wunschvorstellung.

Die Erosion alliierter Zusammenarbeit – Die Gründung von BRD und DDR

Ein »Eiserner Vorhang« habe sich herabgelassen und trenne die UdSSR von der westlichen Welt – so hatte bereits 1946 Winston Churchill den zunehmenden Zerfall der großen Allianz gegen Hitler (Großbritannien, USA, Frankreich auf der einen Seite und Sowjetrussland samt Verbündeten bzw. Satelliten auf der anderen) charakterisiert. Der von 1940 bis 1945 fungierende englische Premier- und Verteidigungsminister war schon in der letzten Phase des Krieges darum bemüht, den nach dem Sieg über Deutschland zu erwartenden großen sowjetischen Einfluss im Nachkriegseuropa zurückzudrängen; er konnte sich aber gegenüber dem amerikanischen Präsidenten Franklin D. Roosevelt nicht durchsetzen. (Roosevelt war vor Kriegsende verstorben; sein Nachfolger wurde Harry S. Truman; der Konservative Churchill musste bei den ersten Wahlen nach Kriegsende Clement Attlee, dem Führer der Labour Party, weichen.)

Die Konferenzen von Jalta im Februar und von Potsdam im Juli/ August 1945, welche die Ausübung der obersten Regierungsgewalt in Deutschland durch die alliierten Besatzungstruppen festlegten, waren noch durch den Willen zur Zusammenarbeit geprägt. Zuständig dafür war der in Berlin residierende,

aus den vier alliierten Oberbefehlshabern gebildete »Kontroll-
rat«, der jedoch keine Möglichkeit hatte, in den einzelnen vier
Besatzungszonen – auch Berlin war in vier Zuständigkeitsberei-
che aufgeteilt – die gemeinsam beschlossenen Gesetze und Richtlinien durchzusetzen; dort übten die jeweils zuständigen Militärregierungen die Macht aus.

Die großen »Ds«, die das Bemühen der Alliierten bestimmten, Deutschland zu »zähmen«, nämlich Demilitarisierung, De-
nazifizierung, Dezentralisation, Demokratisierung und Dekar-
tellisierung waren zwar als Prinzipien zunächst unumstritten;
doch ergaben sich bei der Umsetzung bald Konflikte. Entscheidend waren jedoch nicht die Divergenzen bei den Einzelheiten,
sondern ein grundlegender Gegensatz, der angesichts der notwendigen Kriegsanstrengungen bis zum Sieg über Deutschland
verdrängt worden war: nämlich der Dualismus zwischen den
westlichen Demokratien, die zwar Deutschland eine gewisse
Zeit unter Kuratel stellen wollten, aber dann, mit Hilfe von Umerziehung, eine freiheitliche Neuentwicklung erreichen wollten; und dem totalitären Regime der UdSSR, das Deutschland
wie auch die anderen osteuropäischen Staaten auf zunächst
mehr verdeckte, dann offene Weise mit Hilfe von Ideologie
und Gewalt, aber auch mit der Verführungskraft der sozialistischen Utopie der eigenen Machtsphäre einzugliedern trachtete.

Zu Beginn der Erosion alliierter Zusammenarbeit wollte
Stalin aus Deutschland einen neutralen Staat mit starker Ostan-
lehnung machen. Dies verhinderte die konsequente westlich
orientierte Politik Konrad Adenauers. Dieser war ab 1946 Vorsitzender der Christlich-Sozialen Union in der britischen Besatzungszone und ab 1950 Bundesvorsitzender der CDU – von
großer prägender politischer Kraft für diese, das katholische
und protestantische Lager zusammenführende bürgerliche
Sammlungsbewegung. Aber auch das klare Eintreten der von
Kurt Schumacher geführten SPD für eine auf westlichen Ideen
basierende Demokratie stand dem entgegen. Er setzte zwar auf
nationale Einheit – Adenauer beschimpfte er später als »Kanzler der Alliierten« –, war aber als ehemaliger Reichstagsabgeord-
neter, den die Nationalsozialisten von 1933 bis 1944 in ein Kon-

zentrationslager gesperrt hatten, vor jedem Kompromiss mit einem totalitären Regime gefeit. All dies dürfte ab 1948 die UdSSR bestimmt haben, die »kleine Lösung« zu favorisieren, nämlich die Bildung eines deutschen Staates sowjetischer Prägung auf dem Gebiet ihrer Besatzungszone. Dem entsprach die Vorbereitung eines westdeutschen Staates, mit dessen Gründung am 23. Mai 1949, in Synchronizität mit der Bildung der Deutschen Demokratischen Republik (DDR) am 7. Oktober 1949, die Spaltung Deutschlands staatspolitische Wirklichkeit wurde.

In der Verfassung der Bundesrepublik binden die Grundwerte die Gesetzgebung, die vollziehende Gewalt und die Rechtssprechung. Artikel 4 des Grundgesetzes deklariert, dass die Freiheit des Glaubens, des Gewissens und des religiösen wie weltanschaulichen Bekenntnisses unverletzlich sind. Jeder, so Artikel 5, hat das Recht, seine Meinung in Wort, Schrift und Bild frei zu äußern und zu verbreiten sowie sich aus allgemein zugänglichen Quellen ungehindert zu unterrichten. Die Pressefreiheit und die Freiheit der Berichterstattung durch Rundfunk und Film müssen gewährleistet sein, eine Zensur findet nicht statt. Kunst und Wissenschaft, Forschung und Lehre sind frei (wobei die Freiheit der Lehre allerdings nicht von der Treue zur Verfassung entbindet). Auch wenn es in der Verfassungswirklichkeit der Bundesrepublik gegenüber solchen idealtypischen Festlegungen im Laufe der Geschichte immer wieder zu Abweichungen und Verstößen kam, Politik und Verwaltung von Fall zu Fall das Wirken des freien Geistes zu beeinträchtigen suchten, so zeigte sich doch – allein schon deshalb, weil solche Diskrepanzen größte öffentliche Aufmerksamkeit erfuhren –, dass das neue westdeutsche Staatswesen auf einem gesicherten ethischen, die Macht des Staates begrenzenden und damit die freie Entfaltung des Individuums gewährleistenden Fundament beruhte.

Ganz anders war die Situation in der DDR. Dort wurde zwar das Bild einer bürgerlich-parlamentarischen Verfassung, an Weimar orientiert, geboten; doch war der Mangel an Rechtstaatlichkeit schon daran erkennbar, dass eine objektive Verfassungsgerichtsbarkeit, die staatliche Überheblichkeit zurückweisen und ahnden konnte, fehlte. Definiert wurden die Staatsziele als »sozialistisch« (und das hieß kommunistisch) und »antifaschistisch« (ein Sammelbegriff, der auch für die Ausschaltung bzw. Verfolgung Oppositioneller und Abweichler, die als »Klassenfeinde« denunziert wurden, herhalten musste). Indem man dergestalt Politik, im Besonderen Gesellschaftspolitik, der Ideologie unterstellte, hatten weder weltanschaulicher noch kultureller Pluralismus eine verfassungsmäßig abgesicherte Chance. Solche Eindimensionalität wurde schließlich dadurch zementiert, dass man anderen Parteien keine Selbstständigkeit zubilligte; die SPD, als stärkste Verfechterin demokratischer Rechte, wurde unterdrückt und April 1946 mit den Kommunisten zur Sozialistischen Einheitspartei Deutschlands (SED) zwangsvereint. Dabei ging man mit äußerster Brutalität vor: 100 000 Sozialdemokraten mussten in den Westen fliehen, 5000 Sozialdemokraten wurden von ostdeutschen oder sowjetischen Gerichten verurteilt, 400 von ihnen starben in der Haft.

In der BRD wurde der Liberale Theodor Heuss am 12. September 1949 zum ersten Bundespräsidenten, am 15. September Konrad Adenauer zum ersten Bundeskanzler gewählt. Am 7. Oktober 1949 bestimmte die Provisorische Volkskammer Otto Grotewohl zum Ministerpräsidenten der DDR, am 11. Oktober Wilhelm Pieck zum Präsidenten der DDR. Die Regierung Adenauer protestierte sofort gegen die DDR-Verfassung: Das nicht frei gewählte SED-Regime sei rechtswidrig und nicht befugt, die Bevölkerung zu vertreten; auch Erklärungen der DDR, u. a. über die Oder-Neiße-Linie, würden nicht als verbindlich für das deutsche Volk angesehen.

Am 22. März 1950 forderte die Bundesregierung erstmals öffentlich die Wiedervereinigung durch freie gesamtdeutsche Wahlen; die Anregung dazu hatte John J. McCloy (USA) gegeben; mit Sir Brian Robertson (Großbritannien) und André François-Poncet (Frankreich) bildete er den Rat der Hohen Kommissare, der sich aufgrund des Besetzungsstatus vom 10. April 1949 die oberste Gewalt vorbehalten hatte und hoch über Bonn, im ehemaligen Hotel »Petersberg«, residierte.

Am 10. März 1952 schlug Stalin den drei Westmächten vor, einen Friedensvertrag mit Deutschland, vertreten durch eine gesamtdeutsche Regierung abzuschließen – und zwar auf der Basis der Wiedervereinigung in den Grenzen, wie auf der Potsdamer Konferenz festgelegt (Oder-Neiße-Linie), der Neutralisierung Deutschlands nach Abzug aller ausländischen Truppen, des Aufbaus nationaler Streitkräfte zur Landesverteidigung. Die Westmächte lehnten in einer Antwortnote vom 25. März 1953 mit ausdrücklicher Billigung Adenauers ab, einen Friedensvertrag zu erörtern, bevor nicht freie gesamtdeutsche Wahlen stattgefunden hätten. Im weiteren Notenwechsel verhärtete sich der jeweilige Standpunkt; nach alliierter, vor allem amerikanischer Meinung wollte Stalin lediglich den Deutschlandvertrag (den Vertrag über die Beziehung zwischen der Bundesrepublik und den drei Westmächten sowie den europäischen Verteidigungsvertrag, der eine weitere Integration der Bundesrepublik in den Westen zum Ziele hatte) verhindern. Gerd Bucerius, 1946 Gründer und seitdem Herausgeber der Wochenzeitung »Die Zeit«, von 1949 bis 1962 CDU-Mitglied des Bundestages, berichtet:

»Während wir im Bundestag Stalins Noten prüften, habe ich McCloy gefragt, ob man nicht vielleicht doch die Unterzeichnung aufschieben und zuerst das sowjetische Angebot ausloten solle. Seine klare Antwort: ›Das ist eine schockierende Vorstellung. Noch einmal kriegen Sie die Westmächte nicht mehr an einen Tisch.‹ Und: ›Wenn die Amerikaner aus Deutschland gehen, sollten sie dann nicht aus Europa gehen?‹ ... Der französische Außenminister Schumann machte in einem persönlichen Schreiben an seinen britischen Kollegen deutlich: Wie schon so oft in ihrer Geschichte sähen sich die Deutschen mit dem Problem ihrer Einheit konfrontiert, von dem sie geradezu besessen seien. Die Russen hätten dies sehr geschickt ausgenutzt und ein verlockendes Angebot gemacht. Das russische Manöver sei erfolgreicher als befürchtet, wie die Verwirrung zeige, die überall herrsche.

... Hätten wir uns aus den Verhandlungen mit den Westmächten zurückgezogen – mit uns gemeinsam hätten sie bestimmt nicht mit den Sowjets verhandelt, weil sie das mögliche Ergebnis für eine Katastrophe hielten – dann wären nur Scherben geblieben. Und eine nicht mehr ernstgenommene, den Sowjets ausgelieferte Bundesrepublik.«

Als Reaktion auf den Abschluss des Deutschlandvertrages begannen die DDR-Behörden, die bis dahin noch durchlässige innerdeutsche Grenze und West-Berlin hermetisch abzuriegeln (Mai 1952). Die Mehrheit des deutschen Volkes, ganz vom Wirtschaftswunder absorbiert, war dadurch nicht übermäßig irritiert. Jens Daniel (Rudolf Augstein) schrieb im »Spiegel«, dass den westlichen Partnern der Bundesrepublik weder etwas an den Gebieten östlich der Neiße noch an der deutschen Wiedervereinigung läge; Westdeutschland sei ihnen als Provinz bequemer als ein einiges, wenn auch waffenarmes Deutschland. »Aber die 18 Millionen Deutschen jenseits der Elbe rechnen auf uns, sie sind ohne uns verurteilt, ihre Kinder in den Klauen eines unmenschlichen, lebenserstickenden Systems aufwachsen zu sehen, ihnen fremd und uns allen fremd. Was haben wir unter diesem christlichen Kanzler für sie getan? Was werden wir im Namen der abendländischen Kultur für sie tun?«

Annäherung und Abstoßung

Die DDR war ein Produkt der UdSSR und damit Stalins, neben Hitler einer der schlimmsten Staatsverbrecher, den die Weltgeschichte je gesehen hatte. Die Tatsache aber, dass unter seiner Führung das russische Volk mit seinen Soldaten einen entscheidenden Beitrag zur Beseitigung des nationalsozialistischen Regimes geleistet hatte, bewirkte, dass lange Zeit das wahre Gesicht der sowjetrussischen Diktatur nicht wahrgenommen wurde. Diejenigen, die sich nach 1945 in Ostdeutschland für eine neue Gesellschafts- und Staatsordnung engagierten, darunter viele Künstler und Intellektuelle, aber auch ein breites Spektrum der Bevölkerung (so weit dieser die Augen über den verbrecherischen NS-Staat aufgegangen war) glaubten daran, dass die kommunistische radikale Absage an den »Faschismus« die entscheidende Option auf eine friedliche und humane Zukunft darstelle. »Antifaschismus« war eine magische Formel, die immer mehr die Merkmale des Mythos annahm; sie fungierte als unbefragbare Instanz, der sich jeder, wollte er sich nicht unsolidarischen Verhaltens bezichtigen lassen, zu unterwerfen hatte.

Konkret zeigte sich Antifaschismus als die Entschlossenheit, in Einklang mit den Beschlüssen der Konferenz von Potsdam die Bestrafung der Nationalsozialisten und die Ausschaltung der nationalsozialistischen Eliten vorzunehmen; dem diente eine Boden-, Wirtschafts-, Bildungs- und Justizreform.

Rund 520 000 Nationalsozialisten wurden zur Verantwortung gezogen; etwa 85 Prozent der Richter und Staatsanwälte ausgeschaltet und durch Volksrichter und Volksstaatsanwälte ersetzt. Im Schuldienst entließ man 28 000 von rund 40 000 Lehrern wegen Mitgliedschaft in der NSDAP; neue Lehrer mit Kurzausbildung übernahmen deren Stellen. Die Bildungsprivilegien schaffte man durch Einführung der Einheitsschule ab; es erfolgte die Trennung von Kirche und Schule. Eine Universitätsausbildung sollte vor allem Bauern- und Arbeiterkindern zugute kommen. Bereits seit September 1945 gab es in der SBZ kein Berufsbeamtentum mehr. Im Zuge der Bodenreform wurde aller Besitz über 100 Hektar und der gesamte Besitz aktiver NS-Mitglieder entschädigungslos enteignet; mehr als eine halbe Million Landarbeiter und landlose Bauern sowie Vertriebene aus den Ostgebieten erhielten durchschnittlich 4 Hektar Land; bis 1950 entstanden cirka 210 000 Neubauernstellen; 2,1 Millionen Hektar von insgesamt 3,1 Millionen Hektar wurden verteilt, der Rest entfiel auf »volkseigene Güter und Gemeindeflächen«. In der Industrie wurden vergleichbare Beschlagnahmungen und Verstaatlichungen, also Überführung in Volkseigentum, vorgenommen.

Aber konnte der DDR-Antifaschismus identitätsstiftend sein, wenn man ihn zugleich für die Unterdrückung von Freiheit benützte? Die Bundesrepublik nutzte das Argument vom Unrechtsstaat der DDR auf rigorose Weise, insofern auch mit Überheblichkeit, als man darüber die eigenen Defizite bei der Aufarbeitung der nationalsozialistischen Vergangenheit »übersah« (was die »zweite

Schuld« bewirkte). Ausgehend von den Grundsätzen, dass das deutsche Volk Anspruch auf das Selbstbestimmungsrecht habe, West-Berlin ein Teil der Bundesrepublik sei und die Bundesregierung als die einzig demokratisch legitimierte deutsche Regierung die alleinige Berechtigung habe, für das deutsche Volk zu sprechen, drängte die deutsche Politik auf Isolierung der DDR. Die so genannte Hallstein-Doktrin (benannt nach dem Außenamtsstaatssekretär Walter Hallstein) besagte, dass die Bundesrepublik es als einen unfreundlichen Akt ansehen werde, wenn ein Staat mit der DDR diplomatische Beziehungen aufnehme; die BRD werde dann ihrerseits die Kontakte zu dem betreffenden Staat abbrechen (das geschah 1957 mit Jugoslawien). Eine solche Festlegung war nach dem Besuch Adenauers in Moskau erfolgt, um zu verhindern, dass die dabei vollzogene Aufnahme diplomatischer Beziehung zwischen der Bundesrepublik und der UdSSR von dritten Staaten dazu benützt würde, nun ihrerseits die DDR diplomatisch anzuerkennen.

Am 7. Juni 1955 hatte die Sowjetunion der Bundesrepublik die Normalisierung der Beziehungen vorgeschlagen, was deren Alleinvertretungsanspruch gefährdete, fungierte doch auch ein DDR-Botschafter in Moskau. Adenauer entschloss sich dennoch, das Angebot anzunehmen, vor allem auch deshalb, weil die deutsche Öffentlichkeit am Schicksal der in der UdSSR verbliebenen Kriegsgefangenen großen Anteil nahm. Bei den Verhandlungen sicherte der Parteichef Nikita S. Chruschtschow und der Ministerpräsident Nikolaj A. Bulganin der deutschen Delegation die Freilassung von 9626 Gefangenen und weiterer etwa 20 000 Zivilinternierten zu; sie waren meist wegen angeblicher Kriegsverbrechen in summarischen Verfahrungen verurteilt worden. Bis Oktober 1955 kehrten sie nach Deutschland zurück, was das Ansehen des deutschen Bundeskanzlers weiter steigerte.

Jahrzehntelang zeigten sich jedoch keine wesentlichen Fortschritte in Richtung deutsche Einheit. Die »kleine Wiedervereinigung« im Westen – Anfang 1957 trat das Saarland der Bundesrepublik bei (nach Kriegsende war es wieder unter französische Verwaltung gestellt worden) – ergab kein Vorbild für die erhoffte größere. In einem Gespräch über die deutsche Teilung hat Günter Grass die Hauptantagonisten der beiden Deutschland zu dieser Zeit, Konrad Adenauer und Walter Ulbricht, als zwei Politiker charakterisiert, die, wenn auch mit umgekehrten Vorzeichen, eine ähnliche politische Absicht verfolgte hätten: Der eine die West-, der andere die Ostbindung der neu entstandenen deutschen Staaten anstrebend – ein rheinischer und ein sächsischer Separatist. »Die beiden haben sich, ich will nicht sagen, ›gesucht‹, aber gefunden haben sie sich auf jeden Fall; sie paßten in das Konzept der Siegermächte hinein. Das waren Leute, die gelegentlich am Sonntag über Deutschland als Ganzes sprachen, ihre Sonntagsreden hielten, doch den Prozeß der Teilung von vornherein akzeptierten, bei ihm mitmachten und ihn verstärkten; diesem Willen hat sich alles andere untergeordnet.«

Am 13. August 1961 kam es zum Bau der Mauer in Berlin, die schärfste Maßnahme der SED zur Abgrenzung von der Bundesrepublik. Nur in Berlin hatte der »Eiserne Vorhang«, das heißt die sich durch Deutschland ziehende DDR-Grenzsperranlage, noch eine Lücke gehabt; hier war es immerhin noch möglich, aus dem Ostsektor relativ ungehindert in die Westsektoren zu gelangen, was den DDR-Bürgern die »Abstimmung mit den Füßen« erleichterte. Allein von 1955 bis zu dem Augustsonntag 1961, da der noch durchgehende U- und S-Bahnverkehr von Ost nach West eingestellt und in den darauf folgenden Tagen die rasch errichteten provisorischen Sperren in den Straßen durch eine Mauer ersetzt wurden, hatten sich rund 1 496 000 Flüchtlinge aus der DDR bei den westdeutschen Notaufnahmestellen gemeldet. (Die Gesamtzahl der aus Ulbrichts National-Zuchthaus Geflohenen betrug rund 4 Millionen.)

Das Schicksal der oft sehr wagemutigen DDR-Flüchtlinge schlug sich in vielen, oft ambivalenten Publikationen nieder. Eva Müthel, die als Studentin 1948 wegen antisowjetischer Propaganda und angeblicher Spionage zu 25 Jahren Zwangsarbeit verurteilt wurde (1954 amnestiert und nach Westberlin entlassen), veröffentlichte 1957 den stark biographisch eingefärbten Roman »Für dich blüht kein Baum«. Erika von Hornstein sammelte 1960 unter dem Titel »Die deutsche Not« dreiundvierzig

Flüchtlingsberichte aus den frühen Jahren der DDR. Walter Kempowski, von 1948 bis 1956 aus politischen Gründen Häftling im Zuchthaus Bautzen, schrieb nach seiner Übersiedlung in die Bundesrepublik den Haftbericht »Im Block«. Das Tagebuch von Gerhard Zwerenz »Ärgernisse – Von der Maas bis an die Memel« von 1961 zeigte die Position und Situation mancher Intellektueller, welche die DDR wegen der dort herrschenden Unfreiheit verlassen hatten, aber in der BRD keineswegs heimisch geworden waren. »Wir Flüchtlinge aus einer Diktatur müssen uns fragen, wohin wir geflohen sind.« Nach seiner Entlassung aus russischer Kriegsgefangenschaft hatte Zwerenz bei Ernst Bloch in Leipzig Philosophie studiert. Zusammen mit dem Schriftsteller Erich Loest und dem Journalisten Günter Zehm, der später Feuilleton-Chef der »Welt« wurde, gehörte er der antistalinistischen Opposition um Wolfgang Harich an, weshalb er im Sommer 1957 nach Westberlin fliehen musste. »Die Bundesrepublik imponierte uns, auch den Kommunisten, vorweg den jungen, kritisch eingestellten. Was imponierte uns am meisten? Daß die Bundesrepublik ohne Mitteldeutschland leben konnte. Der Gedanke daran war ärgerlich und böse, doch nichts weniger als falsch. Währenddessen vegetierten wir in Mitteldeutschland in einer elenden Diallele von Staatszwang, einer Mischung von Hochmut und Neid, Zorn und Enttäuschung, Ressentiment und Verzweiflung. Unser Stolz war verletzt, weil der Westdeutschen Stolz unverletzlich schien. Langsam wuchs in uns die Bösartigkeit unerwidert Liebender.«

Die Mentalität, die Zwerenz zeigte – eine deutsch-deutsche Zwiespältigkeit – war zumindest unter den Intellektuellen und Künstlern, die vom Osten in den Westen gingen, durchaus verbreitet, was dazu führte, dass diese ob ihrer abwägenden Haltung oft miss- oder unverstanden blieben. Exemplarisch dafür war der Streit, der sich zwischen zwei Schriftstellern unterschiedlicher Generationen über das geteilte Deutschland entwickelte. Bei einem Vortrag in Mailand erwähnte der 62-jährige Hermann Kesten auch mit einigen Sätzen den 28-jährigen Schriftsteller Uwe Johnson, der 1959 aus der DDR nach Westberlin übergesiedelt war. Von der Mauer war die Rede; sie setze eine Zäsur; die

Verlogenheiten hüben und drüben müssten ein Ende haben; hoffentlich würde Johnson seinen eigenen Weg zwischen den Fronten des Kommunismus, des Antikommunismus und des Nazismus finden. Johnson nahm demgegenüber die DDR-Behörden in Schutz: Der zwangsweise in Ostdeutschland eingeführte Sozialismus habe dazu geführt, dass 4 Millionen über die damals noch offene Grenze gegangen seien; Arbeitskräftemangel, nicht Unmoral, habe die ostdeutschen Kommunisten, wollten sie weiterleben, zur Notwehr greifen lassen. Hermann Kesten bezichtigte Johnson daraufhin kommunistischer Gedankengänge; Johnson replizierte, indem er Kesten einen »Lügner« nannte.

Johnson hatte über Westberlin ein Stipendium in der Villa Massimo (Rom) erhalten, das man ihm wegen der Auseinandersetzung mit Kesten streitig machen wollte. Der Kommunismusvorwurf genügte konservativen Kräften in der Bundesrepublik (im Besonderen nach dem Mauerbau) bereits als Legitimation für Intoleranz. In einem Gespräch mit Kuno Raeber antwortete der Dichter auf die Frage, was er vom Kommunismus halte: »Was ist Kommunismus? Es gibt zu viele verschiedene Theorien darüber, zu viele verschiedene Praktiken, die sich alle kommunistisch nennen. Auf jeden Fall halte ich es für fahrlässig, wenn man voneinander völlig verschiedene Entwicklungsstufen in voneinander gänzlich verschiedenen osteuropäischen Ländern unter dem Sammelbegriff Kommunismus auf einen Nenner zu bringen versucht.« Aus der »Ostzone« sei er weggegangen, da er dort keinen Verlag für sein Buch »Mutmaßungen über Jakob« gefunden habe; wohl aber in Westdeutschland. Die ostdeutschen Behörden hätten offensichtlich für eine Anklage gehalten, was als reine Beschreibung gemeint war. Sein neuer Wohnsitz Berlin liege zwischen der Zone und der Bundesrepublik; diese Mitte sei relativ günstig; sie ermögliche einen klareren Einblick in die Alternative, die Ostdeutschland anbiete.

Uwe Johnson, 1934 in Pommern geboren, war 1945 mit seiner Familie nach Mecklenburg gekommen; in seinem ersten Roman »Ingrid Babendererde« schildert er das Schicksal einer Schülerin und eines Schülers, die als Mitglieder der »Jungen

Gemeinde« im Rahmen der Kirchenkampf-Kampagne der SED der »Inquisition« ausgesetzt sind und deshalb nach Westberlin fliehen. Johnson hat dabei eigene Erfahrungen mit der DDR-Staatsmacht verarbeitet; viele Elemente dieses Romans finden sich auch in späteren Werken wieder. Nun in Westberlin, ausgestattet mit einem Pass der BRD und der Nationalität »deutsch« (wie er seinen Status definierte), veröffentlichte er 1959 den Roman »Mutmaßungen über Jakob«, 1961 »Das dritte Buch über Achim« und 1965 »Zwei Ansichten«.

Mit der ihm eigenen Detailbesessenheit, verbunden mit großer Skepsis gegenüber der »Festschreibung« von Realität (»Wo die Realität nur ungenau bekannt ist, würde ich nicht versuchen, sie bekannter darzustellen«), versuchte er, dem Sozio- und Psychogramm des geteilten Deutschland gerecht zu werden. Soweit man ihn in der DDR überhaupt zur Kenntnis nahm, wurden seine Beschreibungen des bourgeoisen Westen für gut befunden, diejenigen der DDR aber als unzureichend und verzerrt bezeichnet. Im Westen sah man ihn als genauen Kenner der DDR-Realität, empfand aber seine BRD-Schilderungen als einseitig. Vor allem die konservative Kritik sah in ihm einen politischen Schriftsteller, der zwar die Verhältnisse im Osten Deutschlands genau kenne, aber trotzdem nicht bereit sei, sie einer harten, grundsätzlichen Kritik zu unterziehen. (Aus diesem Grund wurde er nicht nur von Hermann Kesten, sondern auch vom Außenminister Heinrich von Brentano angegriffen.) Ein »Erzählen gegen den Strich«, eine Position, die sich weder diesseits noch jenseits der Mauer befand, sondern gewissermaßen beobachtend »auf der Mauer«, war in das offizielle antikommunistische Denkraster der Bundesrepublik schwer einzuordnen. In »Mutmaßungen über Jakob« geht der Eisenbahner Jakob Abs, sich der Verfügungsgewalt des SED-Regimes entziehend, nach Westberlin, kehrt aber dann nach Dresden zurück – von westlicher Freiheit befremdet, in der östlichen Wirklichkeit nicht mehr zu Hause: Schicksal einer Person, die überall »überfahren« wird. Er stirbt, als ihn beim Überschreiten der Gleise eine Lokomotive erfasst. »Das Sichere ist nicht sicher, so wie es ist bleibt es nicht, und aus Niemals wird Heute noch. Ich begreife es nicht. Als fühlte ich den Regen nicht. Jedoch sehe ich ihn.«

Johnsons »Mutmaßungen über Jakob« wurden im Suhrkamp-Verlag verlegt; nach dem Tod von Peter Suhrkamp war dort Siegfried Unseld Leiter geworden – ein Verleger von außerordentlich großem Spürsinn für literarische Begabungen. »Wir verstanden uns auf Anhieb«, heißt es in einem Brief. Die Folge war eine fünfundzwanzig Jahre währende Freundschaft. In seiner Unseld-Biographie berichtet Peter Michalsik:

»Zum ersten Suhrkamp-Verlagsabend, einer viele Jahre währenden Tradition, wurde Uwe Johnson zusammen mit Günter Eich vorgestellt. Unseld vermittelte Presse- und Fernsehkontakte, schlug Johnson für Preise vor, brachte ihn in die Gruppe 47 und bezog ihn in die Verlagsarbeit mit ein, Johnson lektorierte Blochs Spuren. Der Verleger schlug seinen Autor für das Sommerseminar in Harvard vor, er besorgte ihm ein Stipendium für die Villa Massimo. Sogar einen Urlaubsort an der holsteinischen Ostseeküste vermittelte Unseld an Johnson. Es war eine perfekte Rundumbetreuung. In Rekordzeit machte Unseld Uwe Johnson zu einer öffentlichen Person. So sah es auch Unseld selbst. Gleichzeitig verhinderte Unseld aber, dass Johnson eigene soziale Erfahrungen machte, selbst Widerstände überwand und an ihnen in der neuen westlichen Welt lernte. Und er verpflichtete sich diesen Schriftsteller.«

Grenzgänger in umgekehrter Richtung, von West- nach Ostdeutschland, gab es selten – sieht man davon ab, dass häufig noch vor der Gründung der beiden deutschen Staaten eine Reihe berühmter Dichter und Dichterinnen bzw. Schriftsteller wie Bertolt Brecht, Stefan Heym, Anna Seghers, Hans Mayer aufgrund linkssozialistischer oder kommunistischer Einstellung, aus der Emigration kommend und in Westdeutschland lediglich auf Durchreise, in die sich antifaschistisch und antikapitalistisch gebende SBZ gekommen waren. Einige, wie Bloch und Mayer kehrten nach einigen Jahren dem Arbeiter- und Bauernstaat wieder den Rücken, enttäuscht über dessen Geist- und Freiheitsfeindlichkeit.

Anschaulich, freilich auf der Ebene des Fiktionalen hat dann im Jahr 2000 der Schriftsteller Michael Kumpfmüller die »Republikflucht in die andere Richtung« als Schelmen-Roman (»Hampels Fluchten«) aufgegriffen, wobei allein schon die Thematik dem Autor zum Erfolg verhalf. Geschildert wird die Geschichte eines Mannes, der im Jena der Vorkriegszeit seine Kindheit verbrachte, nach dem Krieg an der Seite seiner Eltern sechs Jahre Aufbauhilfe in Moskau zu leisten hatte, dann wieder in die frisch gegründete DDR zurückkommt, um 1951 über die »grüne Grenze« in den Westen zu gehen, aber 1962 in den Osten zurückkehrt. »Weil er etwas von den unerfüllten Sehnsüchten der Hausfrauen und Kriegerwitwen versteht, bringt es der ungelernte Bettenverkäufer im optimistisch-dumpfen Taumel des Wirtschaftswunders zu Frau, drei Kindern, einem eigenen Geschäft und zahllosen Geliebten. Doch er lebt auf großem Fuß, bald türmen sich die Schulden, und so flüchtet er in die DDR, um mit 32 Jahren in seiner Geburtsstadt Jena noch mal von vorn zu beginnen. Doch auch im Osten holen ihn bald seine Untugenden ein, er verwickelt sich in krumme Geschäfte, wieder türmen sich die Schulden, er gerät in die Fänge der Staatssicherheit, wird vom Trinker zum Säufer, landet mehrfach in Bautzen und am Ende in einem anonymen Grab.«

Schon die kurze Inhaltsangabe (von Gunter Blank) zeigt, dass der Roman mit pittoreskem Humor das westdeutsche Verhältnis zu der DDR in den fünfziger und sechziger Jahren spiegelt. In die DDR, das Land der unterdrückten Möglichkeiten, ging man eben nur als verkrachte Existenz. Oder man reiste dorthin, um Verwandten und Bekannten Trost zuzusprechen und ihnen, die an Entbehrungen litten, Waren aus dem reichen Westen mitzubringen (man schickte diese auch eifrig und reichlich per Post, besonders natürlich an Weihnachten).

Die Reise in die DDR glich einer Reise in ein exotisches Land, das bald mit dem Blick des Voyeurs, bald mit dem des mitleidsvollen Entwicklungshelfers betrachtet wurde. Zudem gab es – bereits ehe die wirkliche Mauer gebaut wurde – eine Zeitbarriere: Auf der westlichen Seite der Anbruch von modern times, auf der östlichen erhebliche Modernitätsdefizite, die jedoch bei

Westbesuchern Nostalgie-Gefühle hervorriefen. Armut wurde, à la Rilke, als ein »großer Glanz von innen« empfunden. Abseits der Autobahnen erschien die DDR als ein auf dem Stand der zwanziger und dreißiger Jahre verbliebenes Land zu sein, was man in selbsttäuschender Assoziation mit der guten alten Zeit verband. Im »DDR-Geschichtsmuseum« fanden vor allem ältere Menschen ein Deutschland wieder, das für sie nach der Amerikanisierung des westdeutschen Lebensstils verloren gegangen schien.

Sarah Kirsch malte in ihrer Lyrik das Bild dieses Abseits; ihre Gedichte über die zurückgebliebene versponnen-anachronistische, Innerlichkeit hoch schätzende Lebensweise im »anderen Staat« zeigten die Fluchtorte des Ostens vor der Überpolitisierung auf und wurden im Westen als Erholungsorte von zu viel Modernität empfunden. Wenn man keine Zeitung las.

»Dünnbesiedelt das Land.
Trotz riesigen Feldern und Maschinen
Liegen die Dörfer schläfrig
In Buchsbaumgärten; die Katzen
Trifft selten ein Steinwurf.

Im August fallen Sterne.
Im September bläst man die Jagd an.
Noch fliegt die Graugans, spaziert der Storch
Durch unvergiftete Wiesen. Ach, die Wolken
Wie Berge fliegen sie über die Wälder.

Wenn man hier keine Zeitung hält
Ist die Welt in Ordnung.
In Pflaumenmuskesseln
Spiegelt sich schön das eigne Gesicht und
Feuerrot leuchten die Felder.«

Erziehungsdiktatur

Wie jedes totalitäre oder autoritäre Regime war die DDR jedoch darauf aus, ihren Bürger und Bürgerinnen durch möglichst totale Erfassung den Rückzug ins Private und Individuelle zu versperren bzw. zu erschweren. Der Mensch sollte von der Kinderkrippe bis zum Grabe ständig betreut, belehrt, indoktriniert werden. »Unwissende, / damit ihr unwissend bleibt / werden wir euch / schulen.« Mit diesem kritischen Vierzeiler (»Dialektik«) hat der Schriftsteller Reiner Kunze das Wesen der DDR-Erziehungsdiktatur treffend charakterisiert. Der Dichter war mit 16 Jahren in die SED eingetreten; während seines Studiums wurde er konterrevolutionärer Umtriebe bezichtigt; nach der Besetzung der ČSSR durch die Truppen des Warschauer Pakts im Jahre 1968 – seine Frau war Tschechin – gab er das Parteibuch zurück. Aus dem Schriftstellerverband der DDR ausgeschlossen, verließ er 1976 sein Heimatland, in dem er vergeblich auf einen Sozialismus mit menschlichem Antlitz gehofft hatte.

Erziehung fungierte im SED-Staat als Verdummungsstrategie. Der Staat beschäftigte Legionen von Lehrern, Aufpassern und Propagandisten, um eine pädagogische Diktatur zu etablieren, in der die Menschen nach dem Willen weniger zu parieren und zu funktionieren hatten. Äußerer Druck verband sich mit psychologischer Beeinflussung. Mit Hilfe des Staatssicherheitsdienstes (Stasi) versetzte man die Untertanen in Angst – wohl selbst von Angst besetzt (worauf die Bespitzelung der eigenen Mitarbeiter hinweist). Hand in Hand mit Repression (Nötigung, Manipulation, Einengung, Kontrolle, Ängstigung) ging das Werben um engagierte Zuneigung. Mit Imponiergehabe wurde die Einzigartigkeit und die Erhabenheit des Sozialismus gepriesen; die Menschen wurden ständig animiert, sich – im Dienste dieser großen Idee – mit patriotischem Pflichtbewusstsein gegen einen imaginären Feind zum Schutze von Heimat und Vaterland einzusetzen. Den Heldinnen und Helden der Arbeit, der Wirtschaft, von Bildung und Kultur attestierte man, dass sie ungeheuere Leistungen fürs Volksganze erbracht hätten. Individualität, Ichstärke und Kritikfähigkeit erstickten im pseudoreligiösen Kult der Führerverehrung mit Massenauftritten und kollektiven Gelöbnissen.

Engmaschig war das Netz der Organisationen, mit dem man den Einzelnen einfing und so jeden größeren Spielraum für eigene Lebensgestaltung verhinderte: Neben der SED als Massenpartei hatte das größte Gewicht der Freie Deutsche Gewerkschaftsbund (FDGB), für die junge Generation die Freie Deutsche Jugend (FDJ) und für die Kinder als Pendant dazu die Jungen Pioniere; dazu kamen der Demokratische Frauenbund Deutschlands (DFD), die Gesellschaft der deutsch-sowjetischen Freundschaft, die Gesellschaft für Sport und Technik, der Deutsche Turn- und Sportbund, der Kulturbund und viele andere Institutionen. Die Mitgliedschaften dienten freilich einem Teil der Bevölkerung dazu, formell Engagement unter Beweis stellen zu können und sich so weiter gehenden Ansprüchen zu entziehen. Auch wenn es dem Staat gelang, immer wieder Idealismus mit Hilfe von Ideologemen zu mobilisieren – viele DDR-BürgerInnen verhielten sich zum Parteirummel distanziert; sie machten zwar oberflächlich mit, versuchten aber, in privaten Nischen zu leben bzw. zu überleben.

Ein wichtiger Ort dafür war die Datsche (»Datscha«, russisch »Holzhaus«, »Landhaus«), in der und im umgebenden Gärtchen oder Garten man sich ein besseres, vor allem privates Leben erträumte. Was einst Moses Mendelssohn an Gotthold Ephraim Lessing geschrieben hatte, erhielt jetzt eine aktuelle nationale Bedeutung: »Kommen Sie zu uns, wir wollen in unserem einsamen Gartenhaus vergessen, dass die Leidenschaften der Menschen den Erdball verwüsten.« Die offizielle Propaganda sah darin den Einfluss des Klassenfeindes; er lauerte selbst auf dem Tanzboden, wenn Halbstarke ihre Boogie-Woogie-Tänze vorführten und man diesen »blödsinnigsten Verrenkungen Beifall klatschte«.

Jeder Staat, vor allem der totalitäre, versucht zu seiner Stabilisierung, sich der Zustimmung der Jugend zu versichern. In der DDR-Erziehungsdiktatur begriffen die »Zuchtmeister der Nation« Bildung als Reglement. Als pädagogisches Ideal galt das Sekundärtugendsystem, wie es seit Jahrzehnten die deutsche kollektive Mentalität (Untertanengesinnung) geprägt hatte. Gefordert wurden die willige Einordnung in eine strenge Hierarchie, äußerste Disziplin bei der Erfüllung der gestellten Aufgaben, eine die eigenen Bedürfnisse verleugnende oder hintanstellende Anstrengung und Leistung für höhere Ziele (z. B. den Staat, das Volk, die Heimat). Verpackt war die erwartete Autoritätsgläubigkeit in die frohe Botschaft vom neuen sozialistischen Menschen, der siegreich in die Zukunft hineinschreite. Jeder Jugendliche in der DDR müsse hohe Leistungsbereitschaft, unerschütterliches Klassenbewusstsein und kämpferischen Einsatz für die Sache des Kommunismus zeigen, so Erich Honecker auf dem X. Parteitag, Berlin 1981.

Das in der Verfassung der DDR in seinen Grundprinzipien festgelegte Bildungswesen – gleiches Recht auf Bildung für alle Bürger, zehnjährige Schulpflicht, Möglichkeiten des Übergangs zur jeweils nächst höheren Bildungsstufe, das Recht und die Pflicht, einen Beruf zu erlernen – enthielt viele fortschrittliche Elemente, z. B. die zehn-klassige allgemein bildende polytechnische Oberschule. Der Versuch, im Wechselspiel von Schule und Jugendorganisation die Kinder und Jugendlichen in einen »ganztägigen pädagogischen Prozess« einzubinden und damit der ständigen ideologischen Beeinflussung auszusetzen, erfuhr indirekt Unterstützung durch die Familien, da die meisten Mütter berufstätig waren und die Eltern die Versorgung ihrer Kinder als Vorteil empfinden mussten.

Als Hartmut von Hentig, damals Lehrer für Alte Sprachen an einem humanistischen Gymnasium in Tübingen (später einer der bedeutendsten Erziehungswissenschaftler in der Bundesrepublik), mit einer Gruppe von dreißig Abiturenten im März 1961 nach Ostberlin reist, lernt die Gruppe eindrücklich die Wirkungen der DDR-Erziehungsdiktatur, aber auch die ununterdrückbare Sehnsucht vieler nach einem freiheitlichen Leben kennen. »Bei einer Studentin der Humboldt-Universität erlebt der Chronist den seelischen Jammer, der nicht das Los aller drüben ist (mit solchen Übertreibungen nehmen wir der Sache ihren fürchterlichen Ernst), wohl aber der Empfindsamen. Sie hat ein gut bürgerliches Zimmer gemietet und zieht sich hübsch an. Wir gehen in die Ostberliner Staatsoper und hinterher in ein Westberliner Weinlokal, wo es je in seiner Weise aufwendig und unecht zugeht. Später steht man auf dem windigen Bahnsteig, wo man sich trennen wird. Wovon ist die Rede? Von Auseinandersetzungen innerhalb der studentischen Fachschaften, oder wie die Gruppen heißen mögen, von der Rücksichtslosigkeit der ›Anderen‹, von kleinen Erfolgen der Gesinnungsgenossen und von ihrem unaufhaltsamen Rückzug. Es geht um kleine Maßnahmen, und sie sind mitten in Berlin für diesen Menschen die große bewegende Wichtigkeit: soviel Trauer, Scham, Verzagen; Sich-selbst-und-die-Welt-nicht-Verstehen! Alles drängt ihn fort in die private Sphäre, denn der andere Bereich ist Niederlage, Lärm, Hoffnungslosigkeit: die Welt, die mir gehört, um jeden Preis trennen von der, die allen gehört. Das haben die Gewalthaber erreicht mit der totalen Politisierung des Lebens.«

Nüstern auf allen Start- und Sattelplätzen

Im Gegensatz zur ideologischen Gängelung in der DDR, entfaltete sich in der Bundesrepublik ein reges, pluralistisches Kulturleben, das als »Kulturbetrieb« manchmal hektische Züge annahm. Während Kritiker der »Gesellschaft und Demokratie in Deutschland« (Titel eines Buches des Soziologen Ralf Dahrendorf, 1965) davon sprachen, dass die politische Stabilität der Bundesrepublik in Starre ausarte, der Rhythmus des Wandels fehle, gab man sich im geistigen Überbau, auch in Kompensation solcher Stagnation, dynamisch, liberal, weltoffen, urban. Da aber das hierarchisch gegliederte Gesellschaftsgefüge davon unberührt blieb, empfanden viele das Kulturleben lediglich als glitzernde Fassade vor einer fest versäulten, Veränderungen und Experimente ablehnenden Realität. Am Hofe der Restauration spiele der Intellektuelle die Rolle des Narren.

Wenn dem so war, so tat er dies jedenfalls mit großem feuilletonistischen Geschick. Er war immer dabei, immer im Gespräch, manchmal auch im Gerede, einflussreich, was die peripheren Probleme anging. Gottfried Benn, schon in der Weimarer Republik großstädtischer Kaffeehaus-Literat in Berlin – »er schluchzt mit der Zigarette an der Unterlippe« – vertrat die Parole des »Dranbleibens«, bei ihm auf den Lyriker bezogen, mit rhapsodischem Elan. Der Dichter könne gar nicht genug wissen, gar nicht genug arbeiten; er müsse sich orientieren, wo die Welt heute hält, welche Stunde an diesem Mittag über der Erde stehe. »Er muß Nüstern haben – mein Genie sitzt in meinen Nüstern, sagte Nietzsche –, Nüstern auf allen Start- und Sattelplätzen, auf den intellektuellen, da wo die materielle und ideelle Dialektik sich voneinander fortbewegen wie zwei Seeungeheuer, sich bespeiend mit Geist und Gift, mit Büchern und Streiks – und da, wo die neueste Schöpfung von Schiaparelli einen Kurswechsel in der Mode andeutet mit dem Modell aus aschgrauem Leinen und mit ananasgelbem Organdy.«

Mit Benns urbaner Leidenschaft, die mit Schwermut unterlegt war, identifizierten sich jene Teile der neuen Generation, welche die Trutzburgen der Innerlichkeit verlassen und sich in den Sog der Modernität stürzen wollten. Wer sich mit Benns Gedichten und Prosatexten beschäftigte, spürte, dass hier ein kosmopolitischer Geist mit mokantem Charme am Werk war. Er führte die Jeunesse dorée aus dem dumpfen Provinzialismus des Dritten Reiches, in dem rabiat gewordene Kleinbürger den Ton angegeben hatten, in die Weltoffenheit und zu geistreichem Diskurs. Zugleich vermittelte Benn angesichts der materialistischen Wirtschaftswunder-Euphorie die melancholische, manchmal misanthropische Einsicht von der Bitterkeit dieser Welt. Als »Radardenker« wandte er sich gegen die Borniertheit der durch warenästhetische Idole gesteuerten nivellierten Mittelstandsgesellschaft, der er mit der Attitüde des Dandys entgegentrat. Sein Glaube bezog sich auf Form, Ausdruck, Prägung, Stil; diese waren ihm der einzige Halt in einer Flut des Nihilismus; Rainer Maria Rilke habe den Vers geschrieben, den seine Generation nie vergessen werde: »Wer spricht von Siegen – Überstehen ist alles!«

Die Bennsche Attitüde, als innere Einstellung wie extravertierte Pose, prägte den bundesrepublikanischen Kulturbetrieb; man wollte schreiben, debattieren, argumentieren. Der Intellektuelle begriff sich als Repräsentant kritischer Theorie; die Örtlichkeiten seines Wirkens war das Podium, das Feuilleton, die Wochenendausgaben der Zeitungen und natürlich das Buch, vor allem die verschiedene Stimmen vereinigende Anthologie. Was Kurt Tucholsky 1927 über die geistige Reizwelt der Weimarer Republik ironisch gesagt hatte – viele der nun in der Bundesrepublik wieder bekannt gewordenen Intellektuellen hatten damals den ersten Höhepunkt ihres Schaffens erreicht –, empfand man erneut als Offenbarung: »Welche Aufregung –! Welcher Eifer –! Welcher Trubel –! Horch: sie leben!«

Auf der einen Seite: der konkretistische Lapidarstil einer Politik, die den »Intellektuellenzirkus« ablehnte (von Adenauers Zweihundert-Worte-Vokabular sprach Rudolf Augstein, worauf Gerd Bucerius konterte, dass der deutsche Bierernst des »Spiegel"-Herausgebers für intellektuelle Schärfe kein Organ besäße). Auf der anderen: die rhetorische Üppigkeit einer intellektuellen Star-Equipe (darunter François Bondy, Hans Magnus Enzensberger, Walter Jens, Joachim Kaiser, Hans Mayer, Marcel Reich-Ranicki, Alfred Andersch, Heinrich Böll, Hans Werner Richter, Wolfgang Hildesheimer, Helmut Heißenbüttel, Wolfgang Koeppen, Günter Grass), die, wie es einer von ihnen, Horst Krüger, formulierte, jeden Versammlungssaal zu einem Pfingstfest der rosaroten Geistausgießung mache. Die Podiumsdiskussion wiederhole Elemente des öffentlichen Spiels und der Theaterszene, halb sportlicher Wettkampf, halb Schauspielbühne; Geistesgegenwart, Präsenz der Argumente, Ensemblegeist seien notwendig, auch ein leichter Sinn für Massenführung.

»Die Leute sind unglaublich leicht zu handhaben. Als Kollektiv können sie nur mit ganz elementaren und ambivalenten Emotionen reagieren. Sie können nur buhen und klatschen, eine eindeutige und simple Kindersprache, bestehend aus zwei Worten. Die idealen Diskutierer wissen damit zu spielen. Es sind beschlagene und gebildete Intellektuelle, mit einem heimlichen, lange unterdrückten Hang zur Bühne. Wären sie nicht so verteufelt gescheit, so wären sie vielleicht erster Liebhaber oder Heldentenor an der Oper geworden. Sie führen sich jetzt selber als Rolle vor. Sie setzen eine Stegreifkomödie in Gang. Die heißt: Seht mich als Schauspieler meiner selbst. Ich spiele jetzt mich selber als fragendes, denkendes, argumentierendes Wesen.« (Horst Krüger)

Die Buntheit des Kulturbetriebs wurde befördert durch das deutsche Pressewunder. Als 1949 die westlichen Alliierten dem Artikel 50 des Grundgesetzes Rechnung trugen und die Lizenzpflicht aufhoben, erhöhte sich die Zahl der Zeitungen von 150 auf fast 550; bis Ende 1950 stieg sie nochmals um 80. Bei den Zeitschriften hatte die Währungsreform zwar zunächst einen Rückgang gebracht, doch war dieser rasch überwunden; es kam zu vielen Neugründungen, die im Gegensatz zu den Publikationen der Trümmerzeit mit ihrem aufbauenden Humanismus nun vor allem »kritisches Bewusstsein« im Rahmen eines erweiterten Kulturbegriffs vertraten. Eine besondere Resonanz fand die 1965 von Hans Magnus Enzensberger zunächst im Suhrkamp Verlag herausgegebenen Zeitschrift »Kursbuch«, die politische und gesellschaftliche Themen im internationalen Kontext zur Diskussion stellte und der zunehmenden Politisierung Rechnung trug.

»lies keine oden, mein sohn, lies die fahrpläne:/ sie sind genauer. roll die seekarten auf,/ eh es zu spät ist./ sei wachsam, sing nicht./ der tag kommt, wo sie wieder listen ans tor/ schlagen und malen den neinsagern auf die brust/ zinken …«, hieß es in Enzensbergers Gedicht »ins lesebuch für die oberstufe«. Die »Fahrpläne«, auf die es ankam, wiesen in Richtung Aktualität. In der Ankündigung des ersten Heftes des »Kursbuches« hieß es, dass gehandelt werde von Grenzübertritten in Berlin, vom Verlust einer Kneipe, von einer Stadt in Finnland, von der Lage der Intelligenz, von den Rechten und den Möglichkeiten der Schriftsteller, vom Frankfurter Auschwitzprozess. »Eine Überschrift heißt: Ein Streit um Worte, eine andere: Was geschieht in Wirklichkeit.« Neuer Poesie und neuer Prosa stehe man durchaus offen gegenüber; insofern sei das »Kursbuch« auch eine literarische Zeitschrift. Wo jedoch die literarische Vermittlung versage, werde das »Kursbuch« den unvermittelten Niederschlag der Realien zu fassen suchen »in Protokollen, Gutachten, Reportagen, Aktenstücken, polemischen und unpolemischen Gesprächen. Diesem Zweck dient die Einrichtung der ›Dossiers‹, die sich in jeder Nummer finden werden«.

Die Sehnsüchte der Massen wurden dagegen von Blättern bedient, welche die Frustrationen infolge des erbarmungslosen Konkurrenzkampfes mit bilderreichen Trivialmythen hinwegprojizierten. Die in den Kiosken feilgebotene Konsumware »Traumwelt« sättigte die Bedürfnisse nach Reiz, Sensation, Luxus. Die Kulturkritik sprach von »verzerrter Optik«, »unbekannten Schamgefühlen«, »Neigung zur exzessiven Flucht vor dem Alltag« und »Sexbesessenheit«.

Ein größerer Teil der »Illustrierten Blätter« und »Bunten Wochenzeitungen« hatte Frauen als Zielgruppw. Kleidung, Kosmetik, Komfort, Küche, Kinder und natürlich Liebe und Ehe, bald in Dur, bald in Moll, bestimmten die Themen; Politik und relevantem Zeitgeschehen ging man aus dem Weg; beliebt war die Präsentation gepflegter Innerlich- wie Äußerlichkeit. Eine Analyse von Frauenzeitschriften vom Juli 1966 stellte fest, dass die Titelbilder (137 aus 177 = 77 Prozent) fast ausschließlich das junge, smarte, gepflegte, sympathische namenlose Mädchen zeigten – teils Mode oder Kosmetik vorführend, teils lediglich Heiterkeit ausstrahlend. Alle waren proper angezogen oder stellten (da Hochsommer) neue Bademode in korrekter Haltung vor. Nur die »Praline« brachte im Beobachtungszeitraum ein Badeanzug-Mädchen, das »sexy« posierte. Die restlichen 40 Titelbilder verteilten sich auf Schauspielerinnen (12), prominente Damen der Aristokratie und Gesellschaft (7), meist saisonbedingte Mutter-Kind-Fotos (5), Kinderfotos (4), Szenenfotos mit Statisten (7) und Sachfotos (5); Männer allein wurden nicht gezeigt.

Das große Geschäft teilten sich fünf bis sechs Illustriertenverlage; 1968 betrug der Marktanteil von Bauer 26,1, von Springer 13,3, von Burda 8,9, von Gruner & Jahr/Bertelsmann 8,4 Prozent. Vor allem Axel Caesar Springer wurde mit seiner Pressekonzentration zum großen Negativsymbol der Kulturkritik.

Den unaufhaltsamen Aufstieg der »Bildzeitung« empfand man als Katastrophe der Pressefreiheit. Als »Monster aus dem Hause Springer« triumphierte sie über ihre Widersacher – ein Produkt, das, an der Grenze zum Analphabetismus angesiedelt, der Hoffnung auf »steten Diskurs« Hohn sprach. 1964 wurden von dieser größten überregionalen deutschen »Tageszeitung« 4,05 Millionen Exemplare verkauft, von einem Verleger, der sich bis zu seinem Tod (1985) als politischer Missionar für die Wertvorstellungen der Adenauerära fühlte.

Einen Höhepunkt der auf »neobiedermeierliche« Süßlichkeit getrimmten Gazetten stellte die vom Springer-Konzern – in Ergänzung zu »Eltern« (die »Zeitschrift für die schönsten Jahre des Lebens«) und »Es« (ein »Magazin für die junge Familie«) – 1968 auf den Markt geworfene Zeitschrift »Jasmin« dar; in Kürze erreichte sie eine Auflage von 1,6 Millionen

Die wichtigste Bühne für den bundesrepublikanischen Kulturbetrieb, der mit Prägnanz und Rasanz, aber auch mit Eitelkeit gegen das »deodorante Frischwärts« der Reklamewelt anging, war der Rundfunk. Vor allem die Linke, die gerne mit einer gewissen Larmoyanz ihre »Heimatlosigkeit« herausstellte, fand dort ein Refugium. Vom konservativen Standpunkt aus meinte Wolf Jobst Siedler, damals Feuilletonchef des »Berliner Tagesspiegel«, dass die Abendstudios und Nachtprogramme der Rundfunkanstalten sich als die pensionsberechtigten Stützpunkte der literarisch artikulierten Unbotmäßigkeit erwiesen. Die sich ihrer Schwachheit rühmten, seien die eigentlich Mächtigen im Lande. Auch die Dramaturgien der deutschen Theater seien, von Ausnahmen abgesehen, von linksorientierten Intellektuellen besetzt; die Feuilletonredaktionen der meisten wichtigen deutschen Zeitungen befänden sich in der Hand von Publizisten, die mit Heinrich Mann mehr als mit Reinhold Schneider anfangen könnten; die Buchproduktion fast aller bedeutenden Verlage würden von Lektoren beeinflusst, deren Namen unter keinem der Schriftstellermanifeste der letzten Jahre fehlten.

Es gab kaum einen »freien Schriftsteller« in den fünfziger und sechziger Jahren, der nicht für den Rundfunk arbeitete – was auch ökonomisch wichtig war, da auf diese Weise jenseits des Massengeschmacks selbstständiges, nonkonformistisches Denken »honoriert« werden konnte.

Im Besonderen pflegte der Rundfunk ein Genre, das dem umtriebigen, jede neue geistige Mode begierig aufgreifenden Kulturleben entgegengesetzt war; nicht das »Dranbleiben« war da ausschlaggebend, sondern die Erkundung des »Drinnen«. In Abwendung von Haben, wollte man sich auf das Sein konzentrieren: das Hörspiel. Es wollte in einer durch materialistische Oberflächlichkeit gefährdeten Welt eine Vorstellung von dem vermitteln, was Ernst Bloch das »Prinzip Hoffnung« nannte. Es bot keine billigen Lösungsmöglichkeiten von Krisen an, hoffte aber doch, das Menschliche im Menschen zu erwecken. »Seid unbequem, seid Sand, nicht das Öl im Getriebe der Welt«, hieß es in Günter Eichs Hörspiel »Träume« (1951).

Ausgehend von Wolfgang Borcherts Hörspiel »Draußen vor der Tür« (1947), einem Markstein der neueren deutschen Rundfunkgeschichte, widmeten sich dieser Rundfunkgattung wichtige Autorinnen und Autoren, neben Eich Ilse Aichinger, Ingeborg Bachmann, Fred von Hoerschelmann, Max Frisch, Friedrich Dürrenmatt, Heinrich Böll, Gerd Oelschlegel, Leopold Ahlsen, Wolfgang Hildesheimer, Wolfgang Weyrauch. Nach dem eigentlichen Durchbruch im Nordwestdeutschen Rundfunk (mit Eichs »Träume«) war das Hörspiel bei fast allen Autoren der jüngeren und mittleren Generation beliebt. Die Publikumsresonanz war groß; inmitten der Vordergründigkeit des Wirtschaftswunders, welche die Entfaltung von Phantasie weitgehend unterband, liebte man die im »Hallraum« sich entfaltende Kunstart – »einerseits als Mischung von lautwerdenden und zugleich verlöschenden Worten und Klängen durch das Mittel der technisch-elektrischen Produktion, andererseits als ganz unkörperliche, bloß spirituelle ›Anschauung‹ im Innern des Zuhörers« (Heinz Schwitzke im Vorwort zu der Hörspielsammlung »Sprich, damit ich dich sehe«). Ein feinfühliges Publikum, jedes grob-realen Lärms überdrüssig, genoss die »Stille« dieser »inneren Bühne«, auf der Andeutungs- und Aussparungstechnik vorwalteten. Zu »Szenen«, wie sie Ilse Aichinger entwickelte, meinte Ernst Schnabel, dass außerhalb der

Finsternis eigentlich keine dieser Geschichten möglich und nötig wären; sie würden augenblicklich erlöschen wie ein Filmbild in der Dunkelkammer, fiele der schwächste Lichtstrahl ein.

Die 1940 geborene Filmautorin Helma Sanders-Brahms erinnert sich an die »Hörspiel-Enklaven« in der damaligen Wirtschaftswunderwelt mit Dankbarkeit: »Hörspiele sind das Schönste, was man zu Hause haben kann. Die Geschichten von den Termiten, die die Gebäude von innen annagen, bis sie zusammenfallen, von den Biedermännern und den Brandstiftern, vom Tiger Jussuf, von der Brandung von Sedubal, die bis an das Bügelbrett rauscht, das ist die Wahrheit, so ist die Welt. Wenn ich im Bett liege, spreche ich die Texte, soweit ich sie behalten habe, und ahme die Stimmen der Schauspieler nach. Sie sind so schön, diese Stimmen und die Menschen, die dazugehören und die man im Radio nicht sehen kann, müssen so schön sein, wie diese unendlich entfernten Städte mit den leuchtenden Namen auf der schwarzen Glasscheibe: Rom Amsterdam Paris Warschau Prag.«

Mit der Entwicklung des Fernsehens – das tägliche Programm begann am 25. Dezember 1952 (der Westdeutsche Rundfunk strahlte zwischen 20 und 22 Uhr zunächst halbstündlich, dann stündlich auch am Nachmittag ein Programm aus) – setzte eine neue Phase des Kulturbetriebs ein, in der all das, was Kulturkritik und das Hörspiel zurückdrängen wollte, zur medialen Faszination wurde: Nämlich Veroberflächlichung durch Visualisierung.

Zunächst war freilich die »Philosophie« des Fernsehens eine ganz andere; sie war sozusagen Verlängerung der besonders im Rundfunk der Nachkriegszeit vertretenen und praktizierten Auffassung, dass alle Medien der Erziehung des Menschengeschlechts zu dienen hätten. Als Mitte der fünfziger Jahre die »Deutsche Akademie für Sprache und Dichtung« auf einer Tagung das Thema »Literatur – Rundfunk – Fernsehen« behandelte (»diesmal in einem dicht vor der ersten Baumblüte stehenden Baden-Baden, wo der Südwestfunk mit seinem dichterischen Intendanten Friedrich Bischoff die gastlichen Hilfen bot«), schloss Werner Pleister, der Leiter der in Hamburg sitzenden Fernsehzentrale der westdeutschen Rundfunksender, sein Referat mit der auf das Fernsehen anzuwendenden Devise: »Mensch, werde wesentlich!« Bischoff wiederum warnte vor den Gefahren, die mit dem Fernsehen kommen müssten, wenn es nicht rechtzeitig »künstlerisch« ausgeformt werde. Als Intendant des Nordwestdeutschen Rundfunks hatte Pleister 1952 im Rahmen der damals laufenden Fernseh-Versuchssendungen davon gesprochen, dass es Werbung im deutschen Fernsehen niemals geben dürfe; dieses habe den Auftrag, so der Bundespostminister Hans Schuberth, »zur Gesundung der deutschen Seele« beizutragen; man sei eben nicht in Amerika.

Dem »Bildungsauftrag« des Fernsehens dienten vor allem die regelmäßigen Theaterabende; sie motivierten übrigens viele »Bildungsbürger« und Intellektuelle zur Anschaffung eines Fernsehgeräts. Viele andere Sendungen dokumentarischer und informativer Art verfolgten über Jahre, teilweise Jahrzehnte hinweg das Ziel lustvoller und abwechslungsreicher Aufklärung, doch meinte man, Schritt um Schritt, dem Massengeschmack mehr entsprechen zu müssen; 1955 waren es 100 000 Fernsehteilnehmer, 1963 schon 8 Millionen. Lieschen Müller (auch Dr. Lieschen Müller) war die suggerierte Bezugsperson, auf deren nivelliertes Geschmacksniveau man das Fernsehen einzustellen trachtete.

Genug – ARD und, ab 1961, ZDF als zweites Programm – war nicht genug. Mit der Schaffung des dualen Systems (einerseits das öffentlich-rechtliche mit Bildungsauftrag als Meinungsforum und andererseits das kommerziell marktorientierte als Supermarkt) ergab sich eine kulturelle Wende großen Ausmaßes und tief greifender Wirkung. Nach einem Kabelpilotprojekt in Ludwigshafen und der Ausstrahlung von RTL plus durch Radio Luxemburg 1984 ging ein Jahr später mit SAT 1 das erste Privatfernsehen »auf Sendung«. An seinem Ausbau waren große Verlage (wie Bertelsmann, Burda, Bauer, Springer, Holtzbrinck) und neu gegründete Mediengesellschaften beteiligt. Die Voraussetzung für die Zulassung privater Anbieter wurde in den CDU/CSU-regierten Ländern zügig vorangetrieben; zögerlicher ging man in den SPD-regierten vor, doch gab man auch hier die Bedenken, die noch den SPD-Medienparteitag von 1971 bestimmt hatten (gesellschaftliche Meinungsvielfalt und kultureller Standard der Programmgestaltung dürften nicht den Profitinteressen kommerzieller Veranstalter geopfert werden), bald auf – wesentlich beeinflusst von dem Kommunikationswissenschaftler und Bundestagsabgeordneten Peter Glotz, der nicht nur als einflussreicher Funktionär der Partei, sondern als herausragender Intellektueller im Bundestag hervortrat. Glotz, erst gegen, dann für das Privatfernsehen – auch bei anderen Fragen war seine geistige Wendigkeit notorisch – meinte rückblickend (»Nachtgedanken zum zehnjährigen Geburtstages des privaten Fernsehens«), dass der erhoffte Qualitätswettbewerb durch einen Preiskampf um Billigprodukte ersetzt worden sei. Auf die selbst gestellte Frage, ob die Liberalisierung nicht Simplifizierung, Narkotisierung, Euphorisierung, Brutalisierung bewirkt habe, antwortete er: »Zum Teil. Aber das reiche, große, mächtige Deutschland war nicht als medienökologische Insel in einem Meer kapitalistischer Modernisierung haltbar. Dieselben Konzerne und Konsorten, die heute Bayern und Nordrhein-Westfalen zu wirksamen Medienstandorten gemacht haben, säßen bei Fortsetzung einer blockierenden Medienpolitik in Deutschland heute in Luxemburg, und saugten mit deutschsprachigen Programmen den Werbemarkt der Bundesrepublik ab.«

Die meisten Privatsender reüssierten. 1989 entfielen im Bundesdurchschnitt auf die öffentlich-rechtlichen Programme etwa 75 Prozent (1987 94 Prozent), auf die Privaten 25 Prozent (1987 6 Prozent) der Fernsehzeit. Danach – nun aufs vereinte Deutschland bezogen – nahm »der besinnungslose Wettkampf um den Zuschauer« noch weiter zu; er veränderte das deutsche Fernsehen binnen dreier Jahre mehr als in den dreißig Jahren zuvor. Die privaten Sender erkannten, dass durch Absenken des Niveaus die Einschaltquoten und damit auch der Eingang von Werbegeldern (1995 etwa 2,6 Milliarden, beim ZDF 400 Millionen) zu steigern seien. Ihrem Auftrag gemäß müssten eigentlich die öffentlich-rechtlichen Anstalten durch Qualitätssteigerung dem gegensteuern – vornehmlich finanziert von Gebühren; die Absicht, diese zu erhöhen, rief jedoch immer wieder die Attacken einer kurzsichtig populistisch agierenden Politik hervor.

Wer an die Dialektik (kultur)geschichtlicher Entwicklung glaubt, kann immerhin hoffen, dass eines Tages, wenn das Fernsehen auf dem absoluten Tiefpunkt angekommen ist, die dann nur noch gegebene Quantität von sex, crime und comedy in eine neue Qualität umschlägt. Die sich dann wieder regenden geistigen Bedürfnisse der Menschen, die der visuellen Verdummungsstrategien überdrüssig geworden sind, könnten einen langsamen Aufstieg zu einem mittleren kulturellen Niveau erzwingen, ähnlich wie bei Rundfunk und Film, die den Absturz in eine ästhetische wie menschliche Bedeutungslosigkeit bislang besser parieren konnten.

Das Ende der Adenauer-Ära

Am 15. Oktober 1963 trat Bundeskanzler Konrad Adenauer im Alter von 87 Jahren von seinem Amt zurück (er starb im April 1967); seine Erinnerungen, vier Bände, erschienen ab 1965. Zu seinem Nachfolger wählte der Deutsche Bundestag den langjährigen Wirtschaftsminister und »Vater des Wirtschaftswunders«, Ludwig Erhard.

Vierzehn Jahre lang hatte Adenauer den Werdegang der Bundesrepublik Deutschland auf entscheidende Weise geprägt. Die letzte Phase seiner Regierungszeit war jedoch durch innenpolitische Krisen bestimmt. Als im Sommer 1959 die zweite Amtszeit von Bundespräsident Theodor Heuss ablief – eine dritte Wiederwahl schließt Artikel 54 des Grundgesetzes aus –, schlug Adenauer Erhard für das Präsidentenamt vor, vor allem wohl deshalb, weil er ihn als Kanzlernachfolger ausschalten wollte. Als Erhard ablehnte (sein politisches Ziel war das Amt des Bundeskanzlers), meldete Adenauer selbst seine Kandidatur an, zog sie aber wieder zurück – in der späten Erkenntnis, dass die Möglichkeiten des Bundespräsidenten, in politische Entscheidungen einzugreifen, sehr gering sind. Nun wurde Landwirtschaftsminister Heinrich Lübke als Verlegenheitslösung überredet, sich der Wahl zu stellen, die er dann auch gewann.

Eine weitere Niederlage musste der sonst gewiefte und meist erfolgreiche Taktiker Adenauer 1961 hinnehmen. Er hatte versucht, ein zweites Fernsehprogramm zu schaffen, das unter Einfluss und Aufsicht der Bundesregierung stehen sollte. Da dadurch die Kulturhoheit der Länder berührt war, hätte er ein Einvernehmen mit diesen herstellen müssen, was aber bei den SPD-regierten nicht gelang. Hamburg, Bremen, Niedersachsen und Hessen riefen das Bundesverfassungsgericht an, das die geplante »Deutschland-Fernsehen GmbH« als verfassungswidrig ablehnte. 1961 gelang dann in Übereinstimmung mit den Ministerpräsidenten der Länder die Gründung des Zweiten Deutschen Fernsehens (ZDF), das freilich Adenauers politischen Intentionen nicht entsprach.

Hatte schon Adenauers zauderndes Verhalten beim Bau der Mauer (allerdings in Übereinstimmung mit der westalliierten Zurückhaltung) Zweifel an seiner Führungskraft aufkommen lassen – mitten im Wahlkampf stehend, griff er zudem den Regierenden Bürgermeister von Berlin und Spitzenkandidaten der SPD Willy Brandt persönlich an –, so zeigte dann vor allem die »Spiegel"-Affäre 1962 den Niedergang seiner einst gerühmten Regierungskompetenz. Veranlasst durch eine Anzeige eines Bundeswehr-Brigadegenerals der Reserve hatte die Bundesanwaltschaft wegen eines militärpolitischen Artikels im »Spiegel« (»Bedingt abwehrbereit«) ein Ermittlungsverfahren gegen diesen eingeleitet; wegen des Verdachts auf Landesverrat wurden die Redaktions- und Verlagsräume des Nachrichtenmagazins in Hamburg und Bonn polizeilich durchsucht und besetzt, der Herausgeber Rudolf Augstein, der Verlagsdirektor Hans Detlef Becker und mehrere leitende Redakteure verhaftet. Durch direkte Intervention war an diesem ungerechtfertigten Vorgehen der Verteidigungsminister Franz Josef Strauß, dessen erfolgreiche politische Laufbahn mit Affären gepflastert war, beteiligt. Adenauer sprach im Bundestag voreilig und uninformiert, sich ganz seinen Emotionen überlassend, von einem Abgrund von Landesverrat, den der »Spiegel« systematisch betreibe, um Geld zu verdienen. Die

Blamage war groß, als der Bundesgerichtshof mangels Beweisen das Hauptverfahren gegen Augstein und andere erst gar nicht eröffnete. Die FDP, die mit der CDU/CSU eine Koalition eingegangen war, machte nach dem Rücktritt ihrer Minister deren Fortbestand davon abhängig, dass Strauß sein Amt aufgabe, was er dann schließlich tat. (Schon bei den Koalitionsverhandlungen war in einer Vereinbarung festgelegt worden, dass auch Adenauer im Laufe der Wahlperiode zurücktrete.)

Der Eindruck, dass der Begriff des Staatsgeheimnisses von der Regierung selbstherrlich dazu benutzt worden war, ein regierungskritisches Nachrichtenmagazin einzuschüchtern, führte zu umfangreichen Protestdemonstrationen, an denen sich vor allem Schriftsteller, Künstler, Hochschullehrer, Studierende und Gewerkschaften beteiligten. Über den speziellen Anlass hinaus konnte dies als Ablehnung einer Politik verstanden werden, die unter dem Motto »Keine Experimente« zu einer Erstarrung der Verhältnisse und zur Lähmung innovatorischer Kräfte geführt hatte. Der seinem Wesen nach patriarchalisch denkende, in der Politik autoritativ handelnde Adenauer hatte sich überlebt und ohne jede Altersweisheit versäumt, sich rechtzeitig aus der Politik zurückzuziehen. Das führte dazu, dass vor allem jüngere Menschen seine großen Verdienste um das Entstehen und Werden der Bundesrepublik verkannten.

Adenauer war eine Persönlichkeit, die sich fest in abendländisch-christlichen Traditionen verwurzelt sah, was ihm auch Kraft gab, sich nach dem Zweiten Weltkrieg in hohem Alter mit geradezu jugendlichem Elan für die geistige, moralische und materielle Genesung des zerrütteten Deutschlands zu engagieren. Sein konservativer katholischer Lebenszuschnitt, sein antipreußisches, dem Nationalstaat skeptisch gegenüberstehendes Geschichtsverständnis, auch die unpathetische lapidare Art, mit der er komplexe Tatbestände beschrieb, bevor er sie mit zupackendem Handeln anging, machte ihn zur Leitfigur einer Mehrheit der Bevölkerung, die von starkem Aufbauwillen geprägt war. Es gelang ihm, das im Ausland vorhandene Misstrauen gegenüber Deutschland abzubauen, wobei die Aussöhnung mit dem »Erbfeind« Frankreich, die schließlich zu einer

Freundschaft mit dem französischen Staatspräsidenten Charles de Gaulle führte, zu seinen größten historischen Leistungen zu zählen ist.

Auf der anderen Seite habe er, so Peter Koch in einer ansonsten wohlwollenden Biographie, aus Antibolschewismus und Bruttosozialprodukt jenen Schaumteppich ausgerollt, unter dem jede Diskussion über gesellschaftliche Reformen im Keim erstickt werden sollte. Vom Sozialismus grenzte sich Adenauer entschieden ab, wobei ihm jede Geschichtsklitterung recht war (so wenn er etwa in seinen »Erinnerungen« feststellt, dass der Nationalsozialismus den stärksten geistigen Widerstand in denjenigen katholischen und evangelischen Teilen Deutschlands gefunden hätte, die am wenigsten der Lehre von Karl Marx, also dem Sozialismus, verfallen gewesen wären – ungeachtet der Tatsache, dass sich das katholische Bayern Hitler zuerst und das rote Preußen ihm zuletzt geöffnet hatten.)

Sein sozialdemokratischer Gegenspieler Kurt Schumacher nannte Adenauer eine »plumpe Siegesfeier der alliierten klerikalen Koalition über das deutsche Volk« – in Verkennung der Tatsache, dass angesichts des durch den Nationalsozialismus bewirkten moralischen und kulturellen Kahlschlags die »Aufforstung« wohl einer starken planenden Hand bedurfte. Ein Bewusstsein dafür, dass er beim Wiederaufbau des neuen Staatswesens sich fataler Weise mit »Hitlers Eliten« verband und so dem Entstehen der »zweiten Schuld« Vorschub leistete, hatte er nicht. Der Historiker Golo Mann nannte ihn eine ambivalente Persönlichkeit: Die eine Seite zeige einen »erzpraktischen Politiker«, einen rauen Wahlkämpfer und »schlauen Wahlgeschenkemacher«, einen Menschenverächter (der Mitarbeiter am Zügel hielt, verbrauchte, schnöde beiseite schob), einen lauernden, dreisten Unterhändler, einen Konstrukteur der breit und tief gesicherten, eigensten Machtfestung; die andere Seite einen im Innersten von Anfechtungen Heimgesuchten, einen Skeptiker, Sensiblen, Zögernden; insgesamt einen »gerissenen Idealisten«, zäh und schlau, aber auch schöpferisch und der Idee verpflichtet.

Es war ein Glücksfall für die deutsche Geschichte, dass Adenauer einen sanften, aber zähen Gegenspieler fand: Theodor Heuss, der erste Bundespräsident, 1959 mit größter Zustimmung der Bevölkerung ein zweites Mal gewählt, war ein geistreicher Homme de Lettres, ein Mann republikanischer Bonhomie. In seinem Gesicht, meinte Carl Zuckmayer, fänden sich Erbe und Alter seines Volkes ganz und zu gleichen Teilen vermischt mit frischer, lebendiger Gegenwärtigkeit.

Seine große Leistung bestand darin, dass er sich mit seinen vielen Reden (denn politisch bot das Amt wenig Einflussmöglichkeit) im In- und Ausland als moralische Instanz erwies, gerade auch deshalb, weil er in Erkenntnis seiner Verfehlung – 1933 hatte er mit vier anderen Abgeordneten der »Deutschen Staatspartei« dem Ermächtigungsgesetz zugestimmt – eine klare und eindeutige Haltung dem Nationalsozialismus gegenüber bezog. Seine Gemüthaftigkeit und Gemütlichkeit, lebensnahe Geistigkeit und integre Lebensführung, eine Mischung von repräsentativer Würde und großväterlicher Leutseligkeit, waren das Erscheinungsbild einer im Kerne rigoros sittlichen, liberalprotestantischen, der Allianz von Thron und Altar abschwörenden Persönlichkeit.

Die Ablösung der jahrzehntelangen Dominanz der CDU-geführten Regierungen nach der Adenauer-Ära erfolgte in Schritten. Zunächst schien Ludwig Erhard Adenauers Erfolgskurs fortsetzen zu können. Als er sein Amt übernahm, war die Arbeitslosigkeit von 10,4% im Jahre 1950 auf unter 1 Prozent gesunken; das Bruttosozialprodukt im gleichen Zeitraum von 98 Milliarden auf 413 Milliarden DM gestiegen. Eine stetig anwachsende Zahl von Gastarbeitern, zunächst aus Italien, Jugoslawien, Griechenland und Spanien, dann vor allem aus der Türkei, trug zum Wohlstand der Bundesrepublik bei. Die Wähler bestätigten 1965 Erhards Politik: Die CDU/CSU verbesserte ihre Ergebnisse von 45,4 (1961) auf 47,6%. Dennoch wuchs die Sorge um den Bestand des Wirtschaftswunders; man befürchtete sozial desintegrative Wirkungen des marktwirtschaftlichen Wettbewerbs; mit dem Begriff der »formierten Gesellschaft« versuchte Erhard, solchen Gefährdungen entgegenzutreten. »Was also heißt dann: ›Formierte Gesellschaft‹? Es heißt, daß diese Gesellschaft nicht mehr aus Klassen und Gruppen besteht, die einander ausschließende Ziele durchsetzen wollen, sondern daß sie, fernab aller ständestaatlichen Vorstellungen, ihrem Wesen nach kooperativ ist, das heißt, daß sie auf dem Zusammenwirken aller Gruppen und Interessen beruht.«

Das war zwar gut gemeint, doch fehlte dieser Konzeption, die eine Zunahme an individueller Vernunft, gesellschaftlicher Rationalität und höher entwickelter Moral einforderte, die provokante Griffigkeit, die eine zunehmend saturierte Gesellschaft, die immer mehr nach Genuss ohne Anstrengung strebte, hätte aufrütteln können. Die Intellektuellen wiederum verspotteten solche »Polit-Lyrik«; 1963 prangerte Günter Grass in dem Roman »Hundejahre« die Substanzlosigkeit der in Deutschland herrschenden materialistisch-euphorischen Befindlichkeit an. »Die freie Marktwirtschaft wird vom Mehlwurm geritten. Von Anfang an war im Vater des Wirtschaftswunders der Wurm drinnen, wundersam wunderwirkend. ›Hört nicht auf den Wurm. Im Wurm ist der Wurm!‹«

Erhards Forderung, dass die Deutschen wieder Maß halten, den Gürtel enger schnallen und mehr arbeiten sollten, fand wenig Gegenliebe; man hatte sich an ständig steigende Wachstumsraten und Löhne, an Vollbeschäftigung und kürzere Arbeitszeiten gewöhnt. Der Konjunktureinbruch Herbst 1966, der zu einer Stagnation des Wirtschaftswachstums führte, wirkte als Schock. Da die CDU/CSU sich mit ihrem FDP-Partner nicht über den Haushalt einigen konnte, trat Erhard zurück; am 10. November 1966 wurde der Ministerpräsident von Baden-Württemberg, Kurt Georg Kiesinger, zum neuen Bundeskanzler gewählt, nun an der Spitze einer Großen Koalition, also unter Einschluss der SPD. Besonders der Fraktionsvorsitzende der SPD, Herbert Wehner, war für eine Regierungsbeteiligung eingetreten, da auf diese Weise die Sozialdemokraten ihre Regierungsfähigkeit auf Bundesebene beweisen könnten. Willy Brandt wurde Außenminister in einem Kabinett, das widersprüchliche, aber zugleich profilierte und in ihrem Sachgebiet kompetente Persönlichkeiten vereinte, darunter Franz Josef Strauß (CSU) für die Finanzen und Karl Schiller (SPD) für die Wirtschaft. Bei dem erfolgreichen Versuch, die Wirtschaftskrise zu überwinden, orientierte man sich an der in den dreißiger Jahren von dem englischen Wirtschaftswissenschaftler John Maynard Keynes entwickelten Theorie einer aktiven staatlichen Konjunkturpolitik; danach sollte der Staat in wirtschaftlichen Krisenzeiten eine antizyklische Politik betreiben, also gerade nicht sparen, sondern durch gezielte Staatsausgaben Programme entwickeln, welche die wirtschaftliche Aktivität wieder ankurbeln würden. In der Tat konnten so von 1966 bis 1969 die Umsätze der Industrie von 332,8 auf 407,8 Millionen DM und die der Bauwirtschaft von 78,3 auf 86,5 Millionen gesteigert werden.

Die zunehmend auf Konfrontation drängende Protestkultur empfand jedoch die »Wohltemperiertheit« bzw. »routinierte Glätte« der großen Koalition mit ihren »konzertierten Aktionen« sowie das weitgehende Fehlen einer Opposition (die war nun ganz der FDP überlassen) als Ärgernis; so war es von symbolischer Bedeutung, als die deutsch-französische Journalistin Beate Klarsfeld am 8. November 1968 auf dem CDU-Parteitag in der Berliner Kongresshalle Bundeskanzler Kiesinger unter Bezug auf dessen Mitgliedschaft in der NSDAP mit dem Ruf »Faschist« ohrfeigte; sie wurde noch am selben Tag zu einem Jahr Gefängnis ohne Bewährung verurteilt.

Vor einem solchen Hintergrund sind die vehementen Auseinandersetzungen um die seit Anfang der sechziger Jahre geplanten Notstandsgesetze zu sehen; diese sollten die alliierten Vorbehaltsrechte im Krisenfall ablösen und die Souveränität der Bundesrepublik vervollständigen. Die Kritiker fürchteten den Missbrauch durch die Regierenden, zumal die Machteliten im Dritten Reich versagt bzw. mit dem Nationalsozialismus paktiert hatten. Die Notstandsverfassung, schrieb Karl Jaspers in seiner »Spiegel"-Serie »Wohin treibt die Bundesrepublik?«, raube dem Volk die ihm verbliebenen legitimen, aber dann nicht mehr legalen Mittel des Widerstandes; sie sei ein Instrument der Versklavung.

Insgesamt verstärkten sich in den sechziger Jahren die bürgerschaftlichen Bemühungen um die »Befreiung des Menschen aus den Fesseln obrigkeitsstaatlicher und klerikaler Bindungen«, d.h., um den Ausbau demokratischer Erziehungs-, Bildungs- und Fürsorgeeinrichtungen sowie die »Entfaltung einer freien Wissenschaft, Presse, Literatur und Kunst«. Mit solchen Forderungen plädierte Gerhard Szczesny 1961 für die Gründung einer Humanistischen Union (»Wider die Tendenz zur autoritären Demokratie«), die kurz darauf, unter maßgeblicher Beteilung des Psychoanalytikers Alexander Mitscherlich, des hessischen Generalstaatsanwaltes Fritz Brauer und des Soziologen Réne König verwirklicht wurde.

Machtwechsel und innerdeutsche Annäherung

Bei den Wahlen zum 6. Bundestag war die CDU/CSU zwar stärkste Partei geblieben, doch übersprang die SPD die 40-Prozent-Hürde. Mit Hilfe der FDP, deren neuer Vorsitzender Walter Scheel die Partei auf einen linksliberalen Kurs brachte, was eine Koalition mit den Sozialdemokraten ermöglichte, wurde Willy Brandt am 21. Oktober 1969 vom Bundestag mit 251 bei 249 erforderlichen Stimmen zum Bundeskanzler gewählt. Erstmals seit 39 Jahren stand wieder ein Sozialdemokrat an der Regierungsspitze in Deutschland. Schon einige Monate vorher, am 5. März 1969, hatte die Bundesversammlung den Kandidaten der SPD, Justizminister Gustav Heinemann, mit FDP-Unterstützung (bei einem Stimmenverhältnis 512:506) zum Nachfolger des Bundespräsidenten Heinrich Lübke gewählt, wodurch der Machtwechsel vorbereitet worden war.

In seiner Regierungserklärung vom 28. Oktober kündigte Brandt ein Programm der »inneren Reformen« im Zeichen von »Kontinuität und Erneuerung« und die Bereitschaft zum Wandel an. Die Sicherheit der Bundesrepublik im Rahmen der NATO (North Atlantic Treaty Organisation, des 1949 geschlossenen Beistandspaktes zur gemeinsamen Verteidigung) und der EG (Europäischen Wirtschaftsgemeinschaft), die Einheit der deutschen Nation und ihr Recht auf Selbstbestimmung seien zu wahren. Wirtschaftspolitisch werde eine »Stabilität ohne Stagnation« erstrebt, also finanzpolitische Solidität. Innenpolitisch gebühre der Bildungs- und Wissenschaftspolitik Vorrang; das Wahlalter solle herabgesetzt, die Reform des Ehe-, Straf- und Steuerrechts, der Verwaltung, der Bundeswehr und der Gesellschafts- bzw. Sozialpolitik vorangetrieben werden. »Wir stehen nicht am Ende unserer Demokratie, wir fangen erst richtig an.« Es gälte, mehr Demokratie zu wagen. Eine völkerrechtliche Anerkennung der DDR komme nicht in Betracht; auch wenn zwei Staaten in Deutschland existierten, so seien sie doch füreinander nicht Ausland.

»Aufgabe der praktischen Politik in den jetzt vor uns liegenden Jahren ist es, die Einheit der Nation dadurch zu wahren, daß das Verhältnis zwischen den Teilen Deutschlands aus der gegenwärtigen Verkrampfung gelöst wird. Die Deutschen sind nicht nur durch ihre Sprache und ihre Geschichte – mit ihrem Glanz und Elend – verbunden; wir sind alle in Deutschland zu Hause. Wir haben auch noch gemeinsame Aufgaben und gemeinsame Verantwortung: für den Frieden unter uns und in Europa. 20 Jahre nach Gründung der Bundesrepublik Deutschland und der DDR müssen wir ein weiteres Auseinanderleben der deutschen Nation verhindern, also versuchen, über ein geregeltes Nebeneinander zu einem Miteinander zu kommen.«

Die Regierungserklärung des neuen Bundeskanzlers sei, so der Historiker Wolfgang Jäger, ein Manifest des Neubeginns gewesen, des Aufbruchs zu neuen Ufern, wie ihn John F. Kennedy, den Brandt bewunderte, für Amerika Anfang der sechziger Jahre aufgezeigt hatte. »Es war die anspruchsvollste und hochfliegendste Regierungserklärung in der Geschichte der Bundesrepublik.« Die Wahl Brandts zum Bundeskanzler signalisierte einen tief greifenden Bewusstseinswandel. Nicht nur war ein Sozialdemokrat in das wichtigste politische Amt der Bundesrepublik aufgerückt; ein unehelich geborenes Arbeiterkind, ein durch Emigration standhaft dem NS-Regime widerstehender linker Sozialist hatte nach langen Jahren der Diffamierung mehrheitliche Anerkennung gefunden. Die nach einem missglückten, von der CDU/CSU Opposition unter Rainer Barzel erstmals in der Geschichte der Bundesrepublik beantragtem konstruktiven Misstrauens-Votum vorgezogene Wahl zum

7. Bundestag (1972) gestaltete sich für Brandt zu einem großen Triumph; die SPD wurde erstmals stärkste Partei. Wie nie zuvor hatten sich Künstler, Publizisten und Schriftsteller parteipolitisch engagiert; für sie war er Symbolfigur einer politischen Erneuerung, die Einheit von Macht und Geist, Pragmatik und Moral, Aufklärung und Fortschritt verkörpernd.

Walter Ulbricht hatte Adenauer politisch um sieben Jahren überlebt. Der diktatorischen Staatsform der DDR entsprechend, wurde er nicht aufgrund demokratischer Entscheidung abgewählt, sondern mit Hilfe der Sowjetunion gestürzt – und zwar 1971 durch Erich Honecker, dem nach langen Zuchthausjahren im Dritten Reich der stete Aufstieg in die SED-Hierarchie gelungen war: mit 58 Jahren Erster Sekretär des Zentralkomitees der SED und ab 1976 auch Vorsitzender des Staatsrats. Als Mitbegründer der FDJ verkörperte er die jüngere Generation der DDR-Führung, weshalb man von ihm, vor allem auch im wirtschaftlichen und kulturellen Bereich, eine gewisse Liberalisierung des Systems erwartete.

Brandt betrieb zusammen mit Walter Scheel, dem Außenminister, eine konsequente Öffnung der Bundesrepublik nach Osten, für die Egon Bahr, sein engster Mitarbeiter, die Formel »Wandel durch Annäherung!« prägte; es ging um eine »Politik der kleinen Schritte«. Im »Moskauer Vertrag« vom August 1970 erkannte die Bundesrepublik gegenüber der Sowjetunion die existierenden Grenzen in Europa an, insbesondere zwischen der Bundesrepublik und der DDR. Im »Warschauer Vertrag« vom Dezember 1970 wurde gegenüber Polen die Oder-Neiße-Linie als Westgrenze Polens akzeptiert, und in einem »Vier-Mächte-Abkommen« vom Dezember 1971 kam es zu einer Regelung für Berlin, in der die Präsenz der Westmächte in Westberlin und die Bindung Westberlins an die Bundesrepublik auch von der Sowjetunion gebilligt und der Transitverkehr von und nach Berlin vereinfacht und erleichtert wurde. Schließlich wurde in einem Vertrag über die »Grundlagen der Beziehungen zwischen der Bundesrepublik Deutschland und der DDR« vom Dezember 1972 die DDR als gleichberechtigter und souveräner Staat anerkannt, was ihre völkerrechtliche Stellung als Ausland jedoch nicht einschloss. Alle Verträge standen im Mittelpunkt heftiger politischer Auseinandersetzungen; sie stießen auf den teilweise erbitterten Widerstand der CDU/CSU, wurden aber schließlich 1972 mit den Stimmen der SPD und FDP bei weitgehender Stimmenthaltung der CDU/CSU vom Bundestag verabschiedet.

Bei einem Besuch in Polen im Dezember 1970 hatte sich Brandt vor dem Denkmal im ehemaligen Warschauer Getto niedergekniet: »Er hat mit zeremoniellem Griff die beiden Enden der Kranzschleife zurechtgebogen, obwohl sie kerzengerade waren. Er hat einen Schritt zurück getan auf dem nassen Granit. Er hat einen Augenblick verharrt in der protokollarischen Pose des kranzniederlegenden Staatsmannes. Und ist auf die Knie gefallen, ungestützt, die Hände übereinander, den Kopf geneigt.« (»Der Spiegel«) Brandts Kniefall war von großer, ergreifender Bedeutung. Während konservative Kreise, vor allem die Vertriebenenverbände und die von ihnen beeinflussten Parteikreise, dem Osten gegenüber revisionistische Ansprüche anmeldeten, wurde damit deutlich gemacht, dass die Deutschen eine große moralische Schuld trugen und in Trauerarbeit um Verzeihung bitten wollten.

Nach Brandts zweiter Wahl traten jedoch auch seine Schwächen, verstärkt durch Krankheit und die Widersprüche seines Charakters, stärker hervor. Außenpolitisch hoch angesehen – 1971 hatte er zudem den Friedens-Nobelpreis erhalten –, gab es innenpolitische Rückschläge; die Reformabsichten waren vielfach nicht finanzierbar und wurden zerredet. »Insgesamt sind die kulturellen Auswirkungen der Such- und Experimentierphase der sozialliberalen Koalition nur schwer abzuschätzen. Auf lange Sicht konnten sie sich aber als einschneidender herausstellen als die tatsächlichen Reformen es waren.« (Wolfgang Jäger) Mit Wehner, dem Fraktionsführer der SPD, einem taktisch-versierten, kühlen Rechner und scharfen Kritiker, hatte Brandt erhebliche Spannungen; dazu kam sein »Hang zum Schweigen und Grübeln, zur Niedergeschlagenheit, zum Selbsthader, zum Nachsinnen über die Vergänglichkeit allen Lebens, den eigenen Tod. Der Alkohol. Das ›melancholisch-liebevolle‹

Verhältnis eines Sechzigjährigen zu Frauen.« Für Arnulf Baring, der mit seinem historiographischen Meisterwerk »Machtwechsel. Die Ära Brandt-Scheel« einen neuen Standard der aktuellen politologischen Analyse schuf, war Brandt stets ein Politiker auf der Suche nach Heimat – »eigentlich überall nur als Gast, immer nur wie auf der Durchreise«; tiefer wissend, dass man nirgends bleibt; lebenslang ein Außenseiter, überall ein Fremder. Von seinen »Freunden« gerne sprechend, besaß er in Wirklichkeit keine.

Das Ende der Ära Brandt kam unerwartet rasch im Mai 1974, wodurch der ursprünglich hoffnungsvolle politische Aufbruch als Abgesang (»Nachruf«) auf einen letztlich unbewältigt gebliebenen Generationenkonflikt erschien. In Zusammenhang mit der Guillaume-Affäre – sein persönlicher Referent war als DDR-Spion enttarnt und festgenommen worden – erklärte Brandt seinen Rücktritt. Helmut Schmidt trat seine Nachfolge an. Walter Scheel löste als vierter Bundespräsident Gustav Heinemann ab.

Es war Brandt, der 1992 nach langem Leiden starb, noch vergönnt, die deutsche Vereinigung zu erleben; mit Tränen in den Augen sang er »Einigkeit und Recht und Freiheit« in der nächtlichen Sitzung des Bundestags, in der die Sensation der Maueröffnung bekannt wurde. Brandts unvergleichliches »Jetzt wächst zusammen, was zusammengehört« wurde zur Mahnung und Hoffnung vieler Deutscher. Eine ungewöhnliche Kombination von Eigenschaften habe Brandt gekennzeichnet, meinte sein Weggefährte Hans-Jochen Vogel (von 1987 bis 1991 Vorsitzender der SPD): Machtbewusstsein, Moral, Sensibilität, Glaubwürdigkeit, Charisma.

Wer zu spät kommt, den bestraft das Leben

Die Annäherung zwischen West und Ost verband die DDR mit einer verstärkten Abgrenzungspolitik. Der Fortbestand einer einheitlichen deutschen Nation wurde jetzt geleugnet; die mehr als dreißig Abkommen zwischen der Bundesrepublik und der DDR von 1972 bis 1989 wurden als Verbesserung der Beziehungen zwischen zwei Staaten und zwei Nationen verstanden. 1971, kurz nach dem Rücktritt Ulbrichts, stellte Erich Honecker fest, dass über die nationale Frage bereits die Geschichte entschieden habe. Mit der Errichtung der Arbeiter- und Bauernmacht und dem Aufbau der sozialistischen Gesellschaft habe sich ein neuer Typus der Nation, die sozialistische Nation, entwickelt. Und 1972 sagte er: »Die Bundesrepublik Deutschland ist somit Ausland und noch mehr, sie ist imperialistisches Ausland.« Das Wort »deutsch« sollte soweit wie möglich verschwinden: Aus der »Deutschen Akademie der Wissenschaften« wurde die »Akademie der Wissenschaften der DDR«, aus dem »Deutschland-Sender« »Die Stimme der DDR«, aus dem internationalen Autokennzeichen »D« ein »DDR«; die Nationalhymne, welche Deutschland als »einig Vaterland« beschwor, wurde nur noch als Musik (von Hanns Eisler) gespielt, nicht mehr gesungen.

Die Bezeichnung »DDR« (Deutsche Demokratische Republik) musste dementsprechend für Verwirrung sorgen: War man in ihr überhaupt noch ein Deutscher? Honecker verkündete eine besonders absurde Formel: »Zwei Staaten, zwei Nationen, zwei Staatsbürgerschaften, aber eine Nationalität, nämlich deutsch.« Der verbesserte Austausch auf allen Ebenen, im Besonderen auch zwischen den politischen Repräsentanten, der zunehmende Reiseverkehr, mit der die Deutschen nun aus ihren bislang voneinander abgeschotteten Wartesälen aufbrachen, um sich gegenseitig zu besuchen (DDR-Bürger durften dies vor allem im Rentenalter), der intensivierte Handelsverkehr, unterstützt durch Millionenkredite der Bundesregierung an die DDR, vollzog sich also im Rahmen einer Politik, welche die DDR als Außenpolitik begriffen haben wollte. So war es für Erich Honecker ein ganz besonderer Erfolg, als er 1987 höchst ehrenvoll und mit militärischen Ehren in Bonn vom Bundeskanzler Helmut Kohl empfangen wurde, was einer Anerkennung der DDR als selbstständigem Staat gleichkam. Die führenden Persönlichkeiten von Politik und Wirtschaft, alles was Rang und Namen hatte, war darauf aus, Honecker hier und bei seiner anschließenden Rundreise durch die Bundesrepublik die Hand zu schütteln, trotz Mauer, Schießbefehl und Stasi. Im Ausland musste man, wenn man die Bilder des Besuches sah, meinen, die Deutschen hätten mit der Zweistaatlichkeit nun ihren Frieden gemacht.

Innenpolitisch nützte Honecker solcher »außenpolitische« Erfolg freilich nicht viel; wirtschaftliche Schwierigkeiten nahmen ein Ausmaß an, das die Abhängigkeit von der Bundesrepublik verstärkte. So verlängerte der von dem seit 1978 als bayerischer Ministerpräsident fungierenden Franz Josef Strauß eingefädelte Einmilliardenkredit an die DDR 1983 – seine Rolle als »Kommunistenfresser« hatte er abgelegt – die Lebensdauer des SED-Regimes noch einmal; als Gegenleistung ließ Honecker die Selbstschussanlagen an der innerdeutschen Grenze abbauen.

Als Michail Gorbatschow, 1985 zum Generalsekretär der KPDSU berufen, den radikalen Umbau von Wirtschaft und Gesellschaft (Perestroika) und Offenheit wie Transparenz im öffentlichen Leben (Glasnost) forderte, begann auch für die DDR der Weg zum schnellen Ende. Kurz nach dem am 7. Oktober 1989 mit Pomp und Militärparaden begangenen 40. Jahrestag der Gründung des ostdeutschen Staates fiel dieser wie ein Kartenhaus in sich zusammen. Gorbatschow, der zu den Feiern nach Ostberlin gekommen war, riet Honecker dringend zu Reformen. »Wer zu spät kommt, den bestraft das Leben.« Doch war die Revolution bereits in vollem Gange; es war für die Deutschen ein großes geschichtliches Glück, dass sie sich als friedliche erwies. Das war im Besonderen den Millionen von DDR-Bürgerinnen und -Bürgern zu danken, die gewaltfrei demonstrierten, aber auch der Einsicht der Mächtigen, die freilich zum größten Teil den Glauben an die Existenzberechtigung des eben noch offiziell in höchsten Tönen gepriesenen Staates längst verloren hatten.

Gescheitert war der »real existierende Sozialismus«, weil er in Wirklichkeit nicht existierte; und der Versuch einer demokratischen sozialistischen Republik, weil die Demokratie unterdrückt worden war. Dass dann nach der Vereinigung in den neu gebildeten Bundesländern der Kapitalismus weitgehend ungezügelt – in Missachtung sozialer, zugunsten »freier« Marktwirtschaft – grassierte, führte allerdings zu neuer Problematik: Das in Berlin als neuer Hauptstadt sich konstituierende Gesamtdeutschland hat bis heute die Mauer, die am 9. November 1989 konkret gefallen war, nach jahrzehntelangem Auseinanderleben und wegen des fehlenden westlichen Einfühlungsvermögens immer noch nicht vollständig »in den Köpfen« beseitigen können.

Die Geschichte
der ostdeutschen Tuis

Seit den dreißiger Jahren des 20. Jahrhunderts beschäftigte Bertolt Brecht die Rolle des »Intellektuellen«. Dieser Begriff charakterisiert einen seit dem Ende des 19. Jahrhunderts im Gefolge der allgemeinen Modernisierung sich entwickelnden Typus von Menschen, die in Differenz zu körperlicher Arbeit mit dem Instrument des Geistes in das öffentliche Leben einzugreifen beabsichtigten; sie profitierten dabei von der Anhebung des allgemeinen Bildungsniveaus und der rasanten Verbreitung neuer Informations- und Kommunikationsmittel.

Seitdem erhoffte man vom Intellektuellen, dass er der Wahrheit zum Sieg verhelfe und Lügen aufdecke. Doch trat innerhalb der geschichtlichen Entwicklung des 20. Jahrhunderts – war sie nun demokratisch oder totalitär bestimmt – auch ein ganz anderes Verhalten zutage. Er stellte sich oft genug in den Dienst derjenigen, welche die Massen zu manipulieren trachteten. So spricht man nicht nur vom Glanz, sondern auch vom Elend des Intellektuellen.

Dass Intellektuelle sich besonders mit dem Kommunismus verbanden, dürfte tiefenpsychologisch darin begründet liegen, dass dieser als eine in sich geschlossene Weltanschauung erschien, die alle politischen und wirtschaftlichen Probleme in schlüssiger Dialektik – These, Antithese, Synthese – zu lösen versprach.

Brechts Beschäftigung mit dem »Intellektuellen« führte zu einem fragmentarischen Roman, der sich mit der Weimarer Republik, transponiert in einen chinesischen Parabelstoff, befasste. 1953 griff er das Thema in dem Drama »Turandot oder Der Kongreß der Weißwäscher« auf. (Die für 1954 vorgesehene Uraufführung des »Berliner Ensembles« fand nicht statt; sie erfolgte erst 1969 in der Regie von Benno Besson am Zürcher Schauspielhaus.) »Fünfzig Jahre habe ich davon geträumt, selbst zu der großen Bruderschaft zu gehören, die sich die der Tuis nennt – nach den Anfangsbuchstaben von Tellekt-Uell-In. Denn nach ihren großen Gedanken geht alles vor sich im Staat, sie leiten die Menschheit«, so der Bauer Sen, der sich einen solchen Klassenwechsel erhofft. Im Stück wie im Roman sind die Tuis die »Intellektuellen dieser Zeit der Märkte und der Waren«, die sich als »Weißwäscher«, »Kopflanger«, »Vermieter des Intellekts«, »Formulierer« und »Ausredner« betätigen. Die Tuis sind in großer Anzahl über das Land verbreitet, und zwar als Beamte, Schriftsteller, Ärzte, Techniker und Lehrer vieler Fächer, auch als Priester und Schauspieler. In den großen Tui-Schulen erzogen, verfügen sie über das gesamte Wissen ihrer Epoche.

Brechts Absicht, damit die Torheiten der Intellektuellen bloßzustellen, bezog sich zunächst und vorrangig auf den kapitalistischen Staat, konkret auf die Haltungen bürgerlich denkender Intellektueller in Hollywood, wo er sie mit ihrer idealistischen Gesinnung, aber auch als vorsichtig und feige bei der Vertretung von politischen Standpunkten während seiner Emigrationszeit kennen gelernt hatte. Dann wurde ihm bewusst, dass das Phänomen des »Tuismus« mit der Installierung einer sozialistischen Gesellschaftsordnung in der DDR nicht verschwunden war: Er erlebte zum einen den Streit um den rechten Weg, der die Tuis immer wieder aufspaltet; zum anderen deren prinzipienlose Anpassungsbereitschaft und ihre fatale Neigung, sich in Dienst nehmen zu lassen und jeden Schandfleck weiß zu waschen. Ein Ober-Tui war allerdings Brecht selbst, ohne dass er, Egoist und Egomane zeitlebens, dies als Selbsterkenntnis offenbarte.

Die aus der Individualpsychologie bekannte Hassliebe verband in der DDR die Macht- mit der Geisteselite. Zum Vergleich kann man auch das patriarchalische Vater-Sohn-Verhältnis heranziehen: Jener liebt, indem er züchtigt; dieser erkennt unter Schmerzen die Autorität des Strafenden an. Es handelte sich um eine brüchige Allianz von bildungsüberzeugten Proletariern und Kleinbürgern mit Kopfarbeitern bzw. Künstlern, die im Glauben an eine übergeordnete (marxistische) Gesetzlichkeit ihren gemeinsamen Nenner fand: eben »Mehrwert« eines als unfehlbar propagierten Systems. Vor allem Altkommunisten – und das waren die Staatsgründer – waren für Links-Intellektuelle mit einer Aura ausgestattet: Einer »Ausstrahlung«, die aus langer entbehrungsvoller und opferreicher Parteitätigkeit herrührte. Eine solche beeindruckte den an sich wankelmütigen, meist auf seinen Vorteil bedachten Intellektuellen und bot ihm Halt. Man hat den Marxismus/Kommunismus eine »säkularisierte rote (katholische) Kirche« genannt; der Vergleich ist passend, denn unabhängig von der persönlichen Qualität des Papstes, der Kardinäle und Priester werden die Gläubigen auf das »Prinzipielle« als eigentlicher Wahrheitsquelle eingeschworen; miese Wirklichkeit kann der Ideologie wenig anhaben.

Der Statthalter

Statthalter der UdSSR für Ostdeutschland war Walter Ulbricht, der zusammen mit Funktionären der Exil-KPD unmittelbar nach Kriegsende aus Moskau nach Berlin gebracht worden war; er wurde beauftragt, eine einheitliche Arbeiterpartei in der sowjetischen Zone und möglichst auch im Westen aufzubauen. 1893 als Sohn eines Schneiders in Leipzig geboren, war er nach Kriegsdienst 1919 als Mitbegründer der KPD in seiner Geburtsstadt hervorgetreten. Intensiv hatte er sich in der Jugend mit dem Marxismus, der Geschichte des Altertums, des Mittelalters und der Neuzeit sowie mit verschiedenen Kulturbereichen, auch dem klassischen Erbe (Schiller und Goethe als Schrittmacher des Sozialismus) beschäftigt.

»In diese Vorstellungswelt gehören der ›Kampf gegen Nikotin und Alkohol‹ und das Sporttreiben, gehören Abneigung gegenüber neuen Erkenntnissen, gegenüber undogmatischem Weiterdenken. Hierher gehört der Trugschluß, daß man mit

Hilfe marxistischer Formeln Kunst und Wissenschaft nicht nur verstehen, sondern auch ›anleiten‹ könne. In dieser erschreckend unkomplizierten und mit wenigen Formeln völlig erklärten Welt, haben die Individualisten, die Nichtsportgestählten, die Lebenslustigen, die Nachdenklichen, die Christen, die Zweifler, die Bürger, die Träumer, die Künstler nichts zu suchen.« (Arnulf Baring)

Ulbrichts Hauptstärke war von Anfang an sein Ordnungsbewusstsein, sein Fleiß, sein organisatorisches Talent, sein phänomenales Namensgedächtnis, seine unermüdliche Arbeitskraft – »Sekundärtugenden«, die bei jedem Kurswechsel der Partei gebraucht wurden.

Der UdSSR, mit »Gott Stalin« an der Spitze, dankte es der gelernte Tischler, dass er in die kommunistische Führungselite aufsteigen konnte, wobei die Skrupellosigkeit, mit der er über die eigenen Genossen und Mitkämpfer hinwegschritt, zum Qualifikationsnachweis gehörte. Die Vermutung, dass Ulbricht aus persönlicher Rivalität 1934 den Versuch, den kommunistischen früheren Reichstagsabgeordneten Ernst Thälmann aus nationalsozialistischer Haft zu befreien, verhindert habe, ist zwar hinsichtlich seiner Alleinschuld nicht erhärtet, doch war er da wie dann bei den gerade auch die deutschen Emigranten betreffenden Moskauer Säuberungen der Jahre 1936/37 maßgeblich beteiligt. Allerdings ist einzuräumen, dass er, der nach illegaler Tätigkeit in Berlin eine Zeit lang in Paris lebte (um dort eine deutsche Volksfront aufzubauen), nicht nur Täter, sondern auch Opfer war. Wie die Sowjetbürger lebten die Emigranten in Moskau – in ihrem Hauptunterkunftsort, dem Hotel »Lux« – in Angst und Schrecken, denunzierten sich dabei gegenseitig, um dem Bannstrahl zu entgehen, mit dem Stalin wahllos frühere Gefolgsleute verschwinden, verhaften und ermorden ließ (es handelte sich um etwa 2500 Opfer). Ulbricht gelang es, ungeschoren zu überleben, was nicht nur seiner charakterlosen Geschicklichkeit, sondern auch dem Zufall zu verdanken war.

Ulbricht, den »Baumeister der zweiten deutschen Diktatur«, der sich zunächst in völliger Abhängigkeit von der UdSSR befand, nannte der aus der englischen Emigration nach West-Berlin zurückgekehrte Publizist Sebastian Haffner in den sechziger Jahren den erfolgreichsten deutschen Staatsmann seit Bismarck. Der martialisch-dogmatische Charakter des SED-Regimes sei als Kompensation der Repressionen und Verfolgungen zu begreifen, welche die deutschen Kommunisten seit dem Beginn ihrer politischen Existenz erlitten hätten.

Ulbrichts Mentalitätsmuster war typisch für die sowjethörigen Kommunisten der Zeit zwischen den beiden Kriegen; sie waren bereit, nicht nur für ihren Glauben im Kampf gegen den Nationalsozialismus zu sterben; sie opferten sich auch willig, unschuldig-schuldbewusst, dem Moloch der eigenen Partei, die sie, ihre eigenen Kinder fressend, verriet, folterte und tötete. Stalin und seine Mitverbrecher suchten sich in ihrem Sadismus, der zugleich der Verbreitung von Angst und Schrecken dienen sollte (damit die eigene Herrschaft abstützend) gerade unter den Treuesten die Opfer. Der »wütende Gott« – »Der Gott, der versagte« war nach dem Zweiten Weltkrieg dann Titel einer Anthologie, in der abtrünnige kommunistische Intellektuelle Rechenschaft über ihren Irrweg ablegten – konnte sich meist auf seine Sendboten verlassen; Ulbricht war als borniert er Apparatschik einer der verlässlichsten von ihnen.

Auf solchem biographischen Hintergrund ist auch Ulbrichts diktatorische Oberlehrerrolle in Geschmacksfragen zu sehen. Sein Spießertum war bestimmt von einem Kulturbegriff, der sich zwar gegen Bürgertum und Faschismus wandte, aber mit diesen eine große Schnittmenge gemeinsam hatte. Er betrieb den Kult des schönen neuen sozialistischen Menschen; das »Gute, Schöne und Wahre« setzte er mit der marxistischen Heilslehre gleich; was dem widersprach, galt als hässlich bzw. entartet und wurde entsprechend abgewertet. Fortschrittsfroh sollten Künstler und Intellektuelle dafür sorgen, dass das Bild des Sozialismus in leuchtender Helle, in Kontrast zur dunklen verderbten Welt des Kapitalismus, erstrahlte.

Als man in einer Dresdner Ausstellung für Industrie und Formgestaltung (1962) Vasen von Hubertus Petras in Bauhaus-Tradition ausstellte – das Beispiel kann symptomatisch den kleinbürgerlichen Kunstbegriff Ulbrichts und seiner Gefolgschaft illustrieren –, intervenierte er als Zentralsekretär der SED wie Vorsitzender des Staatsrats unmutig, da die Vasen ohne Dekor und noch dazu weiß bzw. grau eine schreckliche Verarmung darstellten, also dem sozialistischen Frischwärts und Vorwärts nicht entsprachen. Die Werktätigen wollten so etwas nicht.

»Vor allem die Mitglieder des Berliner Ensembles entgegneten dem Staatsratsvorsitzenden mit Schärfe, was Ulbricht noch mehr empörte. Brecht hatte sie empfänglich gemacht für die Schönheit des Einfachen. Der Dichter behauptete gern von sich, ihm seien alle Farben recht, wenn sie nur grau seien. Die Schauspielerin und Sängerin Gisela May meldete sich im ›Neuen Deutschland‹ zu Wort, weil sie einfache‹ Formen schön finde. Sie schrieb: ›Wir alle lieben den Sozialismus. Ihm gehört unsere Kraft, unsere Begabung und das, was wir gelernt haben. Aber laßt uns auch graue und weiße Vasen und asketische Stühle‹. Ulbricht fand das ganz und gar unmöglich und sah in dieser Diskussion eine Beeinflussung der Werktätigen durch die Intelligenz. In einer Rede brachte er das Vasenthema zur Sprache. ›Jetzt verstehen wir erst, daß es Kunstschaffende gibt, die die Kunstentwicklung standardisieren wollen, die bei der Gestaltung der Räume die Werktätigen auf graue Vorhänge u. a. orientieren wollen. Die Mehrheit der Werktätigen wird nicht in solchen langweiligen Räumen wohnen wollen. Sie wollen helle, freundliche Farben und geschmackvolle Vasen! Selbst Ernst Wollweber, bis 1957 Minister für Staatssicherheit, sah einen typischen Charakterzug Ulbrichts darin, daß er dem Apparat eine Tendenz aufzwang, ›den Menschen sozusagen auf der Seele zu knien‹, ihnen alle möglichen Vorschriften zu machen, wie sie sich kleiden sollen, welche Haarfrisuren, wie sie tanzen sollen, wie sie ins Theater gehen und Ferien machen sollen, und das alles wurde firmiert als Erziehung. Ob die Ablehnung der grauen Vasen zu den Versuchen Ulbrichts zählte, die Intellektuellen zu disziplinieren, oder ob er hier einmal seinen persönlichen Geschmack zur Geltung bringen wollte, sei dahingestellt.« So berichtet von Werner Mittenzwei (der 1927 geborene Literatur-

und Theaterwissenschaftler, langjähriges Mitglied der ostdeutschen Akademie der Wissenschaften und der Akademie der Künste, auch Mitarbeiter im Leitungsgremium des »Berliner Ensembles«, also selbst ein ostdeutscher Tui, schrieb nach der Wende aus kritischer Distanz und mit großem Insiderwissen das Buch »Die Intellektuellen. Literatur und Politik in Ostdeutschland von 1945 bis 2000«).

Eigenständig war Walter Ulbrichts kleinbürgerliche Kunst- und Kulturauffassung selbstverständlich nicht; er war eben auch hier Statthalter der UdSSR, das heißt des dort dekretierten Menschenbilds; dieses sollte dem »formalistischen«, dekadenten des Westens entgegen gestellt werden. Die Künstler, die Stalin als »Ingenieure der Seele« bezeichnete, hatten dementsprechend zu parieren und das bedeutete »agitieren«: In aggressiver Weise für das vorgegebene politische Ziel tätig zu sein.

Trotz der Bemühungen von Johannes R. Becher, der von 1954 bis zu seinem Todesjahr 1958 der erste Kulturminister der DDR gewesen ist, eine gewisse Offenheit zu ermöglichen, war die strategische Linie durch die Intransigenz der Russen bestimmt. Als oberster Diplomat im Nachkriegs-Deutschland dirigierte Wladimir S. Semjonow, selber im Hintergrund bleibend, die »Formalismus"-Attacken, die in Moskau von dem Kulturpolitiker Andrej A. Shdanow bestimmt waren. Für diesen gab es nur zwei Kunst-Richtungen: Realismus und Formalismus; letzterer wurde mit westlicher Entartung gleichgesetzt. Was damit gemeint war, konnte man unzähligen offiziellen und offiziösen Stellungnahmen entnehmen. »Wir brauchen weder die Bilder von Mondlandschaften noch von faulen Fischen und ähnliches«, erklärte Ulbricht in einer Rede am 1. November 1951; »die Grau-in-Grau-Malerei, die ein Ausdruck des kapitalistischen Niedergangs ist, steht im schärfsten Widerspruch zum neuen Leben in der Deutschen Demokratischen Republik.«

Auch sozial engagierte Künstler, wie Käthe Kollwitz, verfielen dem Verdikt; sie hätten in ihrer Düsternis den Sozialismus nicht verstanden und seien somit kein Vorbild, meinte Shdanow. Mit besonderem Hass wurde der Expressionismus bedacht, da man hier den Ausdruck eines negativen, durch Pessimismus und Defaitismus geprägten deutschen Wesens zu erkennen glaubte; er wurde mit dem Verfall des alten Rom in Zusammenhang gebracht. Demgegenüber wurde der »sozialistische Realismus« gepriesen, der eine »wahrheitsgetreue«, geschichtlich konkrete Darstellung der Wirklichkeit in ihrer revolutionären Entwicklung bedeute. Der Künstler müsse sich zu Aufbau und Fortschritt bekennen und aller Melancholie eine Absage erteilen.

Der sozialistische Realismus mit dem Staat als Zensor, der durch »Auftragskunst« die ihm huldigenden Künstler belohnte, erfuhr seit 1959 weiteren doktrinären Nachdruck: Auf dem »Bitterfelder Weg« sollten die Künstler zusammen mit der Arbeiterklasse die Höhen der Kultur erstürmen und von ihr Besitz ergreifen. In einer Rede im Elektrochemischen Kombinat Bitterfeld verkündete Walter Ulbricht, die neue Form der sozialistischen Nationalkultur bestehe darin, dass Schriftsteller sich in den Betrieben auf Stoffsuche zu begeben hätten, während der Platz der Arbeiter auch am Schreibtisch sei. (»Greift zur Feder, Kumpel!«)

Die SED verfolgte primär fünf Ziele mit dieser ins Leben gerufenen Bewegung: Eine Mobilisierung der Massen einzuleiten, diesmal vorrangig über kulturpolitische Themen; über die Beseitigung von Bildungsdefiziten ein besseres politisches Bewusstsein bei den Arbeitern zu erreichen, das immer noch als mangelhaft empfunden wurde; über Brigadetagebücher, Betriebswandzeitungen u. ä. den Informationsfluss von unten nach oben zu fördern; das Schreiben von Texten als Informationsquelle für die Partei zu nutzen; mit Hilfe der Förderung von »Volkskorrespondenz« über Schwierigkeiten beim Produktionsablauf sowie der Material- bzw. Rohstoffversorgung zu erfahren. Insgesamt sollte ein ideologischer Regenerationsprozess der etablierten Literatur eingeleitet werden; die Autoren und Autorinnen waren besser unter Kuratel zu stellen, wenn sie sich in Zirkeln schreibender Arbeiter oder im Betrieb künstlerisch und politisch zu erklären hatten. Die Nomenklatura (aus dem Russischen: Führungsschicht, herrschende Klasse) ging davon aus, dass durch den »Bitterfelder Weg« ihre Herrschaft entschieden abgesichert werden könne.

Freilich stellte selbst Ulbricht auf der zweiten Bitterfelder Konferenz im April 1964 fest, dass das Ringen um eine höhere Qualität nicht immer erfolgreich gewesen sei. Zudem bot der Bitterfelder Weg Schriftstellern und Intellektuellen die Möglichkeit, »abwegige« Gefilde zu erkunden. Loyal äußerte man, beim Sozialismus mitzumarschieren, schlug sich dann aber seitwärts in die Büsche.

Für Erwin Strittmatter – sein Roman »Ole Bienkopp« erzählt die Geschichte des Waldarbeitersohnes und Bienenzüchters Ole Hansen – bedeutete »Abweichung« die Beantwortung der Leitfrage: »Wie bringen wir in unserer Gesellschaft den Neuerer, den Vorwärtsdränger gut unter, so daß wir ihn nicht in seinem Tatendrang beschneiden, aber auch so, daß wir ihn nicht nach anarchischer Seite ausscheren lassen.« Recht anarchisch gebärdet sich freilich der Held in Erik Neutschs Roman »Spur der Steine« (1964), der Zimmermannsbrigadier Hannes Balla (König der Baustelle, Einzelkämpfer, Glückssucher auf eigene Faust); doch wandelt er sich schließlich zu einem verantwortungsbewussten, aufs Kollektiv hin orientierten Sozialisten. (Der nach dem Buch von Frank Beyer 1966 gedrehte Film wurde nach kurzer Spielzeit, da er die politisch-moralische Kraft der Partei nicht erfasse, aus dem Verkehr gezogen.) Christa Wolfs Roman »Der geteilte Himmel«, 1963, handelt von der Liebe einer Pädagogik-Studentin, die ein Praktikum in der Brigade eines Waggonwerkes absolviert, zu einem Chemiker, der nach dem Mauerbau in Westberlin bleibt. Sie besucht ihren Freund, entscheidet sich jedoch gegen das westliche Gesellschaftssystem.

Im Januar 1963 veröffentlichte Günter Kunert in der Zeitschrift »Weltbühne« ein Gedicht, das lapidar die kulturpolitische Situation der DDR unter Walter Ulbricht umriss: nämlich »Erhellungsverbot«. »Als unnötigen Luxus / herzustellen verbot was die Leute / Lampen nennen / König Tarsos von Xantos der / von Geburt / Blinde.«

Zwischen Anpassungswiderstand und Unbeugsamkeit

Die unsäglichen Zeugnisse der intoleranten und bornierten SED-Kulturpolitik sind mit dem Ende des Kalten Krieges und der deutschen Vereinigung auf dem Schrottplatz der Geschichte gelandet. Sie sollten aber nicht vergessen werden, weil man auf dem Hintergrund ideologischer Repression erst erkennen kann, mit welch listiger Kreativität bzw. ästhetischer Widerstandskraft viele Künstler es verstanden, vorrangig in den Bereichen Literatur, Theater, Film und Malerei Werke zu schaffen, die sich dem bleiernen Druck politischer Mittelmäßigkeit entzogen. Dazu kam freilich auch, dass im Laufe der DDR-Geschichte immer wieder aus unterschiedlichen Gründen, z. B. bei Führungswechsel oder weil die Zensur ob ihrer Dummheit überspielt werden konnte, das vorwaltende ideologische Packeis durch Tauwetter, also ein kulturell milderes Klima, abschmolz.

Kultur in der DDR: Das bedeutete Kunst und Künstler im Spannungsfeld von auferlegter (auch akzeptierter) Ideologie und angestrebter Freiheit, von verführerischen Privilegien und mutiger Verweigerung, von Opportunismus und Widerstand bzw. »Anpassungswiderstand«. Diese Ambivalenz, in die das künstlerische Schaffen gestellt war, machte dessen besondere Eigenart aus: Faszinierend wie abstoßend, bewunderungs- wie fragwürdig.

Dagmar Schittly, die ein informatives Buch über die Filmpolitik der SED im Spiegel der DEFA-Produktionen geschrieben hat, bezeichnet die Kultursituation in der DDR als einen Balanceakt zwischen »Regie und Regime«; die sich im Spannungsfeld von Agitation, Ideologie und künstlerischem Anspruch ergebenden Konflikte seien immer auch Konflikte zwischen der herrschenden Partei (SED) und den Kunst- und Kulturschaffenden gewesen. »Ausgestattet mit vielen Privilegien, zahlten die Künstler einen hohen Preis: Ihre Aufgabe war es von Anfang an, das sozialistische System zu stützen, unter Inkaufnahme des Verlusts ihrer künstlerischen, aber auch individuellen Freiheit. Der Umgang der Künstler mit dieser Problematik, die Suche nach dem eigenen Weg zwischen Anpassung, Widerspruch und Verweigerung gehört zu den interessantesten Aspekten von Kultur in der DDR.«

Die Kulturgeschichte Ostdeutschlands, die vier Jahrzehnte lang in vielen Mäandern dahinfloss und in Nischen anlandete (dort kreative Biotope bildend), kann hier nicht systematisch vorgestellt, sondern nur in einigen exemplarischen Fallstudien erzählt werden.

Der Fall Johannes R. Becher fällt in die erste Phase der ostdeutschen kulturpolitischen Entwicklung. Es handelte sich um die Zeit, da der kulturelle Neubeginn unter sowjetischem Einfluss (zwischen 1945 und 1949) und wichtige Entscheidungen hinsichtlich des Aufbaus der Grundlagen des Sozialismus 1949 bis 1963 fielen. Den großen Bemühungen des aus der russischen Emigration unmittelbar nach Kriegsende zurückgekehrten ehemaligen expressionistischen Dichters um eine gesamtdeutsche kulturelle Erneuerung (Gründung des »Kulturbundes«) kann man idealistischen Enthusiasmus nicht absprechen, auch wenn dieser, was für die meisten Kommunisten dieser Zeit galt, den stalinistischen Verbrechen gegenüber blind war (den Diktator pries der Dichter in peinlichen Lobeshymnen). Bechers inspirierende Naivität, mit der er den Aufbruch Deutschlands zu neuer Menschlichkeit beschwor, spiegelt das Gedicht, das er 1949 als Nationalhymne der Deutschen Demokratischen Republik verfasste und mit nationaler Apotheose endet:

>»Laßt uns pflügen, laßt uns bauen,
> Lernt und schafft wie nie zuvor,
> Und der eignen Kraft vertrauend,
> Steigt ein frei Geschlecht empor.
> Deutsche Jugend, bestes Streben
> Unsres Volks in dir vereint,
> Wirst du Deutschlands neues Leben,
> Und die Sonne schön wie nie
> Über Deutschland scheint.«

Zwischen der Vision eines neuen Deutschland und der kommunistischen Strategie sah Becher keinen Gegensatz; der durch Hitler verursachten »Massenverkommenheit« versuchte er dadurch beizukommen, dass er sich auf die vom Faschismus missbrauchten Ideale des wahren Deutschland und die Werte der Heimat berief. Die gereinigten Ideale sollten nun für das Befreiungswerk genutzt werden. Die Deutschen seien so aus ihrer Lethargie herauszureißen.

Immerhin erfasste den Politiker und Schriftsteller (wegen seiner Kitschanfälligkeit »Mitstöhner des Expressionismus« genannt) am Ende seines Lebens Ernüchterung. Zwei Jahre vor seinem Tod 1958, im selben Jahr, da Nikita Chruschtschow sich als Generalsekretär der KPdSU auf deren XX. Parteitag in einer Geheimrede von dem 1953 verstorbenen Stalin distanzierte und damit eine Politik der Entstalinisierung einleitete, übte Becher in einem Manuskript Selbstkritik; es gälte, eine neue Sprache zu finden, um all das Ungeheuerliche beredt und wieder gut zu machen, was durch Schweigen verschuldet worden sei. Er habe damals Stalin verehrt wie keinen unter den Lebenden und ihn für einen der Genien der Menschheit gehalten; so könne er sich nicht darauf hinausreden, von den Verbrechen nichts gewusst zu haben. Sein Grundirrtum sei die Annahme gewesen, dass der Sozialismus die menschlichen Tragödien beende und das Ende der menschlichen Tragik selber bedeute. Es sei aber so, als habe mit dem Sozialismus die menschliche Tragödie in einer neuen Form ihren Anfang genommen, »in einer neuen, ganz und gar ungeahnten und von uns noch nicht übersehbaren«. Ob solche Einsicht wiederum nur Teil des ihm unterstellten skrupellosen Opportunismus war, da eben nun die Kritik an Stalin »angesagt« war, oder Manifestation der für ihn gleichermaßen charakteristischen selbstzweifelnden Sensibilität, muss offen bleiben. Seit seiner Jugend – er hatte einen gefühlskalten Landgerichtsdirektor zum Vater, bei einem Doppelselbstmord starb seine Geliebte, er überlebte schwer verletzt – erscheint Becher als Querkopf und Zerrissener, der nach der Flucht in die Boheme angesichts der russischen Oktoberrevolution im Kommunismus die Erlösung sah. Jens-Fietje Dwars beschreibt das Leben Bechers, eines linken Idealisten, der zugleich ein Sexbesessener war und seinen larmoyanten Weltschmerz mit Bramarbasieren kaschierte, als eines Menschen am »Abgrund des Widerspruchs«.

Becher hatte auch, in Verbindung mit dem »Kulturbund«, den Anstoß zur Gründung des »Aufbau-Verlags« gegeben. Sein Ziel war eine »grenzenlos kommunikative Literaturgesellschaft«, wobei er dies freilich in der ebenfalls vom »Kulturbund« herausgegebenen Zeitschrift »Aufbau« dahingehend relativierte, dass eine grundsätzliche Bereinigung all dessen, was weltanschaulich-moralisch die Vernichtung begünstigt und angebahnt habe, notwendig sei. Die von ihm für das kulturelle Revolutionswerk geforderte Strenge und Zucht bedeutete bald Zensur und ein Verlagswesen, das weitgehend staatlich betrieben wurde oder sich in der Hand der SED bzw. ihrer Massenorganisationen befand.

Die Literatur der DDR war Planungsliteratur par excellence. Alles sollte gelenkt und kontrolliert werden: Die Entstehung, Drucklegung und Veröffentlichung eines Werkes, sein Vertrieb und sogar die Literaturkritik. Vor allem wurde im »Leseland« DDR der Blick auf westliche Horizonte verstellt; immerhin wurden bis Ende der fünfziger Jahre in der Zeitschrift »Neue deutsche Literatur« noch alle wichtigen Neuerscheinungen der Bundesrepublik besprochen; man ging dort vom Bestand *einer* deutschen Literatur aus, was aber bereits damals eine Fiktion war. Vielfach war das westliche Buch Schmuggelware; seine Rezeption erfolgte im Halbdunkel.

In der ersten Phase des »Aufbau-Verlags«, der sich vor allem für emigrierte Schriftsteller einsetzte (darunter Theodor Plivier, Anna Seghers, Johannes R. Becher, Heinrich Mann), war Erich Wendt der Leiter. Er hatte in der Weimarer Republik und als Emigrant in der Sowjetunion, wo er unter Stalin nach Sibirien verbannt worden war, seine verlegerischen Erfahrungen gesammelt. Vielen sei es als Wahnwitz erschienen, inmitten der Ruinen Bücher zu produzieren, wo es doch am Unentbehrlichsten zur Linderung der allgemeinen Not fehlte; doch habe sich die »hingebungsvolle Arbeit opferbereiter Menschen«, großzügig von der sowjetischen Besatzungsbehörde unterstützt, über alle Bedenken hinweggesetzt, ging es doch um die geistige Erneuerung Deutschlands.

1951 trat Wolfgang Harich in den Verlag ein; 1951 übernahm Walter Janka die Verlagsleitung. Beide stehen auf herausragende Weise für Intellektuelle, die nach großen kulturellen Taten dürsteten und daran glaubten, dass ein sozialistischer Staat und eine sozialistische Gesellschaft dem freien Geist die eigentlichen Entfaltungsmöglichkeiten bieten würden. Eine solche Illusion hatte aber keine Zukunft; die Regeneration scheiterte an der »Diktatur des roten Plüsch«.

Als Harich zum Verlag stieß, war er bereits ein bekannter Theaterkritiker und ein renommierter Hochschullehrer für Philosophie, der unter anderem das Werk Ernst Blochs betreute. In der kurzen Tauwetter-Periode nach dem XX. KPdSU-Parteitag 1956 engagierte er sich für einen deutschen Weg zum Sozialismus, was als sozialistische Demokratisierung der DDR verstanden werden konnte, und für eine friedliche Wiedervereinigung Deutschlands; er wurde verhaftet und in einem Schauprozess wegen Bildung einer konspirativ-staatsfeindlichen konterrevolutionären Gruppe zu zehn Jahren Zuchthaus verurteilt. 1964 amnestiert, blieb er ohne feste Anstellung. Seitdem war der Nationalkommunist, der 1944 aus der deutschen Wehrmacht desertiert war, ein »toter Hund« (so Harich in seiner Autobiographie »Ahnenpass«). Erst 1990 wurde er rehabilitiert.

Vier Monate später wurde Janka zu fünf Jahren Zuchthaus verurteilt; Harich hatte, nach dem Eingeständnis seiner »Schuld«, Aussagen gegen seinen früheren Chef gemacht, was natürlich deren Verhältnis dauerhaft zerrüttete. 1914 in Chemnitz geboren, war er 1932 der KPD beigetreten, von 1933 bis 1935 war er von den Nationalsozialisten ins Zuchthaus und anschließend ins KZ geworfen worden. Er kämpfte als Freiwilliger im Spanischen Bürgerkrieg und wurde 1939 in Frankreich interniert, von wo aus er 1941 nach Mexiko entkommen konnte; 1947 kehrte er in die SBZ zurück. Er sei, so lautete nun die Anklage, Anführer einer konterrevolutionären Gruppe im Verlag. Der Prozess war eine Farce, etwas anderes als »schuldig« war nicht zu erwarten; Rechtsbeugung gehörte zum System. Das Gericht, so Janka in seinem »Bericht über Verhaftung und Verurteilung«, nahm von den Anträgen des Anwalts, der auf Freispruch plädiert hatte, keine Notiz. »So ist es eben. Wenn die Partei Weisung gibt, folgen die Richter.«

Das Verfahren warf auch ein Licht auf die erbärmliche opportunistische Mentalität vieler ostdeutscher Tuis. Während des Tribunals war eine ganze Reihe von ihnen anwesend, u. a. Anna Seghers, Willi Bredel (damals Mitglied des Zentralkomitees der SED), Bodo Uhse (Sekretär der Sektion Dichtkunst und Sprachpflege in der deutschen Akademie der Künste), Eduard von Schnitzler (Chefkommentator des Rundfunks und Fernsehens). »Sie stießen sich gegenseitig an und trommelten mit den Fäusten auf die Tischplatten. Wie wildgewordene Studenten nach einer wohlgefälligen Vorlesung.

... Daß sich keiner der hier vertretenen Freunde von Lukács dazu aufschwang, gegen die unwahren Behauptungen zu protestieren, war die schlimmste Enttäuschung für Janka während des ganzen Prozesses.« Der ungarische Literatursoziologe Georg Lukács, 1933 in die Sowjetunion emigriert und Stalinist, dann von den Sowjets wegen seiner positiven Haltung zum ungarischen Volksaufstand 1956 deportiert, aber ein Jahr später wieder freigelassen, galt in der DDR als Anführer der Revisionisten, weshalb seine Gefolgsleute oder vermeintlichen Anhänger verfolgt wurden.

Am 1. 5. 1989, kurz nach seinem 75. Geburtstag, wurde Janka mit dem »Vaterländischen Verdienstorden in Gold« ausgezeichnet, »in Würdigung hervorragender Verdienste beim Aufbau und bei der Entwicklung der sozialistischen Gesellschaftsordnung in der Deutschen Demokratischen Republik«. Nach der Wende, in einer Rede im Deutschen Theater am 5. 11. 1989, beschloss er seine Ausführungen mit dem Ruf, der den deutschen Antifaschistischen, den spanischen und internationalen Freiwilligen, in den schwersten Jahren immer wieder Mut gemacht hatte: »Venceremos! Wir werden siegen!«

Die Wende von 1989/90 erlebte der 1910 geborene Robert Havemann nicht mehr. Er gehörte bis zu seinem Tode zu den bedeutendsten Dissidenten; unerschrocken und opferbereit trat er für einen humanen Sozialismus und die Überwindung des diktatorischen Dogmatismus ein; zugleich wandte er sich gegen die westliche kapitalistische Staatsordnung. Das war auch der Grund, weshalb der 1943 als Mitglied einer Widerstandsgruppe von den Nationalsozialisten zum Tode verurteilte Chemiker – die Vollstreckung wurde wegen seiner Beteiligung an kriegswichtigen Forschungen aufgeschoben – nach seiner Befreiung in den Osten ging, wo er 1952 Professor an der Humboldt-Universität in Berlin wurde. Die Amerikaner hatten ihn als Spion verdächtigt und 1947 als Leiter des Berliner Kaiser-Wilhelm-Instituts abgesetzt. Für den Weg zur sozialen Gerechtigkeit brauche es Zeit, meinte er; aber Geduld gehöre zu seinen gewissermaßen beruflichen Qualifikationen; jeder experimentell arbeitende Naturwissenschaftler brauche an erster Stelle diese Eigenschaft. So in der Schrift »Aus der Biografie eines deutschen Marxisten«, die den bezeichnenden Titel »Fragen Antworten Fragen« führt und Havemanns Weg von der Todeszelle im Zuchthaus Brandenburg in das Verhörzimmer des DDR-Staatssicherheitsdienstes schildert.

Havemanns Persönlichkeit war geprägt durch Empörung, Melancholie und eine debattierfreudige Intelligenz. Das waren Eigenschaften, welche im Widerspruch standen zu der von der DDR-Staatsführung geforderten Parteidisziplin, wobei deren Vulgär-Marxismus selbst die Naturwissenschaft zu bestimmen suchte. Das brachte Havemann, der am 17. Juni 1953 mit den revoltierenden Arbeitern zu sprechen versuchte, um die Maßnahmen der Regierung zu verteidigen, auf den Weg der Opposition. Im September 1962 griff er in Leipzig den philosophischen Standard der Sowjetwissenschaft und ihrer deutschen Propagandisten als »breitgetretenen Unsinn« an. Etwas »Furchtbares« müsse er konstatieren: Der dialektische Materialismus sei jahrzehntelang durch seine offiziellen Vertreter bei allen Naturwissenschaftlern der Welt, einschließlich der führenden Naturwissenschaftler der Sowjetunion diskreditiert worden. Solche Kritik, zusammen mit seinem Eintreten für die Emanzipation des Bürgers, der nicht Untertan sein dürfe, führten bald zur fristlosen Entlassung aus dem Hochschuldienst, zu einem faktischen Berufsverbot und einer steten Überwachung bis zum Hausarrest.

Als angefeindeter und tot geschwiegener Abweichler im eigenen Lande, im Westen wohl der populärste deutsche Kommunist, gab Havemann seinen Glauben an das Gute und Humane im kommunistischen Sozialismus, zu dem Freiheit keinen Widerspruch darstelle, nicht auf. Im Prinzip erschien ihm die DDR als der bessere deutsche Staat. Während andere diesem entflohen, weigerte sich Havemann, in den »bequemen, ruhigen, sicheren Westen« zu gehen. Das veranlasste Marion Gräfin Dönhoff zum siebzigsten Geburtstag Havemanns festzustellen, dass Ideen eben stärker als Polizeimacht seien. Niemand wisse zwar, wann dieser ungleiche Kampf zwischen David und Goliath enden werde; aber, darin gipfelte ihre Hommage an den unerschrockenen Utopisten, Havemanns Name sei bereits heute mit »unauslöschlichen Lettern eingeschrieben in das Buch der wechselvollen deutschen Geschichte«.

Bertolt Brecht war in den USA von dem Senator Joseph R. McCarthy, der im Rahmen des sich zunehmend verschärfenden Kalten Krieges eine allgemeine hysterische Verfolgungsjagd auf linke Künstler und Intellektuelle auslöste, »unamerikanischer Umtriebe« bezichtigt worden; er verließ das Land. Die Intoleranz der SED tolerierte er jedoch. Obwohl Brechts Stücke weltweiten Ruf genossen und das »Berliner Ensemble« ein kulturelles Aushängeschild war, scheute sich die DDR-Führung nicht, von ihm immer wieder »Linientreue« einzufordern und, wo sie diese nicht erfüllt sah, zensierend einzugreifen. 1951 kam es zu einer ersten spektakulären Auseinandersetzung zwischen »Regie und Regime«. Es ging um Bertolt Brechts pazifistische Oper »Das Verhör des Lukullus«, komponiert von Paul Dessau, der 1948 ebenfalls aus amerikanischer Emigration nach Ostdeutschland zurückgekommen war. Die Premiere an der Berliner Staatsoper, mit Hermann Scherchen als Dirigent, war bejubelt worden; am nächsten Tag wurde das Werk vom Spielplan abgesetzt; die SED kritisierte »formalistische Tendenzen«. Die führenden SED-Funktionäre hatten sich in ihrer

Mehrzahl, ausgenommen der Staatspräsident Wilhelm Pieck, dem Künstler gegenüber immer distanziert verhalten; seine literarisch-provokante Offenheit und sein bohemienhaftes Auftreten irritierte deren kulturelle Oberlehrer-Mentalität. Brecht nahm Änderungen vor; aus dem »Verhör« wurde eine »Verurteilung«, nun des Angriffskrieges; der Verteidigungskrieg erfuhr ausdrückliche Billigung.

Die als zwielichtig empfundene Haltung Brechts zum Arbeiteraufstand in Ostberlin am 17. Juni 1953, der von russischen Truppen niedergeschlagen worden war, erfuhr im Westen besonders scharfe Kritik. Ein Brief Brechts an Ulbricht wurde verstümmelt veröffentlicht, so dass er wie eine Ergebenheitsadresse wirkte. In einem Schreiben an seinen Verleger Peter Suhrkamp in Frankfurt am Main hieß es wesentlich klarer, dass die Arbeiter über die unglücklichen und unklugen Maßnahmen der Regierung, überstürzt eine Schwerindustrie aufbauen zu müssen, erbittert gewesen seien. Andererseits sprach Brecht auch davon, dass die Losungen der Aufständischen verworren und kraftlos und durch den Klassenfeind eingeschleust worden seien. In wenigen lapidaren Versen hielt er jedoch die Entfremdung der Werktätigen im Bauern- und Arbeiterstaat von ihrer Führung fest:

»Nach dem Aufstand des 17. Juni
Ließ der Sekretär des Schriftstellerverbands
In der Stalinallee Flugblätter verteilen
Auf denen zu lesen war, daß das Volk
Das Vertrauen der Regierung verscherzt habe
Und es nur durch verdoppelte Arbeit
Zurückerobern könne. Wäre es da
Nicht doch einfacher, die Regierung
Löste das Volk auf und
Wählte ein anderes?«

Ob aus Überzeugung oder Opportunismus bzw. einer Mischung aus beidem – Brecht blieb in der DDR. Die heimliche Hoffnung vieler im Westen, dass Brecht eines Tages hier mit seinem Köfferchen erscheine, die Freiheit wählend, war illusorisch. »Ist er ein Feigling, ist er ein Blinder, oder genügt ihm die Freiheit des Westens nicht, um auf das russische Geld zu verzichten?«, fragte Max Frisch 1955, als der Dichter im Kreml den Stalin-Preis erhielt (nach Zeitungsmeldungen deponierte er die Preissumme auf einer Schweizer Bank).

Als Bertolt Brecht am 14. August 1956 starb, hatte er wieder Sympathien zurückgewonnen. Die Zeitschrift »Das Schönste« schrieb: »Das Große in seinen Werken, das geistig Erhabene, überstrahlte bis zuletzt die Befangenheit in politischen Dogmen – der Mensch und Dichter Brecht bedarf deshalb keiner Rechtfertigung und wird nie einer solchen bedürfen. Sein Werk hat säkulare Geltung, die deutsche Sprache hat aus seinem Geist neuen Gehalt empfangen. Das deutsche Theater verdankt ihm stärkste Impulse, unsere Dichtung wäre unendlich ärmer ohne ihn.«

Dass der Fall eines Kaninchens den SED-Funktionärsapparat im Jahr 1965 in große Unruhe versetzte, hing natürlich nicht mit einem real existierendem Karnickel zusammen, sondern mit einem für das sozialistische Glück als schädlich empfundenen, die sozialistische Wirklichkeit und das Wirken der Partei verzerrenden Film des Regisseurs Kurt Maetzig, der den die Brisanz des Themas verschleiernden Titel »Das Kaninchen bin ich« trug (nach einem Roman von Manfred Bieler, der nicht zur Veröffentlichung freigegeben worden war). Es handelte sich um die Geschichte der neunzehnjährigen Maria Morzeck, die nicht studieren darf, da ihr Bruder im Gefängnis sitzt; sie lernt einen älteren verheirateten Mann kennen und lieben, von dem sich herausstellt, dass es der Richter ist, der ihren Bruder verurteilt hatte. Sie reicht ein Gnadengesuch ein, das erfolglos bleibt; doch der Richter entlässt den Bruder aus der Haft, als sich die politische Lage im Staat ändert. Maria trennt sich vom Geliebten, da sie ihn nun als egoistischen Karrieristen erkennt. Das 11. Plenum des Zentralkomitees der SED (1965) befasste sich mit dem Film, was nicht überraschend war, da das Filmwesen insgesamt eine große Rolle in der SED-Kulturpolitik und -Propaganda spielte. Der Bannstrahl der Partei – Erich Honecker, damals im ZK für Sicherheitsfragen zuständig, sprach von spießbürgerlichem Skeptizismus, von Nihilismus und Unmoral – traf hier einen Filmemacher, der sich sonst großen Ansehens erfreute. Maetzig gehörte 1946 zu den Mitbegründern der DEFA. Der »Deutschen Film AG« war der Neuaufbau des Filmwesens in der SBZ, dann DDR übertragen worden; es sollte antifaschistisch und frei von nazistischer Lüge wie Völkerverhetzung sein, dem Geiste des Humanismus, der Völkerverständigung und der wahren Demokratie dienen.

Maetzig hatte 1947 den Film »Ehe im Schatten« gedreht, der zusammen mit Wolfgang Staudtes »Die Mörder sind unter uns« zu den bedeutendsten filmischen Auseinandersetzungen mit dem Nationalsozialismus in der Nachkriegszeit zählte. Für zwei Thälmann-Filme, welche die Ostdeutschen und ihre Partei als Nachfolger der Widerstandskämpfer im Dritten Reich zeigten, hatte er das besondere Wohlwollen der Parteiführung gewonnen. Der Kommunist Ernst Thälmann hatte in der Weimarer Republik zwei Mal für das Amt des Reichspräsidenten kandidiert und war 1933 von der SS ermordet worden. Nach der Entmythologisierung Stalins, allerdings verhältnismäßig spät (nämlich fünf Jahre nach der Geheimrede Chruschtschows) wurden die Thälmann-Filme einer »Filmkontrolle in Auswertung des XXII. Parteitages der KPdSU insbesondere in Bezug auf kritische Einschätzung der historischen Bedeutung Stalins« unterzogen.

»Die Thälmann-Filme sind ein Paradebeispiel für die propagandistische Filmarbeit des DEFA-Studios und für den Stellenwert, den der Film generell auf den höchsten Ebenen von Partei und Staat hatte. Sie sind aber auch ein anschaulicher Beleg dafür, wie die DDR immer wieder von ihren eigenen politischen Entscheidungen eingeholt wurde, wie kurzfristig ihre Bestimmungen waren und wie sich das Auf und Ab auf die Kulturpolitik auswirkten.« (Dagmar Schittly)

Bewunderungswürdig ist, dass inmitten der bornierten SED-Zensurpolitik immer wieder große Filme entstehen konnten. Filmemacher und Filmwissenschaftler zählten bei einer von der Deutschen Cinemathek in Berlin veranstalteten Umfrage 14 DEFA-Filme zu den 100 wichtigsten deutschen Filmen. Die

DDR-Filmemacher benötigten große Standfestigkeit, aber auch Leidensfähigkeit, um der staatlichen Wirklichkeit Kunstwerke von Rang abzutrotzen, auch abzulisten; und sie mussten große Opfer bringen. Von Egon Günther zum Beispiel, der zusammen mit Frank Beyer und Konrad Wolf zu den bedeutendsten Filmregisseuren der DDR zählte, fiel »Wenn du groß bist, lieber Adam« (1965) und »Der Abschied« (1968) der Zensur zum Opfer; »Der Dritte« (1972) erhielt Exportverbot; Hauptdarsteller Armin Mueller-Stahl verließ 1980 die DDR; »Ursula« (1978) durfte nicht besprochen werden.

Günther, der deutsch-deutsch Zerrissene, der 1978 in die BRD übersiedelte, nannte in einer persönlichen Film-Bestenliste: Frank Beyers »Fünf Patronenhülsen«, »Aufenthalt«, »Jakob der Lügner« und »Nackt unter Wölfen«; von Siegfried Kühn »Das zweite Leben des Friedrich Wilhelm Georg Platow«, »Wahlverwandtschaften« und »Schauspielerin«; von Roland Gräf »Märkische Forschungen«, »Fallada« und »Das Bernsteinzimmer«; von Heiner Carows »Die Russen kommen« und »Ikarus«; von Konrad Wolfs »Goya«, »Sterne«, »Lissy«, »Professor Mamlock«, »Der nackte Mann auf dem Sportplatz«; schließlich Günther Rückers »Die Verlobte«. Herausragend war auch, von der SED zähneknirschend hingenommen, der spätere Kultfilm »Die Legende von Paul & Paula« (Buch: Ulrich Plenzdorf, Regie: Heiner Carow, Hauptdarstellerin: Angelica Domröse).

Als einer der ergreifendsten »neorealistischen« Filme der siebziger Jahre erwies sich »Bankett für Achilles«, bei dem Roland Gräf die Regie führte. Nach dreißig Jahren Arbeit im chemischen Kombinat Bitterfeld wird der Meister Karl Achilles (Erwin Geschonnek) mit einem Bankett in den Ruhestand verabschiedet; »anstößig« war die kritische Sicht auf die Arbeiterklasse und diejenigen, die sich als deren Repräsentanten ausgaben.

Nach der Wende verschwanden die meisten DEFA-Streifen (insgesamt 750 Spiel-, 2300 Dokumentar- und 750 Zeichentrickfilme) im Archiv; sie blieben und bleiben weitgehend unbeachtet bei der Programmplanung der Fernsehanstalten, die es vorziehen, statt Qualität aus dem Osten Schrott aus dem Westen zu präsentieren. Eine gewisse Ausnahme machte dabei

Frank Beyers Film »Spur der Steine«, der, 1966 in der DDR uraufgeführt und wenig später nach organisierten Protesten aus
dem Verkehr gezogen, 1990 in den Kinos gesamtdeutsche Anerkennung fand. Hauptdarsteller war Manfred Krug, populärster
Unterhaltungskünstler in der DDR; im Juli 1977 hatte er das
Land verlassen, im Westen konnte er erfolgreich, vor allem für
das Fernsehen als Tatort-Kommissar und in der Serie »Liebling
Kreuzberg«, weiterarbeiten.

Am liebsten weg und hier sein

Auf dem 11. Plenum des ZK der SED 1965 (auf dem neben dem
»Kaninchen-Verdikt« weitere Filme zurückgewiesen wurden)
erfolgte eine der üblichen Attacken auf Schriftsteller; auch Stefan Heym bezichtigten die SED-Funktionäre des »geistigen
Hochmuts«. Bestimmten Künstlern wurde die Schuld an der
dem Sozialismus fremden Lebensweise einiger Jugendlicher gegeben, die nicht begreifen würden, dass die DDR ein »sauberer
Staat« mit unverrückbaren Maßstäben der Ethik und Moral,
des Anstands und guter Sitte sei. Der SED-Chefideologe Kurt
Hager, von den Nationalsozialisten verfolgt, 1937 bis 1939 Teilnehmer am Spanischen Bürgerkrieg, ab 1955 im ZK verantwortlich für Wissenschaft, Volksbildung und Kultur, formulierte als Prinzip, dem sich die Intellektuellen unterordnen
müssten: »Louis Fürnberg schrieb das schöne Lied ›Die Partei
hat Recht, sie hat immer Recht.‹ Das gilt für die Vergangenheit,
und das gilt für die Gegenwart und die Zukunft.«

Besondere Kritik erfuhr Wolf Biermann, weil er den Sozialismus mit dem Anarchismus verwechsle, weil er in einer Reihe
seiner Gedichte die Menschen, die den Sozialismus aufbauten
und diejenigen, die diesen Aufbau leiteten, mit Schmutz bewer-
fe. Der Lyriker und Liedermacher, der 1953 aus Hamburg in
die DDR übergesiedelt war, da ihm diese als der bessere deutsche Staat erschien, ließ sich jedoch nicht den Mund verbieten.
»Als ich ein paar Jahre im Arbeiter- und Bauern-Staat gelebt
hatte«, schrieb er in einem »Nachruf auf die DDR«, »merkte

ich, dass der Kommunismus krankt. Ich schrieb Lieder und Gedichte, die ihn gesund machen sollten. Aber die Bonzen bedankten sich nicht für meine bitteren Pillen.« Eine der ergreifendsten Bekundungen seiner »kritischen Solidarität« stellte das Lied »Und als wir ans Ufer kamen ...« dar; darin heißt es:

»... Was wird bloß aus unsern Träumen
In diesem zerrissnen Land
Die Wunden wollen nicht zugehn
Unter dem Dreckverband
Und was wird mit unsern Freunden
Und was noch aus dir, aus mir –
Ich möchte am liebsten weg sein
Und bleibe am liebsten hier
– am liebsten hier«

Die Entscheidung wurde dem Dichter abgenommen. Als er 1976 auf einer Tournee in Westdeutschland unterwegs war, wurde ihm von den zuständigen Behörden der DDR wegen grober Verletzung der staatsbürgerlichen Pflichten die Staatsbürgerschaft aberkannt. So erfuhr der standhafte Kommunist – sein jüdischer Vater war Widerstandskämpfer im Dritten Reich gewesen und 1943 im Vernichtungslager Auschwitz gestorben – das »Schicksal der Heimatvertreibung«, wie es Heinrich Böll nannte, der Biermann in sein Haus aufnahm.

Die Ausweisung Biermanns führte, was kulturpolitisch im SED-Staat ein völlig unerwartetes Novum war, zum Protest dort lebender namhafter Schriftsteller; darunter waren acht SED-Mitglieder; der hochangesehene Bildhauer Fritz Cremer und Dutzende weiterer Künstler schlossen sich dem Protest an. Von der DDR-Führung wurde gefordert, die Maßnahme gegen Biermann zu überdenken und zu revidieren; die meisten der Aufbegehrenden, wie Stephan Hermlin, Günter Kunert, Stefan Heym, Christa Wolf, waren selbst schon wegen Abweichung von der Parteilinie gemaßregelt worden.

Die SED-Führung hatte offensichtlich den Bogen überspannt. Die alten Männer, welche nach wie vor die Macht ausübten, erkannten nicht die Wandlungen, die sich inzwischen in ihrem Staat vollzogen hatten. Alternative Strömungen hatten um sich gegriffen; in den siebziger Jahren schlossen sich vorwiegend junge Künstler und Autoren in kleinen, sehr heterogenen Freundeskreisen und Zirkeln zusammen und edierten Publikationen, die sowohl auf dem westlichen Kunst- bzw. Zeitschriftenmarkt wie in privilegierten Zirkeln in der DDR reüssierten. Die »Mappen-Bewegung« verstand sich zwar keineswegs dezidiert politisch, war dies aber insofern, als gerade künstlerische Offenheit und Subjektivität die obligatorische ästhetische »Gesellschaftlichkeit« unterlief. Bis 1989 erschienen insgesamt dreißig literarische sowie zehn politische Zeitschriften und über hundert originalgrafische Künstlerbücher, deren subkutane Resistenz von den zensierenden Behörden entweder nicht erkannt oder, da auch diese »Verfallserscheinungen« zeigten, stillschweigend hingenommen wurde. Das Beben im Untergrund, zu dem die Verbreitung westlicher Rock-Musik gehörte, war für das starre DDR-System so gefährlich, weil nun auch junge, durchaus überzeugte Marxisten im Bund mit langjährigen SED-Mitgliedern einen anderen, neuen Weg zum Sozialismus suchten. Man praktizierte, was einst Karl Marx in Hinblick auf die versteinerten deutschen Verhältnisse gefordert hatte: Man müsse sie dadurch zum Tanzen zwingen, dass man ihnen ihre eigene Melodie vorspiele.

Das tat zum Beispiel der 1935 geborene Rudolf Bahro mit seinem Buch »Die Alternative. Zur Kritik des real existierenden Sozialismus«, das 1977 im Westen erschien; der Autor wurde deshalb zu acht Jahren Gefängnis verurteilt, aber nach 16 Monaten in die Bundesrepublik abgeschoben. Bahro forderte die Erneuerung der Kommunistischen Partei, unter deren Führung die Gesellschaft ohne kapitalistische Antriebs- und Disziplinierungsmechanismen eine hohe ökonomische Leistungsfähigkeit entwickeln könne; die werktätigen Massen müssten jedoch tatsächlich an den Entscheidungsprozessen beteiligt sein.

Das Jahrzehnt nach Biermanns Ausbürgerung, so der Schriftsteller Bernd Wagner, der 1985 die DDR verließ, habe den Tod der ostdeutschen Intelligenz besiegelt. Wenn sie nicht außer Landes ging, sei ihr jeder Boden entzogen worden. Der ganze ideelle Überbau sei zusammengestürzt und der Künstler allein inmitten der Trümmer gestanden. Die repressive SED-Kulturpolitik habe kein strategisches Konzept mehr gezeigt; sie torkelte ihrem Untergang entgegen.

Manfred Jäger, einer der besten Kenner der »Kultur und Politik in der DDR«, so auch der Titel seines gleichnamigen, 1982 und in erweiterter Fassung 1994 erschienenen Buches, konstatiert für diese letzte Phase der SED-Diktatur die »Scheinstabilität« eines kulturpolitischen Immobilismus. Die partei- oder regierungsamtlich zur kulturpolitischen Anleitung und Führung verpflichteten Gremien und Personen entschieden sich für eine unklare und vage Diktion, die jede Gruppe zugleich zu ermuntern und zu warnen schien. Solchen Schwebezustand betrachtete man als am besten geeignet, den drohenden Untergang der DDR zumindest zu verzögern. Als dann freilich Michail Gorbatschow die Idee und Wirklichkeit des Sozialismus revolutionierte, nützte kulturpolitische Bewegungslosigkeit nichts mehr. Wolfgang Biermann konnte für sich in Anspruch nehmen – und er tat dies dann auch mit dem ihm eigenen Selbstbewusstsein –, dass sein »Fall« (im doppelten Wortsinne), gerade weil er kein Dissident war, zum einen den Sturz der SED-Hegemonie und zum anderen den Aufstieg freiheitlicher Oppositioneller mitbewirkt bzw. beschleunigt habe. Kritisches Denken und Verhalten fand in den späten achtziger Jahren kaum noch Widerspruch; nur die »Staatssicherheit« mit dem 1907 geborenen senilen Erich Mielke als zuständigem Minister stellte noch eine ernsthafte Gefahr dar.

»Insofern hatte sich die Situation gegenüber den vorangegangenen Jahrzehnten total verändert. Damals mußten vorgeschobene Positionen geräumt werden, weil der Widerstand in den eigenen Institutionen zu stark war. Jetzt brauchte man nicht mehr listig, taktisch vorzugehen. Freilich, die reformbereiten Intellektuellen wurden nicht laut, sie bildeten eine leise Front. Gerd Irrlitz hat für sie das schöne Bild von dem ›zauberischen Orchester‹ geprägt, das nur den drohenden, beängstigenden

Hintergrund vermissen läßt. ›Die geistige Opposition in der DDR, sie bildete ein zauberisches Orchester, das immer zu hören, nie zu erblicken war, in dem jeder seinen Part beherrschte, zu dem jeder hinzutreten durfte, der etwas beizutragen vermochte, und das keinen Dirigenten besaß. In Wahrheit verfügte es über mehrere, nur wurde nicht ausgesprochen, daß sie es sind.‹ Das ›zauberische Orchester‹ spielte am Abgrund der Zeit, einer Zeit, die einmal die ihre und so voller Hoffnung gewesen war.« (Werner Mittenzwei)

Die Geschichte
von der aufbegehrenden
Generation

Schon Anfang der sechziger Jahre hatten sich in vielen Universitäten der Bundesrepublik Studentengruppen gebildet, die ihren Unmut über die Hochschulpolitik artikulierten. Dieser richtete sich gegen die starren hierarchischen Strukturen, wobei die Ordinarien, also die Inhaber eines Lehrstuhls, allein das Sagen hatten und Assistenten wie Studenten sich gegängelt fühlten. Die Gebote von Ordnung, Disziplin und Gehorsam waren dabei Teil eines sekundären Tugendsystems, das insgesamt die Gesellschaft der Wirtschaftswunderzeit, vor allem ihre Institutionen (etwa Schule, Verwaltung, Wirtschaft) bestimmte. Es fehlte die Möglichkeit, die »Autoritäten« auf ihre Kompetenz hin zu befragen; und als junge Leute dies versuchten, stießen sie auf eine Wand der Ablehnung. So etwa die Schülerin Karin Storch, als sie, freilich erst 1967, mit ihrer Abiturrede, die großes Aufsehen erregte, die Erziehung zum Ungehorsam als Aufgabe einer demokratischen Erziehung forderte. »Ruhe war die erste Pflicht der Untertanen, Unruhe kennzeichnet den Demokraten – ständige Unruhe und Bewegung, nicht aber Aufruhr und Revolte. Demokratie bewusst machen, heißt junge Menschen dazu zu erziehen, kritisch, skeptisch, nüchtern und ungehorsam zu sein. Die Schule soll sie zur Wahrheit erziehen, zur Kritik, zur Offenheit und zum Ungehorsam.«

Solche, vom konventionellen Schema der affirmativen Danksagung abweichenden »vernünftigen« Worte widersprachen dem vorwaltenden restaurativen bzw. reaktionären Denkschema, das noch entscheidend durch das Dritte Reich geprägt war. Dementsprechend richtete sich der Protest hauptsächlich gegen die »braune« Universität. »Unter den Talaren Muff von tau-

Harald Duwe: Kurt Georg Kiesinger (1969)

Rudi Dutschke bei einer Demonstration gegen den Vietnam-Krieg
1968 in Frankfurt am Main

Herbert Marcuse auf einer Berliner Kundgebung Ende der
60er-Jahre

send Jahren« – gemeint war bekanntlich bei diesem Spruch, mit dem Studenten der Hamburger Universität am 9. November 1967 die Rektoratsfeier störten (sie trugen ein Transparent mit entsprechender Inschrift den in das Auditorium Maximum einziehenden Hochschullehrern voran), die propagandistische Vision der Nationalsozialisten, dass ihr Reich tausend Jahre währen würde.

Weltweiter Protest

Abgesehen von besonderen deutschen Komponenten war die Protestbewegung Teil eines weltweiten jugendlichen Aufbegehrens; es war bestimmt von der Enttäuschung über die erstarrten gesellschaftlichen und politischen Verhältnisse, was zu einer Absage führte an die »Etablierten« (Establishment), welche die Armen und Schwachen im eigenen Land wie in den unterentwickelten Ländern ausbeuteten. »Die Verdammten dieser Erde« hieß das von der Protestbewegung begeistert rezipierte antikolonialistische Manifest des 1925 auf Martinique geborenen schwarzen Arztes Frantz Fanon, der sich der algerischen Befreiungsfront gegen Frankreich angeschlossen hatte; er starb 1961 in den USA, wo vor allem die Bewegung der »Schwarzen Panther« ihn als einen der ihren reklamierte. Europa habe Jahrhunderte lang die ganze Menschheit erstickt; die unterdrückten Menschen, Sklaven der Moderne, seien ungeduldig; mit »Tollwut« seien sie dabei, ihre Ketten zu sprengen. Der argentinische Arzt Ernesto Che Guevara wurde zum revolutionären Vorbild, da er an der Seite Fidel Castros am kubanischen Befreiungskampf teilgenommen und dann, nach seinem Zerwürfnis mit den orthodoxen Kommunisten und auch Castro ab 1965 in Bolivien den Guerillakampf gegen den Neokolonialismus der Industrienationen, vor allem der USA, organisiert hatte (dort wurde er 1967 nach der Festnahme von der Armee ermordet).

Als die USA seit 1964 offen zugunsten des Militärregimes in Vietnam intervenierten – in Bekämpfung der von Nordvietnam, China und der Sowjetunion unterstützten kommunistischen Befreiungsorganisation »Vietcong« –, rief der vor allem auch gegen die Zivilbevölkerung grausam geführte Krieg, u. a. unter Einsatz von Napalmbomben und Chemiewaffen, überwiegend jugendliche Empörung hervor. Der nordvietnamesische Staatschef Ho Chi-Minh, der fünfzig Jahre lang gegen die Invasoren seines Landes gekämpft hatte, wurde zur großen Symbolfigur, so wie auch Mao Tse-tung, der Vorsitzende des Zentralkomitees und Politbüros der kommunistischen Partei Chinas, der 1965 in seinem Lande die »große proletarische Kulturrevolution« ausrief (Schüler und Studenten zogen, organisiert als »Rote Garden« durch das Land und propagierten die »Erneuerung von unten«, was zu brutalen Ausschreitungen führte). Die kleinformatige rote »Mao-Bibel«, eine Zusammenstellung von Zitaten aus Maos Reden und Schriften, in Millionen Exemplaren ab 1966 auf der ganzen Welt verbreitet, galt als Fundgrube für revolutionäre Lehrsätze, wobei vor allem die Parole, dass die Kunst dem Volk gehöre, den Aufstand junger Künstler gegen den herrschenden Geschmack als den Geschmack der Herrschenden inspirierte.

Die sechziger Jahre waren insofern ein Jahrzehnt des jugendlichen Optimismus, als sie von einem ekstatischen Aufbruchswillen bestimmt waren: durch den Glauben an die Veränderbarkeit der Welt, an neue Ideen und die Macht des Geistes jenseits aller materiellen Zwänge. Solcher »Sturm und Drang« – »people in motion«, »Träume, Hoffnung, Zukunft« – war von Popkunst durchdrungen, wurde durch Popmusik intoniert. Seit ihrem sechswöchigen Auftreten im Hamburger Starclub 1962 erlebten die Beatles einen kometenhaften Aufstieg, 1964 waren die ersten fünf Plätze der US-Hitlisten mit ihren Titeln belegt; bis 1967 hatten sie 230 Songs geschrieben, die mit mehr als 200 Millionen Schallplatten verkauft wurden; als gleichermaßen spektakulär erwies sich der Erfolg ihrer Filme.

1961 erscheint Bob Dylans erstes Album; vom Blues und Country-Folk herkommend, engagierte er sich mit einer härter werdenden Musik sozialkritisch und antimilitaristisch; so auch Joan Baez, die couragiert gegen den »Völkermord« in Vietnam Stellung bezog. Zehntausende, Hunderttausende trafen sich auf Festivals; eine halbe Million kam 1969 in Woodstock zusammen, der Misere der Realität durch das Medium der Musik entrückt; die Welt sollte beautiful, peaceful sein; make love not war. 1970 starben kurz hintereinander Jimi Hendrix und Janis Joplin an Heroin. Die Antibabypille (seit 1960) revolutioniert das Sexualverhalten. Ohne sie, die Drogen, die befreite Sinnlichkeit, den neuen Beat hätte es die Hippie-Bewegung wahrscheinlich nicht gegeben; die »Flower power« (Allen Ginsberg) verband sich mit dem Pazifismus und verlieh ihm eine exaltierte Spiritualität, die auch das Kult-Musical »Hair« (1967) bestimmte.

Es war ein Jahrzehnt der heftigsten Kämpfe um die Bürgerrechte – mittels Blockaden und blumigen wie blutigen Demonstrationen. Bei dem Marsch auf Washington 1963 traten Dylan und Baez auf; Martin Luther King hielt seine Rede »I have a dream«; er wurde 1968 ermordet, fünf Jahre nach dem tödlichen Attentat auf John F. Kennedy, einem zunächst enthusiastisch umjubelten politischen Hoffnungsträger. In New York erteilte Andy Warhol dem Originalitäts- und Kreativitätsanspruch mit seiner Zuwendung zum Alltäglichen (Coca-Cola-Flaschen, Dollarnoten) und der Vorliebe für zeittypische Images (Elvis Presley, Marilyn Monroe, Liz Taylor, Jackie Kennedy, Mao) eine Absage; er wurde zum einflussreichsten Künstler der Pop Art.

Vom Underground zur Frankfurter Schule

In Deutschland charakterisierte die jugendliche Protestbewegung zusätzlich ein besonderes Unbehagen an den Wohlstandsverhältnissen, denen die gesellschaftliche Saturiertheit, Selbstzufriedenheit wie der zunehmende Immobilismus der Politik (»Keine Experimente!«) angelastet wurden. Das geschah zunächst noch nicht kritisch-begrifflich, wie es dem aufklärerischen Bildungsideal entsprochen hätte, sondern quasi psychosomatisch, aus dem Bauch heraus – in Form von Subkultur bzw. »alternative culture«.

Das Mentalitätsmuster der Halbstarken, die zehn Jahre vorher für Turbulenzen gesorgt hatten, wirkte weiter; es hatte sich dabei um erste Signale jugendlicher Unsicherheit und Kontaktlosigkeit in einer zunehmend technisierten und bürokratisierten Welt gehandelt – inmitten einer prosperierenden Zivilisation, die zugleich eine vaterlose Gesellschaft war. Das bis zur Obsession gesteigerte Streben nach Wohlstand und Sicherheit führte dazu, dass die seelischen Probleme und Nöte der jungen Generation nicht oder nur noch peripher wahrgenommen wurden. Die »Kinder von Karl Marx und Coca-Cola« (Jean-Luc Godard) zogen sich in den »underground« zurück. Hier fanden sich Künstler, Bohemiens, Wehrdienstgegner, Provos, Gammler, Beatniks, Maschinenstürmer, revoltierende Schüler und Studenten, Drogenesser, Friedenskämpfer im Rahmen einer Weltanschauung zusammen, die durch einen abenteuerlich anmutenden Synkretismus charakterisiert war, eine Mischung aus christlichen, buddhistischen, marxistischen, sozialistischen, anarchistischen, astrologischen und hedonistischen Glaubensvorstellungen, mit einer besonderen Allergie gegenüber autoritären Verhaltensweisen.

Das Stimmungsbild dieser Jugend war das einer verzweifelten Heiterkeit, eines verbissenen Nichtstuns, eines fröhlichen Nihilismus; ihr Verhalten zeigte Gleichgültigkeit, Lässigkeit, aber auch plötzliche Vitalitätsanfälle und Hilfsbereitschaft; man explorierte die Sinnlichkeit körperlicher Beziehungen, die Zärtlichkeit jenseits der Konvention; die Vorliebe fürs Vegetative und Androgyne hatte psychedelische Rauschzustände zum Pendant – und beides wurde clever von der Vergnügungsindustrie vermarktet (etwa in dem Film »Blow up«). Die Nacktheit im konkreten wie übertragenen Sinne (dann als seelische Entblößung) erwies sich als bevorzugtes Vehikel für Emanzipation; Normen, Tabus und Repressionen (auch repressive Toleranz, d. h. eine solche, die nur dem Schein nach tolerant war) wurden verachtet; Pornographie und Obszönität waren »in«. »Fuck« und »Scheiße« galten als Entree-Billetts zur neuen »scene«, die »beißende Schärfe« schätzte.

»Acid« nannten Rolf Dieter Brinkmann und Ralf Rainer Rygulla ihre 1969 herausgebrachte Anthologie, die zusammenfasste, was in den Jahren zuvor als »amerikanische Botschaft« mit synästhetischer Sprengkraft den Auflösungsprozess der bundesrepublikanischen affirmativen Kultur eingeleitet hatte. Den kühl präsentierten Texten stand die tabu-umstellte bürgerliche Wohlanständigkeit der Wirtschaftswunderzeit fassungslos gegenüber; aber auch die Konsumenten der komplementär dazu anzutreffende gestylten Wohlstandssexualität waren schockiert. (»... Laß mich salziges Wasser / von deinem Bauch lecken. Laß mich meinen steifen Schwanz / zwischen deine Brüste schieben, unter deinen Arm. / Ich lutsche deine Titten und Ohren. Züngle / deine Klitoris. ...«)

Oswald Kolle galt mit seinen meist aus Illustrierten-Serien hervorgegangenen Büchern (»Dein Mann, das unbekannte Wesen«, »Deine Frau, das unbekannte Wesen«) als Vertreter einer »sauberen Sexualität«; er stand für Aufklärung und Auflagensteigerung, wurde als der »Tambour-Major« einer Volksbewegung bezeichnet, die zu höherer Lust führe, ohne die höhere Ordnung zu stören – so Peter Brügge im »Spiegel«. Die Verfilmung von Kolles Serie »Das Wunder der Liebe« sahen innerhalb von vier Monaten fünf Millionen Bundesbürger.

Die Studenten brachten das Gärende, aber Unausgegorene auf den Begriff, wie es ihrem Metier, dem analytischen Denken, entsprach. Dabei half ihnen ihre Belesenheit, die insofern neu war, als Werke rezipiert wurden, die an der deutschen Universität schon seit dem wilhelminischen Kaiserreich, dann natürlich während des Nationalsozialismus und auch noch nach 1945 verdrängt, jedenfalls nicht akzeptiert und estimiert worden waren. Es handelte sich hauptsächlich um Autoren des linken Spektrums (antikapitalistisch und psychoanalytisch ausgerichtet), die nun in einer Fülle von theoretischen Abhandlungen, einschließlich »grauer«, d. h. hektographierter Literatur, ferner zu Flugblättern und Wandzeitungen verarbeitet wurden. Von besonderer Faszination erwies sich Karl Marx, weil mit Hilfe seines Denkens die Möglichkeit gegeben schien, die Mentalität der Wohlstandsgesellschaft als falsches Bewusstsein zu dekuvrieren; eine totale, revolutionär bewirkte Gesellschaftsveränderung erschien als Ziel.

Einen sublimierten, d.h. »bürgerlich veredelten« Marxismus vertraten Max Horkheimer und Theodor W. Adorno, von denen Georg Lukács ironisch meinte, dass sie im »Grandhotel Abgrund« logierten. Ihr Denken war verbunden mit dem »Institut für Sozialforschung«, das Horkheimer in der Weimarer Republik seit 1930 geleitet hatte und das, nicht zuletzt aufgrund der Mitarbeit von Adorno, Franz Neumann, Herbert Marcuse, Leo Löwenthal und Walter Benjamin, großes Ansehen genoss.

Nach dem Krieg kehrte Horkheimer mit dem 1933 nach New York verlegten Institut auf Einladung der Frankfurter Universität und Stadtverwaltung wieder an den Ort des Ursprungs zurück. »Er wurde Dekan und Rektor, mit zunehmender Tendenz zum ›Repräsentanten‹, während seine theoretisch-kritische Originalität nachließ.« Die umfangreiche und fundierte Darstellung der »Frankfurter Schule« (»Geschichte – Theoretische Entwicklung – Politische Bedeutung«) durch Rolf Wiggershaus macht deutlich, »daß die ewige Angst Horkheimers, seine radikalen ›Jugendsünden‹ können ihn unter Marxismus-Verdacht bringen und damit dem Institut der Geldhahn zugedreht werden, sich so verselbständigt hatte, daß über die bloße Sicherung der finanziellen Voraussetzungen allmählich der eigentliche Zweck der Institutsarbeit in den Hintergrund getreten war.«

Adorno blieb in seinem Denken rigoroser; mit begrifflicher Schärfe trat er ausdrücklich den für die Wirtschaftswunderzeit charakteristischen, die Gesellschaft und Politik harmonisierenden Simplifikationen entgegen; im geschliffenem Sprachgitter der Negation sollte vor allem der romantisch-hochstapelnde, in Irrationalismen schwelgende, die Verpackung als Botschaft ausgebende »Jargon der Eigentlichkeit«, wie er etwa Martin Heidegger zu eigen war, eingefangen und bloßgestellt werden.

Der als »Meisterdenker« des 20. Jahrhunderts bezeichnete Adorno war ein skeptischer Vertreter der Aufklärung, der ihre Verkehrung ins Gegenteil aufgrund der Vereinseitigung des Vernunftbegriffs zur »instrumentellen Vernunft« konstatierte – Thema des zusammen mit Max Horkheimer geschriebenen, auf die hoch industrialisierte amerikanische Gesellschaft mit »der kalkulierten Idiotie ihrer Massenmedien« bezogenen Buches »Dialektik der Aufklärung« (1947). Die Leitmotive von Adornos Denken klingen bereits an in den »Minima moralia« (entstanden 1944 bis 1947); diese beschwören auf aphoristische, essayistische Weise, »mit Verzicht auf expliziten theoretischen Zusammenhang«, die Phänomene des falschen, entfremdeten, »beschädigten Lebens«; sie sind getragen von der Überzeugung, dass die »vollendete Negativität, einmal ins Auge gefaßt, zur Spiegelschrift ihres Gegenteils zusammenschießt«. Das ist auch der Tenor der dann in den fünfziger und sechziger Jahren entstandenen Abhandlungen, vor allem der »Negativen Dialektik«; Philosophie dürfe nicht abdanken, da sonst »Stumpfsinn in verwirklichter Widervernunft« triumphiere. »Negativ« heißt die Dialektik, weil sie die Setzung des »Scheinversöhnten« nicht bestätigt, sondern aus dem Gegenteil heraus (e contrario) die Sehnsucht nach einer besseren Welt auf- und vor-scheinen lässt. Freiheit zum Beispiel ist nur im Aufweis konkreter Unfreiheit, also »negativ« bestimmbar.

Lorenz Jäger, der sein Buch über Adorno eine »politische Biographie« nennt (2003), resümiert, dass dieser die Rolle des Intellektuellen in der Bravissimo-Version gegeben habe; allerdings sei der »Durchblick-Roboter, bewaffnet mit Marxismus und Psychoanalyse, der sofort wisse, welche autoritären Komplexe irgend jemand habe, der anderer Meinung als er«, eine Sache der Vergangenheit. »Mit ihm hat man den Intellektuellen des 20. Jahrhunderts in der großartigsten und damit zugleich in der schlechthin vergangenen Version vor sich.«

Sein »Vergangensein« musste Adorno schmerzlich noch zu Lebzeiten durch den Studentenprotest erleben. Zunächst war er wie die gesamte »Frankfurter Schule« begeistert rezipiert worden; mit der totalen Absage an die bestehenden Verhältnisse schien er der linken Kulturkritik den intellektuellen Weg zu weisen. Außer einer Gegenelite kritischer Theoretiker begreife niemand mehr, was eigentlich geschehe. »Das heißt, daß die Menschen gar nicht wissen, was die Welt aus ihnen gemacht hat, weil sie, wenn sie es wüssten, eben anders wären und nicht zu dem gemacht werden könnten, wozu der Weltlauf sie eben gerade gemacht hat.«

Aber mit dem Vorwurf, Adornos Radikalität sei nur Attitüde eines bis in den Wesenskern »bürgerlich Linken«, revoltierten dann seine hervorragendsten Schüler aus der 68er-Generation (darunter Hans-Jürgen Krahl) gegen ihn; Günter Grass höhnte: »Es saß in dem geheizten Zimmer / Adorno mit der schönen Zunge / und spielte mit der schönen Zunge. ...« Das »Institut für Sozialforschung« in Frankfurt wurde besetzt; die Leitung ließ das Haus polizeilich räumen. Nur mündlich überliefert oder gut erfunden ist eine Traumerscheinung, die Adorno damals von Krahl gehabt haben soll. Der militante Student saß wie ein Incubus auf seiner Brust und schwang ein Messer. »Ist das nicht Terror, Herr Krahl?«, fragte der Lehrer; der Schüler gab eine Antwort, die geradewegs aus Adornos eigener Theorie zu stammen schien: »Sie personalisieren.« Der Meisterdenker wollte eben alles – selbst seine zahlreichen Liebschaften – »soziologisieren« und in komplexe Begrifflichkeiten transferieren. Die dabei sich oft ergebende »überdrehte« Denk- und Schreibweise monierte selbst Horkheimer, indem er bei seinem Weggefährten und Mitstreiter »Einfachheit« anmahnte.

Schockiert und tief verletzt war der »rote Teddie«, als Studentinnen in seiner Vorlesung einen Striptease veranstalteten; im Hörsaal wurden dabei Flugblätter mit der Überschrift »Adorno als Institution ist tot« verteilt. Wenig später war er als Person tot. Er starb am 6. August 1969 in den von ihm so geliebten Bergen, in Visp (Wallis), wohin er, so seine Sekretärin, »in völlig überarbeitetem und ramponiertem Zustand« in die Ferien gefahren war. In Adornos »Ästhetischer Theorie« ist die Rede von der »Vernunft im Angesicht der Landschaft«; das Erlebnis der Natur »kann den Menschen aus der Vereinzelung des Ichhaften in die sinnvolle Ganzheit, ins Kosmische emportragen, sie kann ihn erheben.« Vielleicht war solches »Aufgehobensein« die tiefste Sehnsucht dieses Mannes, der die Zerrissenheit und Dunkelheit seines Jahrhunderts denkend auszuhalten versuchte, erkennend, dass Identität nur noch im Widerspruch als Nichtidentisches entstehe.

Horkheimer zog sich ins Tessin zurück, immer mehr ergriffen vom Pessimismus à la Schopenhauer, um eine Annäherung an die Theologie bemüht. In einer Notiz des konservativ gewordenen Philosophen, »Gegen den Linksradikalismus«, heißt es: »Die Attacke gegen den Kapitalismus heute hat die Reflexion auf die Gefahr des Totalitären in doppeltem Sinn mit aufzunehmen. Ebenso wie der Tendenz zum Faschismus in kapitalistischen Staaten muß sie des Umschlags linksradikaler Opposition in terroristischen Totalitarismus bewußt sein. Eben davon konnte zur Zeit von Marx und Engels nicht gesprochen werden. Heute schließt ernste Resistenz gegen gesellschaftliches Unrecht notwendig die Bewahrung der freiheitlichen Züge bürgerlicher Ordnung mit ein, die nicht verschwinden, sondern im Gegenteil auf alle Einzelnen übergehen sollen.«

Neben Ernst Bloch, der mit seinem Werk »Prinzip Hoffnung« eine ganz in der Diesseitigkeit verwurzelte »Theologie vom glücklichen Menschen«, der von Träumen nach vorwärts bewegt werde, vertrat – neben diesem, nach Martin Walser mit Marx- und Engelszungen predigenden Real-Utopisten, war es Herbert Marcuse, der mit seinem Denken die Protestbewegung tief greifend prägte. 1898 in Berlin geboren, dann mit Horkheimers »Institut für Sozialforschung« nach New York geflohen, war er seit 1965 Professor an der University of California; man bezeichnete ihn als einen freudianischen Heidegger-Marxisten; er war zwar nicht wie Marx von der Heil bringenden Kraft des Proletariats überzeugt, teilte aber dessen Hoffnung auf ein Reich der Freiheit, in dem dann eine repressionsfreie »libidinöse Moral« walte. Seine Bücher »Triebstruktur und Gesellschaft« (1965), »Repressive Toleranz« (1966) und »Der eindimensionale Mensch« (1967) verbanden stringente Kritik am Bestehenden mit einer spekulativen Gewissheit, dass das Naturrecht auf Widerstand, wie es die unterdrückten und überwältigten Minderheiten zunehmend in Anspruch nähmen, zum Erfolg führen würde. Eines Tages wäre es dann so weit, dass die Befreiung vollzogen und, in einer wahrhaft menschlichen Kultur, das Dasein viel mehr Spiel denn Mühe sei. Dabei bezog er sich auf Friedrich Schillers Gedanken zur »ästhetischen Erziehung des Menschen«, die er mit Karl Marx' Vorstellungen vom »irdischen Paradies«, in dem die Entfremdung aufgehoben, verband.

Den Teufel feiern

Einerseits charakterisierten Spekulation und Vision das Denken der Protestbewegung; andererseits wollte man die eingeforderten, auf die Gesamtheit der Gesellschaft bezogenen revolutionären Veränderungen, orientiert an Freiheit, Gleichheit, Brüderlichkeit, im Hier und Heute verwirklicht sehen. Die Philosophie sollte nicht dazu dienen, diese in ein Zukünftiges hinwegzuprojizieren, sondern dabei helfen, sie vom Kopf auf die Füße zu stellen. Es ging dabei um Aktion und Provokation mit dem Ziel, die Normen, Regulationen, Tabus, Stereotypen besinnungslos gewordener etablierter Ordnungen aufzubrechen. Nach der Bildung der großen Koalition von Sozialdemokraten und CDU/CSU (1966) kam hinzu, dass eine linke Opposition fehlte; die Protestbewegung fühlte sich berufen, diese, nun als APO (»außerparlamentarische Opposition«), mit zu übernehmen. Der »Sozialistische Deutsche Studentenbund« (SDS), 1946 gegründet, zunächst der SPD nahe stehend, dann 1960 aus der Partei ausgeschlossen, tat sich bei der Bekämpfung der Notstandsgesetzgebung besonders hervor, während die Ostermarschierer sich gegen die Bewaffnung der Bundeswehr mit Kernwaffen formierten.

Unter dem Einfluss der an sich politisch neutralen Kunstform des Happening entwickelte sich ein umfangreiches Instrumentarium gewaltlosen Widerstands: Go-ins, Teach-ins, Love-ins, Sit-ins; dadurch wurden Veranstaltungen, insbesondere Vorlesungen bzw. Seminare blockiert oder umfunktioniert. Straßendemonstrationen waren das wichtigste Agitationsmittel der Protestbewegung, vor allem im Zusammenhang mit wichtigen politischen Ereignissen – so etwa am 2. Juni 1967 in Berlin als Aktion gegen die Terrorherrschaft von Resa Pahlawi, des Schahs von Persien, der gerade Deutschland besuchte; die Demonstranten wurden eingekesselt und niedergeknüppelt; zivile Greiftrupps verfolgten Einzelne. Es gab den ersten Toten: Benno Ohnesorg, Theologe, 26 Jahre alt, verheiratet, wurde von einem Polizisten mit Dienstpistole im Garagenhof einer Seitenstraße schräg gegenüber der Oper erschossen. Der Regierende Bürgermeister und die Berliner Presse schoben die Schuld auf die Demonstranten. Großes Aufsehen erregten auch die Straßenblockaden gegen Verlagsgebäude und Auslieferungsstellen des Springer Verlages; Axel Caesar Springer war mit seiner Pressekonzentration, mit der »Bildzeitung« als erfolgreichstem Produkt, das große Negativsymbol.

Nach Jürgen Habermas, als Philosoph und Soziologe ein jüngerer führender Vertreter der »kritischen Theorie«, drangen die neuen Techniken der begrenzten Regelverletzung in die Nischen des bürokratisierten Herrschaftsapparats ein; sie erzielten mit relativ geringem Aufwand überproportionale Wirkungen, weil sie auf komplexe Störstellen anfälliger Kommunikationsnetze gerichtet waren. Der »Trick« der Pop-Kultur, ins Halbbewusste abgeglittene Alltagsbilder in Größe, Farbe oder Kontur zu übertreiben, zu verdoppeln bzw. zu multiplizieren und sie damit ins volle Bewusstsein zurückzuholen, charakterisierte auch die Demonstrationstechniken, die auf diese Weise Statussymbole der Lächerlichkeit preisgaben. Aufgezeigt wurde etwa, dass die Reden des Establishments aus dem offiziellen Sprachschutt nur immer wieder neu zusammengebastelt wurden, dass die Ideale aufgeblasener Popanz war, den man mit einem Nadelstich der Vernunft ihrer Luft berauben konnte. Die durch provokante Demonstrationstechniken bewirkte Politisierung der Öffentlichkeit verfehlte freilich das Ingangsetzen von tief greifenden Lernprozessen. Auf dem geplanten langen Marsch durch die Institutionen schlug schließlich enttäuschte revolutionäre Ungeduld rasch in Frustrationsaggressivität um; die Gewalt zuerst gegen Sachen, dann gegen Personen verdrängte die spielerisch-sublimen Formen des Protests.

Welche Gefahren sich damit ergaben, hat der Pädagoge Hartmut von Hentig bereits auf dem »Nürnberger Gespräch« 1968, das dem Thema »Opposition in der Bundesrepublik« gewidmet war, angesprochen: Die Absichten der protestierenden Schüler und Studenten mündeten in einer Gesellschaftsfeindlichkeit, die ihrem ursprünglichen Ansatz widerspräche. Sie gehe auf die Straße, um eine von den zwei Möglichkeiten zu

248

erzwingen: Die anderen müssten zurückweichen oder zurückschlagen. Das sei aber eine falsche Anthropologie; es sei nichts damit gewonnen, wenn man die öffentliche Ordnung störe, um ihre Inhumanität zu beweisen. »Wir müssen froh sein über jedes bißchen Hemmung, das sich über unsere Natur legt, dankbar für die Umstände, die den wahren repressiven Charakter nicht hervor- und in Aktion treten lassen.« Auch Habermas sprach später vom »linken Faschismus«, womit er blindes Handeln ohne ausreichende Theorie meinte; ein Vorwurf, den er allerdings später wieder zurücknahm.

Phantasiereiche Aufmüpfigkeit wurde unterlaufen von infantiler triebdynamischer Abreaktion, die besonders spektakulär den Oberflächenglanz der bundesrepublikanischen Gesellschaft an- und aufzukratzen vermochte. Fritz Teufel, der herausragendste Vertreter dieser Irritations-Strategie (nomen est omen), hatte Ende 1966 zusammen mit Dieter Kunzelmann und Rainer Langhans die Kommune 1 (K1) in der alsbald demolierten Berliner Dachwohnung des nach Amerika gereisten Schriftstellers Uwe Johnson gegründet; sie wurde zum Markenzeichen »einer bis dahin unvorstellbaren politischen Clownerie sowie einer die bürgerliche Phantasie stark anregenden sexuellen Enthemmung«. Teufel & Co sowie andere Polit-Narren praktizierten eine Lebensweise, die von der im Sekundärtugendsystem eingeschliffenen Gesellschaft (ausgerichtet auf Ordnung und Sauberkeit, Anpassung und Ja-Sagertum) verabscheut, zugleich aber, tiefenpsychologisch gesehen, als Libertinage und Promiskuität Sehnsüchte bediente. Als Berliner Studenten im August 1967 die Freilassung Fritz Teufels aus der Haft mit einem Happening auf dem Kurfürstendamm feierten, gaben sie das vieldeutige, Revoluzzer und Bourgeoisie gleichermaßen ansprechende Motto aus: »Man muß den Teufel feiern, solange er los ist.«

Mit dem romantischen Hang zur »Unsauberkeit« und den in den revolutionären Redefluss eingelagerten pornographischen und fäkalischen Vokabeln versuchte man, sich dem Glamourglanz der Warenästhetik und dem »hygienischen Leistungsdruck« zu entziehen. Der bürgerliche Sauberkeitswahn wurde

249

mit Brunftschreien bedacht; man wollte endlich »Mensch« (»allzumenschlich«) sein. Viele Publikationen, linke Traktätchenliteratur, aber auch Buchreihen in Großverlagen wie Suhrkamp, fungierten als Couch für solche Emanzipation von der Konvention. Die Zeitschrift »konkret« machte einen Teil ihres Geschäftes damit, dass sie die Kombination von Politik und Sexualität, Sozialkritik und Obszönität narrativ aufarbeitete und farbig bebilderte; im Stil eines alternativen Herrenmagazins befriedigte sie auf diese Weise sowohl die bourgeoisen Voyeurinteressen wie das linksromantische Prostitutionsbedürfnis. (Der Abdruck von Reimut Reiches Werk »Sexualität und Klassenkampf« etwa, die Arbeit eines linksradikalen Moralisten, wurde mit den üblichen Pin-up-Nackedeis illustriert, was die Dialektik des Protests als Teil der Dialektik der Aufklärung auswies.)

Der Gegenpol zu dem aktionistischen, wenig reflektierenden Politclown Teufel war Rudi Dutschke, der als rhetorisches Naturtalent und fundierter Theoretiker der Protestbewegung zu einer besonderen Durchschlagskraft verhalf. Seinen ersten großen Auftritt hatte der 1940 in Luckenwalde (Mark Brandenburg) geborene Dutschke, der nach dem Mauerbau 1961 in West-Berlin blieb und Soziologie studierte, als er im September 1966 auf der SDS-Delegierten-Konferenz das Engagement der Amerikaner in Vietnam anprangerte. »Wie Peitschenschläge fahren seine Thesen auf das Auditorium nieder. ... Unter schwarzen Brauen blickt er finster drein, die Haarsträhnen fallen ihm in die Stirn, der schmächtige Körper scheint zu beben, sobald das Temperament mit ihm durchgeht.« (»Die Zeit«)

Trotz der in seinen Reden oft anzutreffenden Umständlichkeit, schlug er alle in Bann. Dieses Wunder, meint Harald Wieser, müsse damit zusammenhängen, dass er nicht nur mit dem Mund sprach; vor dem Mikrophon schien er mit all seinen Sinnen zu sprechen. Er habe einen neuen Ton in die von glatten Politiker-Statements ruinierte Rhetorik gebracht. »Es war ein glaubwürdiger Ton, und es wäre glaubwürdig selbst noch gewesen, wenn Rudi die sofortige Revolution in Regensburg oder Paderborn gefordert hätte.« Der »Jargon der Dialektik« war jedoch

Dutschkes Sprechen von Anfang an immanent. Was ein Vertreter der nachfolgenden Studentengeneration (Bernd Ulrich, Jahrgang 1960) beim späteren Hören der Dutschke-Reden empfand, war auch seinen damaligen Kritikern nicht verborgen geblieben: »Abstrakt, das hatte ich erwartet, aber autoritär, so über die Maßen autoritär, das hat mich denn doch überrascht. So hatte ich mir Thälmann vorgestellt, aber nicht die sich antiautoritär nennende Bewegung.«

Die revolutionäre Karriere des Rudi Dutschke fand ein jähes Ende, als ihn am 11. April 1968 der Gelegenheitsarbeiter und gescheiterte Fremdenlegionär Josef Bachmann (ein Einzeltäter, aber angestachelt von der hetzenden Springer-Presse) bei einem Attentat schwer verletzte; Dutschke starb an den Spätfolgen des Kopfschusses Weihnachten 1979. Rudi Dutschkes posthum veröffentlichten Tagebücher spiegeln das tragische Scheitern eines Mannes, der ruhe- und rastlos seine erhabenen Ansprüche, »eingefroren« in Ideologemen, nicht zu verwirklichen vermochte. Im »permanenten Diskussionszusammenhang« stehend, verlor er den Blick für die Realität; so wurde ihm nicht zu Unrecht der Vorwurf gemacht, dass er sich stets um die Menschheit gekümmert, aber den einzelnen Menschen missachtet habe.

Dutschke stammte aus einem kleinbürgerlichen protestantischen Elternhaus; er war der Sohn eines Postbeamten. Vielfach aber kamen die Verfechter einer proletarischen Revolution selbst aus dem Establishment, das sie beseitigen wollten. Der Kontakt zu den unteren Schichten, die als das eigentliche revolutionäre Potential gepriesen wurden, fehlte; sie verstanden es, links zu schreiben und zu sprechen, zogen es aber vor, rechts zu dinieren. Als Söhne und Töchter eines schaffensfrohen, aber besinnungsarmen Bürgertums reagierten sie wie dieses – sie reagierten das ab, was das »System« mit seinen Sekundärtugenden, Tabus, Disziplinierungen in ihnen an Frustrationsaggressivität hatte anwachsen lassen.

Betrachtet man die Protestbewegung der späten sechziger Jahre von ihrer terroristischen Perversion her (bis 1977 waren 28 Menschen bei Anschlägen und Schusswechseln ums Leben gekommen), dann wird der antiaufklärerische Zug ihres Psy-

chogramms, verhaftet in autoritären und antiwestlich sich ge-
bärdenden Verhaltensweisen besonders deutlich; das darf freilich nicht so verstanden werden, als sei ihr der Weg zu einem
praktizierten aufgeklärten und demokratischen Humanismus
von vorneherein verschlossen gewesen; die Terroristen der RAF
(»Rote Armee Fraktion«) beschritten ihn allerdings nicht.

In einem 1978 erschienenen, großes Aufsehen erregenden
Buch verglich die englische Autorin Jillian Becker die in die Gewalt abgeglittenen Protestler mit den Nationalsozialisten; sie
seien »Hitler's children«. Ihr vorgegebener Kampf gegen den
Faschismus habe nur den eigenen Faschismus kaschiert; beide
Gruppen, die Nazis und die Terroristen der siebziger Jahre, hätten in vielen grundlegenden Fragen übereingestimmt: So be-
nutzten sie Gewalt und Terror, um anderen ihren Willen auf-
zuzwingen; sie bekannten sich offen zu ihrem Hass und
Zerstörungswillen gegenüber jenen, die sie als Feinde klassifi-
zierten und damit zu geeigneten Objekten für Einschüchte-
rung, Freiheitsberaubung und Ausrottung machten; sie waren
anti-parlamentarisch, anti-liberal, anti-demokratisch, anti-ge-
werkschaftlich, intolerant und beanspruchten für sich, eine Elite zu sein, fähig, eine Revolution stellvertretend für die Masse
zu führen, da diese selbst nicht wüsste, was für sie gut sei; sie
zerstörten, verstümmelten und mordeten ohne Rücksicht auf
die Rechte des Einzelnen und die Gesetze.

»Abgesehen von verschiedenen Analogien, die hier zwischen
der kriminellen Energie der Baader-Meinhof-Leute und der Na-
zi-Ideologie gezogen werden, wird zum wichtigsten Argument
des Buches der geistig-kulturelle Hintergrund, der Ulrike Meinhof und Gudrun Ensslin geprägt hat. In einem Gespräch hat
Jürgen Krahl, der neben Rudi Dutschke einflußreichste SDS-
Redner der späten sechziger Jahre, kurz vor seinem tödlichen
Unfall einmal geäußert, daß eine Reihe von Leuten der Neuen
Linken aus reaktionären, dumpf irrationalen oder nationalsozialistischen Elternhäusern stammten. Erst dieser Hintergrund
habe ihnen die Augen geöffnet für die verkappt noch immer
wirkenden faschistischen Elemente dieser Gesellschaft.« (Karl
Heinz Bohrer)

Gegen bildungsbürgerlichen Kulturkonsum

Als der Schauspieler Ernst Schröder Ende der sechziger Jahre Goethes »Faust« im Berliner Schiller-Theater vor einem andächtig lauschenden Publikum spielt, bricht bei einem bestimmten Stichwort der skandierte Sprechchor der anwesenden Studenten los: »Was geht uns Goethe an!« Hunderte von Flugblättern flattern ins »abendgekleidete Parkett«: »Ihr seht seelenruhig zu, wie in Vietnam gemordet wird, und versichert euch hier noch eurer faustischen Großartigkeit. Schluß mit dieser Kulturheuchelei!« Die Vorstellung wird abgebrochen.

Die Szene ist symptomatisch für den mit der Protestbewegung einhergehenden Aufstand gegen affirmative Ästhetik und bildungsbürgerlichen Kulturkonsum. Mit der ideologischen Auslieferung des Daseins an die Ökonomie des Kapitalismus, der via Kultur das Individuum auf einen Bereich verweise, wo schließlich alles gut sei oder gut werde, sollte Schluss gemacht werden. (In der Oper transzendiere der Bürger zum Menschen, meinte Theodor W. Adorno.) Der jugendliche Protest wandte sich gegen die »Krawattenkultur«, wobei Rollkragen-Pullover und Jeans bei Künstlern und Intellektuellen zur Gegenmode avancierten; und gegen das Baedeker-Bewusstsein und den Festival-Snobismus – insgesamt gegen das in der Wirtschaftswunderwelt ritualisierte und vermarktete Kulturleben, für das Erbauung und Muße unverbindlich blieben. Der Dirigent Herbert von Karajan avancierte zur negativen Leitfigur der bewusst-los Kultur zelebrierenden Gesellschaft. Die Kulturindustrie schließlich legitimiere mit Hilfe von Ideologie den Schund, den sie vorsätzlich herstelle. In diesem Zusammenhang wurde »Warenästhetik« zu einem Schlüsselbegriff für die von den linken Autoren, vor allem von Wolfgang Fritz Haug, betriebenen Aufklärungsarbeit über den Zusammenhang zwischen Produktion und Bewusstsein. Diese frage nicht nach dem Gebrauchswert und nicht nach der Personalität; geweckt werde lediglich die Begehrlichkeit auf das neue Produkt, auf den hygienisierten Partner, der den »all plastic people« zugehöre.

Die Auseinandersetzung über die Warenästhetik war lediglich ein, wenn auch wichtiger Aspekt des revolutionären Kampfes gegen das bürgerliche (bourgeoise) Kunst- und Kulturver-
ständnis. So sollte etwa die Emanzipation des Theaters bewirkt
werden. Der Zuschauer sei aus seiner Passivität zu lösen und
der Schauspieler aus den autoritären Machtstrukturen des
Theaterbetriebes zu befreien. Vom Theater, in Routine stecken
geblieben, mit selbstgefälliger Perfektion sich nur ans Bildungsbürgertum wendend, gingen keine gesellschaftlichen Anstöße
mehr aus; es habe den Kontakt zur Jugend verloren. In den Foy-
ers der Musentempel (»Freizeitkirchen«, »Seelenbadeanstal-
ten«) lustwandle die Leisure-class.

Als Gegenmodell wurde ein von homogenen Gruppen
(Truppen) gestaltetes Theater, z. B. Straßentheater, gefordert;
Mitbestimmung sollte die Selbstherrlichkeit der Intendanten
brechen. Ensembles und Publikum müssten in einem Rückkop-
pelungsverhältnis stehen, das die Trennung, wie sie die Bühnen-
rampe bedinge, aufhebe; Werkstatt-Atmosphäre war die positive
Alternative. Das revoltierende, aktionistische Theater brachte
zur Anschauung, was der politische Radikalismus an gesellschaftlicher Fehlentwicklung diagnostizierte.

»Aus der Negation der bestehenden Verhältnisse ergibt sich
für uns als Konsequenz die Konstituierung eines Gegenmo-
dells. Wir gehen dabei von der Voraussetzung aus, daß neues
Theater nur von emanzipierten, nicht von unterdrückten oder
durch ihr Amt autoritären Individuen hergestellt werden kann.
Damit ist ein Theaterkollektiv gefordert, das den Versuch unter-
nimmt, antiautoritär zusammenzuarbeiten und zusammen-
zuleben.

… Die Öffentlichkeitsarbeit des Kollektivs beschränkt sich
nicht auf das Abfassen und Aufführen von Theaterstücken, sondern muß Flugblattkampagnen, Zeitungsarbeit, Straßendiskus-
sionen, direkte politische Aktionen usw. mit einschließen. Aus
der Erkenntnis der Möglichkeit, repressive Strukturen aufzulö-
sen, ergeben sich Inhalt und Aussage der Produktionen des Kollektiv.« (Klaus Gurrek und andere in dem Manifest »Zerschlagt
das bürgerliche Theater!«, veröffentlicht 1969 in der renom-

mierten Zeitschrift »Theater heute«, die ihre Spalten den Aufbegehrenden öffnete.)

Wie sehr das bürgerliche Theater selbst die Arbeiterschaft korrumpiert habe, machte die protestierende Linke am Beispiel der »Ruhrfestspiele Recklinghausen« deutlich. Die Arbeiterschaft unterscheide sich nicht vom bürgerlichen Publikum bei Volksbühnenaufführungen mittlerer Stadttheater. Die Frauen, aufgeputzt in silbrig glitzernden Kleidern, die Männer in dunklen Anzügen; sie alle machten ernste Gesichter. »Die zu Konsumenten degradierten Arbeitnehmer, die hier erscheinen, werden mit den Kulturwerten der Bourgeoisie berieselt, damit sie sich weiter unterdrücken lassen. Bürgerliche Ideologie wird vom DGB mit Vereinsrabatt verkauft: Bildung als Besitz.« (Michael Buselmeier)

Als Vorbild für Theatergruppen, die sich aus dem Establishment der Stadt- und Staatstheater lösten oder neu gegründet wurden, erwies sich das »Living Theatre«, das 1951 von Julian Beck und Judith Malina in New York gegründet worden war. Das »wilde Ensemble« kam 1964 nach Berlin, um sich durch »Emigration« den Repressionen in den USA zu entziehen. Der Kampf der amerikanischen Alternativ- und Subkultur gegen den Vietnamkrieg und die damit verknüpfte Politisierung des Theaters wurde in der Bundesrepublik leidenschaftlich aufgegriffen, zumal Rolf Hochhuths Anti-Papst-Stück »Der Stellvertreter« (1963) und Heinar Kipphardts »In der Sache J. Robert Oppenheimer« (1964) erfolgreich den Boden für das aktuelle Zeitstück bereitet hatten.

Für die Protestbewegung vermischten sich immer mehr Aktionstheater, Antitheater, Happening, Demonstration, Sitzstreik, Gebäude-Besetzung. Es ging um das revolutionäre »Gesamtkunstwerk«, angelegt nach den Regeln der Agitationskunst. Unter Bezug auf die Mai-Unruhen in Paris 1968 – die dort protestierenden Studenten wurden nicht nur von Arbeitern, sondern auch von vielen Künstlern unterstützt – meinte Malina (einst Schülerin des Regisseurs Erwin Piscator in dessen »New Yorker Workshop«): »Überall, wo Studentendemonstrationen in Frankreich stattgefunden haben, ist das Theater als

Tribüne benutzt worden. Die Revolution ging dieses Mal von den Universitäten ins Theater und erst dann in die Fabriken.«

Der Aufstand gegen das bürgerliche Theater war durchaus erfolgreich, vor allem deshalb, weil ein solches, nämlich das Stadttheater in Bremen, die Impulse aufgriff und zum Vorort einer neuen »theatralischen Sendung« wurde. Der von Ulm kommende Kurt Hübner mit seiner Mannschaft (darunter Peter Zadek, Wilfried Minks, Klaus Michael Grüber und Peter Stein) und einem Ensemble, zum dem u. a. Edith Clever, Jutta Lampe, Hannelore Hoger, Bruno Ganz gehörten, realisierte, was der vom »Betrieb« sich lösende Regisseur Harry Buckwitz programmatisch forderte:

»Laßt uns die vorfabrizierten Gedankenmuster einstampfen und Prämien für Eigenwilligkeit und Zivilcourage verteilen! Mißtraut den wohlsubventionierten Domänen! Riskiert ein Bein! Bald wird es wieder um die Sache gehen! Der Profi stirbt! Die Besessenen sind wieder gefragt! Auskunft geben. Präzisieren. Redlich sein. Die Altgewordenen nicht durch Altwerdende ablösen, sondern durch Junge ersetzen. Junge, die das Alte kennen, um es als Basis des Neuen nützen zu können. Junge, die auf der Suche nach Substanz, nicht nach Sensation sind. Junge, die kein Theater machen, sondern es ernst meinen.« (1967 hatte Buckwitz die Leitung der Städtischen Bühnen Frankfurt aufgegeben, und sich mit der Uraufführungs-Inszenierung des Vietnam-Diskurses von Peter Weiß verabschiedet. Als Generalintendant hatte er seit 1951 mit der Inszenierung von fünfzehn Brecht- und anderen unbequemen Stücken die Bühne als politische Anstalt begriffen und geprägt.)

Im Bereich des Films führte die linke Kulturrevolution zur radikalen Absage an technische Perfektion. Die Formel »Ein Film ist ein Film ist ein Film« wandte sich gegen die »falschen, glatten und geölten Filme«; »wir ziehen ihnen den rauhen und holprigen, dafür aber lebendigen Film vor. Wir wollen keine rosa Filme – wir wollen sie in der Farbe von Blut«, hieß es im ersten Manifest der »New American Cinema Group«, deren ästhetischer Aktionismus bald auf die Bundesrepublik übergriff. Der Film wurde begriffen als Lebensform, die »direkt«

und auch mit obszöner Brutalität kulinarischen Konsum verhindere.

Schon 1962 war im »Oberhausener Manifest« der »alte Film« für tot erklärt worden. Junge Regisseure, wie Ulrich Schamoni, Peter Schamoni, Volker Schlöndorff, Werner Herzog, Edgar Reitz griffen Themen wie Abtreibung, Geburtenkontrolle, Vater-Sohn-Konflikte, gesellschaftliches Außenseitertum, Ehescheidung, spießbürgerliches Familienleben, junge Liebe, weibliche Emanzipation auf und bezogen sich damit auf die unmittelbare Wirklichkeit der Bundesrepublik. Nun aber geriet bereits dieser neue Film in die Schusslinie einer Kritik, die eben jede Artistik und Ästhetik ablehnte. Hatten die Oberhausener ihre Aufgabe darin gesehen, dem inhaltlich verlogenen Kino der Wirtschaftswunderzeit realistische Inhalte entgegenzusetzen und die kapitalistischen Produktionsmethoden, die zur künstlerischen Stagnation führten, aufzulockern, so ging es nun den Filmemachern um Antiästhetik, die durch ein großes Misstrauen gegenüber Komposition und Narration (die doch für das Gewinnen der Massen so wichtig gewesen wären) bestimmt war. Der Film, so Alexander Kluge (mit »Die Artisten in der Zirkuskuppel, ratlos« 1968 bekannt geworden), stelle sich im Kopf des Zuschauers zusammen; er sei kein Kunstwerk, das auf der Leinwand für sich lebe. »Der Film muß deswegen mit den Assoziationen arbeiten, die ... vom Autor im Zuschauer ausgelöst werden.

... Das fordert eine indirekte Methode, bei der das, was nachher im Kopf vorgestellt werden soll, niemals direkt abgebildet wird.«

Kluges Filmkunst markierte den Konvergenzbereich zwischen den beiden Lagern: Auf der einen Seite die zunehmend routiniert gewordene Oberhausener Generation, ihre Vorläufer und Nachläufer, die gegen »Papas Kino« angetreten waren, aber – wie es Volker Schlöndorff einmal formulierte – immer noch für Papas Kino Filme machten, »doch wie zu einer Zeit, als Papa noch jung war«. Auf der anderen die Generation nach Oberhausen, die jedem »Filmbetrieb« abschwor (wegen ihrer 16-mm-Formate konnten ihre Werke gar nicht in die Kinos kommen).

Rainer Werner Fassbinder, den man einen »Anarchisten der Phantasie« nannte, gelang es jedoch, die selbst auferlegte Isolierung zu durchbrechen, zumal er einfache Handlungen als nötig empfand, »um das zu sagen, was ich sagen will«. Direktheit und Intensität, als Autodidakt den »Regeln« der Film*kunst* spottend, hat er in verzehrender Leidenschaft, die mit der Rücksichtslosigkeit seiner egozentrischen Lebensführung korrespondierte, das Genre »Film« aufgebrochen und das Kino mit einer Ästhetik der Antiästhetik bereichert.

In der bildenden Kunst kann man insofern von einem neuen Dadaismus sprechen, als diese Kunstströmung sich 1916 als totale Rebellion gegen die kulturellen Formen der fadenscheinig gewordenen künstlerischen und gesellschaftspolitischen Konvention gebärdete. Die Protestbewegung wollte – im Aufstand gegen die Tradition – wiederum die Kultur zertrümmern, vor allem die »Sesselkunst« (eine Kunst, die vom Sessel aus konsumiert wurde) destruieren. Der Boden für solchen Aufstand war die Misere der Kunstakademien. Während ein Großteil der sensibilisierten Studierenden eine objektivierte und transparente Ausbildung forderte, verharrte ein Großteil der Lehrenden auf dem aus dem 19. Jahrhundert übernommenen Anspruch, als »Meister« die Schüler in eigener Manier inspirieren zu können. Die Forderung, Kunstakademien und Kunstschulen zu Zentren gesellschaftsbezogener, gesellschaftsengagierter Erziehung werden zu lassen, stieß da auf den erbitterten Widerstand der Etablierten, die auch zum Schutz ihres Machtbereichs die Polizei riefen oder die Aufmüpfigen aussperrten.

Die Stimmungslage der rebellierenden Kunst Ende der sechziger Jahre hatte bereits das Erste QUIBB-Manifest (1963) auf extreme Weise vorweggenommen; es war u. a. verfasst von Hans Peter Alvermann, der nach dem Vorbild der Tableaus von Edward Kienholz mit seinen Objekt-Collagen (z. B. »Sauber. Illustration zu einem Song von Wolf Biermann, der von einem netten, fetten Vater handelt«, 1966) auf mentale Deformationen und politischen Missstände aufmerksam zu machen suchte, dann aber als überzeugter Marxist seine künstlerische Betätigung aufgab; er wollte sich ganz der direkten politischen Aktion widmen.

Die Happening- und Fluxus-Bewegung, eine Aktionskunst, die in dadaistischen und surrealistischen theatralischen Aktionen wurzelte, vertiefte und erweiterte Joseph Beuys, indem er seine künstlerische Tätigkeit in den Bereich der praktischen Politik verlängerte und das gesellschaftspolitische Ideenpotential von 1968 mit den anthroposophischen Vorstellungen Rudolf Steiners im Sinne einer »Sozialen Plastik« verband. 1971 gründete er die »Organisation für direkte Demokratie durch Volksabstimmung«; ausgehend von der Gleichung »Kunst = Leben, Leben = Kunst« forderte er als Professor an der Düsseldorfer Kunstakademie den offenen Zugang zur Akademie für alle und jedermann, wodurch er den etablierten Lehrbetrieb ad adsurdum führte und seines Amtes enthoben wurde.

Beuys Schüler Jörg Immendorff entwickelte die LIDL-Kunst als Persiflage des staatlichen Autoritätsgehabes. Am 21. Januar 1968 demonstrierte er vor dem Bonner Bundeshaus mit einem am linken Bein befestigten schwarzrotgold bemalten Holzklotz, um die ideenarme und unschöpferische Politik der damaligen Bundesregierung anzuprangern. Als er am Jahrestag der Klotzaktion (1969) erneut nach Bonn zog, um das LIDL-Jubiläum mit dem Anbau eines LIDL-Raumes an das Bundeshaus zu begehen – die Aktion wurde als eine »Beitragsmöglichkeit zur Arbeit in und an unserer Gesellschaft« vorgestellt –, zerstörte die Polizei das Gebilde aus Papier und Holz innerhalb von drei Minuten.

An die Stelle des Happening traten bald vielfältige Demonstrationsspektakel, wobei die Aktionskünstler sich gerne »Macher« nannten; so z.B. HA Schult, der 1969 gemeinsam mit Günter Sarée die Münchner Schackstraße für einen Tag in ein riesiges Papierabfalldepot verwandelte. Ein Jahr später trat er mit »Biokenetischen Situationen«, wuchernden Algen- und Pilzkulturen, in Erscheinung, um auf diese Weise die Verschwendungswut des Massenkonsums kritisch zu manifestieren. Timm Ulrichs, »Totalkünstler«, gründete in der Schwitters-Stadt Hannover ein Verkaufsbüro für künstlerische Ideen und deklarierte sich selbst zur ästhetischen Ware, die er dem Kunsthandel anbot.

»Mit kritischer Vehemenz und lautstarken Sprüchen aus dem Politjargon schossen sich allenthalben junge Rebellen, unterstützt von prominenten Künstlern wie Joseph Beuys, auf die breite Angriffsfläche ein, die eine hermetisch geschlossene, internationale Cliquenwirtschaft zu dieser Zeit im Kunsthandel bot. Man forderte öffentliche Ausstellungsräume für jeden, nicht nur für etablierte und hochbezahlte Kunst, und half sich selbst mit Straßenfesten und freien Alternativkunstmärkten, auf denen konsumkritische Aktionseinlagen, ein buntgescheckes Gemisch aus Gaudi, Humor und Satire, für Abwechslung sorgten. Junge Kunst scheute sich nicht, mit den 68er Studenten auf die Straße zu gehen und dabei die dadaistische Clownerie und Ironie ebenso wie das Blow-up der Pop Art zur Irritation des Wohlstandsbürgers zu nutzen. Es war eine Zeit, in der man ebenso selbstverständlich mit den grellbunten Spraydosenfarben der Reklameindustrie umzugehen verstand wie mit dem Seziermesser schneidender Gesellschaftskritik; Glamour und Blöße, Aggression und Müllhaldenpoesie lagen für eine kurze Spanne unmittelbar neben- und nicht selten übereinander.« (Karin Thomas)

Der Kampf gegen das literarische Establishment führte dazu, dass linke Autoren 1968 eine Gegen-Buchmesse veranstalteten, weil die Frankfurter, einst als das Mekka literarischer Aufklärung empfunden, der völligen Vermarktung verfallen sei. Die Anti-Springer-Demonstration auf der Frankfurter Buchmesse 1967 wurde als einmalige Einmischung von Lesern in den Literaturbetrieb interpretiert; gefordert wurde die Demokratisierung der Presse, des Börsenvereins des Deutschen Buchhandels, der Literaturproduktion. 1969 wurde die Buchmesse von einem »Messerat« (einschließlich linker »Literaturproduzenten«) geleitet und die Hauptversammlung des Börsenvereins gesprengt. Walter Boehlich, angesehener Cheflektor bei Suhrkamp, verließ den Verlag und schloss sich der Protestbewegung an – symptomatisch für die nun einsetzende Rebellion einer größeren Anzahl von Lektoren und Autoren in bürgerlichen Verlagen. Diese konstituierten sich als »Literaturproduzenten«, als »politische Vertretung aller sozialistischen Gruppen und berufsspezifischen Sektionen aus dem Bereich der Literaturproduktion«. Im Organisationsstatut (1970) wurde als Aufgabe die Analyse der gesamtgesellschaftlichen Entwicklung, ihre Auswirkung auf den Bereich der Literaturproduktion und deren Stellenwert im System des Kapitalismus festgelegt. »Daraus ist eine sozialistische Strategie im Klassenkampf zu erarbeiten. Ziel ist die Aufhebung der Branchen und sektionsspezifischen Organisationsformen.« Beim »Verlag der Autoren« (einer der ersten Verlagsgründungen im Zeichen solchen politischen »Aufbruchs«) waren die dort verlegten Schriftsteller zugleich Gesellschafter.

Zusammen mit der bürgerlich-betulichen Literatur (auch Günter Grass wurde dazu gerechnet, zumal er 1969 für die »Espede« bei vielen Veranstaltungen auftrat) wurden die »Großkritiker«, die im feuilletonistischem Establishment arbeiteten und damit das Geschäft der Herrschenden betrieben, zum Abschuss frei gegeben; reaktionär und anachronistisch, seien ihre formalistischen Maßstäbe kulinarisch; sie würden »Werten« anhängen, deren Liquidation fortgeschrittene Kunst besorgen müsse.

Der marxistische Dichter Peter Weiss forderte politische Parteilichkeit: »Die Richtlinien des Sozialismus enthalten für mich die gültige Wahrheit.« Hans Magnus Enzensberger ließ das »Sterbeglöcklein« für die »schöne Literatur« erklingen; eine wesentliche gesellschaftliche Funktion habe sie nicht. Von hoher Sensibilität für kulturelle Wandlungen – seine Uhr ging immer etwas vor – erkannte er jedoch als einer der Ersten, dass die Zeit der Revolutionäre bald abgelaufen sei; er selbst hatte zudem nie aufgehört zu dichten, also der »Literatur als Ersatzbefriedigung« weiter gefrönt. Angesichts des rasch einsetzenden leisen Rückzugs der Protestgeneration ins Establishment – bei den Universitäten hatte der Karriere-Marxismus manche gut dotierte Professorenstelle eingebracht – bezeichnete er den »ganz echten Revolutionär«, der das Maul nicht zubekomme, als »unseren Lieblings-Clown«.

Bald begannen die Nachrufe auf den Generationenkonflikt – noch zu einer Zeit, da einige der Unentwegten sich noch im vollen Besitz ihrer revolutionären Potenz wähnten. Vom heutigen Standpunkt aus meint Uwe Wesel, der von 1968 bis 2001 Professor für Rechtsgeschichte und Zivilrecht an der FU Berlin war und Ende der sechziger Jahre mit den protestierenden Studenten sympathisiert und sie auch unterstützt hatte, dass man von einer »verspielten Revolution« sprechen müsse:

»Diejenigen, die an die Revolution geglaubt haben, sie haben verspielt. Nicht so sehr die Revolution. Die war nicht zu gewinnen. Aber ihre Jahre und manches andere, einige sogar ihr Leben. Zum Teil waren sie auch verspielt wie Dieter Kunzelmann oder Fritz Teufel, die gesagt haben, Revolution müsse Spaß machen. Was ja nicht das Schlechteste ist, wenn über Revolutionen gesprochen wird in einem Land, das in seiner Verfassung als wehrhafte Demokratie – Artikel 18 und 21 Absatz 2 – den Grundsatz verkündet, ›keine Freiheit für die Feinde der Freiheit‹, wie es schon von Louis Antoine Léon de Saint Just formuliert war, den sie mit seinem Freund Robespierre 1794 auf die Guillotine gebracht haben. Und die waren auch nicht lustig, ebenso wenig wie unsere Berufsverbote oder der große Krisenstab 1977 unter Helmut Schmidt. Also eine verspielte Revolution. Und was hat sie gebracht? Viele Tote. Das muss ja auch mal gesagt werden. Es fing an mit Benno Ohnesorg, dann der Höhepunkt 1977 mit Siegfried Buback, Jürgen Ponto, Hanns Martin Schleyer und ihren Fahrern und Begleitern, dem Piloten Jürgen Schumann in der entführten Lufthansa-Maschine und Holger Meins, Ulrike Meinhof, Andreas Baader, Gudrun Ensslin, Jan-Carl Raspe, zwei Jahre später Rudi Dutschke, bis schließlich 1993 in Bad Kleinen mit Michael Newrezella vom Bundesgrenzschutz und Wolfgang Grams von der Roten Armee Fraktion und vielen anderen dazwischen. Sonst ist alles umstritten im Großen und Ganzen. Die einen machen die APO für alles verantwortlich, was uns heute bedrückt: Gewalt in der Schule, Jugendgewalt von rechts, Rücksichtslosigkeit im Straßenverkehr, Rechtschreibreform, Porno-Welle, Kindermissbrauch, sexuelle Enthemmung, verspätete Züge, Korruption, Verwahrlosung, Drogen oder besser Rauschgift, Versagen unserer Bildungsinstitutionen, Verrohung der Sprache, besonders durch Fäkal- oder

Genitalterminologie, Werteverfall, Antisemitismus, Politikversagen und Parteiverdrossenheit. Die Arbeitslosigkeit ist bisher noch nicht genannt worden. Eine andere Kritik kommt von der anderen Seite und hat mit dem zu tun, was alles verspielt worden ist. Verspielt wurde die Diskussionskultur der APO durch die APO selbst.«

Wesel kommt freilich auch zu dem Ergebnis, dass es das Verdienst der Protestbewegung gewesen sei, dass sie viele wichtige Veränderungen gegen viele Widerstände angestoßen habe.

Die den 68ern nachfolgende Generation erklärte die Vertreter der APO bald zu Opas; mit deren Abdrängung in den »revolutionären Ruhestand« wurde es ruhig um ihre Grundsätze, zumal die meisten in den Institutionen, die sie radikal hatten umstürzen wollen, reüssierten. In ihrem »Theaterstück mit Kabarett« »Eine linke Geschichte« haben Volker Ludwig und Detlef Michel 1980 witzig-souverän Rückblick auch auf die eigene Vergangenheit gehalten. (Das in den sechziger Jahren von beiden geprägte und von Ludwig geleitete, aus dem »Berliner Reichskabinett« entstandene »Grips-Theater« in Berlin konnte sich den Anspruch eines »fortschrittlichen« Kinder- und Jugendtheaters im Geiste antiautoritärer Pädagogik über die Jahre hinweg ungeschmälert erhalten.) Am Ende der Politrevue ist der ehemals revolutionäre Student Johannes etablierter Universitätsdozent mit Bausparvertrag und gut sortiertem Weinkeller. Beim Treffen im Garten mit Studenten und Studentinnen der neuen Generation meint Karin: »Endlich sind die Zwänge weg, der ganze Kampf, die Doktrinen und Tabus. Du kannst auf einmal wieder frei denken.« Und die ausgeflippte Ronny bestätigt dies auf ihre Weise: »Genau. Und alles bequatschen! Ohne daß einem ne andere Fraktion mit 'ner Eisenstange über'n Kopp haut im Namen des Fortschritts. Mann, habt ihr noch nicht gemerkt? Man kann wieder miteinander reden! Das ist doch was. Wir haben doch was dazugelernt! Sogar icke in meinem Knast. Guckt euch doch mal um, wer hier alles sitzt! Der olle MLer, du als SPD-Wichser, ich als alter Anarcho, die Spontis, diese Superfrauen da, die bunten grünen Roten und die Nullbockeinbringer. Die Kopftypen und die Bauchtypen.«

In der Phase kultureller Unübersichtlichkeit, die der Protestzeit folgte, drängten die »Bauchtypen« nach vorne; aber sie hatten sich, ganz im Sinne der »Aktion Vatermord«, die »Kopftypen« durchaus einverleibt. Nur ging es nicht mehr um den
abstrakten gesellschaftlichen Gesamtzusammenhang, denn dieser hatte in seiner überwältigenden Komplexität zum »Tunix«
verleitet, sondern um konkrete Aktionen außerhalb totaler Begründungszusammenhänge. Die »neue Jugend« kämpfte nicht
nur gegen bürokratische Apparate, sondern auch gegen die
»Deutungsmaschinen«, die interpretieren würden, um zu dressieren. Die aphoristische Kürze, mit der man nun sein Unbehagen und Aufbegehren artikulierte – zum Beispiel in Form
von gesprayten Graffitis –, wandte sich sowohl gegen die medienvermittelte Geschwätzigkeit der offiziellen Kultur wie gegen die theoretische Langatmigkeit linker Ideologie: »Legal, illegal, scheißegal« – »Nonsens statt Konsens« – »Lieber lebendig
als normal!« – »Heute schon gekotzt?« – »Life is Xerox, you are
only a copy«.

Es ging nicht mehr um die Analyse gesellschaftlicher und politischer Systeme, ihrer Zwänge und um deren langfristige Beseitigung, sondern um unmittelbare Einwirkung – um eine »okkasionelle« Protesthaltung. Zum einen wollte man sich mehr
im Wärmestrom der Gefühle und Emotionen, auch Aggressionen, bewegen; zum anderen nicht eschatalogisch auf die Gesellschaft von morgen vertröstet werden, sondern im augenblicklichen Erfolg Befriedigung erfahren – after action satisfaction.

Die Absage ans strukturelle und prinzipielle Denken unterschied dabei kaum zwischen regressiven und emanzipatorischen
Inhalten; als entscheidendes Kriterium für die Überwindung des
»Unbehagens in der Kultur« galt die Zugehörigkeit zur Ingroup, die nicht nur durch die umgebende Leistungsgesellschaft
ausgegrenzt wurde, sondern sich auch selbst libidinös isolierte;
beides stabilisierte den Zusammenhalt. In allen größeren Städten der Bundesrepublik und in West-Berlin, so schilderten Tilman Fichter und Sigward Lönnendonker die Situation der in
den siebziger Jahren »Ausgeflippten«, lebten Tausende »anpolitisierter Jugendlicher« in einem freiwilligen Getto:

»Der Durchschnitts-Stadtteilindianer wacht in der Wohn-
gemeinschaft auf, kauft sich die Brötchen in der Stadtteilbäcke-
rei um die Ecke, dazu sein Müsli aus dem makrobiotischen Tan-
te-Emma-Laden, liest zum Frühstück Pflasterstrand, Info-BUG,
zitty, geht – falls er nicht Zero-work-Anhänger ist – zur Arbeit in
einen selbstorganisierten Kleinbetrieb oder in ein ›Alternativpro-
jekt‹, alle fünf Tage hat er Aufsicht in einem Kinderladen, seine
Ente läßt er in einer linken Autoreparaturwerkstatt zusammen-
flicken, abends sieht er sich ›Casablanca‹ im off-Kino an, danach
ist er in der Teestube, einer linken Kneipe oder im Musikschup-
pen zu finden, seine Bettlektüre stammt aus dem Buchladenkol-
lektiv. Ärzte- und Rechtsanwaltskollektive, Beratungsstellen für
Frauen, Frauen- und Männergruppen gibt es im Getto. Der gesamte Lebensbereich ist weitgehend abgedeckt.

... Dabei ist die Kommunikation intensiv, verglichen mit
der, die durchschnittliche Bundesbürger untereinander pflegen. Mit diesen unterhalten sich die Stadtteilindianer, anti-
autoritäre Studenten und Spontis nur, wenn sie müssen, bei
einer Razzia z. B. mit Polizisten. In West-Berlin und in Frankfurt gibt es Angehörige der Szene, die stolz darauf sind, seit
zweieinhalb Jahren kein Wort mit einem von denen, die draußen sind, gewechselt zu haben.«

Soziokulturelle Bewegungen

Aus solcher In-group-Mentalität und -Lebensweise gingen freilich bald auch wieder nach außen wirkende Bewegungen hervor, die sogenannten neuen sozialen Bewegungen, die nun in
Mischung von Bauchgefühl und Kopfarbeit unter dem Motto
»Tuwas!« Politik und Gesellschaft durchaus zu verändern ver-
mochten. Was dem 68er-Protest weitgehend gefehlt hatte, war
nun vorhanden: nämlich Lebensfreude und ein sinnliches Verhältnis zu den Dingen wie zur Natur. Man perhorriszierte nicht
mehr die Zuwendung zu den »Dingen«, sondern lernte sie
schätzen (sowohl in der Boutique wie auf dem Flohmarkt).
Man aß und trank »bewusst«; in alternativen Läden, die überall

eingerichtet wurden, kaufte man die Nahrungsmittel, die ohne Chemikalien angebaut waren. Es entwickelt sich eine Sehnsucht nach der Freundlichkeit der Erde. »Man will sie nicht beherrschen, weder durch Technik noch durch theoretische Gewalttätigkeit. Eine neue Weltanschauung entsteht: Die Erde ist freigebig und gütig; die Geschichte aber ist undurchdringlich, unberechenbar und grausam; der Fortschritt fordert nur Opfer; die Erde dagegen ist eindeutig, verstehbar, beruhigend und fürsorglich; sie gibt rascher; da weiß jeder, was er hat; sie kommt dem ›wir machen es jetzt‹ entgegen; auf die Gaben der Geschichte muß man lange warten, und wer Pech hat, geht leer aus.« (Jörg Bopp)

Es galt nicht mehr als Schande, keinen festen Job zu haben, aber auch nicht als Dummheit, auf sozialen Aufstieg und Berufskarriere zu verzichten. Das bürgerliche Ideal der Selbstverwirklichung durch Arbeit verlor seine Anziehungskraft. Von der Arbeit erwartete man Geld, keine Erfüllung. Andere Tätigkeiten versprachen Befriedigung, etwa Reisen, Musizieren, Freundschaft pflegen, miteinander reden.

Im Vergleich zu den Älteren zeigte sich eine größere Bereitschaft und Fähigkeit zu »ungepanzerter Begegnung« und offenem Austausch. Die Bedürfnisse nach Verständnis, Wärme und Geborgenheit wurden direkter und selbstverständlicher angemeldet. Man versuchte, zärtlich miteinander umzugehen; man war toleranter gegenüber Schwächen und Abweichungen. Menschliche Beziehungen sollten nicht auf Konkurrenz, sondern auf verständnisvolle Gleichheit gegründet werden.

Die sexuelle Befriedigung von Liebesbeziehungen galt als selbstverständlich; die traditionellen Tabuschwellen verloren ihre Schrecken. »Die Jugendlichen gewinnen ein aufmerksameres und freundlicheres Verhältnis zu ihrem Körper und seinen Ausdrucksmöglichkeiten. Die Körper bewegen sich freier und stehen nicht mehr unter dauerndem genitalen Überdruck. Narzißtische Bedürfnisse werden offener zugelassen und lustvoll ausgelebt. Selbstbefriedigung wird angstfrei genossen und kann eher mit sexuellen Partnerbeziehungen verbunden werden. Die Altersunterschiede werden weniger als Hindernis erfahren. Die heterosexuelle Normierung verliert an Härte. Der Leistungsdruck phallokratischer Befriedigungsformen wird aufgeweicht. Die Geschlechter sind dabei, sich in Aussehen und Kleidung, Empfinden und Verhalten anzugleichen; sie werden androgyner. Die traditionellen Rollenaufteilungen werden nicht mehr als befriedigend erlebt. Kurz: Die jugendliche Sexualität gewinnt an polymorphen Ausdrucksmöglichkeiten.« (Jörg Bopp)

Thomas Ziehe sprach von »kultureller Freisetzung« all dessen, was man für sich erträumte und ersehnte; auch wenn es dann im tatsächlichen Leben gar nicht erreicht werden könne. Früher, bis in die Zeit des Zweiten Weltkrieges hinein, sei das, was der Einzelne von seinem Leben erwartet habe, im hohen Maße gesellschaftlich, bis in die innere Bildwelt hinein, vorgedacht gewesen. Der Spielraum zum Abweichen erwies sich als gering; die Tradition, die soziokulturelle Aura »dekretierte« im weitesten Umfang die Entwicklung des Einzelnen wie der Gruppen, Stände und Schichten. Nun erfolgte eine Ausweitung jugendlicher Wahlmöglichkeiten; zumindest im Kopf konnte man ungehindert von Tabus, Normen, Traditionen alles »durchspielen«. Die Tradition, die früher Lebenswege vorzeichnete, wurde abgelehnt, da sie die freiheitliche und individuelle Entfaltung unterbinde.

Die Nischen des Privat-Alternativen wurden zu Keimzellen und Erprobungsräumen neuer sozialer Bewegungen, die, in Ablehnung der bestehenden Parteien, an pragmatischem Vorankommen interessiert waren. Die bürgerliche Wachstumsgesellschaft hatte das Recht auf Glück vorwiegend im Sinne materiellen Wohlstandes verstanden; der Glaube an den technisch-wissenschaftlichen Fortschritt schien grenzenlos, wobei die mit der Industrialisierung verknüpfte mentale Verelendung zunächst unbeachtet blieb. Diejenigen jedoch, die Anfang der siebziger Jahre sich mit dem sozial-liberalen Versuch, die Bürgerrechte auszubauen und die Demokratisierung der Gesellschaft voranzutreiben, identifizierten, ergriff das »Unbehagen in der Kultur«; selbst begünstigt vom Modernitätsschub, wirtschaftlich verhältnismäßig gut abgesichert, engagierten sie sich, durchaus auch zelotisch, für Zivilisationskritik; dabei ergaben sich Konvergenzen mit konservativen Kreisen, etwa hinsichtlich der Einsicht in die Grenzen des Wachstums.

Die neuen sozialen Bewegungen, die insgesamt als »zweite Kultur« bezeichnet werden können, waren charakterisiert durch ein starkes Maß an Mobilisierung, jenseits der als erstarrt empfundenen Institutionen; und durch ein starkes Wir-Gefühl mit teilweise aggressiver Ablehnung derjenigen, welche die vorgegebenen Ziel nicht akzeptierten. Sie erreichten 1982/1983 besondere Bedeutung; nach dem konstruktiven Misstrauensvotum gegen Helmut Schmidt war die sozialliberale Ära beendet und mit Bundeskanzler Helmut Kohl die Regierungsmacht für lange Zeit an die CDU/CSU und die eine Wende vollziehende FDP übergegangen. Inhaltlich ergaben sich vor allem drei Schwerpunkte: Ökologie, Frauen, Frieden.

Die Ökologie-Bewegung entwickelte sich aus Bürgerinitiativen, die gegen lokale Umweltzerstörung angingen und darüber das globale Ausmaß der Problematik erkannten. Die Ölkrise von 1973 hatte die Grenzen des Wachstums, wie sie vom »Club of Rome« aufgezeigt worden waren, einer breiten Öffentlichkeit bewusst gemacht. Die Folgen des industriellen Wachstums als fortschreitende Zerstörung natürlicher und sozialer Lebensräume, die wachsenden Risiken neuer Großtechnologien (vor allem bei Nutzung der Atomkraft) – von der Protestbewegung kaum erkannt bzw. wenig beachtet –, wurden mit großer kritischer Aufmerksamkeit diskutiert.

»In dialektischer Verschränkung von Selbst- und Gesellschaftsveränderung sollte es nun darum gehen, die Bedingungen einer dezentralisierten, ökologisch verträglichen, ›sanften‹ Lebensweise zu schaffen, sei es im praktischen, modellhaften Vorgriff auf die Zukunft oder durch massenhaften Widerstand gegen die ökonomische und politische Fortschreibung des ›harten‹ Entwicklungspfades. Die Bildung ›grüner‹, ›bunter‹ und ›alternativer Listen‹ auf kommunaler und Landesebene, schließlich die Gründung der Bundespartei der ›Grünen‹ eröffneten dazu neue Handlungsfelder und Durchsetzungsstrategien.« (Karl-Werner Brand)

Die außerparlamentarische, auch antiparlamentarische Komponente der Ökologie-Bewegung war anfangs sehr stark ausgeprägt, da die etablierten Parteien lange Zeit wenig Verständnis für die neue Problemlage zeigten – obwohl der CDU-Politiker Herbert Gruhl mit seinem Buch »Ein Planet wird geplündert. Schreckensbilder unserer Politik« bereits 1975 als entschiedener Mahner aufgetreten war (wir lebten von der rücksichtslosen Ausbeutung der Zukunft und überließen den Kindern den Müll und eine kahle Erde) und in der SPD Erhard Eppler die Umwelt-Versäumnisse der eigenen Partei angeprangert hatte.

Das Wählerpotential der »Grünen« zeigte einen männlichen Überhang, eine Überpräsentanz von Ledigen, Großstadtbewohnern und der Mittel- wie Oberschicht, eine hohe Zahl von Konfessionslosen und eine Mehrheit höheren Bildungsgrades. Die »Grünen«-Wähler waren also formal besser gebildet, wohnten zu einem erheblichen Teil in Großstädten, darunter vielen Universitätsstädten, in denen sich leichter gegenkulturelle Milieus entwickeln konnten; viele der »Grünen«-Anhänger verfügten als Schüler, Studenten, Arbeitslose und häufig Unverheiratete über reichlich disponierbare Zeit. Das politische Mentalitätsmuster zeigte bei fließenden Grenzen ein Gemisch aus linker Kapitalismus-Kritik und »konservativer« Zivilisationskritik; dazu kamen Theorien eines »dritten Weges« zwischen Kapitalismus und Kommunismus.

Auch »braune Ränder« waren nicht zu übersehen. Ist es ein Zufall, fragte der Essayist Wolfgang Pohrt, wenn die Angst vor Verstrahlung und die Aversion gegen Überfremdung fusionieren, wenn der Wille zur Reinerhaltung der Natur mit dem Willen zur Reinerhaltung des deutschen Volkes sich paart? Seine Polemik verkannte die bei den »Grünen« waltende antizipatorische Vernunft, zeigte aber auch die Gefahren auf, welche die konservative Trendwende, die das ehemals »linke« Bewusstsein dialektisch verändert hatte, barg:

»Lebt im Protest gegen Chemie und Atom die alte paranoische Angst des faschistoiden Zwangscharakters vor Verunreinigung und Verseuchung durch Gift, Schmutz, Keime, Mikro-

ben, Insekten wieder auf? Steckt dahinter auch die wahnhafte
Furcht vor Überfremdung, der Abneigung gegen Wissenschaft
schlechthin? Im Umfeld des Atomprotests, der ja wahrhaftig ra-
tional begründbar ist, zeigt sich die alte deutsche Feindschaft gegen alles Gekünstelte, Unechte, Raffinierte, Artifizielle – die traditionellen deutschen Ressentiments gegen die welsche Kunst
der Verstellung, gegen den welschen kalten Intellekt, gegen Witz
und Eleganz, gegen geschminkte Frauen, gegen individuelle Freiheit von sozialer Kontrolle durch Familienbande, Dorfgemein-
schaft, Blockwart und Volksgenossen, gegen städtische Um-
gangsformen und ganz allgemein gegen Urbanität.«

Die »Grünen"-Gruppierungen hatten sich landesweit ab
1977 zusammengeschlossen; die erste bundesweite Vereinigung
erfolgte vor den Europa-Wahlen 1979; 1980 kam es zur Gründung einer Bundespartei und erstmaligen Teilnahme an den
Bundestagswahlen; dem Bundestag gehörten die Grünen seit
der Wahl März 1983 (5,6 Prozent, 27 Sitze) an.

Die Emanzipation der Frau war innerhalb der studentischen
Protest-Bewegung mehr ein theoretisches Postulat als eine
praktische Realität, was gerade bei den Studentinnen, die sich
an den Aktionen gegen den Autoritarismus und Patriarchalismus der bürgerlichen Gesellschaft beteiligten, große Enttäuschung hervorrief. Die Identitätssuche der Frauen – meistens
unpolitisch, weil Politik bisher ihre Bedürfnisse nie erfasst hatte
– entwickelte sich somit als *neue* Bewegung erst Anfang der
siebziger Jahre, ausgelöst durch die Selbstbezichtigung »Ich
habe abgetrieben« im »Stern« (Juni 1971) von 374 zum Teil prominenten Frauen, die sich öffentlich zur Illegalität ihrer Handlung bekannten. »Mein Bauch gehört mir!« wurde zum Motto
vieler Demonstrationen.

»Es war eine wahre Explosion. Frauen im ganzen Land schlossen sich zusammen. Unterschriften wurden gesammelt. In Büros,
Fabriken, Universitäten, Stadtteilen. Endlich wagten es Frauen,
sich die alltäglichen Demütigungen und psychischen Verstümme-
lungen einzugestehen, die ihnen der § 218 einbrachte.

... Bis dahin hatten die Frauen geschwiegen und – gehandelt.
Daß sie dies täglich zu Tausenden heimlich taten, begriffen die

isolierten Frauen selbst im vollen Ausmaß erst nach dem Eklat der Selbstbezichtigungskampagne. Vom scheinbar privaten Problem wurde der § 218 nun zum Politikum.« So berichtet Alice Schwarzer, die 1977 die feministische Zeitschrift »Emma« gründete (zehn Jahre später war die Auflage bei 80 000 angelangt).

Die nächste Phase war bestimmt durch die Entwicklung einer feministischen Gegenkultur, die bei ihren Projekten in allen Lebensbereichen ohne Männer auszukommen trachtete. »Frauenprojekte, Frauenkneipen, Frauenbands, Frauenchöre, Frauencafés, Frauentheater, Frauenhäuser – alle organisiert nach dem Motto: Männer nein danke – schossen wie Pilze aus dem Boden. Frauenbewegte Frauen waren in euphorischer Aufbruchsstimmung. Ein zentrales Handlungsfeld der Frauenbewegung war die Enttabuisierung weiblicher Sexualität. In Selbsterfahrungs- und Selbsthilfegruppen erkundete die Frau ihren eigenen Körper, die eigene Sinnlichkeit: Ein eigenes weibliches Körperbewusstsein entwickelte sich. Die Anti-Baby-Pille tat das ihre zur sexuellen Befreiung eines Großteils der Frauen. Lesbierinnen fanden im Rahmen der Frauenbewegung den Mut, mit ihren Forderungen an die Öffentlichkeit zu treten und erprobten neue Formen des Zusammenlebens.« (Marie-Luise Weinberger) Gesellschaftspolitisch ging es den Frauen um die Gleichberechtigung am Arbeitsplatz, in der Politik und in der Familie.

In der dritten Phase erfuhr die Frauenbewegung zunehmend Unterstützung im öffentlichen Bereich, auch bei den Parteien (besonders bei den »Grünen«). Doch kam es auch – in Reaktion auf Einseitigkeit und Übersteigerung – zu Rückschlägen; die Männerfeindlichkeit feministischer Organisationen, die auf absoluter Autonomie beharrten, führte zu deren Isolation; Initiativen und Anstöße, die gesellschaftliche Situation von Frauen zu ändern, gingen heute, so 1983 die Herausgeberin der Zeitschrift »Courage«, Sibylle Plogstedt, eher von traditionellen Frauenverbänden und etablierten Parteien aus, als von feministischen Gruppierungen. Autonome Frauenprojekte kämpften um ihr Überleben, hätten keinerlei Kraft für zusätzliche Initiativen; die neuen Lebensformen seien von der Suche nach Sicherheit verdrängt worden, selbst lesbische Frauen suchten Schutz bei Ehe- oder homosexuellen Männern.

Frauen gewannen jedoch zunehmend Einfluss als Akteurinnen der »Überlebens-Bewegung«, wobei gerade von Männern, wie etwa dem Futurologen Ossip K. Flechtheim, das »Weibliche« auf irrational-romantizistische Weise verherrlicht wurde: »Nicht nur in der Friedensbewegung, auch in pädagogischen Reformgruppen, im Bemühen um Umweltschutz, Gesundheitsläden, Wohngemeinschaften, Lebensmittelkooperativen, Projekten für sanfte Energie und alternative Technik spielen sie eine ungleich größere Rolle als in anderen gesellschaftlichen Bereichen.

… Sie spinnen und weben an einer Zukunft, in der zerrissene Zusammenhänge wiederhergestellt werden, ›typisch‹ männliche Überschreitungen des Verantwortbaren und Erträglichen wieder zurückgenommen werden sollen.«

Demgegenüber stellte bereits 1976 Marielouise Janssen-Jurreit in ihrem für die Frauenbewegung maßgebenden Buch »Sexismus – Über die Abtreibung der Frauenfrage« fest, dass maskuline und feminine Temperamente wie Verhaltensweisen durch die jeweilige Situation hergestellt würden. Der Feminismus bestreite nicht, dass Frauen und Männer ihre Körperlichkeit anders erlebten; er bestreite jedoch Männern das Recht, dass sie durch die von ihnen beherrschten Sprachregelungen und Medien bestimmten, in welcher Weise die Frauen ihren Körper zu empfinden hätten. Der Feminismus ermutige Frauen, ihre bisher unausgesprochenen Selbstempfindungen unbefangen zu verbalisieren, kommunizierbar zu machen. Die Selbstzeugnisse von Frauen, die Alice Schwarzer in ihrem Buch »Der kleine Unterschied und seine großen Folgen« (1975) vorgelegt habe, zeigten eine Differenziertheit von Empfindungen, die etablierten psychologischen Schablonen konkrete weibliche Selbsterfahrung entgegensetzten, wie in der Aussage einer 39-Jährigen vor dem Scheidungsrichter: »Der letzte Verkehr meines Mannes mit mir war am 26. April, mein letzter mit ihm vor neun Jahren.«

Die Friedensbewegung der achtziger Jahre war eine Reaktion

auf die Verschärfung der internationalen Probleme und die Unfähigkeit der Politiker, den Rüstungswettlauf zwischen Ost und
West zu stoppen. »Wo Millionen von Menschen eine konstruk-
tive Politik des Friedens erhofft hatten, erlebten sie die sterile
Konfrontation der Militärstrategen, die Beschleunigung des
nie abgebrochenen Rüstungswettlaufs.« (Erhard Eppler) Das
Spektrum der Friedensbewegung war weit gespannt; es umfasste Parteien, Gewerkschaften, kirchliche Organisationen, erfuhr
vor allem auch Unterstützung der Frauen und »Grünen«. Der
Mangel an Einigkeit, die Gefahr von Fraktionierungen und wi-
dersprüchlicher Strategie wurden immer wieder durch phanta-
sievolle Aktionen ausgeglichen. In einer Schrift, die eine Weltversammlung der Christen für »Gerechtigkeit, Frieden und die
Bewahrung der Schöpfung« forderte, sprach Carl Friedrich von
Weizsäcker davon, dass die Zeit gekommen sei, in der die politische Institution des Krieges überwunden werden müsse und
könne. Die von der Friedensforschung geschaffenen sachlichen
Grundlagen für das Zusammenleben der Menschen, Völker
und Nationen sowie für die Koexistenz der Weltanschauungen
und Machtgruppierungen könnten und sollten das tragfähige
Fundament für eine »andere Politik« darstellen. Die Gefahr eines Dritten Weltkrieges sei nicht gebannt; die nukleare Abschre-
ckung habe lediglich eine Atempause gewährt; dies sei moralisch problematisch und biete keine permanente Gewissheit.
»Sie hat über hundert nichtnukleare Kriege seit 1945 nicht verhindert. Der Frieden kann permanent nicht technisch, sondern
nur politisch gesichert werden.«

Die dann von Michail Gorbatschow eingeleitete Reform-
und Abrüstungspolitik – den missionarischen antikommunis-
tischen Kurs des amerikanischen Präsidenten Ronald Reagan
verunsichernd – brachte den Durchbruch für ein Bewusstsein,
das den Krieg als untaugliches Mittel der Politik hatte ächten
wollen.

Die Geschichte
von der Postmoderne

In den siebziger und achtziger Jahren des vergangenen Jahrhunderts machte in geradezu inflationärem Ausmaß ein Begriff die Runde, von dem man in vielen Bereichen der Kultur und Wissenschaft annahm, dass er die geistige Situation der Zeit auf treffliche Weise zu charakterisieren vermöge. Manche meinten sogar, dass er als Epochenbezeichnung herangezogen werden könne und das, obwohl oder gerade weil er sehr vage und damit vieldeutig schien: die Postmoderne.

Jürgen Habermas hatte sie im Visier, als er 1984 von der »neuen Unübersichtlichkeit« sprach, die er als Ausdruck des mangelnden Vertrauens der westlichen Kultur in sich selbst empfand. Der Horizont der Zukunft habe sich zusammengezogen und den Zeitgeist wie die Politik gründlich verändert. Die Zukunft sei negativ besetzt; an der Schwelle zum 21. Jahrhundert zeichne sich das Schreckenspanorama der weltweiten Gefährdung allgemeiner Lebensinteressen ab. »Die Spirale des Wettrüstens, die unkontrollierte Verbreitung von Kernwaffen, die strukturelle Verarmung der Entwicklungsländer, Arbeitslosigkeit und wachsende soziale Ungleichgewichte in den entwickelten Ländern, Probleme der Umweltbelastung, katastrophennah operierende Großtechnologien« gäben die Stichworte, die über Massenmedien ins öffentliche Bewusstsein eindrängen. »Die Antworten der Intellektuellen spiegeln nicht weniger als die der Politiker Ratlosigkeit.«

Das war eine düstere Bestandsaufnahme bzw. Prognose, welche die Wurzel der vorherrschenden Misere darin sah, dass die Entwicklung der Rationalität sich von der Lebenswelt und kognitive von moralischer Vernünftigkeit abgekoppelt habe.

Horst Schäfer: Trump Tower, New York (1986)

James Stirling: Neue Staatsgalerie Stuttgart (1984)

Solche »Dialektik der Aufklärung«, ihre Verkehrung ins Gegenteil, bestärkte auch in dem Bemühen, das unvollendete Projekt einer um Sinnfragen kreisenden Aufklärung mit Intensität voranzutreiben – als Rekonstituierung ganzheitlicher Vernunft, die den pluralistischen Diskurs bestimmen müsse. Die Aufklärung habe also durchaus eine Chance, wenn sie ihren ursprünglichen Elan zurückgewinne und im Kontext der veränderten geschichtlichen Lage ihre Konzepte, Methoden und Ziele überprüfe. Wenn die Moderne sich aus sich selbst heraus modernisiere, sich nicht mehr nur am ökonomischen Aufbau, sondern am sozialökologischem Umbau orientiere, gewönne sie die Kompetenz zurück, Unübersichtlichkeit zu überwinden.

Plaisir

Das war in Gegenposition zur Postmoderne formuliert, die der Aufklärung große Skepsis entgegenbrachte. Der erhobene Zeigefinger vernünftiger Moralisten bzw. moralischer »Vernunftapostel« galt ihr als degoutant; anstelle der Anstrengung des Denkens, erschien der Zustand des Glücklichseins als erstrebenswertestes Ziel. Der Suche nach Wahrheit wurde der Reiz des Vergnügens vorgezogen. »Als Plaisir ist der Mensch Subjekt. Das heißt: Sowenig wie das Faktum des Denkens kann das Faktum des Plaisir bestritten werden, ob es nun mit richtigen oder unrichtigen Vorstellungen, mit lauteren oder mit unlauteren Mitteln operiert. Plaisir ist Plaisir.« So Niklas Luhmann, der freilich als ein aus der Verwaltung kommender Soziologe mit großem Arbeitseifer das analysierte, was ihm selbst fremd war.

»Behübschung« hieß die Parole. Und: »Nach uns die Sintflut!« Diese aufzuhalten, hatte man keinen besonderen »Bock«. Theorie war out, Praxis in; Erkenntnis leitendes Interesse – was soll's! Die postmoderne Jugendkultur etwa, so Bernd Guggenberger, sei geprägt durch die Absage an alles Visionäre und Utopische, an alles Ferne und Hehre, an Ordnung und Sinn, an Ziel und Zukunft, an Idyllen und Ideen. Man ist, weil man ißt; und man ißt, was schmeckt. Und wem der »Big Mac« näher ist als die »Große Verweigerung« (Herbert Marcuse), der scheut sich nicht, dies auszusprechen. ›Wir sagen ja zur modernen Welt‹, tönt die ›Freiwillige Selbstkontrolle‹, ›liebt, was euch kaputtmacht‹, Annette Humpe, die Sängerin von ›Ideal‹. Wenn man Plastik und Beton eh' nicht wegkriegt (und Denver und Dallas und McDonalds und Mickymaus) – dann ist es am besten, man fährt darauf ab!«

Die postmoderne Lebenskunst hat Michael Rutschky exemplarisch am Beispiel des Vergnügungstagebuchs von Maya, dem Fotomodell im leuchtenden München, aufgezeigt – insofern ein gutes Beispiel, als die zivilisatorische Glamourwelt sich im besonderen Maße als Spielort für den postmodernen Erfahrungshunger erweist. Dessen Maxime laute: Wir machen es jetzt! – Samstag: Ausstellung mit den Fabergé-Preziosen in der Hypobank (»Das ist doch von einer derartigen Schönheit, daß man bei einem einzigen Besuch gar nicht alles in sich aufnehmen kann.«) – Sonntag: Ausgiebiges Frühstück. Langer Spaziergang über die winterlichen Felder. Abends zum

»Brandner Kaspar« ins Residenztheater. Das Videogerät nimmt derweilen den ersten Teil der Fernsehserie über Peter den Großen auf. – Mittwoch: Zweiter Teil der Serie, genossen bei Feuer im Kamin, brennenden Kerzen, gutem Rotwein, Sandwiches (auf Silbertablett). »Solche Abende sind für mich die vollkommene Entspannung!« Und deshalb hinterher vermutlich Geschlechtsverkehr. – Donnerstag: Man freut sich auf das festliche Bachkonzert im Kongresssaal des Deutschen Museums. – Und so fort ...»Wir können Majas ›Vergnügungstagebuch‹ hier abbrechen, da die Sache klar sein wird. Während in den siebziger Jahren strenge Begründungszwänge auch ein Fotomodell sich im Einzelnen fragen ließen, welchen gesellschaftlichen Bezug, welche Relevanz ihr Tun und Lassen habe, welche Legitimation (und wie die altmodischen Wörter lauten mögen) sich dafür anführen lasse (spätestens in einem Text wie diesem hier), währenddessen hat die Postmoderne mit der Parole ›anything goes‹, alles ist möglich, der egozentrischen Lebenskunst, der freizügigen Organisation der Reize und des Vergnügens nach Maßgabe des Individualgeschmackes ein weites Feld geöffnet.«

Leistungsdruck, Mühe, Entbehrung, Selbsteinschränkung und Aufschub wurden als Requisiten aus dem Arsenal des bürgerlichen Wohlverhaltens empfunden; Entspanntheit, Lebensfreude, Spontaneität, Ungezwungenheit, Genuss traten an ihre Stelle. »Leben« sollte nicht von altklugen Erwachsenen vorgeprägt sein; deren Röntgenaugen war man in der Diskothek mit ihren unausgeleuchteten Winkeln, dem schummrigen Licht, das Gesichter und Körper verschwimmen lässt, entronnen. Diese ist ein Ort, wo man Kontakte aufnehmen, sich wieder zurückziehen, vor sich hinträumen, sich zur Schau stellen, aus geschützter Entfernung alles beobachten kann – ein Ort des Geheimnisses; es fehlen der helle Tag und das kalte Neonlicht, die alles beobachtbar und kontrollierbar machen.

»Man hat sich dem pädagogischen Imperialismus der Erwachsenen entzogen, gleichgültig, ob er die Gestalt elterlicher Herrschsucht, erwachsener Anmaßung oder penetranter Verständnisbereitschaft von wohlmeinenden Lehrern angenommen hat. Hier gibt es nicht das Aufklärungspathos fortschrittlicher Didaktik und den aufdringlichen Anspruch ›freier‹ Erziehung, doch immer alles sagen zu dürfen oder zu müssen. Vieles bleibt hier im Halbdunkel. Man bewahrt sein Recht auf Unentschiedenheit, diffuse Gefühle, Schweigen und Selbstverborgenheit. In der Diskothek fühlen sich die Jugendlichen vor den Invasionen der Erwachsenen für ein paar Stunden sicher. Und so geraten sie in aufmüpfige Begeisterung, wenn der neue Song der ›Pink Floyd‹ aufgelegt wird: ›We don't need no education, we don't need no thought control, no dark sarcasm in the classroom. Teachers leave the kids alone, hay teacher, leave us kids alone.‹ »(Jörg Bopp)

Zur Beschreibung postmoderner, vor allem jugendlicher Biographien wurde der von Claude Lévi-Strauss entwickelte Begriff der »Bricolage« (wörtlich »Bastelei«) herangezogen, der im Wesentlichen darin besteht, dass aus verschiedenen Systemen Einzelelemente herangezogen und umgewidmet werden. Stil wird weitgehend mit Mode identisch; man meidet »Verbindlichkeit«; der Wechsel ist Prinzip. Man kann eigentlich alles »tragen«, wenn es »kleidet«. Das Äußerliche in seinen vielfältigen Artikulationsformen spiegelt ein Mentalitätsmuster, das durch Duldsamkeit gegenüber der Welt, Akzeptanz ihrer »Bestände« und Entlastung von theoretisch begründeten Entscheidungen geprägt ist – getragen von der Überzeugung, dass man eigentlich alles ausprobieren kann. Ein 21-Jähriger meinte in einem Bericht über seine Kindheit und diejenige seiner 68er-Eltern (»Luise und Benni, die waren ja so progressiv«):

»Ich werd‹ studieren. Mein Abitur is' gar nicht schlecht. Okay, zur Medizin würd's nich' reichen, aber das is' sowieso nich'. Ich weiß nur nich' genau, was. Ich bin 'n bißchen auf der Schaukel. Einerseits würd' ich gern was mit Menschen machen, Sozialarbeit oder so. Ich glaub', ich hab ›n Draht für Menschen. Andererseits flirt' ich so ein bißchen mit Computers. Für manche ist das der Inbegriff von Kapitalismus, aber das reizt mich ganz schön. Mathe is' mir ja nich' fremd. Ich weiß es noch nich', ich fahr' jetzt Taxi. Ich möcht' erst mal Freiheit.«

Bei aller Uneinheitlichkeit im Erscheinungsbild der »Puzzle-

Generation« ergab sich als bemerkenswertestes Phänomen der Aufstieg der Yuppies (Young, urban, professional), die, als »Gegenbild« zur Protestgeneration, auf feine Lebensart, Geld und Erfolg »abfuhren«. »Yuppies lieben die Ausstattung, das Inszenierte: den Circus Roncalli, die Zimmerpalme, ein Feuerwerk von André Heller, den Freischwingersessel, den wildgemusterten Pullover aus dem italienischen Designerhaus. ›Wir wollen das Hemd von Laprotz und die Uhr von Swotz‹, höhnt Udo Lindenberg auf einer LP.« (Helmut Fritz)

Als Ausbildungsort der Yuppies fungierte die deutsche Universität der achtziger Jahre, die längst gegenüber der durch die 68er Bewegung versuchten Erneuerung zum Fächerpuzzle (zur Bricolage jenseits einer integralen Idee) zurückgekehrt war. Die Gefährdung unserer Hochschulen, meinte der SPD-Bildungs- und Kulturpolitiker Peter Glotz, liege nicht in einem Niveauverlust der Forschung, sondern im Verlust ihrer Reflexionsfähigkeit, ihrer Neugierde, ihres Selbstbewusstseins. Die anregenden Fragestellungen kämen kaum noch aus Universitäten; versagt hätten diese auch bei der Aufgabe, der jungen Generation Orientierung zu bieten – nicht durch die Vermittlung einer wie auch immer gearteten gemeinsamen Weltanschauung, die mit dem Abtreten eines einheitlichen Akademikerstandes versunken sei, sondern durch die Einübung einer aufs Praktische gerichteten Fragefähigkeit, ohne die weder der Arzt noch der Jurist, weder der Lehrer noch der Volkswirt seine Arbeit vernünftig (das heißt vernunftgemäß) ausüben könnten. Es zeige sich, was Karl Jaspers schon nach Kriegsende befürchtet habe: Das Elend der Universität bestehe in ihrem Versinken in der Bodenlosigkeit des Spezialistischen.

Die Studenten, erzogen in Schulen, die sich von der Emanzipationspädagogik wieder losgesagt hatten, bevorzugten eine für den Augenblick geltende, auf die »Gelegenheit« fixierte Rationalität, zumal antizipatorische Vernunft sich nicht auszuzahlen schien (auch wenn die fatalen Folgen eines versäumten ökologischen Denkens unübersehbar waren). Postmaterielle Werte wurden zwar nicht abgeschrieben, doch schien es wichtiger zu avancieren, als sich zu engagieren, wobei der Konkurrenzkampf angesichts zunehmender akademischer Arbeitslosigkeit die Wertschätzung von funktionalistischer Einseitigkeit gegenüber »Allgemeinbildung« ansteigen ließ.

Anything goes

Nun wäre es natürlich einseitig, die Postmoderne mit der Suche nach einer neuen Lebenskunst gleichzusetzen. Der Soziologe und Kulturphilosoph Wolfgang Welsch, dem die »Entdeckung« der anästhetisierenden Wirkung der Warenästhetik zu danken ist, hat in einer 1988 erschienenen Anthologie »Wege aus der Moderne« (Schlüsseltexte der Postmoderne-Diskussion) die Vielfalt der Aspekte aufgezeigt, die den neuen Zeitgeist, philosophisch gesehen, kennzeichnet. Es vollziehe sich ein Abschied vom Prinzipiellen, verbunden mit dem vom französischen Philosophen Jean-Francois Lyotard konstatierten Ende der großen bzw. Mega-Erzählungen (gemeint waren damit die systematischen Weltentwürfe). Zudem seien die Wege aus der Moderne nicht nur solche, die aus ihr herausführten, sondern zugleich solche, die aus ihr stammten. Es gehe nicht um die Alternative modern – postmodern, sondern um eine Transformation. Die Moderne enthalte stets auch Gegenmotive und Potentiale ihrer Überschreitung.

Veranschaulichen lässt sich diese allgemeine Feststellung, indem man dem Erscheinen von Postmodernität in einigen Kulturbereichen nachspürt; zunächst in der Philosophie. Der Wissenschaftstheoretiker Paul Feyerabend etwa, anfangs dem strengen wissenschaftlich- rationalen Denken verpflichtet, vollzog den Wandel zu einer anarchistischen Erkenntnistheorie, deren Methodenpluralismus er als »freie« oder »fröhliche« Wissenschaft bezeichnete. Kreativität und Spontaneität, wie sie in den bildenden Künsten sich zeigten, seien auch Voraussetzungen des Erkenntnisfortschritts.

Die Feststellung Feyerabends, dass allgemeine Regeln nicht zur Kunst führten, die »idées générales« abgewirtschaftet hätten, stattdessen alles erlaubt sei (»anything goes«), Kultur also der Ort, der Bauplatz von Vielfachwahrheiten sein müsse, bestimmte auch das Denken von Odo Marquard, der freilich die postmoderne Leichtigkeit des Denkens mehr analysierte als propagierte, allerdings diese auch selbst geistreich praktizierte.

Als intellektuellen Stuntman (als Double für halsbrecherisches Denken) bzw. als »Transzendalbellestristen« (also einen, der das Sein nur zu »dichten« und nichts zu wissen vermag) hat er sich selbst bezeichnet. Wenn man sich vom Tiefsinn etwa eines Jürgen Habermas mit seiner terminologischen Schwerblütigkeit fast erschlagen oder von der hermeneutischen Benevolenz, also stets auf sorgsame Einfühlung bedachten Hans-Georg Gadamer gelangweilt fühlt, wird man durch die präzis-anschauliche, skeptisch-postmoderne Denkweise Marquards wieder aufgerichtet. »Darauf einen Marquard!« Der philosophische Kalauer sollte allerdings nicht darüber hinwegtäuschen, dass dieser Verfasser meist knapper Abhandlungen, jenseits von Redundanz und des »Jargons der Eigentlichkeit« (unter seinen Texten findet sich auch eine Würdigung des Karikaturisten Loriot), harte »Denknüsse« zu knacken gibt.

Angesichts der Dominanz naturwissenschaftlichen und ökonomischen Denkens ist Marquard von der »Unvermeidlichkeit der Geisteswissenschaft« überzeugt, selbst wenn diese in einer Krise (einer »Überforderungs-«, keiner »Leistungskrise«) stecke; sie hielte nur mit ihrer modernen Unvermeidlichkeit noch nicht Schritt. Seine »Kompensationstheorie« besagt, dass der Mensch angesichts des beschleunigten Wandels der modernen Welt durch Rückgriff auf kulturelle Bestände die Modernisierungsschäden zwar nicht beheben, aber zu mildern vermag. Zukunft braucht Herkunft – als Gegengewicht zu dem factum brutum, dass sich Zukunft mit ihrer Innovationsbesessenheit immer mehr von Herkunft löst.

Damit soll der große Fortschritt, den die »schöne neue Welt« mit sich brachte, u. a. die Möglichkeit, unabhängiger von Not, Schmerz und Mühe sein Leben gestalten zu können, nicht abgewertet werden. Doch müsse immer wieder geprüft werden, wie viel Neues der Mensch in seinem Leben, das eben zu kurz ist

(»die Mortalität der menschlichen Gesamtpopulation beträgt nach wie vor 100 Prozent«), ertragen könne. Die Menschen in der wandlungsbeschleunigten Welt seien nach wie vor (anthropologisch gesehen) langsam; die moderne Welt aber agiere schnell. Weder die schnelle Welt noch den langsamen Menschen dürfe man abschaffen. Wer die wandlungsbeschleunigte Welt negiere, verzichte auf unverzichtbare Überlebensmittel der Menschen. Wer den langsamen Menschen negiere, verzichte auf den Menschen.

»Das bedeutet: in der modernen Welt müssen wir beides leben: die Schnelligkeit (Zukunft) und die Langsamkeit (Herkunft). Es kommt gerade nicht darauf an, auf dem Wege einer Abwahl der modernen Welt – durch Revolution oder Ausstieg – die Spannung zwischen Schnelligkeit und Langsamkeit antimodernistisch loszuwerden; sondern es kommt ganz im Gegenteil gerade darauf an, in der modernen Welt die Spannung zwischen Langsamkeit und Schnelligkeit auszuhalten, indem wir in der modernen Welt – angesichts ihrer Wandlungsbeschleunigung – die Möglichkeit wahren, als Menschen langsam zu leben.«

Darum gehöre zur modernen Welt inmitten ihrer Schnelligkeit kompensatorisch die Entwicklung von Formen, die es den Menschen erlaubten, in dieser schnellen Welt langsam und in vertrauter Umgebung zu leben. Beispielhaft seien Kinder, für welche die Wirklichkeit unermesslich neu und fremd ist; sie kompensierten ihr Vertrauensdefizit durch die Dauerpräsenz von Vertrautem, z. B. eines Teddybären. Diejenigen, die über den Kultur-Teddybär (Kultur als Teddybär) die Nase rümpften oder, schlimmer noch, in ihrem Geschwindigkeitswahn die Welt radikal zu »entzaubern« suchten, zeigten nur »Inkompetenzkompensationskompetenz«. Mit diesem Begriff hat Marquard übrigens auch das ganze Elend einer Politik ohne Vision und Utopie bloßgelegt.

Der postmoderne Kunst- und Kulturbegriff steigt herab vom hohen Ross elitärer Ansprüche. Der amerikanische Essayist Leslie A. Fiedler gehörte zu den Ersten, die unter dem Motto »postmodern« zum Überschreiten der Grenze aufforderte, welche die auf Achtbarkeit und Vornehmheit bedachte Literatur um sich zog. Sein Plädoyer für Pop (popular culture) sollte jedoch nicht als Gegenthese zu anspruchsvoller Kunst verstanden werden; er sprach sich für die Verbindung unterschiedlicher Niveaus aus, zielte auf deren Integration. Der postmoderne Künstler sei ein Doppelagent, der Elitäres und Populäres, Wahrscheinliches und Wunderbares, Wirklichkeit und Mythos, Bürgerlichkeit und Phantastik, Professionalität und Amateurstatus verbinde. Ein postmodernes Werk enthalte eine Vielfalt von Sprachen und Kodes.

Die postmoderne bildende Kunst zog sich von Straße und Agitation zurück und kehrte zu Galerie und Vernissage, unter Bejahung kapitalistischer Vermarktungsinteressen, zurück. Dafür waren vor allem Künstler prädestiniert, die eine gute handwerkliche Ausbildung, z. B. in der DDR, erhalten hatten und politische bzw. weltanschauliche Beweglichkeit zeigten. Vom Ost-Sozialismus wechselten zum westlich-kapitalistischen Kunstmarkt Maler wie Georg Baselitz, Gerhard Richter, A. R. Penck. Unter dem Motto »Ich habe kein Programm, keinen Stil, kein Anliegen« (Richter) gedieh nun das Nebeneinander verschiedener Kunstrichtungen; es erfolgte die Umstrukturierung der bislang relativ linear verlaufenden Entwicklung in Richtung eines »Patchwork von Möglichkeiten« – so Wolfgang Max Faust und Gerd de Vries in ihrem 1982 erschienenem Buch »Hunger nach Bildern«.

Der Titel brachte jene bunt gescheckte Reaktion auf den Begriff, »die eine junge, radikal subjektivistische Künstlerschar seit 1978 mit ungestümen, teils emphatisch-expressiven, teils punkthaft frechen, grellfarbigen oder auch düster-aggressiven Bildern gegen die am Ende blutleer gewordene, objektivitätssüchtige Konzeptkunst betrieb. Bilder, die noch farbfeucht, so rasch wie nie eine Kunstproduktion zuvor, auf den Markt und in die öffentliche Diskussion gelangten und dabei bereits unmittelbar nach ihrer Entstehung ebensoviel Begeisterung wie auch heftige Anfechtungen auf sich vereinigen konnten.« (Karin Thomas)

Vor allem die »Neuen Wilden« konnte man als eine leichtsinnige Gegenaktion zum schwergewichtigen Ernst der 68er-Bewegung begreifen. Dithyrambisches Malen um des Malens willen bezog mit expressiver Farbigkeit Position gegenüber durchdachter, systematischer, manchmal auch dogmatischer und deshalb langweiliger Solidität. Ehe die »Neuen Wilden« auftraten, habe es – so der Kunsthistoriker Heinrich Klotz – weder »individuelle Handschrift« noch »subjektive Phantasiebilder und Mitteilungsbedürfnisse« in der neueren Kunst gegeben, sondern nur »gleichartige Stilistik«; sie hätten die Erlösung vom Übel der »orthodoxen Dogmen« in der Moderne bewirkt. Man kann freilich auch konstatieren, dass die »Neuen Wilden« lediglich mit der Geste des Revolutionärs das Vakuum der bereits aufgegebenen Moderne besetzt haben; sie erstürmten mit ihren riesigen knallbunten Formaten die Hochburgen affirmativer wie kritisch-theoretischer Kultur.

Am populärsten wurde die Postmoderne in der Architektur. Ihre vage Begrifflichkeit verdinglichte sich hier zu einsehbarer und oft auch ansehnlicher Dinglichkeit. Schon 1966 hatte der amerikanische Architekt Robert Venturi mit seiner Schrift »Komplexität und Widerspruch in der Architektur« ein Programm postmodernen Bauens entwickelt. Überall sei inzwischen das Prinzip von Vielfalt und Widerspruch anerkannt, nur nicht in der Architektur. Solche Abschottung gegenüber der aktuellen Lebenserfahrung und den Bedürfnissen der Gesellschaft gälte es zu überwinden. Gute Architektur spreche viele Bedeutungsebenen an und lenke die Aufmerksamkeit auf eine Vielfalt von Zusammenhängen. Damit wandte er sich auch gegen die dogmatische Einseitigkeit funktionalistischer Architektur.

Deren »Betonbrutalismus« hatte gerade beim Wiederaufbau der deutschen Städte Sinnlichkeit, Phantasie und Geschichtsbewusstsein unterdrückt. »Glasklarheit« schien einer demokratischen Gesellschaft, die Transparenz, also Durchsichtigkeit verlangte, zu entsprechen; missachtet wurden aber darüber menschliche Bedürfnisse, die auf das Einbergen in Nischen angelegt sind. Attraktiv, d. h. abwechslungsreich gestaltete Fassaden sollten wieder der »Sehlust« Befriedigung verschaffen. Die

Verwandlung des »Römers« in Frankfurt – als Bank- und Krankfurt die amerikanischste Stadt der Bundesrepublik – in eine große »gemütvolle« Bürgerstube war symptomatisch für die Absicht, seelenlosem Kapitalismus mit seiner architektonischen Kälte durch mittelalterliches Styling abzuhelfen.

Auch wenn die postmoderne Architektur auf herausragende Weise hauptsächlich aufgrund von Aufträgen der öffentlichen Hand und der Wirtschaft verwirklicht werden konnte (etwa »Museumsufer« in Frankfurt, Neue Staatsgalerie in Stuttgart), so wurde sie doch auch für den Wohnungsbau sehr populär. In Absage an die durch die »Diktatur der Geometrie« und Profitmaximierung »unwirtlich« gewordene Stadt (Alexander Mitscherlich) bekannte man sich postmodern zu anheimelnder »Schnuckeligkeit«. Die Häuser wurden vom Dach bis zur Eingangszone mit Hilfe von Erkern, asymmetrisch gestalteten Balkonen, farbigen Fenster- und Türrahmen, gekurvten Treppen- und Balkongeländern, insgesamt mit Hilfe eines reichen Arsenals an dekorativen Elementen, wieder als Wohnorte, die über Vielfalt zur Identifikation einluden, aufgewertet; Kritiker sprachen von »verordneter Gemütlichkeit«.

Offenbarungsliteratur und Ironie

Für Botho Strauß, den Verfasser vieler erfolgreicher Bühnenstücke und Prosatexte, hat die für die Moderne typische Realitätsbewältigung durch analytische Vernunft versagt; aufklärerisches Denken wird abgetan und beerdigt. Dem Niedergang der Vernunft setzt Strauß die Erneuerung des Humanen aus dem Gefühl entgegen.

»Unter der Augeneklipse streunt auch das ›ziellose Frommsein‹, kommen die sicheren Wunder zu Wort, halten die Ältesten Rat ungleichzeitiger Völker. Und aus der Pappel hoch über dem dunklen Gedörr, die kenntnisreich rauscht, mit tausend seidenen Blicken flattert,
aus ihrem märchenlosen Über-der-Nacht-Stehen,

aus ihrem Zeptergefühl
steigt eine Schar von Entgrenzungen auf, Vögel des Sinnens
und des Entzifferns, klarsichtig und schattenkundig,
wie die diskrete Vernunft eines Gedichts,
das nichts Verborgenes sagt.«

Botho Strauß, der sich in dem anzitierten langen Gedicht »Diese Erinnerung an einen, der nur einen Tag zu Gast war« (1985) als »Aufklärer in des Dunklen Pflege« bezeichnet, wurde in den achtziger Jahren mit seiner postmodernen »Wendekunst« zum Objekt heftiger literarkritischer Auseinandersetzungen. Dass er, sich zum Orpheus stilisierend, durch das Loben im Dunklen dem hellen Sehen entgegengehe, erregte den heftigen Widerspruch derjenigen, die Dichten und Dichtung nicht literarischer Regression überantworten wollten. Man sah die Wiederkehr des »Jargons der Eigentlichkeit« als »Jargon der Geschwollenheit« bevorstehen. Die mit Edelsubstantiven prunkende »Obersprache« des poetischen Heilsapostels mit ihrem tönenden Geraune verpacke ein windelweiches Denken und triefende Positivität. Wild gewordene Unvernunft geriere sich als piekfein zurechtgemachte Elitekultur.

Bei Strauß und in Peter Handkes »Offenbarungsliteratur«, etwa in seinem dramatischen Gedicht »Über die Dörfer«, sah man das »rasende Gefasel der Gegenaufklärung« am Werk; es sei durch geringste begriffliche Anstrengung gekennzeichnet; die Diskursivität der Texte gerate ins Rutschen und münde in Begriffstrance, einen unklaren Mythos schwermütig und schwerblütig propagierend. Das war aber insofern schon postpostmodern, als die eigentliche Postmoderne sich gerne mit Witz und Ironie präsentiert.

Umberto Eco, bekannt geworden durch seinen kriminalistisch verpackten philosophischen Roman »Der Name der Rose«, hat davon gesprochen, dass die postmoderne Antwort auf die Moderne in der Einsicht bestehe, dass die Vergangenheit, nachdem sie nun einmal nicht zerstört werden kann, da ihre Zerstörung zum Schweigen führen würde, auf neue Weise ins Auge gefasst werden müsse: nämlich mit Ironie, ohne Unschuld. »Die postmoderne Haltung erscheint mir wie die eines Mannes, der eine kluge und sehr belesene Frau liebt und daher weiß, daß er ihr nicht sagen kann: ›Ich liebe dich inniglich‹, weil er weiß, daß sie weiß (und daß sie weiß, daß er weiß), daß genau diese Worte schon, sagen wir, von Liala [im deutschen Bezug: Hedwig Courths-Mahler] geschrieben worden sind. Es gibt jedoch eine Lösung. Er kann ihr sagen: ›Wie jetzt Liala [Courths-Mahler] sagen würde: Ich liebe dich inniglich.‹ In diesem Moment, nachdem er die falsche Unschuld vermieden hat, nachdem er klar zum Ausdruck gebracht hat, daß man nicht mehr unschuldig reden kann, hat er gleichwohl der Frau gesagt, was er ihr sagen wollte, nämlich daß er sie liebe, aber daß er sie in einer Zeit der verlorenen Unschuld liebe. Wenn sie das Spiel mitmacht, hat sie in gleicher Weise eine Liebeserklärung entgegengenommen. Keiner der beiden Gesprächspartner braucht sich naiv zu fühlen, beide akzeptieren die Herausforderung der Vergangenheit, des längst schon Gesagten, das man nicht einfach wegwischen kann, beide spielen bewußt und mit Vergnügen das Spiel der Ironie.

… Aber beiden ist es gelungen, noch einmal von Liebe zu reden.«

Versteht man »Nähe über Distanz« als ein besonderes Merkmal der Postmoderne, kann man die dadurch entstehende Offenheit (als Vielfalt der Anmutungen) als eine kulturelle Erfüllung der Forderung auf demokratischen Pluralismus verstehen; sie bejaht die friedliche Koexistenz des Unterschiedlichen und einander Widerstreitenden und entwickelte eine Lust an Identitätsvielfalt (was auch Interkulturalität, etwa in Form des Zusammenlebens verschiedener Ethnien, begünstigt). Dass Individuen nicht mehr bloß *eine* Existenzform verfolgen, sondern mehrere erproben wollen – motiviert durch theoretische, z. B. philosophische Überlegungen und praktische wie ästhetische Erfahrungen –, könnte eine Bürgergesellschaft befördern, die durch nichts mehr gefährdet ist als durch religiösen bzw. politischen Fundamentalismus.

Ambivalenter ist die Bilanz, welche die Herausgeber des »Merkur« (»Deutsche Zeitschrift für europäisches Denken«),

Karl Heinz Bohrer und Kurt Scheel, in einem der Postmoderne gewidmeten Doppelheft September/Oktober 1998 ziehen. Der dramatische Akzent, mit dem sie sich besondere Bedeutung verschafft habe, sei aus dem Bewusstsein eines »Endes« gekommen. Ans Ende angelangt sei etwa der moderne Funktionalismus. Und die Geschichte selbst.

Die Behauptung von der »Posthistoire« war jedoch spekulativ; die in den neunziger Jahren des 20. Jahrhunderts Aufsehen erregenden Thesen des amerikanischen Historikers Francis Fukuyama (mit seinem Buch »Ende der Geschichte«) zeigten einen nur geringen Realitätsbezug. Er sprach davon, dass mit dem Zusammenbruch des sozialistischen Systems, also mit dem Sieg der liberalen Demokratie über die linken wie rechten totalitären Systeme, eine endgültige Fast-Glückseligkeit der Menschheit erreicht sei; die Suche nach dem »human government« habe einen erfolgreichen Schlusspunkt erreicht; in politischer, ökonomischer und sozialer Hinsicht gäbe es keine vernünftige Alternative mehr und das bedeute, dass auch die ideologische Evolution zum Abschluss gekommen sei; die vom Westen durchgesetzten Werte und Maßstäbe könnten als universal gelten.

Richtig war allerdings, dass die westlichen teleologischen (zielgerichteten und zielstrebigen) Geschichtsvorstellungen wie etwa der Marxismus – in postmoderner Terminologie eben die »großen« bzw. Mega-Erzählungen – zerfallen seien; zugleich aber verstärkten sich in anderen Kulturen (vorrangig im Islam) die fundamentalistischen Tendenzen. Der Politologe Samuel P. Huntington, ebenfalls Amerikaner, sieht deshalb die Neugestaltung der Weltpolitik im 21. Jahrhundert unter dem Aspekt des »Kampfes der Kulturen«. Diese Prognose des 1996 in deutscher Übersetzung herausgekommenen Buches, in dem von einem möglichen neuen Weltkrieg im Jahre 2010 gesprochen wird, fand eine furchtbare Bestätigung mit den Attentaten in New York und Washington am 11. September 2001 durch islamische Selbstmörder. Eine neue Art des Terrors trat zutage, ausgeübt mit Hilfe eines weltweit verbreiteten und auf eine große Anzahl von Sympathisanten sich stützenden Netzwerkes; er

unterminiert das nach dem Ende des »Kalten Krieges« sich ver-
breitende Gefühl individueller und kollektiver Sicherheit. »In
New York verlor die Welt ihr Vertrauen.« (Süddeutsche Zeitung)

Ausblick.
Die Berliner Republik

Nach langen öffentlichen Auseinandersetzungen und einer leidenschaftlich geführten ganztägigen Plenar-Debatte entschied sich am 20. Juni 1991 der Bundestag mit knapper Mehrheit, wobei die Fronten quer durch die Parteien verliefen, für Berlin als künftigem Parlaments- und Regierungssitz. Der Umzug fiel mit einem evolutionär sich vollziehenden Wandel bei den Politikergenerationen zusammen; immer mehr kommen diejenigen zum Zuge, welche die »Gnade der späten Geburt« in Anspruch nehmen können; deren politische und kulturelle Sozialisation hat in der Zeit nach Kriegsende stattgefunden. Man hofft, dass sie die Dinge unbefangener sehen und bislang nicht erkannte Probleme in Angriff nehmen sowie für unbehandelte Fragen neue Lösungsvorschläge erarbeiten.

Der 1998 neu gewählte SPD-Bundeskanzler Gerhard Schröder, Jahrgang 1944 (ab 1990 Ministerpräsident des Landes Niedersachsen), meinte zu dem Wechsel nach Berlin, die Kontinuität der deutschen Demokratie betonend, dass sich damit die »Bonner Demokratie« vollendet habe; ihr vierzigjähriges Gelingen, geprägt durch ein Leben in Freiheit und durch eine Politik der Verständigung und guter Nachbarschaft, hätten wesentlich dazu beigetragen, dass die deutsche Teilung überwunden worden sei und das ermöglicht wurde, »was heute gemeinhin ›Berliner Republik‹ genannt« werde. »Manchen klingt ›Berlin‹ immer noch zu preußisch-autoritär, zu zentralistisch. Dem setzen wir unsere ganz und gar unaggressive Vision einer ›Republik der Neuen Mitte‹ entgegen. Diese Neue Mitte grenzt niemanden aus. Sie steht für Solidarität und Innovation, für Unternehmungslust und Bürgersinn, für ökologische Verantwortung und

293

Das Brandenburger Tor, Berlin, in der Nacht der Maueröffnung am
9.11.1989

eine politische Führung, die sich als modernes Chancen-Ma-
nagement begreift. Symbolisch nimmt diese Neue Mitte Gestalt
an in Berlin – mitten in Deutschland und mitten in Europa.«

Solche postmoderne Offenheit des neuen Regierungschefs
war bald verbunden mit dem Image eines undogmatischen, auf
Innovationen setzenden Machers, der nicht durch starre Prinzipien beim Handeln gehemmt werde; Schröder galt somit als
ideale Ablösung des 16 Jahre lang regierenden CDU-Kanzlers
Helmut Kohl, Typ eines narzistischen Machtpolitikers, der
mangels gesellschaftspolitischer Visionen die Substanz der
CDU/CSU als einer von ihm mit geschaffenen modernen Volks-
partei verbraucht hatte (obwohl er bei der Vereinigung große
Energie und geschickte Beweglichkeit gezeigt hatte).

Die bislang abgelaufene Phase der »Berliner Republik« zeigt
allerdings, dass die postmoderne, aus der Skepsis gegenüber
einheitlichen Lösungen geborene Bereitschaft zur Mehrdimen-
sionalität im Denken und Handeln, also ihre pluralistische Sensibilität, sich in Richtung konturloser Beliebigkeit verschoben

Love Parade in Berlin, Siegessäule (12.7.1997)

hat – ein in der Postmoderne ebenfalls angelegtes strukturelles Phänomen. Der Abschied vom Prinzipiellen, der den Möglichkeitssinn hätte beflügeln können (nach Robert Musil die Fähigkeit, alles, was ebenso gut sein könnte, zu denken und das, was ist, nicht wichtiger zu nehmen, als das, was nicht ist), endet in der Fetischisierung des Wirklichkeitssinns und in der engstirnigen Denunziation von Vision und Utopie, die ehedem besonders von der SPD geschätzt wurde. Das »Anything goes«, ursprünglich wissenschaftstheoretisch gemeint, bedeutet im Bereich politischer Moral Unverbindlichkeit. Große Skandale hatten die Bundesrepublik auf ihrem Weg von Anfang an begleitet; man konnte ihre Aufdeckung durch Medien und Justiz jedoch als Beweis für die Gesundheit der Demokratie bewerten. Die postmoderne Chronique scandaleuse bedeutet jedoch etwas anderes: nämlich einen Dauerzustand geistiger Erschlaffung. Antizipatorische Vernunft, die bewegt ist vom Prinzip gesamtgesellschaftlicher Verantwortung und der Leidenschaft des Bemühens, die humane Entwicklung der Gesellschaft zu befördern, sind ersetzt durch eine Aktivität, die vor allem an parteipolitische Strategie und Taktik denkt; der Machterhalt wird zum Selbstzweck.

Das große ethische Potential, das die friedliche Revolution in der DDR in das vereinigte Deutschland eingebracht hatte, verbunden mit der vielfach euphorischen Hoffnung auf einen Staat, in dem die von der SED missbrauchten Prinzipien sozialer Gerechtigkeit und am Gemeinsinn orientierter Solidarität nun Wirklichkeit werden könnten, blieb ungenützt; viel mehr fand eine Enteignung Ostdeutschlands durch den Westen statt. Ökonomisch, so der Publizist Peter Bender, ein genauer Kenner der Geschichte der beiden deutschen Staaten, habe sie mit dem millionenfachen Verlust eines Guts, dessen sich die Bürger der DDR absolut sicher zu sein glaubten, nämlich ihres Arbeitsplatzes, begonnen, und sich dann im Verlust von Produktionsmitteln fortgesetzt, die schon die SED mit in Beschlag genommen hatte; »aus dem Volkseigentum wurde größtenteils Westeigentum. Sie stiftet immer noch große Unruhe, wenn die Regel ›Rückgabe vor Entschädigung‹ exekutiert wird.« Die politische Enteignung bestehe darin, dass die Ostdeutschen sich erst dann als Bürger der Bundesrepublik fühlen könnten, wenn ihre Interessen angemessen vertreten würden. Aber keine Partei leiste das, weil alle gesamtdeutsch organisiert seien. Das klinge nach Gemeinsamkeit, erweise sich jedoch als das Gegenteil, denn die Ostmitglieder befänden sich überall in schwacher Minderheit; sie sähen sich missverstanden und missachtet, bekämen einige Posten, freilich niemals Macht; sie dürften reden, fänden allerdings wenig Gehör. Die moralische Enteignung sei schließlich darin zu sehen, dass vierzig Jahre lang die Westdeutschen die Bundesrepublik als das eigentliche Deutschland betrachtet hätten; das Übrige war Zone oder DDR.»An dieser Denkweise hat sich wenig geändert. Ostdeutschland heißt amtlich das ›Beitrittsgebiet‹ und im allgemeinen Sprachgebrauch ›die neuen Länder‹, als ob das Kunstgebilde Nordrhein-Westfalen älter sei als das Königreich Sachsen.«

Trotz der erheblichen finanziellen Hilfeleistungen für die neuen Bundesländer durch Westdeutschland ist die Strukturschwäche des Ostens gravierend; sie ist vorwiegend die Folge der katastrophalen Wirtschaftspolitik der SED, die keine solide Infrastruktur schuf und international nicht konkurrenzfähig war. Dazu kam jedoch, dass die »Anstalt zur treuhänderischen Verwaltung des Volkseigentums«, deren gesetzliche Grundlage das noch von der DDR-Volkskammer verabschiedete Gesetz zur Privatisierung und Reorganisation des volkseigenen Vermögens bildete, den »Wirtschaftspatienten Ost« keineswegs erfolgreich therapieren konnte. Das von dem ersten, im April 1991 ermordeten Präsidenten der Treuhandanstalt, Detlev Rohwedder, geprägte Motto: »Schnell privatisieren, entschlossen sanieren, behutsam stilllegen« wurde von seiner Nachfolgerin Birgit Breuel insofern missachtet, als die DDR-Planwirtschaft mit mehr als 15 000 volkseigenen Betrieben bzw. Einrichtungen innerhalb weniger Jahre ohne besondere Sensibilität für die daraus entstehende Arbeitslosigkeit eingeebnet wurde (von einst vier Millionen Beschäftigten behielt nur eine Million ihren Arbeitsplatz). Die »Treuhand« wurde darüber hinaus ein lohnendes Ziel für Schieber, Spekulanten und Kriminelle, weshalb die

Staatsanwaltschaft in etwa 1000 Fällen gegen Investoren, Liquidatoren, Berater, auch gegen Treuhand-Manager vorging.

Die Kritik, dass beim Aufbau der neuen Bundesländer viel in die Wirtschaft, aber zu wenig in die Demokratie investiert wurde, bestätigten auch demoskopische Untersuchungen. 61 Prozent der Westdeutschen, aber lediglich 33 Prozent der Ostdeutschen stimmten der Aussage zu: »Mit der Demokratie können wir die Probleme lösen, die wir in der Bundesrepublik haben.« Und auf die Frage »Ist unsere Gesellschaftsordnung, so wie sie jetzt in der Bundesrepublik ist, wert, verteidigt zu werden?« antwortet eine Zweidrittelmehrheit der Westdeutschen: »Ist wert, verteidigt zu werden«, während die Ostdeutschen in dieser Frage in fast zwei gleich große Lager gespalten waren. 42 Prozent hielten die Gesellschaftsordnung für verteidigungswert, 38 Prozent äußerten Zweifel.

Die Menschen im Osten fühlen sich somit nach dem Beitritt im Jahre 1990 vielfach nicht als Subjekte respektiert, sondern als Objekte benutzt. Die »Vereinigungsmaschinerie« hat ihr bisheriges Leben, ihre Erfahrungen, ihre Leistungen, ihre Selbstachtung »gefressen«. Notwendig wäre, damit die Mauer, die 1989 fiel, nicht im Kopf weiter besteht, eine Intensivierung gegenseitigen Verstehens, gerade auch in Form des Geschichten-Erzählens. Die Vertrautheit mit persönlichen Schicksalen könnte helfen, Vorurteile des Westens gegenüber dem Osten abzubauen; denn es gab, so Wolfgang Thierse bei seiner Antrittsrede am 28. 10. 1998 als neu gewählter (ostdeutsche) Bundestagspräsident – mit seinem moralischen Engagement ein eindrucksvolles Gegenbeispiel zum vorherrschenden Mangel an Verfassungspatriotismus – durchaus ein »richtiges Leben im falschen System«. Man müsse einen Unterschied machen zwischen dem Urteil über das gescheiterte System und dem Urteil über die Menschen, die in ihm gelebt haben, leben mussten und die nicht alle gescheitert seien:

»Wenn die vielbeschworene innere Einheit wirklich gelingen soll, dann setzt sie jene Gleichberechtigung voraus, die erst durch die Anerkennung von Unterschieden ermöglicht wird, durch den Respekt vor andersartigen Biographien. Dieser deutsch-deutsche Diskurs, der Vergangenheit und Gegenwart einschließt, ist noch lange nicht an sein Ende gekommen. Und in ihm wird auch von Enttäuschungen die Rede sein müssen. Wie viele andere Ostdeutsche habe ich auf die deutsche Einheit gehofft, solange ich politisch denke. Diese Hoffnung war aber – ganz und gar nicht nationalistisch – die Hoffnung auf Freiheit und Demokratie. Ostdeutschland hat in den letzten acht Jahren einen Wandlungsprozeß durchlaufen, dessen Dramatik für die Menschen durch die Wörter ›Transformation‹ oder ›Umbruch‹ nicht auf den Begriff gebracht werden kann. Nachdem wir die sich plötzlich bietende Chance zu Freiheit und Einheit entschlossen wahrgenommen haben, verursachen die Probleme der Einheit – die Probleme, die wir uns immer gewünscht haben, wie Egon Bahr einmal gesagt hat –, erzeugen die Erschütterungen und Enttäuschungen des Einigungsprozesses tiefe Zweifel an der Demokratie selbst, an den Problemlösungsfähigkeiten demokratischer Politik.«

Die Enttäuschung gerade auch junger Menschen über das Fehlen wegweisender Entwürfe für die Gestaltung der Zukunft ist gerade deshalb so groß, weil die postmoderne »neue Unübersichtlichkeit« sich ständig weiter steigert, vor allem aufgrund der durch die digitale Revolution und das world wide web ermöglichten Informationsfülle, die aber ohne Orientierungsmuster, welche die Politik vorgeben müsste, zur Informationsverschmutzung führt.

Alle fünf Jahre verdoppelt sich das Wissen der Menschheit, aber in drei bis vier Jahren ist die Hälfte davon bereits wieder unbrauchbar; das neue Gespenst heißt »Halbwertzeit des Wissens«. Alle fünf Minuten entdecken Forscher eine medizinische Neuerung, alle drei Minuten einen physikalischen Zusammenhang und jede Minute eine chemische Formel; zwischen 40 000 und 50 000 Patente werden jährlich beim Deutschen Patentamt in München neu angemeldet; vier Kilometer Regale müssen in der Deutschen Bibliothek jedes Jahr angebaut werden, um 225 000 »Einheiten« – Bücher, Zeitschriften, Dissertationen, Tonbänder, Filme – unterzubringen und der Nachwelt zu erhalten.

Notwendig wäre »Informationsökologie« – die Schaffung eines symbiotischen Verhältnisses des Menschen zu der ihn umgebenden Informations-Metawelt, vor allem seine »Begabung« mit der Fähigkeit, den »Rohstoff Information« für »Verständnis« aufzubereiten, also weiter zu verarbeiten und zu durchdringen. Dazu bedarf es des »öffentlichen Gebrauchs« einer Vernunft, die Synthesis anstrebt und zu ganzheitlichem, wirklich »vernetztem« Denken fähig ist. Dominant ist aber seit dem 19. Jahrhundert die analytische, d. h. zergliedernde bzw. instrumentelle, auf Zweck und nicht auf Sinn ausgerichtete Vernunft, die einem integralen Verstehen entgegensteht. Man kennt zum Beispiel von allen »Dingen« den Preis, aber kaum noch deren Wert. Innerhalb der durch Funktionsteilung geschaffenen, immer kleiner werdenden Bereichen wird das Wissen maximiert; das hat den Prozess der Zivilisation ungemein beflügelt; die W-Fragen jedoch – Was tun wir warum? Mit welchem Sinn? Woher kommen wir? Wohin gehen wir? – werden zurückgedrängt bzw. gering erachtet.

Gefährlich wird die »Informationsverschmutzung« auch dadurch, dass man sich kaum noch Zeit für kritische Prüfung und Bewertungen nimmt, also »Bedächtigkeit« durch Tempo ersetzt. Beschleunigung aber führt verabsolutiert zur Sinnkrise, welche die Verabsolutierung von Subsystemen bewirkt.

Bei einem Diskurs im Jahre 1971 zwischen Niklas Luhmann und Jürgen Habermas stellte der Erstere fest, dass die heutige Gesellschaft einen Komplex von gleich geordneten, nebeneinander bestehenden Subsystemen darstelle, wie Wirtschaftssystem, Gesundheitssystem, politisches System, Bildungssystem, Bewusstseinssystem; diese funktionierten auf Grund eines Selbsterhaltungsmechanismus und beseitigten ihre Probleme durch Eigenregulierung. In der Tat kann man feststellen, dass solches Nebeneinander, zumindest im Augenblick noch, oberflächlich funktioniert, die Welt sich mit ihren voneinander isolierten Rädern und Rädchen weiterdreht. Nach Habermas kann jedoch eine Gesellschaft nur *sinnvoll* sich erfüllen, wenn sie das Ideal der Gerechtigkeit als normativen Maßstab vor Augen hat. Man müsse aufzeigen, welche Mechanismen in der unzulänglichen Gesellschaft die Weiterentwicklung verhindern, und man müsse das Entwicklungspotential für Humanisierung anspornen.

Allgemeinbildung verhilft dazu, die einzelnen Informations- und Wissensfragmente miteinander zu vernetzen. »Wer nur etwas von Chemie versteht, versteht auch diese nicht recht« – eine solche Feststellung von Georg Christoph Lichtenberg ist außerordentlich aktuell, übrigens auch, mittel- und langfristig kalkuliert, rentabel; denn es desavouiert Allgemeinbildung bzw. kulturelle Bildung nicht, wenn sie nützlich ist; doch muss sie gegenüber rein ökonomischer Vereinnahmung als Befähigung zu selbstbestimmtem, vernünftigem Handeln verstanden werden. Das Wissensnetz, das für die Zukunft zu knüpfen ist, wird vieler »Links« bedürfen, die nicht anzuklicken, sondern durchzudenken sind; sie müssen – nach Karl R. Popper – die drei Welten der physischen Gegenstände, psychischen Zustände und geistigen Erzeugnisse zu verbinden wissen.

Den »Mythos« des Wissenwollen, nämlich den Glauben, dass man aus der zufälligen und wirren Welt eine symmetrische und harmonische zu lösen und in sich aufzunehmen vermag, nennt Hermann Hesse »Glasperlenspiel« (im gleichnamigen Roman). Die elektronischen Nomaden sehnen sich in diesem Sinne, so Horst W. Opaschowski, nach »Heimat« (Wurzeln). Heimat könnte in der Tat ein Topos für das sein, was die Unruhe der Zeit kompensatorisch benötigt: Ein Territorium für Seinsgewissheit; man sehnt sich nach Philosophie, nach Synthese, man empfindet das bisherige Glück der reinen Zurückgezogenheit auf seine Disziplin als unzulänglich. Man träumt von einem neuen Alphabet, einer neuen Zeichensprache, in welcher es möglich wird, die neuen geistigen Erlebnisse festzuhalten und auszutauschen.

Eine an Sinnfragen orientierte Netzwerk-Gesellschaft benötigt eine pädagogische Reform, bei der Schlüsselqualifikationen wichtiger sind als angehäuftes Detailwissen. Die PISA-Studie (Programme for International Student Assessment) spricht, in negativer Einschätzung des bestehenden deutschen Erziehungssystems, von der notwendigen Erziehung zur Kompetenz. Nicht an abfragbarem Wissen fehlt es den deutschen Schülern im internationalen Vergleich, sondern an der Fähigkeit, das Gelernte selbstständig zu verarbeiten und zu verknüpfen.

»Und in kaum einem vergleichbaren Land ist das erreichbare Maß an Bildung noch immer so kraß abhängig von der sozialen Herkunft wie in Deutschland. Das deutsche Bildungswesen versagt also in den entscheidenden Punkten: Es schafft es nicht, Bildung allen Kindern zugänglich zu machen, und es bleibt selbst den relativ erfolgreichen Schülern jene sinngebende Vernetzungsarbeit weitgehend schuldig, die aus den Zufälligkeiten angehäuften Detailwissens erst ein ordnungstiftendes Beziehungsgeflecht macht, das dann selbständig ausgebaut und verdichtet werden kann. Sonderlich verwundern kann das nicht. Der Elan der Jahre um 1970 war rasch ermattet. Die fruchtbare Planungsarbeit des Deutschen Bildungsrates wurde schon bald demontiert. Das Nachdenken über die notwendige Neubestimmung des Verhältnisses von gemeinsamer Grundbildung für alle und individuellen Lernwegen, also von ›Integration‹ und ›Auslese‹, versandete schnell im ideologischen Gezerr um pure Organisationsformen, an denen nicht mehr interessierte, welche neuen Entwicklungschancen sie eröffneten, sondern nur noch, wie strikt ihre ›Leistungen‹ mit denen herkömmlicher Schultypen vergleichbar waren. Jeder echten inneren Erneuerung war damit der Lebensatem genommen. Und nach und nach erlosch das Interesse. In den neunziger Jahren waren Schule und Bildung den Politikern eine finanzielle Anstrengung, gar eine Denkbemühung kaum mehr wert.« (Hans Krieger)

Ein neuer Impetus für ganzheitliche vernetzende Erziehung, mit Revision der Curricula, wird erst Erfolg haben, wenn denjenigen eine klare Absage erteilt wird, die nur an einer Zurichtung des Menschen zu einem Element des Marktes interessiert sind. Der bisherige Triumph des neoliberalen Selbstdressur-Programms war wesentlich bestimmt durch die verführerische, Anmut und Würde negierende anästhetisierende Warenästhetik. Die auf diese Weise produzierte Leere bewusstlosen Glücks kann der Titel eines zeitgenössischen Spaßkultur-Kult-Buches (verfasst von einem »popkulturellen Quintett«) charakterisieren: »Tristesse royale«. »Wir sind nichts als Produkte einer post-materiellen Generation, die nur noch mit der Langeweile zu kämpfen haben. Genau wie die Haltung zum Geld, das immer da sein muss, ob man es nun hat oder nicht. Unser Grundluxus ist so hoch, dass wir auch durch Schulden nicht weit fallen können.«

Der Journalist Florian Illis, geboren 1971, spricht bei der Inspektion der durch extensive Reklame geprägten Jugendlichen der achtziger Jahre von der »Generation Golf«, denen Narziss der größte Gott sei. »Nur eine Generation wie die unsrige konnte ein Parfüm ins Herz schließen, das den Namen Egoiste trägt. Der Werbespot wirkt wie eine Karikatur auf unsere Generation: In einem riesigen Grandhotel ließ Chanel 47 Topmodels gleichzeitig die Fensterläden öffnen und ›Egoist‹ schreien. Der selbstbewußte Egoismus als Gemeinschaftserlebnis. Die zentrale Frage, die jeder Angehörige der Generation Golf sich ständig stellt, sei: ›Was bringt mir das?‹, so der Trendforscher Matthias Horx. Der ultimative Bestseller unserer Generation ist deshalb auch Bodo Schäfers Kompendium ›Der Weg zur finanziellen Freiheit. Die erste Million in sieben Jahren‹. In unseren Poesiealben war der beliebteste Spruch: ›Lebe fröhlich, frisch und munter. Wie ein Frosch und geh nicht unter.‹ Beziehungsweise: ›Lebe fröhlich, lebe froh, wie der Mops im Haferstroh.‹ Und so etwas nahmen wir ernst. Als wir dann anfingen, Bücher zu kaufen, bediente uns der Markt mit einer wunderbaren Auswahl. ›Sorge dich nicht, lebe‹ beziehungsweise ›Der Erfolg ist in Dir‹ oder schließlich ›Aus eigener Kraft‹. Und wenn alles nichts hilft, gibt es die Droge mit dem schönen Namen Ecstasy.« (In seinem Buch »Generation Golf zwei«, erschienen 2003, ist dann von den geistigen Irrfahrten und wirtschaftlichen Crashs der heute Um-die-30-Jährigen die Rede; der Ernst ist in die Lebensläufe eingebrochen; aber das egozentrische Lamento einer verwöhnten Generation ist geblieben.)

Die post-postmoderne Gesellschaft wird auf eine Jugend hoffen müssen, die ihre Selbstbezogenheit zugunsten einer neuen Weltoffenheit überwindet und eine neue Solidarität mit den Armen und Schwachen, Ausgebeuteten und Verfolgten entwickelt.

Begriffe wie »Vernetzung« und »Globalisierung« bekämen so einen positiven Klang. Die damit angesprochene Vernunft wäre eine solche der »Ganzheit« (Synthesis), welche den sektoralen Egoismus überwindet. Ist der Teller deines Nachbarn leer und deiner voll, so gib ihm die Hälfte, wenn nicht aus Mitleid, so doch aus Klugheit, lautet ein Aphorismus der Marie von Ebner-Eschenbach. Solche Einsicht kann nicht auf betriebswirtschaftlich denkende Weise gefunden werden.

Die Ressource Sinn bedarf einer Reflexion, die Wechsel- und Gegenwirkungen, Bedingtheiten und Folgen, Erfahrungen und Visionen, Verträglichkeit und Nachhaltigkeit beachtet. *www* sollte anders als bislang als »kulturbesorgte« (kulturkritische) Mahnung verstanden werden: Mit *W*achsamkeit ist der *W*andel zu *w*ägen. »Wägen« verweist auf die Möglichkeit, durch ausgleichende Gewichtung Gleichgewicht herzustellen, und bedeutet im übertragenen Sinne »prüfendes Bedenken«. Der Beschleunigungswahn, der den Einzelnen wie die Gesellschaft erfasst hat, lässt dafür wenig Zeit. Erst im Stau – also in Reaktion (als Reflex) auf das an sich Vermeidbare, aber Unvermiedene – wird die Problematik evident, wobei »Stau« eine Metapher für den Beschleunigungsinfarkt schlechthin bedeutet. Überall drohe, so der Soziologe Ulrich Beck, eine allgemeine Verstopfung und Überflutung, beispielsweise auch in den Massenmedien, wo mit tausend Kanälen dem öffentlich-rechtlichen System das Ende bereitet und der Beliebigkeit Tür und Tor geöffnet werde. Die »Risikogesellschaft« zu Ende dieses Jahrhunderts habe sich als Folge des Selbstlaufs folgenblinder, gefahrentauber Modernisierungsprozesse ergeben.

Gegensteuerung, die Not täte, beruht auf komplexem Bedenken. Wenn dem Such- bzw. Ausleseprozess aus einer jeweils unendlichen Fülle von Möglichkeiten die Zeit fehlt, vermindert sich die Chance, etwas »Besseres« zu finden. »Dann bleibt beim Tasten und Bewerten nicht genügend Zeit, es werden gefährliche Fehler gemacht, und die dringend notwendigen Reparaturversuche ziehen wegen der wachsenden Eile immer mehr neue Fehler nach sich, deren Folgen sich immer schneller ausbreiten. Eine globale Beschleunigungskrise setzt ein.« (Peter

Kafka) »Gut Ding« – das gilt heute mehr denn je – »will Weile haben«.

Solche Enkulturation interessiert die Politik wenig. Die Investitionen für Kultur werden als »freiwillige Leistung« und nicht als Not-wendigkeit begriffen; so bleiben sie geringfügig. Ohne kulturelle Durchdringung aber ist die moderne Industriegesellschaft auf Sand gebaut, denn das sie tragende »Prinzip Verantwortung« ergibt sich nicht durch Ausbildung, sondern nur durch Bildung. Es gibt heute wohl keinen Beruf, in dem nicht die Verantwortung des Einzelnen für das Ganze der Gesellschaft von größter Bedeutung ist; fehlt sie, können sich leicht katastrophale Folgen einstellen.

Die entscheidende Schicksalsfrage der Menschenart aber wird darin bestehen – so hat es schon 1930 Sigmund Freud in seiner Schrift »Das Unbehagen in der Kultur« formuliert –, »ob und in welchem Maße es ihrer Kulturentwicklung gelingen wird, der Störung des Zusammenlebens durch den menschlichen Aggressions- und Selbstvernichtungstrieb Herr zu werden. In diesem Bezug verdient vielleicht gerade die gegenwärtige Zeit ein besonderes Interesse. Die Menschen haben es jetzt in der Beherrschung der Naturkräfte so weit gebracht, daß sie es mit deren Hilfe leicht haben, einander bis auf den letzten Mann auszurotten. Sie wissen das, daher ein gut Stück ihrer gegenwärtigen Unruhe, ihres Unglücks, ihrer Angststimmung. Und nun ist zu erwarten, daß die andere der beiden ›himmlischen Mächte‹, der ewige Eros, eine Anstrengung machen wird, um sich im Kampf mit seinem ebenso unsterblichen Gegner zu behaupten. Aber wer kann den Erfolg und Ausgang voraussehen?«

Die Chaostheorie mag zur Hoffnung ermutigen; die ethische Tragweite dieser zunächst rein mathematischen Erkenntnis – dass in dynamischen Systemen sich winzige Abweichungen bzw. Veränderungen im Laufe der Zeit dramatisch vergrößern können – vermittelt ein Gleichnis, das der amerikanische Meteorologe Edward Lorenz verwendete; es sei auf kulturelle Aktivität bezogen und ins Positive gewendet: Ein Schmetterlingsflügelschlag über China könne in der Südsee einen Hurrikan verhindern. Analog dazu ist der Einzelne also keineswegs so

schwach, wie es zunächst angesichts des Weltelends scheint.
Er muss allerdings zu »schwieriger Arbeit, die mehr ist als ein
»Flügelschlag«, bereit sein:

> »... ungeduldig
> im namen der zufriedenen
> verzweifeln
>
> geduldig
> im namen der verzweifelten
> an der verzweiflung zweifeln
>
> ungeduldig geduldig
> im namen der unbelehrbaren
> lehren«

(Hans Magnus Enzensberger)

Anhang

Literaturhinweise

Werke, die im Text zitiert werden (ohne Belletristik)

Adenauer, Konrad: Erinnerungen. 1945–1953. Stuttgart 1965.

Adorno, Theodor W.: Jargon der Eigentlichkeit. Zur deutschen Ideologie. Frankfurt am Main 1964.

Adorno, Theodor W.: Minima Moralia. Reflexionen aus dem beschädigten Leben. Frankfurt am Main 1984.

Adorno, Theodor W.: Negative Dialektik. Frankfurt am Main 1990.

Allemann, Fritz René: Bonn ist nicht Weimar. Köln 1956.

Améry, Jean: Jenseits von Schuld und Sühne. Bewältigungsversuch eines Überwältigten. München 1966.

Arendt, Hannah: Eichmann in Jerusalem. Ein Bericht von der Banalität des Bösen. München 1964.

Arendt, Hannah: Besuch in Deutschland. Berlin 1993.

Aust, Stefan: Der Baader-Meinhof-Komplex. Hamburg 1985.

Baacke, Dieter: Jugend und Jugendkulturen. Darstellung und Deutung. Weinheim, München 1987.

Bänsch, Dieter (Hrsg.): Die fünfziger Jahre. Beiträge zu Politik und Kultur. Tübingen 1985.

Bahrmann, Hannes/Links, Christoph: Wir sind das Volk. Die DDR zwischen 7. Oktober und 18. Dezember 1989. Eine Chronik. Berlin, Weimar, Wuppertal 1990.

Bahro, Rudolf: Die Alternative. Zur Kritik des real existierenden Sozialismus. Köln, Frankfurt am Main 1977.

Baring, Arnulf: Auskunft über Ulbricht. In: Merkur, Heft 10/11/1964.

Baring, Arnulf: 8. Mai 1945. In: Merkur, Heft 5/1975.

Baring, Arnulf: Machtwechsel. Die Ära Brandt-Scheel. Stuttgart 1982.

Barth, Bernd-Rainer/Links, Christoph u. a.: Wer war Wer in der DDR? Ein biographisches Handbuch. Frankfurt am Main 1995.

Bauer, Fritz: Sexualität, Sitte und ein neues Recht. In: Die Zeit, 11. 2. 1966.

Bausch, Hans: Rundfunkpolitik nach 1945. Erster Teil: 1945–1962. Zweiter Teil: 1963–1980. München 1980.

Beck, Ulrich: Risikogesellschaft – Auf dem Weg in eine andere Moderne. Frankfurt am Main 1986.

Beck, Ulrich: Die Erfindung des Politischen. Zu einer Theorie reflexiver Modernisierung. Frankfurt am Main 1993.

Becker, Jillian: Hitlers Kinder? Der Baader-Meinhof-Terrorismus. Frankfurt am Main 1978.

Bender, Peter: Unsere Erbschaft. Was war die DDR – was bleibt von ihr? Hamburg, Zürich 1992.

Benz, Wolfgang (Hrsg.): »Bewegt von der Hoffnung aller Deutschen«. Zur Geschichte des Grundgesetzes. Entwürfe und Diskussionen 1941–1949. München 1979.

Benz, Wolfgang (Hrsg.): Die Vertreibung der Deutschen aus dem Osten. Ursachen, Ereignisse, Folgen. Frankfurt am Main 1985.

Benz, Wolfgang (Hrsg.): Die Geschichte der Bundesrepublik Deutschland. 4 Bände. Frankfurt am Main 1989 ff.

Bohrer, Karl-Heinz: Zum historischen Ironieverlust der Moderne. In: Postmoderne. Eine Bilanz, Merkur Heft 9/10/1998.

Bollenbeck, Georg/Kaiser, G.: Die janusköpfigen 50er Jahre. Kulturelle Moderne und bildungsbürgerliche Semantik. Wiesbaden 2000.

Bopp, Jörg: Wir machen es jetzt. Zur Moral der Jugendlichen. In: Kursbuch, Nr. 60/1980.

Bopp, Jörg: Trauer-Power. Zur Jugendrevolte 1981. In: Kursbuch, Nr. 65/1981.

Bopp, Jörg: Wir wollen keine neuen Herren. Streitschriften zur Jugend- und Psycho-Szene. Frankfurt am Main 1982.

Born, Nikolaus/Manthey, Jürgen (Hrsg.): Literaturmagazin 7: Nachkriegsliteratur. Reinbek bei Hamburg 1977.

Brandt, Karl-Werner: Kontinuität und Diskontinuität in den neuen sozialen Bewegungen. In: Roth, Roland/Rucht, Dieter (Hrsg.): Neue soziale Bewegungen in der Bundesrepublik Deutschland. Bonn 1987.

Brinkmann, R. D./Rygulla, R. R. (Hrsg.): ACID. Neue amerikanische Szene. Darmstadt 1969.

Colani, Luigi: Experiment 70. Designvisionen. Hrsg. von Almut Grunewald und Tobias Hoffmann. Katalog zur Ausstellung Ingolstadt 2002, Karlsruhe 2003.

Dahrendorf, Ralf: Gesellschaft und Demokratie in Deutschland. München 1965.

Daiber, Hans: Deutsches Theater seit 1945. Bundesrepublik Deutschland, Deutsche Demokratische Republik, Österreich, Schweiz. Stuttgart 1976.

Danyel Jürgen (Hrsg.): Die geteilte Vergangenheit. Zum Umgang mit Nationalsozialismus und Widerstand in beiden deutschen Staaten. Berlin 1995.

Deutscher Musikrat: Zeitgenössische Musik in der Bundesrepublik Deutschland. Begleithefte zur Plattenkassette.

Dollinger, Hans: Die totale Autogesellschaft. München 1972.

Durth, Werner/Gutschow, Niels: Träume in Trümmern. Stadtplanung 1940–1950. München 1993.

Dutschke, Gretchen: Rudi Dutschke. Ein deutscher Revolutionär. Köln 1996.

Eco, Umberto: Nachschrift zum »Name der Rose«. München, Wien 1984.

Elefanten Press (Hrsg.): Bikini. Die Fünfziger Jahre. Kalter Krieg und Capri-Sonne. Berlin 1981.

Elefanten Press (Hrsg.): Che, Schah, Shit. Die Sechziger Jahre zwischen Cocktail und Molotow. Berlin 1984.

Elefanten Press (Hrsg.): Perlon-Zeit. Berlin 1985.

Elefanten Press (Hrsg.): Trümmer. Träume. Truman. Die Welt 1945–49. Berlin 1985.

Elefanten Press (Hrsg.): Klamm, Heimlich & Freunde. Die Siebziger Jahre. Berlin 1987.

Enzensberger, Hans Magnus: Einzelheiten I. Bewußtseins-Industrie. Frankfurt am Main 1964.

Enzensberger, Hans Magnus: Einzelheiten II: Poesie und Politik. Frankfurt am Main 1964.

Eppler, Erhard: Ende oder Wende? Von der Machbarkeit des Notwendigen. Stuttgart, Berlin, Köln, Mainz 1975.

Erhard, Ludwig: Wohlstand für alle (1957). Düsseldorf 1990.

Eschenburg, Theodor: Jahre der Besatzung 1945–1949. In: Geschichte der Bundesrepublik Deutschland in fünf Bänden. Hrsg. von Karl Dietrich Bracher, Theodor Eschenburg, Joachim C. Fest, Eberhard Jäckel. Stuttgart, Wiesbaden 1983.

Faust, Wolfgang Max/Vries, Gerd de: Hunger nach Bildern. Deutsche Malerei der Gegenwart. Köln 1982.

Feist, Günter/Gillen, Eckhart/Vierneisel, Beatrice (Hrsg.): Kunstdokumentation SBZ/DDR 1945–1990. Aufsätze. Berichte. Materialien. Berlin 1996.

Fichter, Tilmann. Zit. nach W. D. Narr: Die Generation der Ausgeschlossenen. In: Die Zeit, 20. 1. 1978.

Fischer, Bernd-Reiner/Schmidt, Norbert: Das zweifache Scheitern der DDR-Schule. Aus Politik und Zeitgeschichte. Beilage zur Wochenzeitung »Das Parlament«, 6. 9. 1991.

Flechtheim, Ossip. Zit. nach Marie-Luise Weinberger: Aufbruch zu neuen Ufern? Grün-Alternative zwischen Anspruch und Wirklichkeit. Bonn 1984.

Franck, Dieter: Jahre unseres Lebens 1945–1949. München, Zürich 1980.

Frei, Norbert u. a.: Karrieren im Zwielicht. Hitlers Eliten nach 1945. Frankfurt am Main, New York 2001.

Friedrich, Jörg: Die kalte Amnestie. NS-Täter in der Bundesrepublik. Frankfurt am Main 1985.

Fritz, Helmut: Das Gegenbild der Protestgeneration. Yuppies in Deutschland. In: Frankfurter Rundschau, 27. 12. 1986.

Fukuyama, Francis: Das Ende der Geschichte. Wo stehen wir? München 1992.

Genscher, Hans-Dietrich: Erinnerungen. Berlin 1995.

Giesen, Bernd/Leggewie, Claus (Hrsg.): Experiment Vereinigung. Ein sozialer Großversuch. Berlin 1991.

Gillen, Eckhart/Haarmann, Rainer (Hrsg.): Kunst in der DDR. Köln 1990.

Gillen, Eckhart: Kunst in der Sowjetischen Besatzungszone und in der DDR 1945–1990. Text zur Dia-Serie. Inter Nationes Bonn.

Gimbel, John: Die Bedeutung der Besatzungszeit 1945–1949. In: Aus Politik und Zeitgeschichte. Beilage zur Wochenzeitung »Das Parlament«, 5. 5. 1965.

Giordano, Ralph: Die zweite Schuld oder Von der Last Deutscher zu sein. Hamburg 1987.

Goldhagen, Daniel Jonah: Hitlers bereitwillige Vollstrecker. Berlin 1996.

Grass, Günter. Zit. nach Hans-Christian Huf (Hrsg.): Das Land der großen

Mitte. Gespräche über die Kultur der Bundesrepublik. Düsseldorf, Wien, New York 1989.

Guggenberger, Bernd: Sein oder Design. Die Dialektik der Abklärung. Berlin 1987.

Habermas, Jürgen: Stichworte zur »Geistigen Situation der Zeit«. Frankfurt am Main 1979.

Habermas, Jürgen: Die Moderne – ein unvollendetes Projekt. Kleine Politische Schriften (I–IV). Frankfurt am Main 1981.

Habermas, Jürgen: Die Neue Unübersichtlichkeit. Frankfurt am Main 1985.

Hassencamp, Oliver: Der Sieg nach dem Krieg. Die gute schlechte Zeit. München, Berlin o. J.

Haug, Wolfgang Fritz: Kritik der Warenästhetik. Frankfurt am Main 1971.

Havemann, Robert: Ein deutscher Kommunist. Rückblicke und Perspektiven aus der Isolation. Reinbek bei Hamburg 1978.

Havemann, Robert: Fragen Antworten Fragen. Aus der Biografie eines deutschen Marxisten (1970). München 1990.

Heer, Hannes (Hrsg.): Als ich 9 Jahre alt war, kam der Krieg. Ein Lesebuch gegen den Krieg. Reinbek bei Hamburg 1983.

Hentig, Hartmut von: Berliner Gespräche. Beobachtungen aus Anlaß einer Studienfahrt im März 1961. In: Merkur, Nr. 165/1961.

Hentig, Hartmut von: Die große Beschwichtigung. Das Nürnberger Gespräch 1968: Opposition in der Bundesrepublik. Freiburg im Breisgau 1968.

Hentig, Hartmut von: Aufgeräumte Erfahrung. Texte zur eigenen Person. München, Wien 1983.

Hermand, Jost/Peitsch, Helmut/Scherpe, Klaus R. (Hrsg.): Nachkriegsliteratur in Westdeutschland 1945–49. Berlin 1982.

Hermand, Jost: Kultur im Wiederaufbau. Die Bundesrepublik Deutschland 1945–1965. München 1986.

Hermand, Jost: Als Pimpf in Polen. Erweiterte Kinderlandverschickung 1940–1945. Frankfurt am Main 1993.

Heym, Stefan: Nachruf. München 1988.

(Karl-)Hofer-Gesellschaft (Hrsg.): Ich habe das Meine gesagt! Reden und Stellungnahmen von Karl Hofer zu Kunst, Kultur und Politik in Deutschland 1945–1955. Berlin 1995.

Hoffmann, Hilmar: Kultur für alle. Perspektiven und Modelle. Frankfurt am Main 1979.

Hoffmann, Hilmar/Klotz, Heinrich: Die Sechziger. Die Kultur unseres Jahrhunderts. Düsseldorf/Wien/New York 1987.

Hoffmann, Hilmar/Klotz, Heinrich (Hrsg.): Die Kultur unseres Jahrhunderts 1945–1960. Düsseldorf, Wien, New York 1991.

Horkheimer, Max/Adorno, Theodor W.: Dialektik der Aufklärung. Philosophische Fragmente (1947). Frankfurt am Main 1971.

Huntington, Samuel S.: Kampf der Kulturen. Die Neugestaltung der Weltpolitik im 21. Jahrhundert. München 1998.

Huyssen, Andreas/Scherpe, Klaus R. (Hrsg.): Postmoderne. Zeichen eines kulturellen Wandels. Reinbek bei Hamburg 1986.

Illies, Florian: Generation Golf. Eine Inspektion. Frankfurt am Main 2002.

Jäger, Manfred: Kultur und Politik in der DDR 1945–1990. Köln 1994.

Jäger, Ludwig: Seitenwechsel. Der Fall Schneider/Schwerte und die Diskretion der deutschen Germanisten. München 1998.

Jäger, Wolfgang: Die Innenpolitik der sozial-liberalen Koalition 1969–1974. In: Geschichte der Bundesrepublik Deutschland in fünf Bänden. Hrsg. von Karl Dietrich Bracher, Theodor Eschenburg, Joachim C. Fest, Eberhard Jäckel. Stuttgart, Wiesbaden 1983.

Jäger. Lorenz: Adorno. Eine politische Biographie. München 2003.

Janka, Walter: Schwierigkeiten mit der Wahrheit. Reinbek bei Hamburg 1989.

Janka, Walter: … bis zur Verhaftung. Erinnerungen eines deutschen Verlegers. Berlin 1993.

Janssen-Jurreit, Marielouise: Sexismus. Über die Abtreibung der Frauenfrage. München 1976.

Jaspers, Karl: Notizen zu Martin Heidegger. Hrsg. von Hans Saner. München, Zürich 1978.

Jencks, Charles: Die Sprache der postmodernen Architektur. Stuttgart 1980.

Kafka, Peter: Das Grundgesetz vom Aufstieg. Wege zum wirklichen Fortschritt. München, Wien 1989.

Kafka, Peter: Gegen den Untergang. Schöpfungsprinzip und globale Beschleunigungskrise. München, Wien 1994.

Kardorff, Ursula v.: Berliner Aufzeichnungen 1942 bis 1945. München 1994.

Klee, Ernst: »Euthanasie« im NS-Staat. Die »Vernichtung lebensunwerten Lebens«. Frankfurt am Main 1985.

Kleßmann, Christoph: Die doppelte Staatsgründung. Deutsche Geschichte 1945–1955. Bonn 1982.

Kleßmann, Christoph/Wagner, Georg (Hrsg.): Das gespaltene Land. Leben in Deutschland 1945–1990. Texte und Dokumente zur Sozialgeschichte. München 1993.

Koch, Peter: Konrad Adenauer. Eine politische Biographie. Reinbek bei Hamburg 1985.

Koetzle, Michael (Hrsg.): twen. Revision einer Legende. München, Berlin 1995.

Koslowski, Peter: Die postmoderne Kultur. Gesellschaftlich-kulturelle Konsequenzen der technischen Entwicklung. München 1988.

Koszyk, Kurt: »Umerziehung« der Deutschen aus britischer Sicht. In: Aus Politik und Zeitgeschichte. Beilage zur Wochenzeitung »Das Parlament«, 22. 7. 1978.

Krieger, Hans: Nach »Pisa«: Woran krankt das deutsche Schulsystem? In: Bayerische Staatszeitung, 11. 1. 2002.

Krüger, Horst: Das zerbrochene Haus. Eine Jugend in Deutschland. München 1966.

Krüger, Horst: Camping – ein Sommermärchen. Deutsche Augenblicke. Bilder aus meinem Vaterland. München 1969.

Kuby, Erich: Das ist des Deutschen Vaterland. 70 Millionen in zwei Wartesälen (1957); o. O. 1959.

Kuby, Erich: Die Russen in Berlin 1945. München, Bern, Wien 1965.

Leggewie, Claus: Von Schneider zu Schwerte. München 1998.

Lettau, Reinhard: Die Gruppe 47. Bericht. Kritik. Polemik. Ein Handbuch. Neuwied, Berlin 1967.

Leitmeier, Wolfgang/Münster, Tanja (Hrsg.): Jugendjahre. Teens und Twens zwischen 1950 und 2000. Speyer o. J.

Loewy, Raymond: Häßlichkeit verkauft sich schlecht. Düsseldorf 1953.

Luhmann, Niklas: Liebe als Passion. Zur Codierung von Intimität. Frankfurt am Main 1982.

Maenz, Paul: Die 50er Jahre. Formen des Jahrzehnts. Stuttgart 1978.

Marcuse, Herbert: Über den affirmativen Charakter der Kultur. In: Kultur und Gesellschaft I. Frankfurt am Main 1965.

Marquard, Odo: Die Unvermeidlichkeit der Geisteswissenschaften. In: Universitas, Heft 1/1987.

Mayer, Hans: Die umerzogene Literatur. Deutsche Schriftsteller und Bücher 1945–1967. Berlin 1988.

Mechtel, Angelika: Wir sind arm, wir sind reich. Stuttgart 1977.

Meinecke, Friedrich: Die deutsche Katastrophe. Betrachtungen und Erinnerungen. Wiesbaden 1946.

Michalzik, Peter: Unseld. Eine Biographie. München 2002.

Michel, Karl Markus: Rückkehr zur Fassade. In: Kursbuch, Nr. 89/1987.

Minder, Robert. Zit. nach Robert Minder: Lesebuch als Explosionsstoff. In: Süddeutsche Zeitung, 16./17./18. 6. 1967.

Mitscherlich, Alexander: Medizin ohne Menschlichkeit. Dokumente des Nürnberger Ärzteprozesses. Hrsg. und kommentiert von Alexander Mitscherlich und Fred Mielke. Heidelberg 1949.

Mitscherlich, Alexander und Margarete: Die Unfähigkeit zu trauern. Grundlagen kollektiven Verhaltens. München 1967.

Mitscherlich, Alexander: Thesen zur Stadt der Zukunft. Frankfurt am Main 1971.

Mittenzwei, Werner: Die Intellektuellen. Literatur und Politik in Ostdeutschland von 1945 bis 2000. Leipzig 2001.

Müller, Rolf-Dieter/Ueberschär, Gerd R.: Kriegsende 1945. Die Zerstörung des Deutschen Reiches. Frankfurt am Main 1994.

Müller-Marein, Josef: Es war eine Kleiderfrage. In: Die Zeit, 9. 5. 1975.

Muhlen, Norbert: Das Land der großen Mitte. Notizen aus dem Neon-Biedermeier. In: Der Monat, Nr. 63/1953.

Neumann, Franz: Reden der Söhne – Deutsche Politiker zum 8. Mai 1945. In: Frankfurter Hefte, Heft 8/1975.

Neunzig, Hans A. (Hrsg.) Hans Werner Richter und die Gruppe 47. Frankfurt am Main, Berlin, Wien 1981.

Niekisch, Ernst: Das Reich der niederen Dämonen. Hamburg 1953.

Niethammer, Lutz: Die Mitläuferfabrik. Die Entnazifizierung am Beispiel Bayern. Berlin, Bonn 1982.

Oberlack, Alfred: Schulbücher unter dem Dreschflegel. Bad Godesberg 1965.

Pohrt, Wolfgang: Alternative unter Verdacht. In: Konkret, Heft 10/1981.

Rehberg, Karl-Siegbert: Eine deutsche Karriere. Oder: Gelegenheit macht Demokraten. Überlegungen zum Fall Schwerte/Schneider. In: Merkur, Heft 1/1996.

Reich-Ranicki, Marcel: Mein Leben. Stuttgart 1999.

Richter, Hans Werner: Unterhaltungen am Schienenstrang. In: Der Ruf, 1. 10. 1946.

Röpke, Wilhelm: Das Kulturideal des Liberalismus. Frankfurt am Main 1947.

Rückerl, Adalbert (Hrsg.): NS-Prozesse. Nach 25 Jahren Strafverfolgung: Möglichkeiten – Grenzen – Ergebnisse. Karlsruhe 1972.

Rückerl, Adalbert: Die Strafverfolgung von NS-Verbrechen 1945–1978. Heidelberg, Karlsruhe 1979.

Rühmkorf, Peter: Die Jahre die Ihr kennt. Anfälle und Erinnerungen. Reinbek bei Hamburg 1972.

Rutschky, Michael: Über die Postmoderne. München und die Lebenskunst. Unterordnung der Wahrheit unter den Reiz. In: Frankfurter Rundschau, 28. 2. 1987.

Sachs, Wolfgang: Die Liebe zum Automobil. Ein Rückblick in die Geschichte unserer Wünsche. Reinbek bei Hamburg 1984.

Salomon, Ernst von: Der Fragebogen. Reinbek bei Hamburg 1988.

Sander, Helke/Johr, Barbara (Hrsg.): BeFreier und Befreite. Krieg, Vergewaltigungen, Kinder. Frankfurt am Main 1995.

Schelsky, Helmut: Die skeptische Generation. Eine Soziologie der deutschen Jugend (1958). Düsseldorf, Köln 1963.

Schittly, Dagmar: Zwischen Regie und Regime. Die Filmpolitik der SED im Spiegel der DEFA-Produktionen. Berlin 2002.

Schivelbusch, Wolfgang: Vor dem Vorhang. Das geistige Berlin 1945–1948. München 1995.

Schober, Anna: »Blue Jeans«. Von Leben in Stoffen und Bildern. Frankfurt am Main, New York 2001.

Schulz, Bernhard (Hrsg.): Grauzonen. Farbwelten. Kunst und Zeitbilder. 1945–1955. Berlin 1983.

Schulz, Eberhard: Zwischen Glashaus und Wohnfabrik. Bremen 1959.

Schütz, Eberhard: Der Volkswagen. In Etienne François und Hagen Schulze (Hrsg.): Deutsche Erinnerungsorte I. München 2001.

Schwarzer, Alice: So fing es an! Die neue Frauenbewegung. München 1983.

Schwerte, Hans: Faust und das Faustische. Ein Kapitel deutscher Ideologie. Stuttgart 1962.

Schwitzke, Heinz: Sprich, damit ich dich sehe. Sechs Hörspiele und ein Bericht über eine junge Kunstform. München 1960.

Simpson, Christopher: Die internationalen Wirtschaftseliten und das Wiedererstarken des deutschen Kapitalismus 1945–1948. In: 1999. Zeitschrift für Sozialgeschichte des 20. und 21. Jahrhunderts, Heft 2/1990.

Sternberger, Dolf/ Storz, Gerhard/ Süskind, W. E.: Aus dem Wörterbuch des Unmenschen. Hamburg 1957.

Stolten, Inge (Hrsg.): Der Hunger nach Erfahrung. Frauen nach '45. Berlin, Bonn 1981.

Storch, Karin: Erziehung zum Ungehorsam als Aufgabe einer demokratischen Schule. In: Tribüne, Heft 24/1967.

Thomas, Karin: Zweimal deutsche Kunst nach 1945. 40 Jahre Nähe und Ferne. Köln 1985.

Tristesse Royale. Das popkulturelle Quintett mit Joachim Bessing, Christian Kracht, Eckhardt Nickel, Alexander v. Schönburg und Benjamin v. Stuckrad-Barre. Berlin 1999.

Wagner, Bernd: Tod der Intelligenz. Das Jahrzehnt nach der Biermann-Aus-
bürgerung. In: Frankfurter Rundschau, 20. 12. 1986.
Weinberger, Marie-Luise: Aufbruch zu neuen Ufern? Grün-Alternative zwi-
schen Anspruch und Wirklichkeit. Bonn 1984.
Weinberger, Marie-Luise: Von der Müsli-Kultur zur Yuppie-Kultur. Über
den sozialen Wandel in innerstädtischen Revieren von Ballungsgebieten.
In: Die Neue Gesellschaft/Frankfurter Hefte, Heft 4/1987.
Weizsäcker, Richard von: Zum 40. Jahrestag der Beendigung des Krieges in
Europa und der nationalsozialistischen Gewaltherrschaft. Bonn 1985.
Welsch, Wolfgang: Unsere postmoderne Moderne. Weinheim 1987.
Welsch, Wolfgang (Hrsg.): Wege aus der Moderne. Schlüsseltexte der Post-
moderne-Diskussion. Weinheim 1988.
Welsch, Wolfgang (Hrsg.): Die Aktualität des Ästhetischen. München 1993.
Wesel, Uwe: Die verspielte Revolution. 1968 und die Folgen. München 2002.
Wiggershaus, Rolf: Die Frankfurter Schule. Geschichte. Theoretische Ent-
wicklung. Politische Bedeutung. München, Wien 1986.
Wieser, Harald: Rudi, ein deutsches Märchen. In: Der Spiegel, Nr. 16/1988.
Ziehe, Thomas: Pubertät und Narzißmus. Sind Jugendliche entpolitisiert?
Frankfurt am Main, Köln 1975.
Zwerenz, Gerhard: Bericht aus dem Landesinneren. City Strecke Siedlung.
Frankfurt am Main 1972.

Literatur zur Vertiefung bei Einzelfragen und Gesamtdarstellungen

Ackermann, Ulrike: Vergessen zugunsten der Zukunft? Zur Debatte über
Vertreibungen. In: Merkur, Heft 11/2002.
Albrecht, Clemens/Behrmann, Günther C./Bock, Michael/Homann, Ha-
rald/Tenbruck, Friedrich H. (Hrsg.): Die intellektuelle Gründung der
Bundesrepublik. Eine Wirkungsgeschichte der Frankfurter Schule. Frank-
furt, New York 2000.
Arnim, Hans Herbert von: Das System. Die Machenschaften der Macht.
München 2001.
Arnold, Heinz Ludwig (Hrsg.): Die deutsche Literatur seit 1945. München
1997.
Arnold, Heinz Ludwig (Hrsg.): Einigkeit und aus Ruinen. Eine deutsche An-
thologie. Frankfurt am Main 1999.
Barner, Wilfried (Hrsg.): Geschichte der deutschen Literatur von 1945 bis
zur Gegenwart. München 1994.
Barner, Wilfried/König, Christoph (Hrsg.): Zeitenwechsel. Germanische Li-
teraturwissenschaft vor und nach 1945. Frankfurt am Main 1996.
Bartetzko, Dieter: Sehnsucht ohne Angst. Postmoderne Stadtansichten. In:
Merkur, Heft 6/1988.
Bedürftig, Friedemann: Taschenlexikon Deutschland nach 1945. München
1998.
Behnen, Michael (Hrsg.): Lexikon der deutschen Geschichte von 1945 bis
1990. Ereignisse, Institutionen, Personen im geteilten Deutschland. Stuttgart 2002.

Bender, Peter: Neue Ostpolitik. Vom Mauerbau zum Moskauer Vertrag. Deutsche Geschichte der neuesten Zeit vom 19. Jahrhundert bis zur Gegenwart. München 1987.

Benz, Wolfgang: Die Gründung der Bundesrepublik. Von der Bizone zum souveränen Staat. München 1999.

Berg, Nicolas: Der Holocaust und die westdeutschen Historiker. Erforschung und Erinnerung. Göttingen 2003.

Böhm, Ekkehard u. a.: Kultur-Tagebuch 1900 bis heute. Braunschweig 1984.

Bohn, Volker: Deutsche Literatur seit 1945. Texte und Bilder. Frankfurt am Main 1993.

Briegleb, Klaus: Mißachtung und Tabu. Eine Streitschrift zur Frage: Wie antisemitisch war die Gruppe 47? Berlin, Wien 2003.

Broszat, Martin/Henke, Klaus-Dietmar/Woller, Hans (Hrsg.): Von Stalingrad zur Währungsreform. Zur Sozialgeschichte des Umbruchs in Deutschland. München 1989.

Bude, Heinz (Hrsg.): Deutschland spricht. Schicksale der Neunziger. Berlin 1995.

Bührer, Werner (Hrsg.): Die Adenauer-Ära. Die Bundesrepublik Deutschland 1949–1963. München 1993.

Conrady, Karl Otto (Hrsg.): Das große deutsche Gedichtbuch. Kronberg/Ts. 1977.

Conze, Eckart/Metzler, Gabriele (Hrsg.): 50 Jahre Bundesrepublik Deutschland. Daten und Diskussionen. Stuttgart 1999.

Craig, Gordon A.: Ende der Parade. Über deutsche Geschichte. München 2003.

Dieckmann, Christoph: Das wahre Leben im falschen. Geschichten von ostdeutscher Identität. Berlin 1998.

Dreher, Klaus: Helmut Kohl. Leben mit Macht. Stuttgart 1998.

Durth, Werner/Gutschow, Niels: Architektur und Städtebau der fünfziger Jahre. Ergebnisse der Fachtagung in Hannover: Schutz und Erhaltung von Bauten der fünfziger Jahre. Schriftenreihe des deutschen Nationalkomitees für Denkmalschutz, Band 41. Bonn 1990.

Eine Frau in Berlin. Tagebuch-Aufzeichnungen vom 20. April bis 22. Juni 1945. Frankfurt am Main 2003.

Emmerich, Wolfgang: Kleine Literaturgeschichte der DDR. Leipzig 1966.

Engelmann, Roger/Erker, Paul: Annäherung und Abgrenzung. Aspekte deutsch-deutscher Beziehungen 1956–1969. München 1993.

Engler, Wolfgang: Die Ostdeutschen als Avantgarde. Berlin 2002.

Eppelmann, Rainer (Hrsg.): Lexikon des DDR-Sozialismus. Das Staats- und Gesellschaftssystem der Deutschen Demokratischen Republik. Paderborn 1997.

Faulenbach, Bernd: Die Vertreibung der Deutschen aus den Gebieten jenseits von Oder und Neiße. Zur wissenschaftlichen und öffentlichen Diskussion in Deutschland. In: Aus Politik und Zeitgeschichte. Beilage zur Wochenzeitung »Das Parlament«, 23. 12. 2002.

Faulstich, Werner (Hrsg.): Die Kultur der fünfziger Jahre. München 2002.

Ferdowsi, Mir A. (Hrsg.): Die Welt der 90er Jahre. Das Ende der Illusionen. Bonn 1995.

Frei, Norbert/Steinbacher, Sybille (Hrsg.): Beschweigen und Bekennen. Die deutsche Nachkriegsgesellschaft und der Holocaust. Göttingen 2001.

Friedrich, Wolfgang-Uwe (Hrsg.): Die totalitäre Herrschaft der SED. Wirklichkeit und Nachwirkungen. München 1998.

Führ, Christoph/Furck, Carl-Ludwig: Handbuch der deutschen Bildungsgeschichte. Bd. VI und VII: 1945 bis zur Gegenwart. Bundesrepublik Deutschland. Deutsche Demokratische Republik. München 1997 f.

Gabriel, Oscar W./Niedermayer, Oskar/Stöss, Richard (Hrsg.): Parteiendemokratie in Deutschland. Wiesbaden 1997.

Gaus, Günter: Zur Person. Von Adenauer bis Wehner. Portraits in Frage und Antwort. Köln 1987.

Gerster, Florian/Stobbe, Dietrich (Hrsg.): Die linke Mitte heute. Bonn 1989.

Gieseke, Jens: Mielke-Konzern. Die Geschichte der Stasi 1945–1990. Stuttgart 2001.

Glaser, Hermann: Radikalität und Scheinradikalität. Zur Sozialpsychologie des jugendlichen Protests. München 1970.

Glaser, Hermann (Hrsg.): Jugend-Stil – Stil der Jugend. Thesen und Aspekte. München 1971.

Glaser, Hermann (Hrsg.): Bundesrepublikanisches Lesebuch. Drei Jahrzehnte geistiger Auseinandersetzung. München, Wien 1978, Taschenbuchausgabe Frankfurt am Main 1980.

Glaser, Hermann: Jugend zwischen Aggression und Apathie. Diagnose der Terrorismus-Diskussion. Ein Dossier. Karlsruhe 1980.

Glaser, Hermann: Im Packeis des Unbehagens. Eine persönliche Bilanz des Generationenkonflikts. Berlin, Bonn 1982.

Glaser, Hermann/Stahl, Karl Heinz: Bürgerrecht Kultur. Frankfurt am Main, Berlin, Wien 1983.

Glaser, Hermann: Kulturgeschichte der Bundesrepublik Deutschland. Band 1: Zwischen Kapitulation und Währungsreform; Band 2: Zwischen Grundgesetz und Großer Koalition; Band 3: Zwischen Protest und Anpassung. München 1986 ff.

Glaser, Hermann/Pufendorf, Lutz von/Schöneich, Michael (Hrsg.): So viel Anfang war nie. Deutsche Städte 1945–1949. Berlin 1989.

Glaser, Hermann: 1945. Ein Lesebuch. Frankfurt am Main 1995.

Glaser, Hermann: Deutsche Kultur 1945–2000. München 1997.

Glaser, Hermann: Die Mauer fiel, die Mauer steht. Ein deutsches Lesebuch. München 1999.

Glaser, Hermann (Hrsg.): Grundfragen des 21. Jahrhunderts. Ein Lesebuch. München 2002.

Goeschen, Ulrike: Vom sozialistischen Realismus zur Kunst im Sozialismus. Die Rezeption der Moderne in Kunst und Kunstwissenschaft der DDR. Berlin 2001.

Görtemaker, Manfred: Geschichte der Bundesrepublik Deutschland. Von der Gründung bis zur Gegenwart. München 1999.

Graeff, Max Christian/Kaupp, Christina Moles: Ex! Was die Nation erregte. Skandalgeschichten der Bundesrepublik. München 1998.

Gries, Rainer: Produkte als Medien. Kulturgeschichte der Produktkommunikation in der Bundesrepublik und der DDR. Leipzig 2003.

Haar, Ingo: Historiker im Nationalsozialismus. Deutsche Geschichtswissenschaft und der »Volkstumskampf« im Osten. Kritische Studien zur Geschichtswissenschaft Band 143. Göttingen, Zürich 2000.

Hachmeister, Lutz/Siering, Friedemann (Hrsg.): Die Herren Journalisten. Die Elite der deutschen Presse nach 1945. München 2002.

Hamann, Brigitte: Winifred Wagner oder Hitlers Bayreuth. München, Zürich 2002.

Heider, Magdalena: Politik – Kultur – Kulturbund. Zur Gründungs- und Frühgeschichte des Kulturbundes zur demokratischen Erneuerung Deutschlands 1945–1954 in der SBZ/DDR. Köln 1993.

Helwig, Gisela (Hrsg.): Schule in der DDR. Köln 1988.

Helwig, Gisela (Hrg.): Rückblicke auf die DDR. Festschrift für Ilse Spittmann-Rühle. Köln 1995.

Helwig, Gisela/Nickel, Hildegard Maria (Hrsg.): Frauen in Deutschland 1945–1992. Bonn 1993.

Henecke, Hans-Jörg: Die dritte Republik – Aufbruch und Ernüchterung. München 2003.

Henke, Klaus-Dietmar: Die amerikanische Besetzung Deutschlands. München 1995.

Hensel, Jana: Zonenkinder. Reinbek bei Hamburg 2002.

Hentschel, Volker: Ludwig Erhard. Ein Politikerleben. München 1996, Berlin 1998.

Herf, Jeffrey: Zweierlei Erinnerung. Die NS-Vergangenheit im geteilten Deutschland. Berlin 1998.

Hertle, Hans-Hermann: Chronik des Mauerfalls. Die dramatischen Ereignisse um den 9. November 1989. Berlin 1997.

Hertsgaard, Mark: The Beatles. Die Geschichte ihrer Musik. München 1995.

Hettlage, Robert/Lenz, Karl (Hrsg.): Deutschland nach der Wende. Eine Bilanz. München 1995.

Höfer, Max A.: Die »Berliner Republik« als Kampfbegriff? In: Aus Politik und Zeitgeschichte. Beilage zur Wochenzeitung »Das Parlament«, 2. 2. 2001.

Horx, Matthias: Aufstand im Schlaraffenland. Selbsterkenntnisse einer rebellischen Generation. München 1989.

Jaene, Hans Dieter: Der Spiegel. Ein deutsches Nachrichten-Magazin. Frankfurt am Main 1968.

Judt, Matthias (Hrsg.): DDR-Geschichte in Dokumenten. Beschlüsse, Berichte, interne Materialien und Alltagszeugnisse. Berlin 1997.

Just, Dieter: Der Spiegel. Arbeitsweise, Inhalt, Wirkung. Hannover 1967.

Kaelble, Hartmut/Kocka, Jürgen/Zwahr, Hartmut (Hrsg.): Sozialgeschichte der DDR. Stuttgart 1994.

Kaminsky, Annette: Wohlstand, Schönheit, Glück. Kleine Konsumgeschichte der DDR. München 2001.

Kirchberg, Peter: Plaste, Blech und Planwirtschaft. Die Geschichte des Automobilbaus in der DDR. Berlin 2000.

Kleßmann, Christoph: Zwei Staaten, eine Nation. Deutsche Geschichte 1955–1970. Göttingen 1988.

Koebner, Thomas/Sautermeister, Gert/Schneider Sigrid (Hrsg.): Deutschland nach Hitler. Zukunftspläne im Exil und aus der Besatzungszeit 1939–1949. Opladen 1987.

Köhler, Henning: Adenauer. Eine politische Biographie. Berlin 1994, 1997.

Koop, Volker: Zwischen Recht und Willkür. Die Rote Armee in Deutschland. Bonn 1996.

Korte, Hermann: Eine Gesellschaft im Aufbruch. Die Bundesrepublik Deutschland in den sechziger Jahren. Frankfurt am Main 1987.

Koslowski, Peter/Spaemann, Robert/Löw, Reinhard (Hrsg.): Moderne oder Postmoderne? Zur Signatur des gegenwärtigen Zeitalters. Weinheim 1986.

Kowalczuk, Ilko-Sascha/Wolle, Stefan: Roter Stern über Deutschland. Berlin 2001.

Krauss, Marita: Heimkehr in ein fremdes Land. Geschichte der Remigration nach 1945. München 2001.

Krug, Manfred: Abgehauen. München 1997, 1998.

Krusche, Dieter: Reclams Filmführer. Stuttgart 1973.

Kunze, Thomas: Staatschef a. D. Die letzten Jahre des Erich Honecker. Berlin 2001.

Lampugnani, Vittorio Magnago: Die Modernität des Dauerhaften. Essays zu Stadt, Architektur und Design. Berlin 1995.

Langenbucher, Wolfgang R./Rytlewski, Ralf/Weyergraf, Bernd (Hrsg.): Kulturpolitisches Wörterbuch. Bundesrepublik Deutschland/Deutsche Demokratische Republik im Vergleich. Stuttgart 1983.

Lehmann, Albrecht: Im Fremden ungewollt zuhaus. Flüchtlinge und Vertriebene in Westdeutschland 1945–1990. München 1993.

Lehmann, Hans Georg: Deutschland-Chronik 1945–1995. Bonn 1995.

Liedtke, Rüdiger: Die neue Skandal-Chronik. 40 Jahre Affären und Skandale in der Bundesrepublik. Frankfurt am Main 1989.

Lietsch, Fritz/Michalowski, Bernhard (Hrsg.): Die Bananenrepublik. Skandale und Affären in der Bundesrepublik. Eine Chronik. München 1997.

Lindner, Bernd: Die demokratische Revolution in der DDR 1989/90. Bonn 1998.

Lorenzen, Jan N.: Erich Honecker. Eine Biographie. Reinbek bei Hamburg 2001.

Lübbe, Hermann: Ich entschuldige mich. Das neue politische Bußritual. Berlin 2001.

Maaz, Hans-Joachim: Der Gefühlsstau. Ein Psychogramm der DDR. Berlin 1990.

Mählert, Ulrich: Kleine Geschichte der DDR. München 1998.

Mayer, Hans: Der Turm von Babel. Erinnerungen an eine Deutsche Demokratische Republik. Frankfurt am Main 1991.

Merseburger, Peter: Willy Brandt 1913–1992. Visionär und Realist. Stuttgart, München 2002.

Meyer, Sibylle/Schulze, Eva: Von Liebe sprach damals keiner. Familienalltag in der Nachkriegszeit. München 1985.

Meyer, Thomas: Was bleibt vom Sozialismus. Reinbek bei Hamburg 1991.

Möller, Horst: Exodus der Kultur. Schriftsteller, Wissenschaftler und Künstler in der Emigration nach 1933. München 1984.

Mühlen, Patrik von zur: Aufbruch und Umbruch in der DDR. Bürgerbewegungen, kritische Öffentlichkeit und Niedergang der SED-Herrschaft. Bonn 2000.

Müller, Heiner: Krieg ohne Schlacht. Leben in zwei Diktaturen. Köln 1992.

Neubert, Ehrhardt: Geschichte der Opposition in der DDR 1949–1989. Berlin 1997.

Olzog, Günter/Liese, Hans-J.: Die politischen Parteien in Deutschland. Geschichte, Programmatik, Organisation, Personen, Finanzierung. München 1996.

Pelzer, Jürgen: Kritik durch Spott. Satirische Praxis und Wirkungsprobleme im westdeutschen Kabarett (1945–1974). Frankfurt am Main 1985.

Pfeil, Ulrich (Hrsg.): Die DDR und der Westen. Transnationale Beziehungen 1949–1989. Berlin 2001.

Plötzl, Norbert F.: Erich Honecker. Eine deutsche Biografie. Stuttgart, München 2002.

Podewin, Norbert: Walter Ulbricht. Eine neue Biographie. Berlin 1995.

Podewin, Norbert: Albert Norden. Der Rabbinersohn im Politbüro – Stationen eines ungewöhnlichen Lebens. Berlin 2001.

Pötzsch, Horst: Deutsche Geschichte von 1945 bis zur Gegenwart. Die Entwicklung der beiden deutschen Staaten. München 1998.

Radlmaier, Steffen (Hrsg.): Der Nürnberger Lernprozess. Von Kriegsverbrechern und Starreportern. Frankfurt am Main 2001.

Ramge, Thomas: Die Großen Polit-Skandale. Eine andere Geschichte der Bundesrepublik. Frankfurt am Main, New York 2003.

Reinhardt, Stephan: Der Fall Globke. In: Die Neue Gesellschaft/Frankfurter Hefte, Heft 5/1995.

Riehl, Hans: Die Mark. Die aufregende Geschichte einer Weltwährung. Hannover 1978.

Ritzel, Heinrich G.: Kurt Schumacher in Selbstzeugnissen und Bilddokumenten. Reinbek bei Hamburg 1972.

Rüther, Günther (Hrsg.): Kulturbetrieb und Literatur in der DDR. Köln 1987.

Rutschky, Michael: Wartezeit. Ein Sittenbild. Köln 1983.

Sabrow, Martin: Das Diktat des Konsenses. Geschichtswissenschaft in der DDR 1949–1969. München 2001.

Sarkowicz, Hans (Hrsg.): Sie prägten Deutschland. Eine Geschichte der Bundesrepublik in politischen Portraits. München 1999.

Satjukow, Silke/Gries, Rainer (Hrsg.): Sozialistische Helden. Eine Kulturgeschichte der Propagandafiguren in Osteuropa und der DDR. Berlin 2002.

Schäfers, Bernhard: Sozialstruktur und Wandel der Bundesrepublik Deutschland. Ein Studienbuch zu ihrer Soziologie und Sozialgeschichte. Stuttgart 1981.

Schäfers, Bernhard: Sozialstruktur und sozialer Wandel in Deutschland. Stuttgart 1998.

Schäfers, Bernhard/Zapf, Wolfgang (Hrsg.): Handwörterbuch zur Gesellschaft Deutschlands. Opladen 1998.

Schildt, Axel: Ankunft im Westen. Ein Essay zur Erfolgsgeschichte der Bundesrepublik. Frankfurt am Main 1999.

Schlaffer, Heinz: Die kurze Geschichte der deutschen Literatur. München 2002.

Schneider, Michael: Demokratie in Gefahr. Der Konflikt um die Notstandsgesetze: Sozialdemokratie, Gewerkschaften und intellektueller Protest (1958–1968). Bonn 1986.

Schnell, Ralf: Die Literatur der Bundesrepublik. Autoren, Geschichte, Literaturbetrieb. Stuttgart 1986.

Schorlemmer, Friedrich: Bis alle Mauern fallen. Texte aus einem verschwundenen Land. Berlin 1991.

Schroeder, Klaus/Alisch, Steffen: Der SED-Staat. Partei, Staat und Gesellschaft. München 1998.

Schroeder, Klaus: Der Preis der Einheit. Eine Bilanz. München, Wien 2000.

Seitz, Norbert: Zur Aktualität der 8.-Mai-Rede Weizsäckers. In: Die Neue Gesellschaft/Frankfurter Hefte, Heft 5/1995.

Serke, Jürgen: Zu Hause im Exil. Dichter, die eigenmächtig blieben in der DDR. München, Zürich 1998.

Sethe, Paul/Fried, Ferdinand/Schwab-Felisch, Hans: Das Fundament unserer Zukunft. Bilanz der Ära Adenauer: politisch – wirtschaftlich – kulturell. Düsseldorf, Wien 1964.

Siepmann, Eckhard: Heiß und kalt. Die Jahre 1945–69. Berlin 1986.

Sontheimer, Kurt: Grundzüge des politischen Systems der Bundesrepublik Deutschland. München 1988.

Sontheimer, Kurt: So war Deutschland nie. Anmerkungen zur politischen Kultur der Bundesrepublik. München 1999.

Sperr, Monika: Schlager. Das Große Schlager-Buch. Deutsche Schlager 1800 – Heute. München 1978.

Spittmann, Ilse/Helwig, Gisela (Hrsg.): DDR-Lesebuch. Von der SBZ zur DDR. 1945–1949. Köln 1989.

Spittmann, Ilse/Helwig, Gisela (Hrsg.): DDR-Lesebuch. Stalinisierung 1949–1955. Köln 1991.

Staritz, Dietrich: Geschichte der DDR. Frankfurt am Main 1997.

Steininger, Rolf: Deutsche Geschichte 1945–1961. Darstellung und Dokumente in zwei Bänden. Frankfurt am Main 1983.

Steininger, Rolf: Deutsche Geschichte. Darstellung und Dokumente in vier Bänden. Frankfurt am Main 2002.

Stephan, Winfried/Krüger, Michael (Hrsg.): Vaterland, Muttersprache. Deutsche Schriftsteller und ihr Staat seit 1945. Berlin 1979.

Stiftung Haus der Geschichte der Bundesrepublik (Hrsg.): Zeit-Fragen. Zehn Jahre deutsche Einheit. Berlin 2001.

Stuhler, Ed: Margot Honecker. Eine Biografie. Wien 2003.

Thilenius, Richard: Die Teilung Deutschlands. Eine zeitgeschichtliche Analyse. Reinbek bei Hamburg 1957.

Trommler, Frank: Sozialistische Literatur in Deutschland. Ein historischer Überblick. Stuttgart 1976.

Uffelmann, Uwe: Der Weg zur Bundesrepublik. Wirtschaftliche, gesellschaftliche und staatliche Weichenstellungen 1945–1949. Düsseldorf 1988.

Völker, Klaus: Bertolt Brecht. Eine Biographie. München, 1978.

Walther, Joachim: Sicherungsbereich Literatur. Schriftsteller und Staatssicherheit in der Deutschen Demokratischen Republik. Berlin 1996.

Weber, Hermann: Die DDR 1945–1990. München 1993.

Weber, Petra: Carlo Schmid 1896–1979. Eine Biographie. München 1996.

Weidenfeld, Werner/Korte, Karl-Rudolf (Hrsg.): Handbuch zur deutschen Einheit. Frankfurt am Main, New York 1993.

Weimer, Wolfram: Deutsche Wirtschaftsgeschichte. Von der Währungsreform bis zum Euro. Hamburg 1998.

Weisbrod, Bernd (Hrsg.): Akademische Vergangenheitspolitik. Beiträge zur Wissenschaftskultur der Nachkriegszeit. Göttingen 2002.

Weizsäcker, Carl Friedrich von: Die Zeit drängt. Eine Weltversammlung der Christen für Gerechtigkeit, Frieden und die Bewahrung der Schöpfung. München 1986.

Wilke, Jürgen (Hrsg.): Mediengeschichte der Bundesrepublik Deutschland. Köln 1999.

Wittstock, Uwe: Von der Stalinallee zum Prenzlauer Berg. Wege der DDR-Literatur 1949–1989. München 1989.

Wolle, Stefan: Die heile Welt der Diktatur. Alltag und Herrschaft in der DDR 1971–1989. Berlin 1998, München 1999.

Zeller, Bernhard (Hrsg.): »Als der Krieg zu Ende war.« Literarisch-politische Publizistik 1945 – 1950. Eine Ausstellung des Deutschen Literaturarchivs im Schiller-Nationalmuseum, Marbach a. N., Katalog Nr. 23. Stuttgart 1973.

Personenregister

VerfasserInnen von Sekundärliteratur sind ohne Lebensdaten
angeführt; vereinzelt waren Lebensdaten nicht feststellbar.

Abs, Hermann Josef
(1901–1994) 132, 158
Adenauer, Konrad (1876–1967) 26,
59, 64, 70, 74, 93, 100, 120 f., 132,
134 f., 147, 162, 166, 168 f., 172 f.,
185, 193 f.
Adorno, Theodor. W.
(1903–1969) 21 f., 30, 70, 150,
243 ff., 253
Ahlsen, Leopold (geb. 1927) 189
Aicher, Otl (1922–1991) 104 f.
Aichinger, Ilse (geb. 1921) 49, 189
Alewyn, Richard (1902–1979) 154
Allemann, Fritz René
(1910–1996) 127
Alvermann, Hans-Peter (geb.
1931) 258
Aly, Götz 147
Améry, Jean (1912–1978) 120
Andersch, Alfred
(1914–1980) 52 ff., 185
Anouilh, Jean (1910–1987) 43
Arendt, Hannah (1906–1975) 20,
142
Attlee, Clement Richard
(1883–1967) 165
Aubin, Herbert 147
Augstein, Rudolf (auch Jens Daniel)
(1923–2002) 170, 185, 194

Baader, Andreas (1943–1977) 252,
262
Bachmann, Ingeborg
(1926–1973) 49 f., 189
Bachmann, Josef (geb. 1945) 251
Baez, Joan (geb. 1941) 72, 239 f.
Bahr, Egon (geb. 1922) 202, 299

Bahro, Rudolf (1935–1997) 232
Bardot, Brigitte (geb. 1934) 72
Baring, Arnulf 204, 212
Bartels, Adolf (1862–1945) 151
Barth, Karl (1886–1968) 148
Barzel, Rainer (geb. 1924) 201
Baselitz, Georg (geb. 1938) 285
Bauer, Fritz (1903–1968) 139 ff.,
200
Baumeister, Willi (1889–1955) 39
Becher, Johannes Robert
(1891–1958) 46, 215, 219 ff.
Beck, Julian (1925–1985) 255
Beck, Ulrich 304
Becker, Hans Detlef 194
Becker, Jillian 252
Beethoven Ludwig van
(1770–1827) 36, 46
Beltzig, Günter (geb. 1941) 102
Bender, Peter 296
Beneš, Edvard (1884–1948) 28
Benjamin, Walter (1892–1940) 243
Benn, Gottfried (1886–1956) 184
Bense, Max (1910–1990) 105, 144
Bergengruen, Werner
(1892–1964) 33
Bermann Fischer, Gottfried (1897
bis 1995) 35
Bertram, Ernst (1884–1957) 151
Besson, Benno (geb. 1922) 210
Beuys, Joseph (1921–1986) 259 f.
Beyer, Frank (geb. 1932) 217, 229 f.
Bieler, Manfred (1934–2002) 227
Bienek, Horst (1930–1990) 26
Biermann, Wolf (geb. 1936) 230 ff.,
258
Bill, Max (1908–1994) 104 f.

Binding, Karl 128
Bischoff, Friedrich
(1896–1976) 190 f.
Bismarck, Klaus von
(1912–1997) 133
Bismarck, Otto Eduard Leopold,
Graf von (1815–1898) 213
Blacher, Boris (1903–1975) 37
Blank, Gunter 178
Bloch, Ernst (1885–1977) 174, 177,
189, 222, 246
Boehlich, Walter (geb. 1921) 260
Böhm, Franz 92
Bohrer, Karl Heinz 252, 290
Böll, Heinrich (1917–1985) 11, 49,
90, 158, 185, 189, 231
Bollenbeck, Georg 101
Bondy, François (geb. 1915) 185
Bopp, Jörg 266 f., 280
Borchert, Wolfgang
(1921–1947) 22, 32, 43, 68, 189
Borgward, Carl F. W.
(1890–1963) 111
Bormann, Martin (1900–1945) 122
Brand, Karl-Werner 268
Brando, Marlon (geb.1924) 73
Brandt, Willy (1913–1992) 26 f.,
122, 159, 194, 198, 200 ff.
Brecht, Bertolt (1898–1956) 44 f.,
47, 108, 163, 177, 209 ff., 214,
225 ff., 256
Bredel, Willi (1901–1964) 223
Brentano, Heinrich von
(1904–1964) 176
Breuel, Birgit (geb. 1937) 297
Brinkmann, Rolf Dieter
(1940–1975) 241
Britting, Georg (1891–1964) 34
Broch, Hermann (1886–1951) 33
Broszat, Martin (1926–1989) 27
Bruckner, Ferdinand (eigentl. Theo-
dor Tagger)(1891–1958) 43
Brügge, Peter 242
Buback, Siegfried (1920–1977) 262
Bucerius, Gerd (1906–1995) 169,
185
Buchheim, Lothar-Günther (geb.
1918) 144
Buckwitz, Harry (1904–1987) 256

Bulganin, Nikolaj Aleksandrowitsch
(1895–1975) 172
Buselmeier, Michael (geb.
1938) 255
Bussmann, Walter 146

Camus, Albert (1913–1960) 43
Carossa, Hans (1878–1956) 33
Carow, Heiner (geb. 1929) 229
Castro Ruz, Fidel (geb. 1927) 238
Che Guevara (eigentl. Ernesto Gue-
vara Serna) (1928–1967) 238
Chruschtschow, Nikita Sergejewitsch
(1894–1971) 172, 220, 228
Churchill, Winston
(1874–1965) 165
Claasen, Hermann 11
Clay, Lucius Dubignon
(1897–1978) 126
Clever, Edith (geb. 1940) 256
Colani, Luigi (geb. 1928) 102
Conze, Werner 27, 147
Courths-Mahler, Hedwig (1867 bis
1950) 289
Cremer, Fritz (1906–1993) 231
Cube, Walter von (1906–1984) 144
Cysarz, Herbert (1896–1985) 151
Dahrendorf, Sir Ralf Gustav (geb.
1929) 183

De Gaulle, Charles
(1890–1970) 196
De Vries, Gerd 285
Dean, James (1931–1955) 72
Dessau, Paul (1894–1979) 225
Döblin, Alfred (1878–1957) 122
Domröse, Angelica (geb. 1941) 229
Dönhoff, Marion Gräfin
(1909–2002) 225
Dönitz, Karl (1891–1980) 122
Dorn, Walter L. (1894–1961) 126
Dos Passos, John Roderigo
(1896–1970) 122
Drechsel, Sammy (1925–1986) 107
Dufhues, Hermann Josef
(1908–1971) 50
Dürer, Albrecht (1471–1528) 155
Dürrenmatt, Friedrich
(1921–1990) 189

Dutschke, Rudi (1940–1979) 237, 250 ff., 262
Duwe, Harald (1926–1987) 89, 236
Dwars, Jens-Fietje 220
Dylan, Bob (geb. 1941) 72, 239 f.

Ebner-Eschenbach, Marie Freifrau von (1830–1916) 304
Eco, Umberto (geb. 1932) 288
Egk, Werner (1901–1981) 38 f.
Ehrenburg, Ilja Grigorjewitsch (1891–1967) 83
Eich, Günter (1907–1972) 13, 49, 177, 189
Eichmann, Adolf (1906–1962) 141
Eisenhower, Dwight D. (1890–1969) 54
Eisler, Hanns (1898–1962) 163, 205
Engel, Erich (1891–1966) 45
Engels, Friedrich (1820–1895) 246
Ensslin, Gudrun (1940–1977) 252, 262
Enzensberger, Hans Magnus (geb. 1929) 50 f., 116, 185 f., 261, 306
Eppler, Erhard (geb. 1926) 269, 273
Erhard, Ludwig (1897–1977) 25, 92 f., 111, 114, 159, 193, 197 f.
Eschenburg, Theodor (1904–1999) 56
Eucken, Walter (1891–1926) 92

Fanon, Frantz (1925–1961) 238
Fassbinder, Rainer Werner (1945–1982) 258
Faust, Wolfgang Max 285
Federn, Paul (1871–1950) 65
Felixmüller, Conrad (1897–1977) 41
Fend, Fritz (1920–2000) 113
Fernau, Joachim (1909–1988) 144
Feuchtwanger, Lion (1884–1958) 33
Feyerabend, Paul (1924–1994) 282
Fichter, Tilmann 264
Fiedler, Leslie A. (geb. 1917) 284
Filbinger, Hans (geb. 1913) 158
Fischer, Wend 104
Flechtheim, Ossip K. (1909–1998) 272

Fleckhaus, Willy (1925–1983) 73
Flick, Friedrich (1883–1972) 131
Ford, Henry (1863–1947) 113
Fouché, Joseph, Herzog von Otranto (1759 -1820) 120
François-Poncet, André (1887–1978) 168
Frank, Hans (1900–1946) 122
Fränkel, Wolfgang (geb. 1905) 138
Frei, Norbert 56, 128, 158
Freisler, Roland (1893–1945) 138
Freud, Sigmund (1856–1939) 63, 246, 305
Frey, Gerhard (geb. 1933) 139
Frick, Wilhelm (1877–1946) 122
Fricke, Gerhard 151
Friedrich, Jörg 118, 123
Frisch, Max (1911–1991) 44, 189, 227
Fritz, Helmut 281
Fritzsche, Hans (1900–1953) 122
Froboess, Cornelia (geb. 1943) 113
Fukuyama, Francis (geb. 1952) 290
Funk, Walther (1890–1960) 122

Gadamer, Hans-Georg (1900–2002) 47, 283
Ganz, Bruno (geb. 1941) 256
Gehlen, Reinhard (1902–1979) 158
Geschonnek, Erwin (geb. 1906) 229
Ginsberg, Allen (1926–1997) 240
Giordano, Ralph (geb. 1923) 117
Globke, Hans Maria (1898–1973) 121, 158
Glöckner, Hermann (1889–1987) 42
Glotz, Peter (geb. 1939) 192, 281
Godard, Jean-Luc (geb. 1930) 241
Goebbels, Joseph (1897–1945) 38, 122, 143 f.
Goethe, Johann Wolfgang (1749–1832) 30, 62, 70, 106, 151 f., 154, 211, 253
Gorbatschow, Michail Sergejewitsch (geb. 1931) 206, 233, 273
Göring, Hermann (1893–1946) 122
Graf, Oskar Maria (1894–1967) 33
Gräf, Roland (geb. 1934) 229

Grams, Wolfgang (1953–1993) 262
Grass, Günter (geb. 1927) 47, 49, 121, 173, 185, 198, 245, 261
Grohmann, Will (1887–1968) 144
Gropius, Walter (1883–1969) 98 f., 105
Grotewohl, Otto (1894–1964) 168
Grüber, Klaus Michael (geb. 1941) 256
Gruhl, Herbert (1921–1993) 269
Grundig, Max (1909–1989) 110
Gugelot, Hans (1920–1965) 104
Guggenberger, Bernd 278
Guillaume, Günter (1927–1995) 204
Günther, Egon (geb. 1927) 229
Gurrek, Klaus 254

HA Schult (geb. 1939) 259
Habe, Hans (1911–1977) 54, 122, 145
Habermas, Jürgen (geb. 1929) 248 f., 275, 283, 300
Hachtmeister, Lutz 145
Haffner, Sebastian (1907–1999) 213
Hagelstange, Rudolf (1912–1984) 31
Hager, Kurt (1912–1998) 230
Haley, Bill (1925–1981) 72
Hamm-Brücher, Hildegard (geb. 1921) 153
Handke, Peter (geb. 1942) 50, 288
Harich, Wolfgang (1923–1995) 174, 222
Hartmann, Karl Amadeus (1905–1963) 37
Haug, Wolfgang Fritz 253
Haushofer, Albrecht (1903–1945) 32
Havel, Václav (geb. 1936) 28
Havemann, Robert (1910–1982) 223 ff.
Heer, Johannes 136
Heidegger, Martin (1889–1976) 149 ff.
Heidegger, Martin (1889–1976) 243, 246
Heine, Heinrich (1797–1856) 39

Heinemann, Gustav (1899–1976) 159, 200, 204
Heißenbüttel, Helmut (1921–1996) 185
Heller, André (geb. 1947) 281
Hemingway, Ernest (1899–1961) 48
Hendrix, Jimi (1942–1970) 240
Henkels, Walter 144
Henselmann, Hermann (1905–1995) 41, 99 f.
Hentig, Hartmut von (geb. 1925) 68, 182, 248
Hermand, Jost 75
Hermlin, Stephan (eigentl. Rudolf Leder) (1915–1997) 31, 231
Herzog, Werner (eigentl. Werner Stipetic) (geb. 1942) 257
Heß, Rudolf (1894–1987) 122
Hesse, Hermann (1877–1962) 34 ff., 301
Heuss, Theodor (1884–1963) 144, 158, 168, 193, 197
Heyde, Werner (1902–1964) 130
Heydrich, Reinhard (1904–1942) 120
Heym, Georg (1887–1912) 65
Heym, Stefan (eigentl. Helmut Flieg) (1913–2001) 54, 177, 230 f.
Hildebrandt, Dieter (geb. 1927) 107
Hildesheimer, Wolfgang (1916–1991) 185, 189
Himmler. Heinrich (1900–1945) 120, 122, 156
Hindemith, Paul (1895–1963) 37
Hirche, Herbert (1910–2002) 104
Hitler, Adolf (1889–1945) 13, 24, 38, 66, 120 ff., 128, 133, 135, 140, 147, 150, 154, 157 f., 165, 170, 196, 220
Ho Chi-Minh (1890–1969) 239
Hoche, Alfred 128
Hochhuth, Rolf (geb. 1931) 255
Hoegner, Wilhelm (1887–1980) 125 f.
Hoerschelmann, Fred von (1901–1976) 189

Hofer, Karl (1878–1955) 40
Hoffmann, Kurt (geb. 1910) 91
Hoger, Hannelore (geb. 1942) 256
Hölderlin, Johann Christian Friedrich (1770–1843) 152
Holthusen, Hans Egon (1913–1997) 33
Honecker, Erich (1912–1994) 182, 202, 205 f., 227
Honegger, Arthur (1892–1955) 37
Horkheimer, Max (1895–1973) 243 ff.
Hornstein, Erika von 173
Horváth, Ödön von (1901–1938) 33
Horx, Matthias 303
Hubmann, Hanns 18
Hübner, Kurt (geb. 1916) 256
Hugenberg, Alfred (1865–1951) 145, 164
Hundhammer, Alois (1900–1974) 39
Huntington, Samuel P. 290

Illies, Florian 303
Imhoff, Christoph Freiherr von 144
Immendorff, Jörg (geb. 1945) 259

Jäger, Lorenz 244
Jäger, Ludwig 156
Jäger, Manfred 233
Jäger, Wolfgang 201, 203
Jahn, Friedrich (geb. 1923) 111
Janka, Walter (1914–1994) 222 ff.
Janssen-Jureit, Marielouise 272
Jaspers, Karl (1883–1969) 148 ff., 199, 281
Jens, Walter (geb. 1923) 185
Jodl, Alfred (1890–1946) 122, 135
Johnson, Uwe (1934–1984) 174 ff., 249
Johr, Barbara 82
Joplin, Janis (1943–1970) 240
Jünger, Ernst (1895–1998) 34
Jünger, Friedrich Georg (1898–1977) 32
Jungk, Robert (1913–1994) 122
Jürgens, Grethe (1899–1981) 42

Kafka, Peter 305
Kaiser, Georg (1878–1945) 33, 43
Kaiser, Joachim (geb. 1928) 185
Kaltenbrunner, Ernst (1903–1946) 120, 122
Kandinsky, Wassily (1866–1944) 103
Karajan, Herbert von (1908–1989) 253
Kardorff, Ursula von 124
Kaschnitz, Marie Luise (1901–1974) 32
Kästner, Erich (1899–1974) 54, 122
Keitel, Wilhelm (1882–1946) 122, 135
Keller, Gottfried (1819–1890) 17
Kellermann, Bernhard (1879–1951) 47
Kempowski, Walter (geb. 1929) 174
Kennedy, Jacqueline (1929–1994) 240
Kennedy, John F. (1917–1963) 201, 240
Kesten, Hermann (1900–1996) 174 ff.
Keynes, John Maynard, Lord K. of Tilton (1883–1946) 199
Kienholz, Edward (1927–1994) 258
Kiesinger, Kurt Georg (1904–1988) 198 f., 236
Killy, Walther 153
Kindermann, Heinz (1894–1985) 152
King, Martin Luther (1929–1968) 240
Kipphardt, Heinar (1922–1982) 255
Kirsch, Sarah (geb. 1935) 179
Klarsfeld, Beate (geb. 1939) 199
Klebe, Giselher (geb. 1925) 37
Klee, Ernst 129
Klee, Paul (1879-1940) 103
Klotz, Heinrich 286
Kluge, Alexander (geb. 1932) 257
Knoeringen, Waldemar von (1906–1971) 52
Koch, Peter 196
Koeppen, Wolfgang (1906–1996) 185

Kohl, Helmut (geb. 1930) 27, 159, 205, 268, 294

Kolle, Oswalt (geb. 1928) 242

Kollwitz, Käthe (1867–1945) 215

Kommerell, Max (1902–1944) 151

König, Réne (1906–1992) 200

Korn, Karl (1908–1991) 144

Krahl, Hans-Jürgen (1943–1970) 245, 252

Kraus, Peter (geb. 1939) 72

Krenek, Ernst (1900–1991) 37

Krieger, Hans 302

Krolow, Karl (1915–1999) 34, 90

Krug, Manfred (geb. 1937) 230

Krüger, Horst (1919–1999) 141, 185 f.

Krupp von Bohlen und Halbach, Alfried (1907–1967) 131

Krupp von Bohlen und Halbach, Gustav (1870–1950) 131

Kuby, Erich (geb. 1910) 54, 82, 161 ff., 165

Kühn, Siegfried 229

Kumpfmüller, Michael (geb. 1961) 178

Kunert, Günter (geb. 1929) 217, 231

Kunze, Reiner (geb. 1933) 180

Kunzelmann, Dieter (geb. 1939) 249, 262

Lachnit, Wilhelm (1899–1962) 42

Lampe, Jutta (geb. 1943) 256

Landahl, Heinrich 83

Langgässer, Elisabeth (1899–1950) 34

Langhans, Rainer (geb. 1940) 249

Lasker-Schüler, Else (1869–1945) 33

Lasky, Melvin J. (geb. 1920) 57

Le Corbusier (Charles Édouard Jeanneret-Gris) (1887–1965) 98

Leggewie, Claus 156

Lehmann, Wilhelm (1882–1968) 34

Leitl, Alois 98

Leitmeier, Wolfgang 72

Lenz, Siegfried (geb. 1926) 27

Lessing, Gotthold Ephraim (1729–1781) 43, 181

Lévi-Strauss, Claude (geb. 1908) 280

Lichtenberg, Georg Christoph (1742–1799) 301

Liebknecht, Kurt (1905–1994) 99 f.

Lindenberg, Udo (geb. 1946) 281

Lipsky, Jan Józef 28

Loerke, Oskar (1884–1941) 34, 144

Loest, Erich (geb. 1926) 174

Loewy, Raymond (1893–1986) 102

Lönnendonker, Sigward 264

Lorentz, Kai (1920–1993) 107

Lorentz, Lore (1920–1994) 107

Lorenz, Edward 305

Loriot (eigentl. Viktor von Bülow) (geb. 1923) 283

Low, David (1891–1963) 118

Löwenthal, Leo (1900–1993) 243

Löwith, Karl (1897–1973) 150

Lübbe, Hermann (geb. 1926) 127

Lübke, Heinrich (1894–1972) 158, 193, 200

Ludwig, Volker (eigentl. Eckart Hachfeld) (geb. 1937) 263

Luhmann, Niklas (1927–1998) 278, 300

Lukács, Georg [von] (György) (1885–1971) 223, 243

Lyotard, Jean-François (1924–1998) 282

Maetzig, Kurt (geb. 1911) 227

Malina, Judith (geb. 1926) 255

Malthus, Thomas Robert (1766–1834) 51

Manger, Jürgen von (1923–1994) 115

Mann, Erika (1905–1969) 122

Mann, Golo (1909–1994) 196

Mann, Heinrich (1871–1950) 33, 46, 188, 221

Mann, Thomas (1875–1955) 12, 38, 64, 108

Manstein, Erich von (1887–1973) 134

Mao Tse-Tung (1893–1976) 239 f.

Marc, Franz (1880–1916) 65

Marcuse, Herbert (1898–1979) 28,
71, 237, 243, 246, 278
Marquard, Odo (geb. 1928) 283 f.
Martini, Fritz 155
Marx, Karl (1818–1883) 14, 196,
232, 242, 246
Maunz, Theodor (1901–1993) 138
May, Gisela (geb. 1924) 214
Mayer, Hans (1907–2001) 31, 177,
185
McCarthy, Joseph Raymond
(1908–1957) 164, 225
McCloy, John J. (1895–1989) 168 f.
Mechtel, Angelika
(1943–2000) 113
Meinecke, Friedrich
(1862–1954) 29
Meinhof, Ulrike (1934–1976) 252,
262
Meins, Holger (1941–1974) 262
Mendelssohn Bartholdy, Jakob Lud-
wig Felix (1809–1847) 36
Mendelssohn, Peter de
(1908–1982) 122
Mendelssohn, Moses
(1729–1786) 181
Mengele, Josef (1911–1979) 130
Messerschmidt, Manfred 136
Michel, Detlef 263
Michel, Karl Markus 101
Mielke, Erich (1907–2000) 233
Mielke, Fred 128
Mies van der Rohe, Ludwig
(1886–1969) 99
Minder, Robert 152
Minks, Wilfried (geb. 1931) 256
Miró, Joan (1893–1983) 103
Mitscherlich, Alexander
(1908–1982) 94, 96, 128 f., 200,
287
Mitscherlich, Margarete (geb.
1917) 94
Mittenzwei, Werner 214, 234
Mondrian, Piet (1872–1944) 103
Monroe, Marilyn (1926–1962)
73, 240
Mörike, Eduard (1804–1875) 30
Mozart, Wolfgang Amadeus
(1756–1791) 36

Mueller-Stahl, Armin (geb. 1930)
229
Muhlen, Norbert 95
Müller-Armack, Alfred
(1901–1978) 92
Müller-Marein, Josef 68
Mündler, Eugen 144
Musil, Robert (1880–1942) 33, 296
Müthel, Eva 173

Napoleon Bonaparte
(1768–1844) 62, 120
Neckermann, Josef (1912–1992) 111
Nerlinger, Oskar (1893–1969) 42
Neubert, Willi (geb. 1920) 163
Neumann, Erich Peter 144
Neumann, Franz (1900–1954) 159,
243
Neumann, Günter (geb. 1938) 93
Neuss, Wolfgang (1923–1989) 95
Neutra, Richard (1892–1970) 99
Neutsch, Erik (geb. 1931) 217
Newrezella, Michael 262
Niekisch, Ernst (1889–1967) 14
Niethammer, Lutz 125
Nietzsche, Friedrich
(1844–1900) 184
Noelle, Elisabeth (geb. 1916) 144
Norden, Albert (1904–1982) 137
Nordhoff, Heinrich
(1899–1968) 113

Oberlack, Alfred 153
Oberländer, Theodor
(1905–1998) 26, 158
Oelschlegel, Gerd (geb. 1926) 189
Ohnesorg, Benno
(1941–1967) 247, 262
Opaschowski, Horst W. 301
Orff, Carl (1895–1982) 38
Pankok, Otto (1893–1966) 41

Papen, Franz von (1879–1969) 122
Paulus, Friedrich (1890–1957) 133
Pawek, Karl 103
Penck, A. R. (eigentl. Ralf Winkler)
(geb. 1939) 285
Petersen, Jürgen 144
Petras, Hubert 213

Pieck, Wilhelm (1876–1960) 168, 226

Piscator, Erwin (1893–1966) 255

Platen-Hallermund, Alice Gräfin von 128

Pleister, Werner 190 f.

Plenzdorf, Ulrich (geb. 1934) 106, 229

Plievier, Theodor (1892–1955) 221

Plogstedt, Sibylle 271

Podewils, Clemens Graf 144

Poelzig, Hans (1869–1936) 99

Pohrt, Wolfgang 269

Ponto, Jürgen (1922–1977) 262

Popper, Sir Karl Raimund (1902–1994) 301

Presley, Elvis Aaron (1935–1977) 72, 240

Raeber, Kuno 175

Raeder, Erich (1876–1960) 122

Raspe, Jan-Carl (1944–1977) 262

Rathenau, Walther (1867–1922) 124

Radziwill, Franz (1895–1983) 42

Reagan, Ronald Wilson (geb. 1911) 273

Reemtsma, Jan Philipp (geb. 1952) 136

Rehberg, Karl-Siegbert 157

Reiche, Reimut 250

Reich-Ranicki, Marcel (geb. 1920) 50, 185

Reitz, Edgar (geb. 1932) 257

Resa Pahlewi, Mohammad (1919–1980) 247

Ribbentrop, Joachim von (1893–1946) 122

Richter, Gerhard (geb. 1932) 285

Richter, Hans Werner (1908–1993) 24, 48, 50, 52 f., 185

Rilke, Rainer Maria (1875–1926) 156, 179, 184

Robertson, Sir Brian (1896–1974) 168

Robespierre, Maximilien de (1758–1794) 120, 262

Roethe, Gustav (1856–1926) 151

Rohwedder, Detlev (1932–1991) 297

Rommel, Erwin (1891–1944) 135

Roosevelt, Franklin Delano (1882–1945) 165

Röpke, Wilhelm (1899–1966) 92 f.

Rosenberg, Alfred (1893–1946) 122

Rosie, Paul (1910–1984) 60

Rössing, Karl (1897–1985) 42

Rothfels, Hans (1891–1976) 27, 146

Rücker, Günther (geb. 1924) 229

Rückerl, Adalbert 142 f.

Rudolph, Wilhelm (1889–1982) 42

Rühmkorf, Peter (geb. 1929) 32

Rüstow, Alexander (1885–1963) 92

Rutschky, Michael 278

Rygulla, Ralf Rainer 241

Sachs, Nelly (1891–1970) 32

Saint-Just, Louis Antoine Léon de (1767–1794) 120, 262

Salomon, Ernst von (1902–1972) 124

Sandberg, Hermann (1908–1991) 87

Sander, Helke 82

Sanders-Brahms, Helma (geb. 1940) 17, 190

Sarée, Günter 259

Sartre, Jean-Paul (1905–1980) 43

Sauckel, Fritz (1894–1946) 122

Schacht, Hjalmar Horace Greely (1877–1970) 122

Schäfer, Bodo 303

Schäfer, Horst (geb. 1932) 276

Schäfer, Paul 143

Schamoni, Peter (geb. 1934) 257

Schamoni, Ulrich (geb. 1939) 257

Scharoun, Hans (1893–1972) 99

Scheel, Kurt 290

Scheel, Walter (geb. 1919) 159, 200, 202

Schelsky, Helmut (1912–1984) 69

Scherchen, Hermann (1891–1966) 225

Schiaparelli, Giovanni Virginio (1835–1910) 184

Schieder, Theodor (1908–1984) 27, 146 f.

Schiller, Friedrich (1759–1805) 12,
  28, 30, 62, 108, 152, 211, 246
Schiller, Karl (1911–1994) 198
Schindelbeck, Dirk 109
Schirach, Baldur von
  (1907–1974) 122
Schittly, Dagmar 218, 228
Schleyer, Hanns Martin
  (1915–1977) 262
Schlöndorff, Volker (geb.
  1939) 257
Schmidt, Helmut (geb. 1918) 27,
  159, 204, 262, 268
Schmitt, Carl (1888–1985) 139
Schnabel, Ernst (1913–1986) 144,
  189
Schnaidt, Claude 105
Schneider, Reinhold
  (1903–1958) 188
Schneider, Romy (1938–1982) 73
Schneider-Lengyel, Ilse 48
Schnitzler, Eduard von
  (1918–2001) 223
Schnog, Karl 87
Schnurre, Wolfdietrich
  (1920–1989) 33
Schober, Anna 106
Schroers, Rolf (1919–1981) 49
Scholtis, August (1901–1969) 144
Schönberg, Arnold
  (1874–1951) 37 ff.
Schröder, Ernst (geb. 1915) 253
Schröder, Gerhard (geb. 1944)
  293
Schröder, Rudolf Alexander
  (1878–1962) 33
Schröter, Klaus (geb. 1934) 119
Schuberth, Hans (1897–1976) 191
Schüddekopf, Jürgen 144
Schulz, Eberhard 116, 144
Schulze, Etienne François 114
Schulze, Hagen 114
Schumacher, Kurt
  (1895–1952) 166, 196
Schumann, Robert
  (1886–1963) 169
Schumann, Jürgen 262
Schütz, Erhard 114
Schwarzer, Alice (geb. 1942) 271 f.

Schwerte, Hans, alias Hans Ernst
  Schneider (1909 – 2001) 155 ff.
Schwesig, Karl (1898–1955) 41
Schwitters, Kurt (1887–1948) 259
Schwitzke, Heinz 189
Seghers, Anna (1900–1983) 177,
  221, 223
Seidel, Ina (1885–1974) 34
Semjonow, Wladimir S.
  (1911–1992) 215
Seyß-Inquart, Arthur
  (1892–1946) 122
Shdanow, Andrej A. 215
Siedler, Wolf Jobst (geb. 1926) 188
Siegel, Ralph Maria (geb. 1945) 112
Siering, Friedemann 145
Simpson, Christopher 131
Soraya, Kaiserin von Persien
  (1932–2001) 73
Speer, Albert (1905–1981) 122
Spranger, Eduard (1882–1963) 144
Springer, Axel Caesar
  (1912–1985) 187 f., 248, 260
Stalin, Jossif Wissarionowitsch
  (1879–1953) 24, 123, 166, 169 f.,
  212 ff., 219 f., 228
Staudte, Wolfgang
  (1906–1984) 228
Stein, Gertrude (1874–1946) 48
Stein, Peter (geb. 1937) 256
Steiner, Rudolf (1861–1925) 259
Stirling, Sir James Frazer
  (1926–1992) 277
Stoetzner, Erik Woldemar 108
Storch, Karin 235
Strauß, Botho (geb. 1944) 287 f.
Strauß, Franz Josef
  (1915–1988) 111, 194, 198, 206
Strawinsky, Igor (1882–1971) 37
Streicher, Julius (1885–1946) 122
Strittmatter, Erwin
  (1912–1994) 217
Strobel, Heinrich (1898–1970) 37
Stuckenschmidt, Hans Heinz 39
Suhrkamp, Peter (1891–1959) 35,
  177, 226
Süskind, W. E. 144
Szczesny, Gerhard (geb. 1918) 200

Taut, Bruno (1880–1938) 98
Taylor, Liz (geb. 1932) 240
Teufel, Fritz (geb. 1943) 249, 262
Thälmann, Ernst (1886–1944) 212, 228
Theobald, Adolf (geb. 1930) 73
Thierfelder, Hans 110
Thierse, Wolfgang (geb. 1943) 298
Thomas, Karin 260, 285
Thurnwald, Hilde 80
Toller, Ernst (1893–1939) 33
Truman, Harry S. (1884–1972) 165
Tschaikowski, Pjotr Iljitsch (1840–1893) 36
Tucholsky, Kurt (1890–1935) 185

Udet, Ernst (1896–1941) 45
Uhse, Bodo (1904–1963) 223
Ulbricht, Walter (1893–1973) 173, 202, 205, 211 ff., 226
Ulrich, Bernd 251
Ulrichs, Timm (geb. 1940) 259
Unseld, Siegfried (1924–2003) 35, 177

Venturi, Robert Charles (geb. 1925) 286
Vietta, Egon (1903–1959) 144
Vogel, Hans-Jochen (geb. 1926) 204

Wagner, Bernd (geb. 1948) 232
Wagner, Richard (1813–1883) 36 ff.
Wagner, Winifred (1897–1980) 38
Wallenberg, Hans (1907–1977) 54
Walser, Martin (geb. 1927) 49, 246
Warhol, Andy (1928–1987) 240
Weber, Paul A. (1893–1930) 19
Webern, Anton von (1883–1945) 38
Wehler, Hans Ulrich 27
Wehner, Herbert (1906–1990) 198, 203

Weigel, Helene (1900–1971) 45
Weinberg, Jack 62
Weinberger, Marie-Luise 271
Weisenborn, Günther (1902–1969) 43
Weiss, Peter (1916–1982) 126, 261
Weizsäcker, Carl Friedrich von (geb. 1912) 273
Weizsäcker, Richard von (geb. 1920) 159 f.
Wekwerth, Manfred (geb. 1929) 47
Welsch, Wolfgang 282
Wendt, Erich (1902–1965) 221
Werfel, Franz (1890–1945) 33
Wesel, Uwe 262
Wessel, Horst (1907–1930) 149
Weyrauch, Wolfgang (1904–1980) 49, 144, 189
Wiese, Benno von (1903–1987) 144
Wieser, Harald 250
Wiggershaus, Rolf 243
Wilder, Thornton (1897–1975) 43
Winkler, Gerhard 112
Wolf, Christa (geb. 1929) 217, 231
Wolf, Friedrich (1888–1953) 43
Wolf, Konrad (1925–1982) 229
Wolf, Stephan (geb. 1924) 73
Wollweber, Ernst (1898–1967) 214
Wright, Frank Lloyd (1867–1959) 99

Zadek, Peter (geb. 1926) 256
Zander, Heinz (geb. 1939) 163
Zehm, Günter (geb. 1934) 174
Ziehe, Thomas 267
Zimmermann, Bernd Alois (1918–1970) 37
Zimmermann, Rainer 42
Zuckmayer, Carl (1896–1977) 45, 197
Zwerenz, Gerhard (geb. 1925) 96, 174

Sachregister

Aufgeführt sind wichtige Erwähnungen

Achtundsechziger Bewegung 149,
    247, 286
Affirmative Kultur 253
Aggressivität 305
Allgemeinbildung 301
Alternative Kultur 241, 255, 264 ff.
Amerikanisierung 70, 109, 179
Anästhetisierung 282
Annäherung West-Ost 202 ff.
Antifaschismus 51, 125, 164, 168,
    171
Antikolonialismus 238
Antikommunismus 126
Anything goes 279 f., 282 f., 296
APO (Außerparlamentarische Op-
    position) 247 ff., 262 f.
Architektur 286 f.
Ärzte im Dritten Reich 129 f.
Ästhetik 28 f., 257 ff.
Ästhetik, jugendliche 71 ff.
Atombombe 273
Aufklärung 243 f., 277, 287 f.
Auschwitz 117, 126, 140 ff., 186,
    231
Auto 111 ff.

Bauhaus 99, 105
Beatles 72, 106, 239
Berlin (Hauptstadt) 293
Berliner Republik 293 ff.
Beschleunigung 284, 300, 304
Bildende Kunst 39 ff., 103, 215,
    258 ff., 285 f.
Bildung 83, 305
Bildungsbürgertum 29, 253
Bild-Zeitung 188

Bitterfelder Weg 216
Blue Jeans 105 f.
Bombenangriffe der West-Alliier-
    ten 121
Brandts Kniefall in Warschau 203
Braun-Design 104 f.
BRD (Grundgesetz) 59, 79, 117,
    167
Bricolage 280
Buchmesse 260
Bundeswehr 134 f.
Bürgergesellschaft 289

Camping 116
Care-Paket 109
CDU 166
Chaostheorie 305
Club of Rome 268

Dadaismus 258
Darwinismus 128
Datsche 181
DDR 44 ff., 81 ff., 134, 137 f., 161 ff.,
    167, 170 ff., 179, 202, 204 ff.,
    210 ff., 285, 296 ff.
DDR-Flüchtlinge 173 ff.
DDR (Nationalhymne) 219
DDR (Verfassung) 167 f., 182
DEFA 228 ff.
Demonstrationstechniken der 68er
    Bewegung 247 ff.
Design 101 ff., 213 f.
Deutsche Bank 132
Deutscher Städtetag 97
Deutschlandpolitik der Alliier-
    ten 165 ff.

Deutschlandvertrag 169 f.
Deutschunterricht 152 ff.
Digitale Revolution 299
Diskothek 279 f.
Duales Rundfunksystem 191 f.

Eiserner Vorhang 165, 173
Eliten 120, 252
Emanzipation 79 ff., 270
Emigranten und Emigration 33, 56, 148, 153 f., 201, 212, 219
Emigration, innere 32 f.
Entnazifizierung 78, 98, 124 f.
Entnazifizierung (Ost) 171
Entschleunigung 284
Erfahrungshunger (Frauen) 278 f.
Erster Weltkrieg 65
Erziehung 154, 180 ff., 190 f., 301 f.
Eugenik und Euthanasie (National-sozialismus) 128 f.
Europäische Wirtschaftsgemein-schaft 91
Expressionismus 215

Familie 76, 80 f.
Faschismus 246
»Faust«-Stoff 155, 253
Feminismus 271 f.
Fernsehen 190 ff., 194
Feuilleton 185
Film 72, 91, 95, 227 ff., 241, 256 ff.
Fluxus-Bewegung 259
Fragebogen der Militärregie-rung 124
Frankfurter Schule 243 f.
Frauenbewegung 79 ff., 187, 270 ff.
Friedensbewegung 272 f.
Friedliche Revolution (Ost) 206, 296
Fundamentalismus 290
Funktionalismus 98

Gedenktag 8. Mai 1945 159 f.
Geisteswissenschaft 283
Generationenabfolge 59 ff.
Germanistik 151 ff.
Geschwister Scholl 105
Geteiltes Deutschland 161 ff., 174 ff., 178 ff., 201 ff.

Glasnost 206
Graffiti 264
Grenzen des Wachstums 268 f.
Grundgesetz (BRD) 59, 79, 117, 167
Gruppe '47 47 ff.
Guillaume-Affäre 204

Halbstarke 60, 72, 240
Hallstein-Doktrin 172
Happening 259
Heimat 301
Hippie-Bewegung 240
Hochschule für Gestaltung Ulm 104 f.
Hohe Kommissare der Alliier-ten 168
Hörspiel 189 f.
Humanistische Union 200

Informationsgesellschaft 299 ff.
Intellektuelle 183 ff., 188, 198, 209 ff., 214, 223, 233, 244, 253, 275
Interkulturalität 289
Ironie (postmoderne) 288 f.

Jazz 69 f.
Journalisten 143 ff.
Juden 21, 121, 129, 131, 140 ff., 147, 150
Jugend 20, 34 f., 53, 62 ff., 71 ff., 240, 264, 278 ff., 302 f.
Jugend, sozialistische 85
Justiz 127, 137 ff.
Justiz, nationalsozialistische 138

Kabarett 93 f., 107
Kapitalismus 131 f., 207, 210, 287
Katyn, Massenmord der Sowjets an Polen 123
Kernkraft 268
Kernwaffen 273, 275
Kommune 249
Kommunismus 209 ff., 225
Konsumdemokratie 109 f.
Konzentrationslager 14, 21, 141 ff., 154
Kriegsende 9, 20 f., 158 f.

Kriegsgefangene 13, 52, 76, 172
Kriegsheimkehrer 22, 68 f.
Kriegsverluste 21
Kriminalität 77
Kulturbegriff 15, 22, 29 ff., 47, 215,
  254, 258, 283 f., 290, 305
Kulturbetrieb (West) 183, 253
Kulturbund 46 f.
Kulturkritik 107 f.
Kulturpolitik (Ost) 218, 231 ff.
Kunstakademien 258
Kunstbetrieb 260
Kunststoff 102

Landreform (Ost) 171
Lastenausgleichsgesetz 25
Lesebuch 152 f.
Libidinöse Moral 246
Literatur (Ost) 216, 221
Literatur 33 ff.
Literaturgeschichte 153
Literaturkritik 261
Literaturproduktion 260
Love Parade 295
Lyrik 31 ff.

Marxismus 211, 242 f., 290
Massenkommunikation 304
Mauer 173, 217, 294
Mode 61, 72, 280
Modernisierung 101, 178, 184, 192,
  277, 282, 304
Musical 240
Musik 36 ff., 69 f., 72, 278

Narzissmus 267, 303
Nationalsozialismus 9 f., 14, 21, 29,
  38, 44, 54, 66 f., 69, 94, 101, 108,
  118 ff., 127 ff., 131 ff., 137 ff.,
  143 ff., 146 ff., 151 f., 156 f., 184,
  196 f., 199, 235 f., 252
Negative Dialektik 244
Netzwerk 299 ff.
Neue Unübersichtlichkeit 264, 275,
  299
Nierentisch 103
Notstandsgesetze 199
Nürnberger Prozesse 121 ff., 128,
  131, 135

Ökologie 268 ff., 277, 281
Oper 253
Ostpolitik 26 f.

Parteien 25 ff., 166, 168, 195, 197 f.,
  200, 211, 232, 247, 268 ff., 293 ff.
Patchwork 280 f., 285
Patriarchalismus 64 ff., 80, 270
Perestroika 206
Perlon / Nylon-Strümpfe 110
Philosophie (postmoderne) 282
Pink Floyd 280
PISA-Studie 301 f.
Pläsier 278
Podiums-Diskussion 185
Politiker (nach '45) 158
Pop-Art 239 f., 248, 260, 285
Posthistoire 290
Postmoderne 275 ff.
Presse 20, 143 ff., 248
Privatsender 192
Protestantische Kirche 148
Protestbewegung 235 ff., 261 ff.,
  270

RAF (Rote Armee Fraktion) 252,
  262
Rassismus 129, 156
Reeducation 52, 56 f., 70, 123 f., 166
Risikogesellschaft 304
Rock-Musik 232
Rolling Stones 72, 106
Ruhrfestspiele Recklinghausen 255
Rundfunk / Radio 12, 37, 110,
  188 ff.

Saarland 172
SBZ 38 f., 41, 46 f., 69 f., 84 f.
Schallplatte 72
Schlager 112 f., 116
Schule 64, 75 ff., 235, 281, 302
Schwarzer Panther 238
SED 46, 168, 213 ff., 218
SED-Organisationen 181
Sexualität 73 f., 81, 187, 241 f., 266,
  271 f.
Skandal 296
Song 239 f., 278, 280
Sowjetunion 212 ff., 220

Soziale Marktwirtschaft 92 f., 114, 207
Sozialismus 180, 182, 196, 213 f., 222, 232 f., 261, 290
Sozialistische Kunst 41 f.
Sozialistischer Realismus 216 f.
Spaßkultur 302 f.
SPD 166, 168
Spiegel-Affäre 194
Sprache 31 ff., 48 f., 53, 145, 153 ff., 164, 243, 248, 250 f., 262, 288
Spruchkammer 125
Staatssicherheitsdienst (Stasi) 180, 224, 233
Stadtentwicklung 95 ff.
Stadtplanung 286
Stadtplanung, in SBZ und DDR 99 f.
Stalingrad 133 f.
Systemtheorie 300

Tanz 74, 181
Terrorismus 251 f.
Terrorismus (11. 9. 2001) 290
Theater 43 ff., 191, 253 ff., 263, 287
Theater (Ost) 225
Tourismus 111, 115 f.
Trauerarbeit 64
Treuhand 297 f.
Trümmerfrauen 80
Tuwas-Bewegung 265 ff.

Ullstein Verlag 145
Universität 83 ff., 146 ff., 235, 242, 281
Untertan 64 ff., 182
Urlaub 115 f.

Vergewaltigungen, SBZ 82 f.
Verlage 191, 221, 260 f.
Vernunftbegriff 300, 304

Versandhaus Neckermann 111
Vertreibung 24 ff.
Vertriebenenverbände 203
Vietnam 238 f., 250, 253, 255 f.
Volksgerichtshof, nationalsozialistischer 138
Volkswagen 113 f.

Währungsreform 87 ff.
Warenästhetik 72, 102, 249, 253, 282, 303
Wehrmacht, deutsche 9, 133 ff.
Wehrmachtsausstellung 136
Weimarer Republik 11, 65 f., 107, 124, 127, 137, 139, 143 ff., 151, 167, 184 f., 209
Werbung 192
Werkbund 104
Westernization 165
Widerstand (gegen Hitler) 135, 140
Wiedervereinigung Deutschlands 168 f., 172 f., 204, 294 ff.
Wienerwald-Restaurants 111
Wirtschaft 131 ff., 198, 297, 302
Wirtschaftswunder 11, 71, 74 f., 93, 102, 107 f., 115, 184, 189, 197 ff., 235, 241, 243, 253, 257
Wohnungsbau, sozialer 96
Woodstock 240
World wide web 299

Yuppie 281

Zeitschriften 46 ff., 51 ff., 56 f., 73, 101 ff., 186 ff., 221, 232, 242, 250, 255, 271, 289 f.
Zeitungen 54 ff., 143 ff., 186, 248
Zentralstelle zur Aufklärung nationalsozialistischer Verbrechen, Ludwigsburg 142

Abbildungsnachweis

Landesarchiv Berlin: 10: © VG Bild-Kunst, Bonn 2003: 11; Bildarchiv Preußischer Kulturbesitz Berlin: 18; © VG Bild-Kunst, Bonn 2003: 19; Bildarchiv Hermann Glaser: 60 oben; Bildarchiv Hermann Glaser: 60 unten; Münchner Stadtmuseum, München: 61; © VG Bild-Kunst, Bonn 2003: 89; Bildarchiv Hermann Glaser: 118; Neues Stadtmuseum Landsberg am Lech: 119; Bundesarchiv, Koblenz: 162; © VG Bild-Kunst, Bonn 2003: 163 oben; © VG Bild-Kunst, Bonn 2003: 163 unten; © VG Bild-Kunst, Bonn 2003: 236; Wolfgang Haut, Offenbach: 237 oben; Horst Schäfer, Nürnberg: 276; Neue Staatsgalerie Stuttgart: 277; Ullstein Bilderdienst, (Harald Paulenz) Berlin: 294; dpa, Frankfurt am Main: 295